60 Jahre SCHWARZROTGOLD

Hitlers
Tagebücher
entdeckt

WM 74

60 Jahre SCHWARZ ROT GOLD

Bild am Sonntag

ALLPART MEDIA

HART...REALISTISCH...AKTUELL
Die Halbstarken
GOOD BYE
LENIN!

Inhalt

Vorwort

Von Professor Dr. Guido Knopp,
Leiter der Redaktion „Zeitgeschichte"
des Zweiten Deutschen Fernsehens

Es gehört schon eine ganze Menge Mut dazu, wenn eine Sonntagszeitung eine 60-teilige Serie zum Thema Zeitgeschichte beginnt. Denn niemand kann zu Beginn exakt einschätzen, wie diese Serie beim Lesepublikum ankommt, auf wie viel Interesse sie stößt.

BILD am SONNTAG, mit mehr als zehn Millionen Lesern die größte Sonntagszeitung auf dem europäischen Kontinent, hat es gewagt, 60 Wochen hintereinander auf jeweils drei Seiten Geschichten zur Geschichte der beiden deutschen Staaten von 1949 bis 1990 und des vereinten Deutschland bis heute abzudrucken. Auf Wunsch vieler Leser ist daraus dieses Buch entstanden.

Getreu dem Satz von RTL-Gründungschef Helmut Thoma „Der Wurm muss dem Fisch schmecken und nicht dem Angler" haben die beiden Autoren Helmut Böger und Stefan Hauck sich bewusst für eine thematisch populäre Aufarbeitung entschieden. Ihre Absicht, auch diejenigen Leser einzufangen, die sich nur wenig für historische Themen interessieren, scheint mir gelungen.

Wir lesen nicht nur einige neue oder vergessene Fakten über Großereignisse der deutsch-deutschen Geschichte wie den Aufstand in der DDR am 17. Juni 1953, Mauerbau und Mauerfall, Wiedervereinigung, diverse Regierungswechsel und politische Skandale. Darüber hinaus faszinieren mich besonders die Geschichten über den Alltag der Menschen in Deutschland seit 1949 – welche Autos sie fuhren, von welchen sie träumten, welche Stars sie bewunderten, was sie gern aßen und tranken, wo und wie sie Urlaub machten, welche TV-Sendungen am liebsten eingeschaltet wurden, worüber sie klatschten und tratschten.

Wer weiß heute noch, dass ein Scheich einst eine Kielerin heiratete, sie aber noch in den Flitterwochen verstieß? Wer kann sich an den Elefanten Tuffi erinnern, der während einer Reklamefahrt aus der Wuppertaler Schwebebahn sprang? Wem ist geläufig, dass wir dem ersten Fernsehkoch Clemens Wilmenrod den Toast Hawaii zu verdanken haben?

Selbst „Tatort"-Fans wissen kaum, dass Götz George nur die zweite Wahl für die Rolle von Kommissar „Schimanski" war und Franz Xaver Kroetz keineswegs die erste für die Hauptrolle in „Kir Royal". Und ist Ihnen bekannt, dass Veronica Ferres ihre Filmkarriere nicht in „Schtonk", sondern als Schulsekretärin in der ZDF-Serie „Unser Lehrer Doktor Specht" begonnen hat?

All diese Geschichten finden sich in dem Buch „SchwarzRotGold". Ich bin sicher, selbst Lehrstuhlinhaber für Zeitgeschichte können nicht alles kennen, was die beiden Autoren, unterstützt von der gut sortierten Dokumentation ihres Verlages, zusammengetragen und mit leichter Hand, gelegentlich höchst süffisant aufgeschrieben haben. Ich jedenfalls, obwohl seit meinem Studium mit Geschichte befasst, habe mich gern belehren lassen und zwar in amüsanter, spannender Form.

Man kann diesem Buch höchstens vorwerfen, dass manche Ereignisse nicht oder unvollständig behandelt werden. Dieses Risiko muss man aber, davon bin ich überzeugt, eingehen, wenn man Geschichte für ein heterogenes Publikum aufbereitet. Die schlechte Alternative wäre, solche Themen unter den Tisch fallen zu lassen.

Wenn dieses Buch von BILD am SONNTAG Lust auf Geschichte macht, hat es seinen Sinn und Zweck erfüllt. Ich vergleiche es mit einem Amuse-Gueule (wörtlich übersetzt: Maulfreude), wie man es in besseren Restaurants bekommt. Diese Grüße aus der Küche sollen Appetit machen.

Raffinierte Köche stellen gelegentlich auch mal Menüs mit zehn, elf, zwölf kleinen „Maulfreuden" zusammen. Davon kann man satt werden. Und glücklich.

Konrad Adenauer (1876 bis 1967) wird am 15. September 1949 zum ersten Kanzler der Bundesrepublik Deutschland gewählt – mit einer Stimme Mehrheit. 14 Jahre lang regiert der Freund des Bocciaspiels und der Rosenblüte das Land. Dieses Bild aus dem Jahr 1949 besitzt Seltenheitswert, damals wird überwiegend schwarz-weiß fotografiert

1949

Ein Rosenzüchter wird Kanzler, Deutschland träumt von Capri-Fischern und eine Berlinerin erfindet die Currywurst

Die Berlinerin Herta Heuwer kreiert am 4. September eine Spezialsoße, die eine simple Brühwurst zur „Currywurst" veredelt. Das Soßen-Geheimnis („Chillup") verrät sie zeitlebens nur dem Patentamt

Mit dem Lied der Capri-Fischer hat Rudi Schuricke (1913 bis 1973) seinen größten Hit (o.). Das Lied, getextet von Ralph Maria Siegel, überlebt seine Schöpfer und all die Jahre bis heute

2009: Deutschland feiert Geburtstag, den 60. – trotz aller Krisen voll vital. 2010: Deutschland feiert 20 Jahre deutsche Einheit. 1949, vier Jahre nach dem Untergang des Dritten Reichs, entstand aus den drei von den Westalliierten USA, Großbritannien und Frankreich besetzten Zonen die Bundesrepublik, aus der Sowjetzone die DDR, die 1990 nach 41 Jahren an Auszehrung starb. Was immer den freien Westen vom unfreien Osten trennte, eines verband die beiden deutschen Staaten: die Nationalflaggen in Schwarz und Rot und Gold. Deshalb nannte BILD am SONNTAG die mit 60 Folgen längste Serie in der Geschichte von Europas größter Sonntagszeitung: 60 Jahre **SCHWARZROTGOLD**. *In jeder Folge seit 1949 war zu lesen, was die Deutschen freute, was sie schmerzte. Für welche Filmstars sie schwärmten und welche Schlager sie hörten. Was sie aßen, was sie tranken. Wen sie wählten, wie sie liebten: Wie wir wurden, was wir sind.*

Was heute bieder anmutet, ist damals der letzte Schrei der Bademode – sogar ein Bikini mit Rüschen wird von den Schönen der jungen Republik präsentiert

Gert Fröbe ist als Otto Normalverbraucher in „Berliner Ballade“ noch klapperdürr. Als schwergewichtiger, böser „Goldfinger“ im gleichnamigen James-Bond-Film mit Sean Connery wird der Sachse 1964 weltberühmt

Die „Berliner Ballade“, ein Schwarzweißfilm, an dem Heinz Rühmann als Co-Produzent beteiligt ist, wird am letzten Tag des Jahres 1948 in deutschen Kinos das erste Mal gezeigt. Doch es scheint zunächst, als ob die „Ballade“ im Silvestertrubel ungehört verklingen würde. Der Kritiker des „Tagesspiegel“ moniert eine „dünne Handlung“ und klagt, dass sich für die Hauptfigur „kein einheimischer Schauspieler finden ließ“.

Hier irrt der Kritiker: Der Hauptdarsteller ist ein sächsischer Jüngling namens Gert Fröbe, dessen Weltkarriere hier ihren Anfang nimmt. Die Rolle, die er spielt, heißt „Otto Normalverbraucher“. Und der gilt, bis heute, als Synonym und Prototyp für den Durchschnittsbürger, den „kleinen Mann von der Straße“.

Der deutsche Durchschnittsbürger des beginnenden Jahres 1949 verheizt seine Möbel, weil er friert. Und er hat Hunger. Der Schauspieler Ernst Jacobi („Bauern, Bonzen, Bomben“) schreibt in seiner Autobiografie „geb. ’33“ (Transit-Verlag): „Zu essen gab es wenig in der Zeit. Man hatte Mindest-Kalorien ausgerechnet und sie als Basis für die Lebensmittelkartenklasse III und IV bestimmt. Mit sehr viel Phantasie bemühte meine Mutter sich, etwas daraus zu zaubern, das schmecken sollte, wie zum Beispiel einen Brotaufstrich, den ich mit Leberwurst verwechseln können sollte. Ich konnte mich an Leberwurst sehr gut erinnern, und deshalb zog ich eine Scheibe Trockenbrot, vielleicht auf einer Gabel überm Gas geröstet, vor.“

Es ist nicht viel, was Otto Normalverbraucher verbrauchen kann, in diesen Zeiten, in denen viele deutsche Städte noch in Trümmern liegen. Steckrübeneintopf gilt nahezu als Festessen, ab Januar 1949 gibt es im von den Sowjets blockierten Westsektor Berlins wenigstens „ein Kuchenbrot auf einen der 500-Gramm-‚W‘-Abschnitte der Brotkarte in Verbindung mit dem Sonderabschnitt ‚B‘ der Fleischkarte“.

Auch das Ausland mag uns wieder: Der Film „Liebe 47“ mit Hilde Krahl (nach dem Drama „Draußen vor der Tür“ von Wolfgang Borchert) wird beim Internationalen Festival von Locarno ausgezeichnet

Ohne Komma, aber glücklich: „Hurra wir leben noch“ – so feiern die Berliner die Aufhebung der sowjetischen Blockade am 12. Mai

Nach der Einführung der D-Mark 1948 in den drei Westzonen sind zwar die Läden voll. Doch für viele Waren benötigt man auch vier Jahre nach Kriegsende noch Lebensmittelmarken

FOTOS: ULLSTEIN-BILD, INTERFOTO, AKG-IMAGES, GETTY IMAGES, BPK

Das erste Kabinett von Bundeskanzler Konrad Adenauer (3. v. l.). Links neben dem Kanzler der „Vater des (späteren) Wirtschaftswunders“, Ludwig Erhard

Wenige Tage nach der offiziellen DDR-Gründung marschiert die FDJ (Freie Deutsche Jugend) zur Berliner Humboldt-Universität

Von so einem Auto träumen die meisten Deutschen 1949 vergeblich: ein Mercedes 170 D. Er wird bis 1953 gebaut, kostet 9200 Mark, hat 38 PS und fährt maximal 108 km/h. Diesel ist damals für 31 Pfennig pro Liter zu haben, aber nur auf Bezugsschein

Aus welchen Quellen Herta Charlotte Heuwer am 4. September die Zutaten bezieht, die sie am Nachmittag dieses Tages in einem großen Bottich zusammenrührt, ist ein Geheimnis, das sie 50 Jahre später mit ins Grab nimmt. Sicher ist nur: Am Ende des Tages brodelt im Topf ihrer Imbissbude in Berlin-Charlottenburg die Soße, die eine gewöhnliche Brühwurst erst zu einer Original-Currywurst veredelt. Tomatenmark ist darin, Paprikastücke und getrocknetes Pulver, darunter zwölf Ingredienzien, angeblich aus Indien. Das Patentamt belohnt die säuerliche Mischung mit einem Markenzeichen: „Chillup“ – eine der größten Erfolgsstorys der Nachkriegszeit.

Ein anderer ’49er-Hit hat drei Strophen und einen Refrain, den noch heute jeder kennt: „Bella, bella, bella, Marie/Bleib mir treu, ich komm zurück morgen Früh/Bella, bella, bella Marie/Vergiss mich nie.“

Die „Capri-Fischer“, komponiert von Gerhard Winkler, getextet von Ralph Maria Siegel, werden in der gesungenen Version des ehemaligen Zeitungsverkäufers Rudi Schuricke ein Welterfolg – mit Verspätung. Schon im Kriegsjahr 1943 erstmals aufgenommen, verbieten die Nazis die Edelschnulze, weil die US-Army damals bereits auf Capri gelandet war. 1947 ist dann der Operntenor Kurt Reimann der erste Nachkriegsinterpret, dessen Aufnahme allerdings ausschließlich in der damaligen SBZ (sowjetisch besetze Zone) gekauft werden kann. Bis heute gehört der Sehnsuchts-Song ins Repertoire von Max Raabe – und zum bevorzugten Liedgut der Alt-Kanzler Helmut Kohl (CDU) und Gerhard Schröder (SPD).

DIE CHRONIK VON 1949

2. 3. Eine Boeing B-50 schafft **den ersten Rund-um-die-Welt-Flug** ohne Zwischenstopp. ►

10. 3. **Israelische Truppen** erobern **Elat.**

24. 3. **Laurence Olivier** erhält einen **Oscar** für den Film **„Hamlet“**.

4. 4. Zwölf Staaten gründen das **westliche Verteidigungsbündnis Nato.**

13. 4. Urteile im **letzten Kriegsverbrecher-Prozess** in Nürnberg gegen Beamte des Auswärtigen Amtes.

16. 4. An diesem Tag werden **12 849 Tonnen Lebensmittel** in das von den Sowjets blockierte Berlin geflogen.

4. 5. Die **Mannschaft des FC Turin** stirbt bei einem **Flugzeugunglück.**

9. 5. **Rainier III.** wird **Fürst von Monaco.** ►

12. 5. **Ende** der **Berlin-Blockade.**

23. 5. Verkündung des **Grundgesetzes** der Bundesrepublik.

29. 5. Der Volkskongress nimmt die **Verfassung der DDR** an.

13. 6. Belgische Truppen gehen an der Ruhr mit **Waffengewalt gegen Arbeiter** vor, die die Demontage eines Werks verhindern wollen.

25. 6. **Uraufführung** der Oper **„Das verzauberte Ich“** in Wuppertal.

26. 6. ZSG Union Halle wird nach einem 4:1-Sieg über Fortuna Erfurt **ostdeutscher Fußballmeister.**

10. 7. Der VfR Mannheim wird **deutscher Meister** nach einem 3:2-Sieg nach Verlängerung über Borussia Dortmund.

◄ 13. 7. **Papst Pius XII.** exkommuniziert alle Kommunisten.

1. 8. Der Schriftsteller **Thomas Mann** wird **Ehrenbürger von Weimar.**

7. 8. Erstmals seit Ende des Kriegs geht es auf dem **Nürburgring** wieder um den **Großen Preis.**

14. 8. **Wahlen** zum **ersten Deutschen Bundestag.** Von den 402 Mandaten bekommt die CDU/CSU 139, acht mehr als die SPD.

29. 8. Die **Sowjetunion** zündet ihre **erste Atombombe.** ►

12. 9. Der FDP-Politiker **Theodor Heuss** wird zum **ersten Bundespräsidenten** gewählt.

15. 9. Der 73-jährige CDU-Vorsitzende **Konrad Adenauer** wird **Bundeskanzler.**

20. 9. **Vereidigung des ersten Bundeskabinetts.**

1. 10. Mao gründet die Volksrepublik China.

◄ 10. 10. Der ehemalige Reichstrainer **Sepp Herberger** wird zum **Bundestrainer** der Fußballnationalelf berufen.

11. 10. **Wilhelm Pieck** wird **Staatspräsident** der DDR.

12. 10. **Gründung** des **DGB.**

15. 11. Der Archäologie-Roman **„Götter, Gräber und Gelehrte“** des Berliners C. W. Ceram erscheint bei Rohwohlt. Das Sachbuch verkauft sich bis heute über fünf Millionen Mal.

19. 12. **Erich von Manstein,** Generalfeldmarschall a. D., wird von den Briten zu 18 Jahren Haft verurteilt.

Zwei Jungs in Hannover vor zerbombten Häusern. Ihr altes Fahrrad gilt als Luxus

STECKRÜBENEINTOPF

Zutatenliste für 4 Personen
600 g Steckrüben, 500 g Kartoffeln, 1 TL Kümmel, 1 EL Mehl, 750 ml Wasser, Salz und Pfeffer

Zubereitung
Die Kohlrüben dick abschälen, in fingerdicke und halbfingerlange Streifen schneiden. Dann die Kohlrüben in Wasser aufkochen und anschließend das Kochwasser abgießen, damit die Kohlrüben ihren strengen Geschmack verlieren.
Mit Wasser, Salz und Pfeffer neu ansetzen. Wenn die Kohlrüben weich sind, werden die gewürfelten Kartoffeln dazugegeben. Zum Schluss das Mehl in Wasser kalt anrühren und zur Suppe geben.

Beratung: Prof. Volker Pudel, Uni Göttingen

Ein liebevoll gestalteter Blumenkorb von damals.
Als „New Look“ empfiehlt der Berliner Modezeichner Gerd Hartung 1949 seinen Entwurf für einen schicken Mantel

Am 18. August 1949 gründet Schuhmachermeister Adolf Dassler im fränkischen Herzogenaurach die heute weltweit bekannte Schuhmarke mit den drei Streifen. Er nennt sie nach seinem Spitznamen „Adi“ und den ersten drei Buchstaben seines Nachnamens: Adidas

Deren Vorgänger, Konrad Adenauer (CDU), wird am 20. September 1949 als erster Bundeskanzler der Bundesrepublik Deutschland in der (provisorischen) Bundeshauptstadt Bonn auf das erst am 23. Mai verabschiedete Grundgesetz vereidigt. Fünf Tage vor seiner Vereidigung war Adenauer mit nur einer Stimme Mehrheit – seiner eigenen – zum ersten Regierungschef der nur teilweise souveränen zweiten deutschen Republik gewählt worden. Knapp drei Wochen nach Adenauers Amtseid wird am 7. Oktober aus der Sowjetischen Besatzungszone die DDR. Ihr erster Ministerpräsident heißt Otto Grotewohl, Wilhelm Pieck ihr erster Staatspräsident.

Adenauer, bei seinem Amtsantritt bereits 73 Jahre alt, war 1945 als Kölner Oberbürgermeister von den britischen Besatzern wegen „Unfähigkeit“ entlassen worden. Die Bundesrepublik regiert er 14 Jahre lang.

„Der Alte“, so nennen die Deutschen den Patriarchen, der in seinem Rhöndorfer Garten Rosen züchtet und philosophiert: „Die Rose ist etwas so Schönes, dass auch der wahnsinnigste Züchter sie nicht verderben kann.“ 36 Jahre nach seinem Tod wählen ihn die ZDF-Zuschauer zum „Größten Deutschen“.

Das letzte offizielle Wort des Gründungsjahres 1949 spricht allerdings nicht Adenauer, sondern, pünktlich zehn Minuten vor Mitternacht, der „Präsident der deutschen Bundesrepublik, Professor Theodor Heuss“, über alle Rundfunksender. Danach singt Rudi Schuricke von Capris roter Sonne.

Der 1. Januar 1950 ist ein Sonntag und am Montag, als die Geschäfte endlich wieder geöffnet sind, steht Otto Normalverbraucher mit seiner Frau ganz hinten in einer langen Menschenschlange. Und wartet darauf, dass er sich als Inhaber einer Grundkarte auf die Fettabschnitte 375 Gramm Butter und 750 Gramm Schmalz abholen darf. Oder Margarine.

FOTOS: INTERFOTO, KEYSTONE, TIME LIFE/GETTY IMAGES, AKG, SIPA, SDZ/AP, ULLSTEIN-BILD, DPA, BPK

Kaum ist Walter Ulbricht Generalsekretär der SED und damit der mächtigste Mann der DDR, befiehlt er Anfang September 1950 die Sprengung des Berliner Stadtschlosses, in dem die Könige und Kaiser der Hohenzollern regierten. Für Ulbricht ist der Bau ein Symbol des „preußischen Absolutismus“

Heimkehr nach drei Jahren Hollywood: Hildegard Knef als 25-Jährige am 16. August auf dem Frankfurter Flughafen

1950

Das „Schwarzwaldmädel“ kommt in die Kinos, ein Elefant springt aus der Schwebebahn und Ulbricht lässt das Berliner Stadtschloss sprengen

So richtig glücklich fängt dieses neue Jahr eigentlich nur für drei Landstreicher an, die in Wendelsheim bei Mainz beim Klauen erwischt werden und im Ortsgefängnis landen. Ausgerechnet in der Zelle entdecken sie jedoch eine Axt, die ihnen am 1. Januar den Weg in die Freiheit öffnet.

Für den anständigen Rest der Deutschen (in der Bundesrepublik leben 47 Millionen Menschen, in der DDR 17 Millionen) beginnt die zweite Hälfte des 20. Jahrhunderts dagegen mit einem Kostenschock: Für einen Liter Benzin sind ab sofort 60 Pfennige zu zahlen – 50 Prozent mehr als im alten Jahr. Das Kilo Butter kostet auf dem Schwarzmarkt, den es noch immer gibt, 18 Mark und eine einzige US-Zigarette 20 Pfennige. Wer Arbeit hat, verdient im Schnitt 300 Mark netto im Monat und fürchtet sich davor, diese Arbeit zu verlieren. Und diejenigen, die zu den 12 Prozent gehören, die ohne Arbeit sind, haben Zeit genug, sich angesichts der fernen Korea-Krise vor dem

„Streetweare“ der 50er: Die Lederhose kniekurz und „unkaputtbar“

nächsten Weltkrieg zu fürchten; der letzte ist erst seit fünf Jahren überstanden. Der Satiriker Martin Morlock, der später regelmäßig für das legendäre Münchner Kabarett „Lach- und Schießgesellschaft" texten wird, trifft den Zeitgeist, der zwischen Angst und Fatalismus hin und her gespenstert: „Wir sitzen auf dem Pulverfass – na und? / Na ja! / Wahrscheinlich ist das Pulver nass. / Sonst wär'n wir nicht mehr da."

Die Stimmung im Volk bessert sich im Lauf der Monate dann doch beträchtlich, was vor allem an zwei politischen Reformen liegt: Am 24. April beschließt der Bundestag ein Gesetz, das den sozialen Wohnungsbau durch Bund, Länder und Gemeinden fördert. In den nächsten Jahren entstehen dadurch in der Bundesrepublik jährlich 500 000 neue Wohnungen.

Die andere Maßnahme greift sofort: Ab 1. Mai gibt es in der Bundesrepublik keine Lebensmittelmarken mehr – das Verschwinden der Bezugsscheine ist der erste Triumph der noch jungen Marktwirtschaft.

Die übrige Welt allerdings nimmt in diesem Jahr erst wirklich von Deutschland Notiz, als in Wuppertal ein Elefant ins Wasser fällt.

Am 21. Juli kommt Zirkusdirektor Franz Althoff auf die bizarre Idee, seinen Jungelefanten Tuffi (damals 4) mit der

Die badische „Bärbel", gespielt von einer Berlinerin: Sonja Ziemann als herziges „Schwarzwaldmädel" in den Armen von Rudolf Prack

Mit seinem Sprung aus der Wuppertaler Schwebebahn am 21. Juni 1950 wird der junge Elefant Tuffi vom Zirkus Althoff weltbekannt. Dieses Bild ist eine Fotomontage, denn keiner der mitfahrenden Fotografen drückt im richtigen Moment des Elefantensprungs in die Wupper auf den Auslöser

Mit 3300 DM ist der ab 1950 von Borgward gebaute Lloyd LP 300 exakt 1100 DM billiger als ein VW-Käfer. Der als „Leukoplastbomber" geschmähte Kleinstwagen hat nur zehn PS und fährt maximal 75 Kilometer pro Stunde. Der Volksmund spottet dennoch: „Wer den Tod nicht scheut, fährt Lloyd"

FOTOS: CINETEXT, ULLSTEIN-BILD, GEORG LUKAS

Das Ende der Lebensmittelmarken

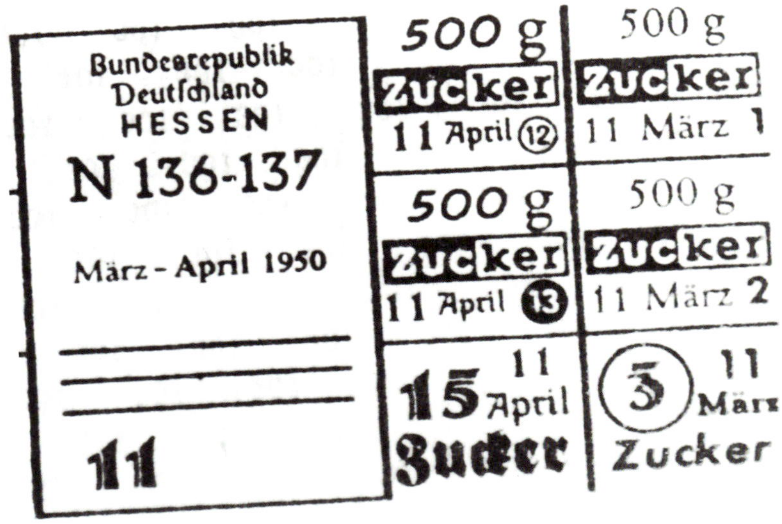

Eine Karte besteht aus 150 Abschnitten, man bekommt Zucker, Fett, Brot: die ungeliebten Lebensmittelkarten, die im Mai abgeschafft werden

DIE CHRONIK VON 1950

28. 1. Der **DFB** wird **50.**

8. 2. Die **DDR-Volkskammer** beschließt, ein Ministerium für **Staatssicherheit** zu gründen.

28. 2. US-Hochkommissar **John McCloy** schlägt gesamtdeutsche Wahlen vor – vergeblich.

1. 3. **Klaus Fuchs,** ein aus Deutschland stammender Atomphysiker, wird in London wegen Spionage für die Sowjets zu **14 Jahren Haft** verurteilt. ►

12. 3. Schriftsteller **Heinrich Mann** („Der Untertan") stirbt mit 75 Jahren in Santa Monica (Los Angeles).

19. 3. Eine **D-Mark** kostet neun **Ost-Mark**.

23. 3. Der Bundestag lehnt die Wiedereinführung der **Todesstrafe ab.**

9. 5. Der französische Außenminister **Robert Schuman** stellt einen Plan für eine **Europäische Gemeinschaft** vor.

15. 5. Helmut Käutners Film **„Unter den Brücken"** kommt in die Kinos.

17. 5. Die DDR senkt die **Volljährigkeit** auf 18 Jahre, die Bundesrepublik folgt erst 1975.

20. 5. **Explosion** in der **Zeche Dahlbusch** in Gelsenkirchen. 78 Kumpel sterben.

◄ 28. 5. US-Boxer **Jersey Joe Walcott** besiegt den deutschen Schwergewichtsmeister **Hein ten Hoff.**

4. 6. Die komplette Elf der **SG Dresden Friedrichstadt** mit dem späteren Bundestrainer **Helmut Schön** flüchtet nach West-Berlin.

10. 6 **Eröffnung** des größten **Freilichtkinos** der Welt in Berlin.

11. 6. Der NWDR **(Nordwestdeutscher Rundfunk)** beginnt mit einem TV-Probebetrieb.

17. 6. **Rowohlt** fängt mit der Serie seiner Romane im Rotationsdruckverfahren an (rororo). Erster Band: **„Kleiner Mann, was nun?"** von Hans Fallada.

25. 6. **Walter Ulbricht** wird **Generalsekretär** der SED (Sozialistische Einheitspartei) der DDR. ►

25. 6. Der **VfB Stuttgart** wird nach einem 2:1 über Kickers Offenbach **Deutscher Fußballmeister**.

3. 7. **Wiedereröffnung** des Berliner Kaufhauses **KaDeWe.**

18. 8. Beginn der Funkausstellung in Düsseldorf. Erstmals werden **UKW-Radios** vorgestellt.

29. 8. Auf der **Biennale in Venedig** wird der wegen angeblicher Unmoral umstrittene Film „Der Reigen" von Max Ophüls gezeigt

◄ 9. 10. Aus Protest gegen Pläne von Bundeskanzler Konrad Adenauer (CDU), bundesdeutsche Streitkräfte aufzustellen, tritt (der spätere Bundespräsident) **Gustav Heinemann** (CDU) als Bundesinnenminister zurück.

17. 11. Der Massenmörder **Rudolf Pleil** wird in Braunschweig zu lebenslanger Haft verurteilt.

3. 12. Die Illustrierte **„Quick"** veröffentlicht das erste Abenteuer von **„Nick Knatterton"**, gezeichnet von Manfred Schmidt.

berühmten Wuppertaler Schwebebahn über den Fluss gondeln zu lassen. Am Anfang geht auch alles gut: Das Elefantenmädchen nimmt um 10.30 Uhr den Fahrschein mit dem Rüssel entgegen und tapst in den Waggon. Doch kaum setzt sich die Bahn schaukelnd in Bewegung, dreht Tuffi durch: Drückt mit ihren 14 Zentnern kurz vor der Station Adlerbrücke den Fensterrahmen des Abteils nach außen und springt in die Wupper.

Obwohl der Elefant sich später nahezu unverletzt einfangen lässt, hat der PR-Gag Folgen – für den Zirkusdirektor und den Leiter der Verkehrsabteilung. Beide werden wegen Transportgefährdung zu einer Geldstrafe verurteilt. Tuffi hingegen besteigt nie wieder eine Schwebebahn, altert in Würde und stirbt erst 1989 in einem französischen Zirkus.

Auch Walter Ulbricht, Ende Juni gewählter Generalsekretär der SED (Sozialistische Einheitspartei Deutschlands), hat offenbar einen Sinn für Spezialeffekte: Kaum im Amt befiehlt der Sachse mit der Fistelstimme, das Berliner Stadtschloss zu sprengen, in dem die preußischen Könige und Kaiser regierten. Ulbrichts Wille geschieht: Vom 7. September bis Ende Dezember wird ein wichtiger Teil von Preußens Geschichte vor den Augen der Öffentlichkeit geradezu pulverisiert.

In Westdeutschland kommt es am 31. August auch zu einem gewaltigen Krach – der erste Minister verlässt das Kabinett Adenauer. Innenminister Gustav Heinemann erklärt seinen Rücktritt, als bekannt wird, dass der Kanzler klammheimlich mit US-Hochkommissar John J. McCloy über die Aufstellung westdeutscher Streitkräfte verhandelt hat. Der engagierte Christenmensch Heinemann wechselt später von der Adenauer-CDU zur SPD. 1969 wird er zum Bundespräsidenten gewählt.

Für den Film, damals gerne „Filmkunst" genannt, beginnt am 7. September in Stuttgart eine neue Zeitrechnung: An diesem Tag hat das „Schwarzwaldmädel" Premiere – es ist der erste deutsche Farbfilm. Innerhalb von nur zwei Jahren kaufen sich 16 Millionen Menschen eine Kinokarte, um die Romanze zwischen Sonja Ziemann und Rudolf Prack zu sehen. Den Überraschungserfolg der schlichten Operetten-Adaption erklärt Hauptdarstellerin Ziemann in ihren Erinnerungen („Ein Morgen gibt es immer", Langen Müller) so: „Die Menschen lebten in zertrümmerten Städten. Sie wären sicher gerne in den Schwarzwald gereist. Aber wenn sie Arbeit hatten, fehlte ihnen die Zeit, und hatten sie keine Arbeit, fehlte ihnen das Geld." Das Buch von Frau Ziemann ist längst vergriffen. Das Gefühl, das sie beschrieb, bleibt.

BROTSUPPE

Zutatenliste für 4 Personen
250 g Brotreste, 1 Bund Suppengrün oder 250 g Spinat, 1 große Zwiebel, 3/4 Liter Milch, 3/4 Liter Wasser, 50 g Butter, Salz, 1 Eigelb

Zubereitung
Altbackenes Brot in Scheiben schneiden oder in Stücke brechen. Brot und Zwiebeln in der Pfanne mit Butter anrösten, Gemüse hinzufügen, anschließend mit Milch oder Wasser aufgießen und 20 Minuten kochen lassen. Pürieren und mit einer Mischung aus Eigelb und Milch abbinden.

Zum Bestseller wird er erst später: die allererste Ausgabe des Otto-Katalogs mit Schwarz- Weiß-Fotos und der Schuhmode für Herbst und Winter

Sieg mit Nummer Sieben: Die Berlinerin Susanne Erichsen (damals 24) gewinnt am 2. September in Baden-Baden die Wahl zur „Miss Germany“. Später gründet sie eine Modelschule. Sie stirbt im Jahr 2003

◂ Die Münchner Zwillingsschwestern Jutta und Isa Günther (damals 12 Jahre alt) geben als „Doppeltes Lottchen“ nach dem Roman von Erich Kästner ihr Film-Debüt

Die neutrale Schweiz ist am 22. November in Stuttgart erster Gegner der Nationalmannschaft des DFB nach dem Krieg. Trainer: Sepp Herberger, Endergebnis 1:0

FOTOS: SZ PHOTO, INTERFOTO, STERN, ULLSTEIN-BILD, KEYSTONE, DPAVV

Es ist die Traumhochzeit des Jahrzehnts: Der Schah von Persien heiratet die deutschstämmige Soraya. Ihr Kleid stammt von Dior und hat eine zehn Meter lange Schleppe

1951

Die KNEF zeigt sich als nackte Sünderin. Die Tochter einer Deutschen wird KAISERIN und NECKERMANN macht's zum ersten Mal möglich

Die iranische Hauptstadt Teheran erlebt am 12. Februar den Höhepunkt eines Märchens, das nicht nur den Berichterstatter des „Hamburger Abendblatt" an „1001 Nacht" erinnert. Schah Reza Pahlevi nimmt ein 17-jähriges Mädchen zur Frau, und die Nachkriegsdeutschen sind zutiefst ergriffen. Denn Eva Karl, die Mutter der Braut, sie stammt aus Deutschland.

Ihre Tochter Soraya wird „Kaiserliche Hoheit", wird „die Deutsche auf dem Pfauenthron" und wird vor allem eines: an der Seite des Schahs unglücklich und depressiv. 1958 folgt die Scheidung wegen Kinderlosigkeit, **Soraya bekommt 17 Millionen D-Mark Abfindung und einen Beinamen: „Prinzessin Schwermut". Schwermütig bleibt sie, bis mit ihrem Tod 2001 ein Märchen aus den 50er-Jahren traurig zu Ende geht.**

„Eine Dame soll eben – das ist ein Grundsatz der guten Lebensart – nie hervortreten. Die Zier der Dame ist ihre Zurückhaltung": So steht es 1951 im Benimmratgeber „Der gute Ton von heute".

Das rot gebundene Standardwerk, für 5,90 Mark im gut sortierten Buchhandel erhältlich, hat Dr. Walther von Kamptz-Borken verfasst, und die Gesellschaft, die jetzt endlich wieder eine „bessere" sein möchte, hält sich an diese Regeln. Wer sich nicht daran hält, bekommt die ganze Verachtung der Gesellschaft zu spüren, ihre Wut, ihren Hass. Eine, die sich nie daran gehalten hat, ist die am 28. 12. 1925 in Ulm geborene Schauspielerin Hildegard Frieda Albertine Knef, die im August 1950 nach drei erfolglosen Hollywood-Jahren zurückkehrt und ihrem Heimatland im Januar 1951 den heftigsten Leinwand-Skandal nach dem Krieg beschert.

Anlass ist ihr Comeback-Film „Die Sünderin", den die Kirchen und die Kultusminister-Konferenz der Länder schon vor der Premiere verhindern wollen. Denn

obwohl Regisseur Willi Forst („Wiener Blut") während der Dreharbeiten eine strenge Pressesperre verhängt, sickert vom Inhalt genug durch, um vorab für Aufruhr zu sorgen. „Die Sünderin" propagiere angeblich Tötung auf Verlangen, verherrliche Selbstmord und billige die Prostitution. Nach der Premiere am 18. Januar wird außerdem klar, dass die Hauptdarstellerin etwa acht Sekunden lang nackt zu sehen ist – die Kritik ist dennoch ernüchternd. Der Berliner „Telegraf" schreibt: „Den Film ‚entsittlichend' zu nennen, heißt an seinem wirklichen Unwert vorbeigehen. Deshalb wollen wir lieber vom Geschmack reden und zwar vom künstlerischen, gegen den ein sorgsam vorbereitetes Attentat stattgefunden hat."

Das Werk, nach Ansicht der Knef zwar „gut gemacht, aber artig melodramatisch", wäre also wahrscheinlich rasch in den Archiven verschwunden, hätte die Kirche nicht weitergehetzt. Knef-Biograf Jürgen Trimborn: „In ihrem Wahn, die Menschen vor dem beschützen zu müssen, was ihrer Meinung nach schädlich ist, erscheint den Klerikern in diesen Tagen jedes Mittel recht.

Geistliche stacheln Jugendliche an, in den Kinos Stinkbomben, Tränengas und Niespulver zu werfen und vor den Kinos Handzettel zu verteilen mit den Aufschriften: ‚Achtung! Giftmord!'; ‚Gift für unser Volk'; ‚Gift für unsere Jugend!'" Kinobetreiber, die den Film zeigen, erhalten Morddrohungen, der Kölner Kardinal Josef Frings lässt von allen Kanzeln seiner Erzdiözese den Boykott gegen den sündigen Film predigen.

Die Knef selbst scheint noch Jahre später beim Verfassen ihrer Autobiografie „Der geschenkte Gaul" unter Schock zu stehen: „Aus dem Erfolg war Verfolgung geworden, hatte ich Namen verloren, war er mit ‚Sünderin' ersetzt, waren Drohbriefe, Morddrohungen, im Detail aufgeführte Anliegen zahlloser Sexualverrückter tägliche Lektüre."

Eine Blaskapelle spielt, die Menschen warten am 11. Juni darauf, dass sich endlich die Tore des ersten Neckermann-Kaufhauses in Frankfurt öffnen (oben). Josef Neckermann (links, starb 1992 mit 80 Jahren) wird einer der berühmtesten deutschen Nachkriegsunternehmer. Den Slogan „Neckermann macht's möglich" gibt es seit 1960

Fernsehen ist 1951 noch etwas ganz Besonderes. Hier drängeln sich Zuschauer vor einem TV-Apparat in Berlin-Steglitz. Sehen können sie nur ein Versuchsprogramm. Erst ab 1952 gibt es offizielle Sendungen

Vor einem Abstimmungslokal in Löbejün (bei Halle) trommelt ein Musikzug der DDR-Jugend für den Abschluss eines Friedensvertrags für Gesamtdeutschland. Sowjet-Diktator Stalin ist bereit, die Wiedervereinigung zu akzeptieren, wenn Deutschland neutral bleibt

FOTOS: TIME LIFE PICTURES/GETTY IMAGES, ULLSTEIN-BILD, INTERFOTO, PEOPLE PICTURE

Die Sünderin musste nach HOLLYWOOD „fliehen“

Also „flieht“ sie am 31. Oktober 1951 erneut nach Amerika – und niemand weint ihr nach: „Dass eine ‚Sünderin' im Sündenpfuhl Hollywood-Karriere machen wird, passt ins Bild der Adenauer-Zeit“, schreibt Biograf Trimborn.

Weitaus besser hat sich 1951 ein anderer Deutscher an dieses Land und diese Zeit angepasst: Josef Neckermann, Sohn eines Kohlenhändlers aus Würzburg. Neckermann, bei Kriegsende als „Reichsbeauftragter für Bekleidung“ für das Hitler-Regime tätig, macht auch in der jungen Demokratie schnell Karriere – weil er seine alten Seilschaften nutzt. Zunächst baut er seinen Versandhandel auf, der ihn zum „ungekrönten Schürzenkönig Deutschlands macht“ (Tho-

Das Filmplakat verspricht mehr, als der Film hält: Acht Sekunden ist die 25-Jährige nackt zu sehen (kl. Foto). Der künstlerisch unbedeutende Film wird mit insgesamt sieben Millionen Zuschauern dennoch ein Erfolg

Solch eine Schnapswerbung würde sich heute niemand mehr trauen: Eine Hand im schicken Autofahrerhandschuh mit Wagenschlüssel hält ein Glas mit Weinbrand

Viele Kinder, die im oder kurz nach dem Ende des Zweiten Weltkriegs 1945 geboren sind, haben ihre Väter nie gesehen, weil sie gefallen oder vermisst sind. Dieser Junge hat Glück: Er kann seinen Papa, der sechs Jahre nach Kriegsende aus sowjetischer Kriegsgefangenschaft zurückkehrt, mit einem Blumenstrauß begrüßen

DIE CHRONIK VON 1951

1. 1. Bundespräsident **Theodor Heuss** stellt die Nationalhymne der Bundesrepublik vor: „Einigkeit und Recht und Freiheit ..."

15. 1. **Ilse Koch**, brutale „Kommandeuse" des KZ Buchenwald, wird zu lebenslanger Haft verurteilt.

18. 1. Der Film **„Die Sünderin"** mit Hildegard Knef löst einen Skandal aus.

28. 1. **Lorenz Nieberl** und **Anderl Ostler** sind die ersten deutschen Weltmeister im Zweierbob nach dem Krieg.

3. 2. **Alfried Krupp** (rechts) von Bohlen und Halbach wird aus alliierter Haft entlassen. ►

12. 2. Der **Schah von Persien** heiratet **Soraya**, deren Mutter aus Deutschland stammt.

15. 3. **Konrad Adenauer** übernimmt zusätzlich zum Kanzler- das neu entstandene **Auswärtige Amt**.

16. 3. Der **Bundesgrenzschutz** wird gegründet.

17. 3. Die **Deutsche Oper** in Berlin zeigt erstmals Paul Dessaus **„Die Verurteilung des Lukullus"**.

23. 2. Eiskunstlauf-WM in Mailand. Ria Baran und Paul Falk siegen.

8. 3. Gründung des **Bundeskriminalamtes**.

12. 3. Weltrekord! **Wilhelm Herz** schafft mit seinem 500-Kubikzentimeter-NSU-Motorrad 289,796 km/h.

10. 4. Der **Bundestag** beschließt die Mitbestimmung in Bergbau-, Stahl und Eisenunternehmen.

15. 4. Erstes Auslandsspiel der **Nationalelf**. Deutschland besiegt die Schweiz mit 3:2.

19. 4. Bundespräsident **Heuss** (rechts) eröffnet in Frankfurt/Main die erste deutsche Automobilausstellung nach dem Krieg. Begehrtester Traumwagen: ein Mercedes-300-Cabrio (sechs Zylinder, 115 PS, Klimaanlage für 23 700 DM) ►

20. 4. In Köln beginnt die **1. Photokina**.

7. 6. Die letzten sieben Todesurteile der **Nürnberger Prozesse** werden von den Alliierten in Landsberg vollstreckt.

14. 6. Erster Staatsbesuch **Adenauers**. Er reist nach Italien.

26. 6. **Verbot** der DDR-Jugendorganisation **FDJ** in Westdeutschland.

26. 6. Sechs Jahre nach Kriegsende werden erstmals wieder **Richard-Wagner-Festspiele** in Bayreuth eröffnet.

◄ 2. 7. Deutschlands bekanntester Arzt, Professor **Ferdinand Sauerbruch**, stirbt mit 76 Jahren

10. 7. (West-)Berlins Regierender Bürgermeister Ernst Reuter weiht das **Luftbrückendenkmal** in Berlin-Tempelhof ein.

3. 8. SED-Chef **Walter Ulbricht** enthüllt in Ost-Berlin das erste Stalin-Monument.

18. 8. Der Deutsche **Wilhelm Hogrefe** wird Sieger beim Marathonlauf auf der Originalstrecke.

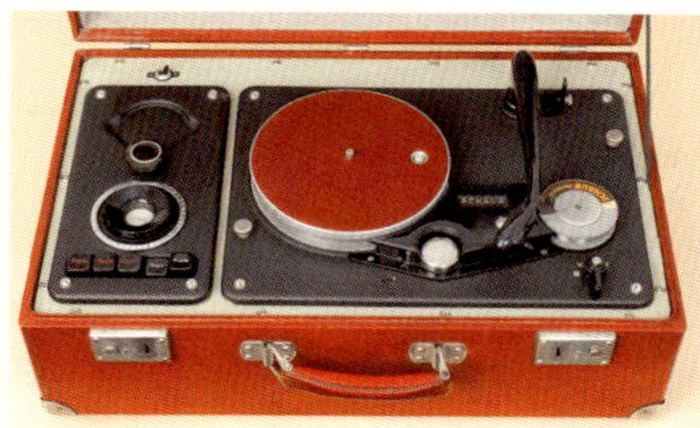

▲ 31. 8. Die Deutsche Grammophon präsentiert die **erste Langspielplatte** mit **33 1/3** Umdrehungen pro Minute.

13. 9. **Gustaf Gründgens** weiht das Düsseldorfer Schauspielhaus ein.

16. 9. Urwaldarzt **Albert Schweitzer** erhält den **Friedenspreis** des Deutschen Buchhandels.

23. 9. **Hein ten Hoff** besiegt mit gebrochener Hand den Briten **Jack Gardner** und wird Box-Europameister im Schwergewicht.

28. 9. Das **Bundesverfassungsgericht** tagt erstmals.

8. 10. Die **DDR** beendet die **Rationierung** von Fettfleisch und Zucker.

4. 12. In Darmstadt gründet sich die Schriftstellergruppe **P. E. N.-Zentrum** Deutschland. Erster Vorsitzender wird **Erich Kästner („Fabian")**.

Cornelia „Conny" Froboess (damals 7) wird 1951 mit ihrem Schlager „Pack die Badehose ein ..." zum gefeierten Kinderstar, das kesse Lied ist ein Evergreen

Traude Eisenkolb im modischen Bikini entlarvt die DDR-Propaganda. Ihre Geschichte erscheint sogar im US-Magazin „Time"

mas Veszelits, Verfasser der Familien-Biografie) und schließlich, am 11. Juni, eröffnet der 39-jährige „Necko" sein erstes Kaufhaus am Frankfurter Ostbahnhof. Bei strahlendem Sonnenschein warten über 10 000 Menschen, dass sich um 14.37 Uhr die Glastüren des Einkaufsparadieses öffnen. Dass unter dem folgenden Andrang zahlreiche Regale, Scheiben und Vitrinen scheppernd zu Bruch gehen, kann Neckermann lächelnd verschmerzen: Die Stadt Frankfurt überließ ihm seine 6500 Quadratmeter Gewerbegrund auf 99 Jahre für eher symbolische 1 Mark pro Quadratmeter.

Neckermann wird das Gesicht der Republik in den nächsten Jahren prägen wie wenige andere – nur kurz dagegen ist die Berühmtheit, an der sich die Stenografin Traude Eisenkolb aus Saalfeld erfreuen kann. Das US-Magazin „Time" erzählt am 6. August der ganzen Welt die Geschichte von Traudel aus Thüringen: Sie war von der DDR-Propaganda entdeckt worden, um Frauen für die schwere Arbeit am Hochofen anzuwerben. **Als „beste Mischung von Schönheit und Marxismus" wird sie bejubelt und auf Tournee durch die Zone geschickt, ein DEFA-Film entsteht, der Traudel am Hochofen zeigt.** Doch ihr ist der Rummel schnell zu viel, sie möchte zurück zu ihrem Stenoblock. Klappt nicht: Die Genossen werfen ihr so lange „Abweichlertum" vor, bis Traudel tatsächlich in den Westen flüchtet. Ihre Kurzform der Story: „Jetz warsch nu ä richtsches Brobagandafärd."

Ein Propagandapferdchen, ein hübsches, ist sie fortan im Westen, der sich diesen Erfolg in der psychologischen Kalte-Krieg-Führung nicht entgehen lässt.

BRENNESSELSUPPE

Zutatenliste für 4 Personen
1 Zwiebel, 1 Knoblauchzehe, 600 g frische Brennnessel, 1 Stange Porree, 2 Kartoffeln, Öl, frischer Kerbel, Salz, Pfeffer, Muskat, Sahne

Zubereitung
Gewürfelte Zwiebel und in Scheiben geschnittene Knoblauchzehe in Öl andünsten.
Blattspitzen der Brennnesseln, Porree, Kerbel hinzufügen. Dünsten, gewürfelte Kartoffeln dazugeben, mit Fleischbrühe auffüllen, 30 Minuten köcheln lassen. Masse pürieren, mit Salz, Pfeffer, Muskat würzen und mit Sahne binden.

Ein Vamp der frühen 50er-Jahre: Ruth Niehaus, geboren 1925, wird 1951 für den Film entdeckt („Heidelberger Romanze"), ein Jahr später spielt sie in „Rosen blühen auf dem Heidegrab" ihre erste Kino-Hauptrolle. Später geht sie ans Theater zurück, führt selbst Regie. Ihren letzten Filmauftritt hat Ruth Niehaus, die 1994 stirbt, in Detlev Bucks „Wir können auch anders"

1952

Zwei Jungen retten ADENAUER vor einem Bombenattentat, eine deutsche FILMDIVA lehnt den Heiratsantrag von Orson Welles ab, und Axel Springer gründet BILD

Schwere Jungs: Anderl Ostler (vorn), Friedrich Kuhn, Franz Kemser und Lorenz Nieberl vom SC Rießersee holen bei den Olympischen Winterspielen in Oslo Gold für Deutschland im Viererbob. Ostler/Nieberl siegen auch im Zweierbob, Ria und Paul Falk beim Eiskunstlauf

Ein Kellerraum im Münchner Polizeipräsidium, es ist der 27. März 1952, kurz nach 18 Uhr. Sprengmeister Karl Reichert hält ein Päckchen in den Händen.

Zwei Jungs, Bruno Beyersdorf (damals 13) und Werner Breitschopp (12), hatten es am Münchner Hauptbahnhof von einem Unbekannten bekommen mit der Bitte, die Sendung bei der Post aufzugeben. Doch den aufgeweckten Buben kommt die Adresse „An den Bundeskanzler Dr. Konrad Ade-

Bruno Beyersdorf (13) und Werner Breitschopp (12) dürfen am 2. April 1952 Bundeskanzler Konrad Adenauer besuchen und bekommen goldene Armbanduhren. Dank ihres umsichtigen Verhaltens war ein Paketbombenattentat auf Adenauer wenige Tage zuvor fehlgeschlagen. Tragisch: Ein Sprengmeister kam ums Leben

Mit diesem Päckchen, in dem 500 Gramm Sprengstoff versteckt sind, soll Bundeskanzler Adenauer ermordet werden. Doch es explodiert bereits im Münchner Polizeipräsidium. Aufgrund der fehlerhaften Absenderangabe („Frankfort") kommen die Ermittler schnell zu dem Schluss, dass ein Ausländer der Bombenbauer sein müsse

nauer, Bundeshaus, Bonn" verdächtig vor. Sie liefern das Paket bei der Polizei ab.

Vorsichtig reißt Reichert das Packpapier auf, der Band L bis Z des „Kleinen Brockhaus" kommt zum Vorschein. Das ist das Letzte, was der Sprengmeister sieht: Die in dem ausgehöhlten Buch versteckten 500 Gramm Sprengstoff explodieren, der Sprengmeister stirbt.

Schnell wird klar, dass die Absenderangabe fingiert ist. Am 1. April bekennt sich eine „Organisation jüdischer Partisanen", die gegen die laufenden Wiedergutmachungsgespräche zwischen der Bundesrepublik und Israel kämpft, zu dem Anschlag. Doch Adenauer ist überzeugt: „Die Tat eines Verrückten."

1978 werden die Ermittlungen ergebnislos eingestellt. Mehr als ein halbes Jahrhundert nach dem missglückten Mordanschlag auf Adenauer behauptet ein Journalist, er habe den Täter gefunden. In seinem Buch „Attentat auf Adenauer" (Siedler-Verlag, 2003) schreibt Henning Sietz, der Israeli Elieser Sudit habe ihm gestanden, die Bombe gebaut zu haben. Auftraggeber sei der spätere israelische Ministerpräsident Menachem Begin (Friedensnobelpreisträger 1978) gewesen. Doch Beweise für Begins Verwicklungen gibt es bis heute nicht.

Für die Schandtat des volkstümlichen Boxers Peter Müller (1927–1992), respektlos-rheinisch „dä Aap" (der Affe) genannt, existieren hingegen Fotobeweise. Der deutsche Meister im Mittelgewicht bleibt nicht wegen seiner 68 K.-o.-Siege in Erinnerung, sondern vor allem, weil er am 8. Juni 1952 im Fight gegen Hans Stretz in Köln den Berliner Ringrichter Max Pippow mit einem rechten Haken umhaut. „Zigeuner", so habe der Ringrichter ihn genannt, entschuldigt sich „dä Aap": „Da hab ich ihn ausgemacht."

Die erste Ausgabe der BILD-Zeitung erscheint am 24. Juni. Gegen Bedenken seiner Manager bringt der Hamburger Verleger Axel Springer (Foto mit der Erstausgabe) das Blatt auf den Markt

FAHNDUNG GROSSE DREI FUNKER BANDITEN

30000-DM-Bild-Wettbewerb

Grenze bei Helmstedt wird gesichert!

10 Pfg
Bild
ZEITUNG

Ausgemacht war auch seine Karriere. Sperre, lebenslang, so das Urteil nach dem Ringrichter-K.-o. Zehn Monate später wird Müller begnadigt, tingelt als Catcher durch die Bundesrepublik und versucht sich als Stimmungssänger beim kölschen Karneval: „Rädebomm, dä Jong, da fällt nit om ..."

Hätte es bei Müllers K.-o.-Schlag gegen Ringrichter Pippow schon BILD gegeben, wäre das sicher auch die (K.-o.)-Schlagzeile vom 9. Juni 1952 gewesen. Doch BILD kommt wenige Tage nach dem kuriosen Knockout in die Welt.

Von Anfang an ist die kesse Lilli als Comic in BILD, gezeichnet von Reinhard Beuthien. Später gibt es Lilli auch als Werbefigur. Sie ist die Urmutter der Barbie-Puppen

FOTOS: THOMAS & THOMAS, BETTMANN/CORBIS, DPA, ULLSTEIN-BILD, BILD-ZEITUNG, DPA, MDR/ AXEL SPRINGER VERLAG AG

Beim Fernsehen liegt der OSTEN vorn

Pin-up-Girl von 1952

„Grenze bei Helmstedt wird gesichert!“: Mit diesem Aufmacher erscheint die erste Ausgabe der BILD-Zeitung am 24. Juni 1952. Am ersten Tag gibt es das Blatt kostenlos, danach kostet BILD zehn Pfennig, einen Groschen, wie man damals sagt.

Der Hamburger Verleger Axel Springer (1912–1985), wohlhabend geworden durch „Hamburger Abendblatt“, „Hörzu“, „Constanze“ und „Kristall“, wagt mit BILD eine Zeitung neuen Typs. Er konzipiert „eine unernste, besser gesagt antikonventionelle Zeitung“ mit vielen Bildern und kurzen Texten, die nicht zugestellt, sondern durch Händler oder am Kiosk verkauft wird.

„Ein Albtraum“ für die Verlagsdirektoren, beschreibt Professor Hans-Peter Schwarz in seiner Springer-Biografie (Propyläen-Verlag, 2008) die Reaktion der Verlagsmanager. Sie fürchten, Springer werde sein Unternehmen in den Ruin treiben. „Aber wie zumeist in diesen Anfangsjahren hört er nicht auf die Bedenkenträger“, so Schwarz.

Zunächst scheinen die Bedenkenträger recht zu behalten. Die Zeitung, die nach Springers Vorgabe den „Geschmack einer Vanilleschnitte am frühen Morgen“ haben soll, läuft nicht wie erträumt. Von 455 000 gedruckten Exemplaren am Erstverkaufstag sinkt die Auflage auf 245 000 im Dezember 1952.

Doch Springer glaubt an sich und an BILD. Bereits ein Jahr später kaufen 1,3 Millionen das Blatt, heute 3,14 Millionen.

RINDER-ROULADEN

Zutatenliste für 4 Personen
Vier Rinderrouladen à 100 g, vier Speckscheiben, drei Möhren, 1/4 Sellerieknolle, Gewürzgurken, Öl, Senf, Salz, Pfeffer, Brühe, Sahne.

Zubereitung
Rouladen mit Senf bestreichen, Speckscheiben auflegen, mit Salz und Pfeffer würzen. Dann dünn geschnittene Zwiebeln und Gurken auflegen. Fleisch rollen, mit Küchengarn fixieren, Rouladen im Topf von allen Seiten dunkel anbraten, mit Brühe ablöschen, grob geschnittene Möhren, Sellerie und Zwiebeln dazugeben, alles 11/2 Stunden köcheln lassen, Rouladen herausnehmen, Gemüse pürieren, abschmecken, mit Sahne verfeinern.

DIE CHRONIK VON 1952

2. 1. **Ford** in Köln nimmt die Autoproduktion auf.

6. 2. **Elizabeth II.** besteigt den britischen Thron.

8. 2. 9,6 Millionen Flüchtlinge sind in der Bundesrepublik. Der Bundestag beschließt die Aufstellung deutscher Streitkräfte innerhalb der EVG **(Europäische Verteidigungsgemeinschaft)**.

14. 2. Beginn der **VI. Olympischen Winterspiele** in **Norwegen.** ▲

1. 3. **Helgoland** kommt wieder unter deutsche Verwaltung.

10. 3. Sowjetdiktator **Stalin** lockt mit dem Angebot der Wiedervereinigung Deutschlands, wenn es neutral wird. **Kanzler Adenauer** und die **Westmächte** lehnen ab.

22. 3. **Flugzeugabsturz** bei Neu-Isenburg, 45 Tote (Foto).

25. 4. Das Land **Baden-Württemberg** entsteht aus Württemberg-Baden, Südbaden und Württemberg-Hohenzollern.

8. 5. Der Jahrestag der deutschen Kapitulation am 8. 5. 1945 wird in der **DDR** Nationalfeiertag.

24. 5. Wegen Sabotage wird **Johann Burianek** in der DDR zum Tod verurteilt.

27. 5. **Erich Honecker** steigt zum Chef der DDR-Jugendorganisation FDJ auf.

10. 6. **Carl Zuckmayer** („Des Teufels General“) erhält in Frankfurt/Main den Goethepreis.

15. 6. Die Mannschaft der Bundesrepublik wird **Weltmeister** im **Feldhandball**.

22. 6. Der **VfB Stuttgart** wird nach einem 3:2 über den 1.%FC Saarbrücken **westdeutscher Fußballmeister**, Turbine Halle DDR-Meister. ▸

24. 6. Die erste Ausgabe der **BILD-Zeitung** erscheint mit der Schlagzeile „Grenze bei Helmstedt wird gesichert“.

10. 7. Das **Lastenausgleichsgesetz** sieht Geldentschädigungen für Flüchtlinge, Vertriebene und Kriegsopfer vor.

18. 7. München ist die erste Stadt, die **Zebrastreifen** für Fußgängerüberwege einführt.

19. 7. Eröffnung der XV. Olympischen Sommerspiele in **Finnland**.

23. 7. **DDR** löst die Länder zugunsten von 14 Bezirken auf.

24. 8. Bei der Straßenweltmeisterschaft der Radprofis gewinnt der bundesdeutsche **Heinz Müller**.

10. 9. Israel und die Bundesrepublik schließen ein **Wiedergutmachungsabkommen** ab.

27. 9. Nach dem Tod von Kurt Schumacher wird **Erich Ollenhauer** neuer SPD-Chef.

2. 10. Der Bundestag entscheidet sich mit nur fünf Stimmen Mehrheit **gegen** die Einführung der **Todesstrafe**.

23. 10. Das Bundesverfassungsgericht verbietet die neonazistische Deutsche Reichspartei des Ex-Generals **Otto Ernst Remer**.

4. 11. Ex-General **Dwight D. Eisenhower** wird zum US-Präsidenten gewählt. ▸

29. 11. Der ehemalige Bundesinnenminister **Gustav Heinemann** gründet die GVP (Gesamtdeutsche Volkspartei).

25. 12. Start eines **täglichen TV-Programms** in Berlin, Nord- und Westdeutschland. Unterzeichnung des Vertrags über eine **Europäische Verteidigungsgemeinschaft** (EVG), die zwei Jahre später an Frankreich scheitert.

Die „ideale Küche“ auf der Berliner Industrie-Ausstellung

Vier Jahre nach BILD bekommt Europas größte Boulevard-Zeitung eine Schwester: BILD am SONNTAG.

Beide Blätter verstehen sich, wie Axel Springer es wollte, noch heute als „Sprachrohr des kleinen Mannes“.

Fazit von Professor Schwarz: „Regionale Boulevardzeitungen ahmten zwar Springers Erfolgsrezept nach, ohne jedoch seinen Vorsprung je einholen zu können. BILD und BILD am SONNTAG machten Springer zum König der Massenpresse.“

Auch 1952 gibt es wieder eine junge Schauspielerin, die zum Kino-Star wird: Ruth Niehaus. Anders als Ziemann, Leuwerik, Knef und Schell ist sie zwar schnell wieder vergessen, doch sie hat eine besondere Geschichte. Ruth Niehaus kommt von der Bühne (Gustaf Gründgens), dreht 1951 mit O. W. Fischer und Lilo Pulver („Heidelberger Romanze“) und ein Jahr später den mythenschweren Heimatfilm „Rosen blühen auf dem Heidegrab“. Der bringt die Niehaus, inszeniert als geheimnisvoller Vamp, auf die Titelbilder von „Stern“ und „Film und Frau“ und trägt ihr das Attribut „die deutsche Rita Hayworth“ ein. Der große Orson Welles („Rosebud“) lernt sie kennen, will die 25-Jährige sofort heiraten und nach Hollywood holen. Zweimal sagt die Umworbene Nein, bleibt in Deutschland und spielt in den 60ern hochklassisches Theater am Deutschen Schauspielhaus in Hamburg. Sie stirbt 1994, die Jüngeren haben sie vergessen, schwärmen aber für Valerie, den Star aus „Verbotene Liebe“. Valerie Niehaus, das ist Valeries Großcousine.

Obwohl Filmerfolge noch auf Jahre hinaus die Grundlage für Schauspielerruhm sein werden, startet in den letzten Tagen des Jahres ein neues Medium, das zur größten Konkurrenz des Kinos werden soll: das Fernsehen.

Zwar gab es von 1934 bis 1944 schon den „Fernsehsender Paul Nipkow“, der von den Nazis als Propaganda-Instrument genutzt wurde, aber nur in Berlin zu empfangen war. Doch als offizieller Beginn des Deutschen Fernsehens gilt der 25. Dezember – von da an strahlt der NWDR täglich ab 20 Uhr sein Programm aus. Es beginnt an diesem Tag mit der Übertragung eines Pokalspiels, geht weiter mit dem Weihnachtsfilm „Stille Nacht, heilige Nacht.“

So zumindest liest sich die Geschichte in den ARD-Jahrbüchern. Stimmt aber nicht ganz, denn das DDR-Fernsehen ist schneller. Vorgeblich um den 73. Geburtstag von Sowjetdiktator Josef Stalin zu würdigen, tatsächlich aber, um den Nachbarn im Westen zu ärgern, strahlt der Deutsche Fernsehfunk am 21. Dezember die erste Ausgabe der Nachrichtensendung „Aktuelle Kamera“ aus.

Ein Knockout, der Boxgeschichte macht. Am 8. Juni schlägt Peter Müller, genannt „dä Aap“, in Köln den Ringrichter Max Pippow nieder

Schauspieler Herbert Köfer bei seinem TV-Debüt: Am 21. Dezember 1952 spricht er erstmals für die „Aktuelle Kamera“ aus Adlershof

Das Logo der DDR-Nachrichtensendung. Ausgestrahlt wird sie im Osten von russischen TV-Geräten mit der Typenbezeichnung „T2“

Um sicherzugehen, dass sich kein peinlicher Versprecher einschleicht, wird der Schauspieler Herbert Köfer („Nackt unter Wölfen“) ans Nachrichtenpult dirigiert. Köfer, auch im hohen Alter noch fernsehaktiv, schreibt in seinen Erinnerungen „Nie war es so verrückt wie immer ...“ (Verlag Das Neue Berlin) über das junge Medium: „Einmal machte ich eine Rätselsendung. **Drei Preise lobte ich aus. Zwei musste ich nicht vergeben. Wir hatten nur eine Zuschrift erhalten. Das lag aber nicht an der Schwere der Aufgabe, sondern am Fehlen von Fernsehgeräten.“**

Eine Fernsehstube im Westen: Damals gibt es nur ein paar tausend Geräte in privaten Haushalten, ein Apparat kostet über 2000 D-Mark

FOTOS: ULLSTEIN-BILD, ACTION PRESS, AKG-IMAGES

Was als Streik der Ostberliner Bauarbeiter gegen die Erhöhung der Arbeitsnormen beginnt, wird innerhalb weniger Stunden am 17. Juni 1953 zum Volksaufstand in der DDR gegen das kommunistische Regime. Mit Steinen versuchen verzweifelte Menschen T-34-Panzer der sowjetischen Besatzungsmacht in der Leipziger Straße zu stoppen – vergeblich. Am Abend bricht der Aufstand zusammen. Am 4. August beschließt der Bundestag den 17. Juni als arbeitsfreien „Tag der Deutschen Einheit" zu begehen

1953

Die OSTDEUTSCHEN rebellieren, die WESTDEUTSCHEN fliegen nach Mallorca, und Messerschmitt bringt den SCHNEEWITTCHENSARG auf die Straße

Noch bevor der Januar zu Ende geht, darf man in der Bundesrepublik wieder Vollgas geben. Die „Welt am Sonntag" teilt dies ihren Lesern am 11. 1. in gewundenen Worten mit: „Es werden jene Verordnungen und Verbote, die wir unter dem Stichwort ‚Geschwindigkeitsbegrenzung' zusammenfassen, ihre Gültigkeit verlieren. Es entscheidet jetzt der Kraftfahrer selbst darüber, wie langsam oder wie schnell gefahren wird."

In einer „Ansprache an die Kraftfahrer" mahnt das Blatt in dem Jahr, in dem der „Schneewittchensarg" genannte Messerschmitt Kabinenroller mit 80 km/h Höchstgeschwindigkeit auf die Straßen rollt: „Es ist kein Sieg, den ihr errungen habt, sondern ein Fortschritt. Vater Staat verzichtet darauf, euch beim Gebrauch des Gashebels zu bevormunden. Den uniformierten Aufpasser seid ihr los – umso mehr muss jeder auf sich selbst aufpassen ..."

Im Mai wird auf westdeutschen Straßen ein inoffizieller Rekord aufgestellt, der in den allgemeinen Sprachgebrauch übergeht und regelmäßig gebrochen wird: der „Reiserekord". Nachgezählt sechs Millionen Bundesbürger machen sich am Pfingstwochenende auf, verteilt auf eine Million Motorräder, 400 000 Pkw und 10 000 Motorroller. Die Ziele klingen noch bescheiden: Es geht an den Rhein, hin zur Mosel, in den Taunus, durch Wester- und Schwarzwald, in die Lüneburger Heide.

Ganz, ganz wenige nur, genau 36 Wohlhabende und Wagemutige, besteigen 1953 eine zweimotorige Propellermaschine des englischen Herstellers Vickers und heben mit 337 km/h Reisegeschwindigkeit ab in Richtung Son Bonet, dem Flughafen der Baleareninsel Mallorca. Die Passagiere, die nach strapaziösem Flug und einer Zwischenlandung in Lyon durch den Sand stapfen, sind die Vorhut des Pauschaltourismus. Gebucht haben sie ihr seinerzeit hochexklusives Urlaubsglück für 450 DM beim Wuppertaler Veranstalter Dr. Tigges, der als Erster in der Branche erkennt, dass das Flugzeug die Reisezukunft bestimmen wird. Ein Jahr später landen bereits 350 000 „Alemanes" auf der Insel.

Doch wie relativ, trotz freier Fahrt und frohem Flug, der Begriff Freiheit ist, bekommen die Deutschen am 17. Juni dramatisch vor Augen geführt.

Dieser Tag wird zum Schicksalstag für Deutschland West und Deutschland Ost. Sowohl die Wiedervereinigung der beiden deutschen Staaten scheint möglich wie ein heißer Krieg zwischen den USA und der Sowjetunion.

Am 5. März stirbt Sowjet-Tyrann Stalin, sein gefürchteter Geheimdienstchef Lawrenti Berija ist bereit, „die DDR so teuer wie möglich zu verkaufen“. Am 14. Mai erhöht die SED die Arbeitsnormen in der DDR um zehn Prozent. Am 16. Juni – in West-Berlin bereitet man sich auf die Filmfestspiele und den Besuch von Gary Cooper vor – demonstrieren die Bauarbeiter der Stalin-Allee im Ostteil der geteilten Stadt.

Einen Tag später rebellieren die Arbeiter offen gegen die Regierung des „ersten Arbeiter-und-Bauern-Staats auf deutschem Boden“, wie die SED-Machthaber die Sowjetzone gern nennen. Um 11 Uhr steigt der Diplom-Ökonom Werner Klaer auf das Brandenburger Tor und reißt die rote Fahne herunter.

Obwohl SED-Chef Walter Ulbricht versichert, er habe die

Spielt 1953 in vier Kinofilmen die Hauptrolle: Ruth Leeuwerik, die das zweite „e“ ihres Nachnamens früh zugunsten der Karriere opfert

Ist das Ding mit der Plexiglaskuppel und den zwei Sitzen hintereinander nun ein überdachter Motorroller oder ein Winzauto? Kaum kommt das offiziell als Messerschmitt Kabinenroller im Frühjahr 1953 beim Genfer Autosalon vorgestellte Vehikel (9 PS, 80 km/h Spitze, Preis 2100 DM) auf die Straßen, wird es „Schneewittchensarg“ genannt. Die Wertsteigerung dieses bis 1964 etwa 40 000 Mal gebauten Ulkmobils ist enorm. Ein gut erhaltener Schneewittchensarg kostet heute um die 20 000 Euro

Mit einer Reisegeschwindigkeit von 337 km/h und Zwischenstopp in Lyon in der Wüste gelandet: Das Wuppertaler Reiseunternehmen Dr. Tigges bringt die ersten deutschen Pauschaltouristen in einer britischen Vickers nach Mallorca und begründet den Pauschaltourismus

FOTOS: AP, KEYSTONE, BPK, TUIVV

TV-Kult „FRÜHSCHOPPEN“: Rauchen, trinken, pöbeln

Lage unter Kontrolle, bekommt im fernen Moskau Marschall Sokolowski den Marschbefehl nach Ost-Berlin. Er ordnet an: Die Sowjetarmee solle erst schießen, wenn sie angegriffen wird oder die US-Army in den Ost-Sektor einrückt.

Bei einer Schießerei vor dem Berliner Polizeipräsidium sterben 29 Menschen. Mit Steinen versuchen die Arbeiter, Panzer zu stoppen, der Aufstand greift auf 700 Orte in der DDR über. Währenddessen tobt in Moskau ein Machtkampf zwischen Nikita Chruschtschow und Berija, der nun fordert: „Spart nicht mit Munition!“ Am Abend haben die Sowjets den Aufstand niedergeschlagen. 100 Menschen sind tot, 1000 Demonstranten werden verhaftet und zu langen Haftstrafen verurteilt, 18 zum Tode. Ein halbes Jahrhundert nach dem Arbeiteraufstand versichert Ex-Geheimdienstgeneral Kondraschow in BILD am SONNTAG: „Wir wussten in Moskau, dass die USA nicht eingreifen würden. Es waren die Geheimdienste, die einen Krieg verhindert haben.“

Scharfmacher Berija verliert den Machtkampf gegen seinen Rivalen Chruschtschow, wird verhaftet, zum Tode verurteilt und am 23. Dezember erschossen. Walter Ulbricht bleibt bis 1971 an der Macht.

Der 17. Juni war selbstverständlich auch Thema beim „Internationalen Frühschoppen“ –„mit sechs Journalisten aus fünf Ländern“. Die Diskussionsrunde, seit dem 6. Januar 1952 im Radio, wird seit der Funkausstellung am 30. August 1953 ab 11.30 Uhr auch im noch spärlich bestückten Fernsehprogramm der ARD ausgestrahlt. Den Vorsitz hat Werner Höfer inne. „Moderator“ im Wortsinne von „Beruhiger“ oder gar „Besänftiger“ ist er nicht. Außer seinen eigenen

Der „Internationale Frühschoppen“ mit Werner Höfer(3. v. l.) als Gastgeber diskutiert, trinkt und qualmt ab dem 30. 8. 1953 im Fernsehen. Bis 1987 tagt Höfers Frühschoppen, 1874 mal. Dann stellt der WDR die Sendung ein

Der letzte Schrei der Wohnkultur in der Bundesrepublik: ein Nierentisch. Zwei Frauen machen's sich gemütlich, eine liest, eine strickt

Am 25. Juli läuft in den Hamburger Howaldtswerken der größte Tanker der Welt vom Stapel. Christina Onassis, die damals zweieinhalb Jahre alte Tochter des Reeders Aristoteles Onassis, tauft das Schiff auf den Namen ihrer Mama „Tina“

geschliffenen Wortbeiträgen liebt Höfer die Stammtischatmosphäre. „Das wurde selbst in seinen Ordnungsrufen deutlich", schreiben Stefan Niggemeier und Michael Reufsteck im „Fernsehlexikon" (Goldmann-Verlag) und zitieren als Beleg einen besonders süffigen Rüffel Höfers seinen Kollegen gegenüber: „Hier geht es zu wie in einer polnischen Kneipe, wo schwarzgebrannter Wodka gereicht wird. Aber hier ist ein Weinlokal." In dem, außer reichlich Wein (Maikämmerer Heiligenberg, Riesling Spätlese), selbstverständlich auch bis zur völligen Verneblung der Kameralinse geraucht werden darf.

Höfer, eine der ersten Kultfiguren des Fernsehens, moderiert seinen „Frühschoppen" 1874 mal – bis 1987. Dann enthüllt der „Spiegel", dass Höfer sich 1943 in einem Zeitungsartikel zustimmend über die Hinrichtung eines jungen Musikers wegen Wehrkraftzersetzung geäußert hat. Der WDR trennt sich von Höfer, sein „Frühschoppen" wird eingestellt.

Für große Gefühle ist aber auch 1953 noch lange nicht das Fernsehen zuständig (Ende April zahlen gerade mal 1524 Zuschauer je 5 DM Gebühr im Monat), sondern das Kino. Die XXL-Gefühle bedient Hollywood mit Clark Gable und Vivian Leigh in „Vom Winde verweht". Die Westberliner Kurbel zeigt diesen Film am 21. 11. zum ersten Mal – und anschließend noch 2394 weitere Male, immer vor ausverkauftem Haus. Wer's eine Nummer kleiner haben möchte, schaut sich das neue Traumpaar Dieter Borsche und Ruth Leuwerik auf der Leinwand an – auch das hat viel Entzückendes ...

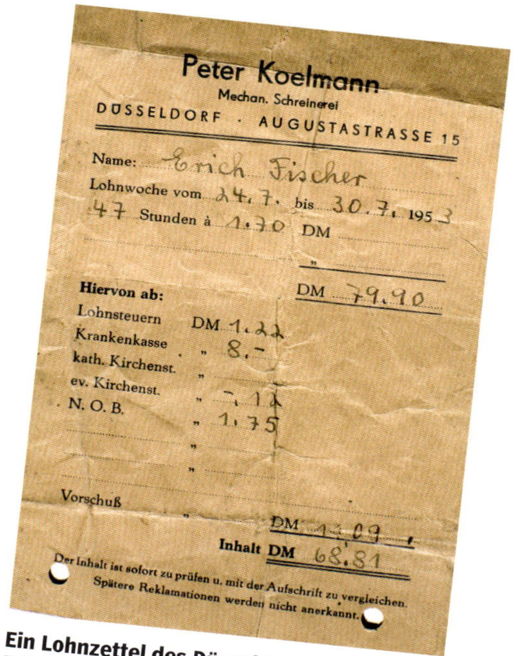

Peter Koelmann
Mechan. Schreinerei
DÜSSELDORF · AUGUSTASTRASSE 15

Name: Erich Fischer
Lohnwoche vom 24. 7. bis 30. 7. 1953
47 Stunden à 1,70 DM
DM 79,90

Hiervon ab:
Lohnsteuern DM 1,22
Krankenkasse " 8,–
kath. Kirchenst. "
ev. Kirchenst. " –,12
N. O. B. " 1,75

Vorschuß
DM 11,09
Inhalt DM 68,81

Der Inhalt ist sofort zu prüfen u. mit der Aufschrift zu vergleichen. Spätere Reklamationen werden nicht anerkannt.

Ein Lohnzettel des Düsseldorfer Schreiners Erich Fischer vom Juli 1953. Für 47 Stunden Arbeit in der Woche erhält er bei einem Stundenlohn von 1,70 DM brutto 79,90 DM

DIE CHRONIK VON 1953

1. 1. Die DDR ruft das Karl-Marx-Jahr aus und verbietet **Religionsunterricht** an den Schulen.

2. 1. Der **VW Käfer** wird 200 DM **billiger**, kostet nur noch 4200 DM.

14. 1. Die **ersten Schülerlotsen** sichern die Schulwege.

20. 1. Erstmals TV-Ausstrahlung der **„Augsburger Puppenkiste"**.

24. 1. Die **Promillegrenze**, ab der ein Autofahrer als fahruntüchtig gilt, wird auf 1,5 Promille festgelegt.

1. 2. Bei einer **Sturmflut** in den Niederlanden und England sterben 2160 Menschen.

20. 2. **Clemens Wilmenrod** beginnt seine Karriere als Fernsehkoch mit „Spaghetti auf neapolitanische Art".

5. 3. Sowjet-Diktator Stalin stirbt. ▲

18. 3. Der Bundestag akzeptiert das **Wiedergutmachungsabkommen** mit Israel.

22. 3. Erste **Liveübertragung** eines Fußballländerspiels im TV: Deutschland gegen Österreich (0:0).

6. 4. Kanzler Adenauer bricht zum **Staatsbesuch** in die USA auf.

12. 4. **Gründung** des Vereins **Dynamo Dresden**.

15. 4. In Westdeutschland wird die **Tabaksteuer** gesenkt. Eine Zigarette gibt es ab 7,5 Pfennig.

27. 4. Produkte aus der DDR dürfen nicht mehr das **Gütesiegel** „made in Germany" tragen.

7. 5. Generalfeldmarschall a. D. **Erich von Manstein** wird vorzeitig aus britischer Haft entlassen.

10. 5. Chemnitz heißt künftig **Karl-Marx-Stadt**.

14. 5. Die SED erhöht die **Arbeitsnormen** in der DDR um zehn Prozent.

2. 6. Elizabeth II. wird zur britischen Königin gekrönt. ►

17. 6. Volksaufstand in der DDR.

19. 6. In New York wird das **Todesurteil** gegen das Ehepaar **Ethel** und **Julius Rosenberg** wegen Spionage für die Sowjetunion auf dem elektrischen Stuhl vollstreckt.

21. 6. Der 1. FC Kaiserslautern wird nach einem 4:1-Sieg über den VfB Stuttgart deutscher **Fußballmeister**.

3. 7. Der 17. Juni wird in der Bundesrepublik als arbeitsfreier **„Tag der Deutschen Einheit"** gefeiert.

25. 7. In Hamburg läuft der damals mit 45 000 Tonnen weltgrößte **Tanker** „Tina Onassis" vom Stapel.

27. 7. Beendigung des **Koreakriegs**. Das Land bleibt geteilt – bis heute.

12. 8. Die erste **Wasserstoffbombe** der Sowjetunion wird gezündet.

25. 8. **Gründung** des Technischen Hilfswerks **(THW)**.

30. 8. **Werner Höfer** ist erstmals Gastgeber des „Internationalen Frühschoppens" im deutschen Fernsehen. Er bleibt bis 1987.

4. 9. Die Zahl der **Arbeitslosen** in der Bundesrepublik sinkt zum ersten Mal auf unter eine Million.

6. 9. **Bundestagswahl**. Die CDU/CSU erhält 45,2 Prozent Stimmen, die SPD 28,8, die FDP 9,5. Adenauer bleibt Bundeskanzler.

14. 10. Nahe dem Frankfurter Flughafen stürzt eine Sabena-Convair ab – 44 Tote.

26. 10. Generalfeldmarschall a. D. **Friedrich Paulus**, Oberbefehlshaber der 6. Armee in Stalingrad, wird nach 10 Jahren sowjetischer Kriegsgefangenschaft entlassen und zieht nach Dresden.

1. 12. In den USA kommt die erste Ausgabe des **„Playboy"** auf den Markt. Auf dem Titel: Marilyn Monroe. ►

10. 12. Der Freiburger Chemiker **Hermann Staudinger** erhält den **Nobelpreis**.

24. 12. Zum **Gedenken** an die immer noch nicht heimgekehrten **106 000 Kriegsgefangenen** stellen viele Deutsche Kerzen in die Fenster.

GEFÜLLTE ÄPFEL

Große Äpfel halbieren und aushöhlen. Würstchen – für jeden Apfel eines – brühen, enthäuten, in Scheiben schneiden und in die Apfelhälften füllen. In eine feuerfeste Schale legen, deren Boden mit ein wenig Wasser bedeckt ist. Über das Ganze Paniermehl und geschmolzene Butter tun. Die Schale in den Backofen stellen und so lange backen, bis die Äpfel an den Schalen weich werden.
Dazu Weißbrot reichen. Ein sehr delikates Frühstück. Besonders, wenn man Appetit auf ein kleines Gläschen hat.

Original-Rezept erschienen in „Hörzu" 42/1953

FOTOS: ULLSTEIN-BILD, KARLHEINZ OSTER, BPK, VOLLER ERNST, DPA, „50 JAHRE PLAYBOY"/TASCHEN VERLAG

HELMUT RAHN schießt uns in den Fußballhimmel, ein AGENTENSKANDAL hält Deutschland in Atem, und FAMILIE SCHÖLERMANN schreibt TV-Geschichte

Landesverräter oder Entführungsopfer? Bis heute ist nicht geklärt, ob sich Verfassungsschutz-Präsident Otto John im Sommer 1954 freiwillig nach Ost-Berlin absetzt oder ob er dazu gezwungen wird. Nach seiner Rückkehr in die Bundesrepublik muss er wegen Landesverrats ins Gefängnis, nach seiner Haftentlassung erhält er eine hohe Gnadenrente

Ganz eindeutig sind die Verwünschungen, denen ein Fußballtrainer im Fall des Misserfolgs ausgesetzt ist, 1954 weitaus subtiler als beispielsweise heute.

So ist vom Nachmittag des 20. Juni, die deutsche Nationalmannschaft hat gerade ein Gruppenspiel der Fußball-WM mit 3:8 gegen die Ungarn verloren, folgende Szene überliefert: Während ein Reporter die Zusammenfassung des Debakels von Basel aus an die heimatliche Redaktion durchtelefoniert, unterbricht ein verbitterter Fan das Diktat. Brüllend fordert er vom Journalisten, folgenden Zusatz in seinen Text aufzunehmen: „Der Herberger gehört wegen Sabotage vor Gericht gestellt!"

Wenige Tage später, nach dem 3:2-Finalsieg gegen eben diese Ungarn, ist Fußballtrainer Josef Herberger, den der „Spiegel" in seiner Titelstory vom 7. Juli 1954 als „gemütlichen kleinen Mannheimer mit verwittertem Bergbauerngesicht" beschreibt, ein Volksheld. Er bleibt es bis heute, noch lange nach seinem Tod.

Im WM-Endspiel, das am 4. Juli bei strömendem Regen im Berner Wankdorfstadion stattfindet, liegen die Deutschen bereits nach acht Minuten scheinbar aussichtslos 0:2 zurück, erzielen durch Morlock (10.) und den Fußball-Filou Helmut Rahn (18.) den überraschenden Ausgleich. Herbert Zimmermann, einer von vier Hörfunkreportern, die für die ARD das Turnier übertragen, moderiert die entscheidende Spielphase so: „Jetzt Deutschland am linken Flügel durch Schäfer. Schäfers Zuspiel zu Morlock wird von den Ungarn abgewehrt – und Bozsik, immer wieder Bozsik, der rechte Läufer der Ungarn, am Ball. Er hat den Ball – verloren diesmal, gegen Schäfer. Schäfer nach innen geflankt. Kopfball – abgewehrt. Aus dem Hintergrund müsste Rahn schießen – Rahn schießt – Tooooor! Tooooor! Tooooor! Tooooor"!

Für Ritterkreuzträger Zimmermann hat sein „Wortgehagel aus dem Dampfradio" („Süddeutsche Zeitung") gleich mehrfach Konsequenzen: Auf eine gewisse Art gilt auch er seitdem als Legende – und, kaum zurück in der euphorisierten Heimat, kassiert er vom Intendanten eine Abmahnung. Grund: Zimmermann krönte in seinem Kommentar den deutschen Torhüter Turek mehrfach zum „Fußball-Gott", in rechtgläubigen Kreisen gilt das als Blasphemie, die unbedingt zu ahnden ist.

Jeder Spieler der Weltmeisterelf erhält 1200 Mark Prämie, ein Fernsehgerät sowie einen Fresskorb, bestückt mit Produkten aus dem Haus des Würzfabrikanten Maggi. Dem Gegner ergeht es naturgemäß schlech-

Das 3:2 am 4. Juli im Wankdorfstadion: Ottmar Walter passt flach zu Rahn, der umkurvt zwei ungarische Abwehrspieler und trifft in die linke untere Ecke – das „Wunder von Bern" ist perfekt

Nach dem Tod von Helmut Rahn im August 2003 gibt die Redaktion der BILD am SONNTAG zu Rahns Ehren diese Bronzestatue in Auftrag, die in Essen aufgestellt wird

„Herein in die gute Stube" – 111-mal (von 1954 bis 1960) lassen die Schölermanns den Rest der Republik an ihrem Familienleben teilhaben. Damals werden die Darstellernamen verschwiegen – hier nicht: Harald Martens (Jockeli), Charles Knetschke (Heinz) Willy Krüger (Vater Matthias) Margit Cargill (Evchen), Lotte Rausch (Mutter Trude, von links)

Caterina Valente landet 1954 ihren Hit „Ganz Paris träumt von der Liebe“. Eine halbe Million Deutsche kaufen die Schallplatte

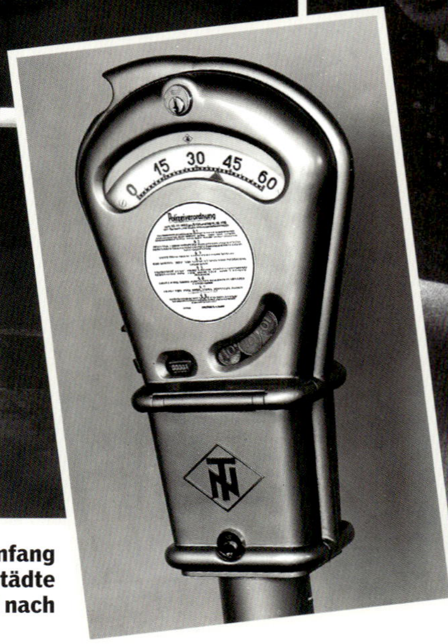

Das „Groschengrab“ Parkuhr hat Anfang 1954 in Duisburg Premiere. Andere Städte ziehen schnell nach

Badetag 1954.
Da damals in den meisten Wohnungen warmes Wasser nicht einfach aus der Leitung kommt, muss Badewasser mühsam auf dem Herd erwärmt werden. Eine Wannenfüllung reicht für mehrere Kinder

Die ersten Serienstars der ARD müssen anonym bleiben

ter: Gyula Grosics, Torsteher der Ungarn, wird von den kommunistischen Machthabern seiner Heimat wegen „Landesverrat“ angeklagt und später in die Fußball-Provinz zwangsversetzt.

Davon erfährt man in Deutschland erst sehr viel später, und auch dann bleibt das Schicksal des Weltklasse-Keepers Grosics eine Fußnote.

Ein anderer Fall aus der Welt der Agenten, Spione und Geheimdienste beherrscht in dem Jahr, in dem das erste Heftchen-Abenteuer von „G-Man Jerry Cotton“ an den Kiosk kommt, die Schlagzeilen.

Zitiert aus einer Alarmmeldung des „Hamburger Abendblatt“ vom 22. Juli 1954: „Der Präsident des Bundesamtes für Verfassungsschutz, Dr. Otto John, ist spurlos verschwunden. Er wird seit zwei Tagen vermisst. Dr. John hatte am Dienstagabend in West-Berlin sein Hotel verlassen und ist seitdem nicht mehr zurückgekehrt.“ Einen Tag später weiß BILD bereits: „Er floh nach Osten.“

Am 11. August scheint der Fall John klar. Vor 400 staunenden Journalisten der Weltpresse liest Otto John in Ost-Berlin eine Erklärung vom Blatt: „Ich habe mich nach reiflicher Überlegung entschlossen, in die DDR zu gehen und hierzubleiben, weil ich hier die besten Möglichkeiten sehe, für eine Wiedervereinigung und gegen die Bedrohung durch einen neuen Krieg tätig zu sein.“

Die Bundesrepublik erlebt den bis dahin größten Geheimdienstskandal ihrer Geschichte.

Die DDR-Propaganda triumphiert, zumal der Überläufer eine ehrenvolle Vita als Mitverschwörer des 20. Juli 1944 hat. Nach dem Scheitern des Attentats auf Hitler gelang John die Flucht ins Ausland.

Im Westen gilt der einstige Geheimdienstchef nach seiner Pressekonferenz in Ost-Berlin als Landesverräter. In der DDR lebt John komfortabel in einer Villa am Zeuthener See, bekommt einen Mercedes mit Chauffeur, beschäftigt zwei Sekretärinnen und wettert gegen den Aufbau der Bundeswehr.

Trotz des Luxuslebens in der DDR ist John bereits am 12. Dezember 1955 wieder im Westen. Ein dänischer Journalist hat ihn in seinem Ford M 15 über die Sektorengrenze geschleust. Fortan beteuert John, er habe sich keineswegs freiwillig in die DDR abgesetzt, sondern sei in West-Berlin von einem befreundeten Arzt betäubt und nach Ost-Berlin entführt worden.

Kaum jemand glaubt ihm, John kommt vor Gericht und wird zu vier Jahren Zuchthaus verurteilt. Nach seiner vorzeitigen Haftentlassung kämpft er so verzweifelt wie vergeblich um die Wiederaufnahme seines Verfahrens. Not leidet er nicht, Bundespräsident Richard von Weizsäcker lässt John ab 1986 eine monatliche Gnadenrente von 4200 D-Mark überweisen. John aber

Ein Schnappschuss aus dem Inneren eines Münchner Spielwarengeschäfts durchs vereiste Schaufenster zeigt, wovon Kinder vor Weihnachten 1954 träumen – von der Aufzieheisenbahn

DIE CHRONIK VON 1954

8. 1. **Johannes R. Becher,** Texter der DDR-Hymne „Auferstanden aus Ruinen", wird **Kulturminister** in Ostdeutschland.

16. 1. Der als **„Arzt von Stalingrad"** bekannt gewordene Mediziner **Ottmar Kohler** erhält das **Bundesverdienstkreuz**.

6. 2. **Mercedes** präsentiert den **300 SL** mit Flügeltüren.

16. 2. Der **erste Schuhladen mit Selbstbedienung** wird in Hamburg eröffnet.

19. 2. **Gundi Busch** aus Garmisch-Partenkirchen wird in Oslo **Weltmeisterin im Eiskunstlaufen.** ►

26. 2. Eine **Grundgesetzänderung** erlaubt den Aufbau von Streitkräften.

15. 3. ◄ Der erste **Heftchen-Roman** mit den Abenteuern von **Jerry Cotton** erscheint, später bekommt der G-man eine eigene Reihe.

25. 3. Die **Sowjets** erklären die **DDR** für souverän. In München **protestieren Ringerinnen** gegen das geplante Verbot von Schaukämpfen.

24. 4. **Zehn Schüler** und **drei Lehrer** aus Heilbronn werden **im Dachsteingebirge erfroren** aufgefunden.

9. 6. Der gestürzte DDR-Außenminister **Georg Dertinger** muss wegen „Verschwörung und Spionage" 15 Jahre lang in Haft.

20. 6. **Hans Günter Winkler** aus Warendorf wird in Madrid auf seinem Pferd Halla **Weltmeister der Springreiter.** ►

7. 7. **Gesamtdeutscher Kirchentag** in Leipzig.

◄ 12. 7. Bei einem **Hochwasser** in der DDR sterben zwölf Menschen.

17. 7. **Theodor „Papa" Heuss** wird erneut zum **Bundespräsidenten** gewählt.

20. 7. Der Präsident des Bundesamtes für Verfassungsschutz, **Otto John**, setzt sich nach Ost-Berlin ab.

27. 7. **Mao** wird Staatschef der **Volksrepublik China**.

30. 8. Das **französische Parlament** lehnt die Schaffung der Europäischen Verteidigungsgemeinschaft (EVG) ab.

◄ 30. 9. Premiere des Anti-Kriegs-Films **„08/15"** nach dem gleichnamigen Roman von Hans Hellmut Kirst. Hauptrolle: **Joachim Fuchsberger**.

16. 10. HSV-Stürmer **Uwe Seeler** spielt erstmals in der Nationalelf. Frankreich siegt mit 3:1.

23. 10. Unterzeichnung der **Pariser Verträge**. Die Bundesrepublik bekommt eine Armee und wird Mitglied der Nato.

13. 11. Die **DDR** führt die **Jugendweihe** ein.

24. 11. **Theodor Blank** wird Beauftragter für die Wiederbewaffnung.

10. 12. Die deutschen Physiker ◄ **Max Born** und **Walter Bothe** ► erhalten den **Nobelpreis**.

13. 12. Der Bundestag beschließt, **unverheiratete Frauen** werden amtlich als **„Fräulein"** angesprochen.

FOTOS: ULLSTEIN-BILD, GEORG LUKAS, TV-YESTERDAY

will keine Gnade. In seiner Autobiografie „Zweimal kam ich heim" schreibt er: „Ich will nicht als Verräter sterben." Doch er stirbt als Verräter, 1997 im Alter von 88 Jahren. „Der Verdacht des Verrats fiel nie von ihm ab", resümiert Thomas Ramge in seinem Buch „Die großen Politskandale – eine andere Geschichte der Bundesrepublik" (Campus-Verlag).

Dem Schriftstellerpaar Rolf und Alexandra Becker, das 1954 die erste deutsche Fernsehfamilie zum Leben erweckt, wäre die Geschichte des Otto John zu unglaubwürdig erschienen. Für ihre Schölermanns (Offizieller Serientitel: „Unsere Nachbarn heute abend – Familie Schölermann") schreiben sie Lebensgeschichten auf, die sich an der Realität der Zuschauer orientieren. So verliert zum Beispiel, mitten im Wirtschaftswunderland, Papa Schölermann auch schon mal seinen gut dotierten Posten als Prokurist. Sagenhafte 111 Folgen werden vom „Lindenstraßen"-Urahn ausgestrahlt, die meisten davon live. Der spezielle dramaturgische Trick: Um die Glaubwürdigkeit der fiktiven Schölermanns zu erhöhen, verschweigt die ARD jahrelang die Namen ihrer Serienstars. Mit relativ durchschlagendem Erfolg – alle Darsteller sind längst vergessen, mit einer Ausnahme: Ein gewisser Charles Knetschke gibt den ältesten Schölermann-Sohn, über ein Vierteljahrhundert später ermittelt er als Kommissar Brockmöller mit Manfred Krug am „Tatort" des NDR. Allerdings: Jetzt hat er keine Haare mehr und heißt auch nicht mehr Knetschke, sondern Brauer wie seine Mutter.

1955

Adenauer trinkt Wodka für die FREIHEIT, der erste Fernsehkoch erfindet den TOAST HAWAII, und SISSI wird Kaiserin der Herzen

Die Leber von Bundeskanzler Konrad Adenauer wird bei seinem Staatsbesuch in Moskau im September 1955 arg strapaziert. Nach erfolgreichen Verhandlungen prostet er dem sowjetischen Ministerpräsidenten Nikolai Bulganin zu. Nikita Chruschtschow (links neben Adenauer), 1. Sekretär des Zentralkomitees der russischen KP, schaut wohlwollend zu

Vieles von dem, was der lustige Mann mit dem schmalen Schnurrbart im Fernsehen zusammenkocht, ist nichts für empfindliche Mägen wie sein „arabisches Reiterfleisch" – geschmortes Hack, vermengt mit Äpfeln, Eiern und gehackten Gurken. Aus dem Libanon stamme dieses Rezept, so versichert der Koch, der stets sein eigenes Konterfei auf der Schürze trägt. Zum Reiterfleisch serviert er eine Schmonzette, die die junge Republik in außenpolitische Verwicklungen zu stürzen droht: „Der Libanon", so dröhnt es aus dem TV, „ist ein Randländchen Vorderasiens. Obwohl nur 299 Kilometer lang und etwa 20 Kilometer breit, gibt es dort mehr Spitzbuben als auf der gesamten Nordhalbkugel zusammen..."

Trotz Protesten wagt es Intendant Werner Pleister nicht, seinen Pfannenwender zu disziplinieren. Erstens hat er ihn vor zwei Jahren höchstpersönlich engagiert, und zweitens strahlt der Schwadroneur mit dem Künstlernamen Clemens Wilmenrod längst als größter, als bekanntester Star beim einzigen deutschen Fernsehsender.
Wilmenrod, der eigentlich Hahn heißt und sich nach seinem Geburtsdorf im Westerwald nennt (das sich mit zwei „l" schreibt), war zuvor ein eher glückloser Theaterschauspieler und Hobbykoch.

Seine Frau Erika hatte 1953 die Idee, NWDR-Intendant Werner Pleister die erste Kochsendung in der TV-Geschichte schmackhaft zu machen. Am 20. Februar 1953 um 20.15 Uhr, also zur besten Sendezeit, startet „Bitte in zehn Minuten zu Tisch".

Was er zwei Jahre später anrichtet, das hat Koch- und TV-Geschichte gemacht. Weltexklusiv erfindet er für seine bis zu drei Millionen Zuschauer den „Toast Hawaii".

Eine andere, höchst kreative Innovation beendet die Karriere von „Bundesfeinschmecker" Wilmenrod, wie er sich selbst gern nennt: die Schleichwerbung, als deren Erfinder er bis zum heutigen Tag gilt.

Kurz nach Adenauers Moskau-Reise kommen die letzten Kriegsgefangenen frei. Eine Mutter begrüßt im Oktober 1955 im Lager Friedland ihren ausgemergelten Sohn, der erst zehn Jahre nach Ende des zweiten Weltkriegs heim darf

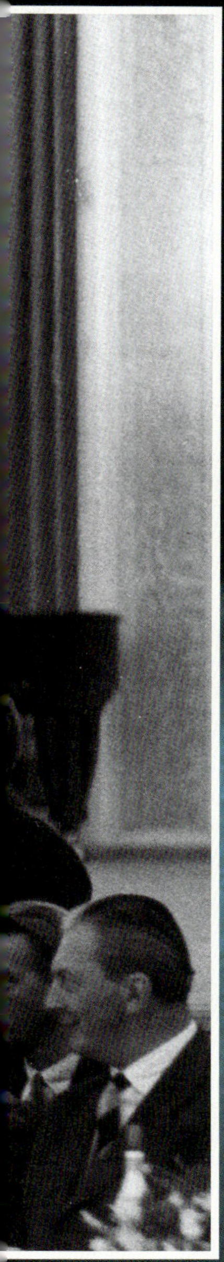

Mit „Sissi“ beginnt 1955 die Weltkarriere von Romy Schneider. Das damals 16 Jahre alte Mädchen spielt sich als junge Kaiserin Elisabeth von Österreich in die Herzen der Zuschauer. Zwei weitere Romantik-Filme folgen: „Sissi, die junge Kaiserin“ (1956) und „Sissi – Schicksalsjahre einer Kaiserin“ (1957)

Lukullus Jünger schließt lukrative Verträge mit Fabrikanten, deren Küchengeräte er während seiner Show propagiert, preist gegen Entgelt Pott-Rum und macht den deutschen Hausfrauen den damals exotischen Puter als Festtagsbraten schmackhaft – im Auftrag eines Geflügelfarmers aus Oldenburg.

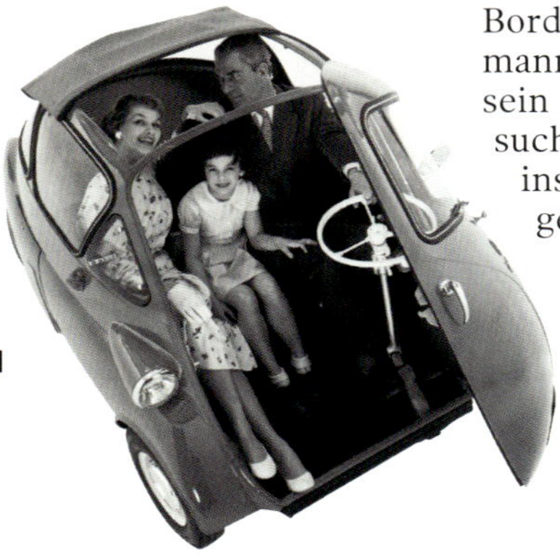

Am 5. März stellt BMW seine Isetta vor. Das ulkige Auto mit Fronttür und Notausstieg durchs Faltdach hat einen Einzylindermotor mit 12 PS und kostet 2580 DM

Als „Doppelkopf" muss sich der Schleichwerber 1959 vom Spiegel in einer Titelstory titulieren lassen. Fünf Jahre später hat Wilmenrod im Fernsehen ausgekocht.

Nun schmilzt sein Ruhm, nun ja, wie Butter in der heißen Pfanne. Im April 1967 begeht der Krebskranke Clemens Wilmenrod, geb. Hahn, in einer Münchner Klinik Selbstmord. Beigesetzt wird er in seinem Heimatort 56459 Willmenrod.

Wie wichtig Essen und Trinken in der Politik sind, erfährt Bundeskanzler Konrad Adenauer bei seinem ersten Staatsbesuch in „Soffjettrussland", wie er die Sowjetunion in seinem rheinischen Dialekt gern nennt.

Damals benötigt die viermotorige Super Constellation D-Alin der Lufthansa 5 Stunden und 20 Minuten vom Flughafen Köln-Wahn nach Moskau. Am 8. September 1955 ist Bundeskanzler Konrad Adenauer mit großer Delegation an Bord. Dem greisen Staatsmann ist bewusst: Dies wird sein schwierigster Staatsbesuch. „Eine politische Fahrt ins Blaue", hat er vorher geunkt.

Adenauers Ziel: Er will die 10 000 deutschen Soldaten, die noch zehn Jahre nach Ende des Zweiten Weltkriegs in der Sowjetunion gefangen gehalten werden, heimholen. Er weiß: Die Sowjets wollen diplomatische Beziehungen zur Bundesrepublik aufnehmen.

„Wie ein Erzvater aus dem alten Testament", so beobachtet der Reporter Claus Jacobi, steht Adenauer auf dem Moskauer Flughafen und nimmt die Parade der 120 Gardisten ab. Kühl und höflich ist der Empfang.

Die Verhandlungen gestalten sich extrem schwierig, stehen immer mal wieder vor dem Abbruch. Bei den Banketts wird viel getrunken. Der listige Adenauer rät seiner Delegation vorher, viel Olivenöl zu schlucken, um die Wirkung des Alkohols zu verzögern. Später wird er sagen: „Wie viel Wodka ich in Moskau für Deutschland getrunken habe, kann ich gar nicht mehr sagen."

Die Sowjets locken, wieder einmal, mit der Wiedervereinigung, allerdings um den Preis der Neutralität. Adenauer widersteht.

Erster TV-Koch: Clemens Wilmenrod. 2009 verfilmt die ARD sein Leben, Jan Josef Liefers spielt die Hauptrolle

TOAST HAWAII

Sie benötigen:
4 Scheiben Toastbrot, Butter, 4 Scheiben gekochten Schinken, 4 Scheiben Ananas, 4 Scheiben Schmelzkäse.

Vorbereitung:
Die Toastscheiben wie gewohnt im Toaster rösten und mit Butter bestreichen. Ein Kuchenblech mit Backpapier auslegen und den Backofen auf 150° vorheizen.

Zubereitung:
Die gebutterten Toastscheiben mit Schinken, Ananas und zuletzt mit Käse belegen. Den Hawaii-Toast auf das Backblech legen und im Backofen solange überbacken, bis der Käse geschmolzen ist.

Servieren:
Den Hawaii-Toast einzeln auf flache Teller setzen und noch warm servieren, sofort verzehren.

DIE CHRONIK VON 1955

17. 1. Erstmals strahlt das TV **„Mainz, wie es singt und lacht"** aus.

22. 1. **Generalstreik** der Bergleute.

13. 3. Star der Kölner Hausratsmesse ist eine **Geschirrspülmaschine**.

1. 4. Die **Lufthansa** fliegt wieder. Der Jungfernflug geht von Hamburg nach München.

15. 4. In Chicago wird das erste **McDonald's-Schnellrestaurant** eröffnet.

◄ 18. 4. Physik-Genie **Albert Einstein** stirbt.

28. 4. Arbeiter sollen nur noch höchstens **acht Stunden** am Tage und **fünf Tage** die Woche arbeiten, fordert der DGB.

3. 5. Die ersten 26 **italienischen Gastarbeiter** in Deutschland fangen bei der Firma Bergisch-Märkischer Industriestein in Gummersbach an.

5. 5. Die **Bundesrepublik** erhält **bedingte Souveränität**. In der DDR beginnt die Fertigung des Mopeds SR 1. Preis 990 Mark.

9. 5. **Westdeutschland** tritt der **Nato** bei.

14. 5. Gründung des **Warschauer Paktes**, Militärbündnis der kommunistischen Staaten.

8. 6. **Heinrich von Brentano** wird **Bundesaußenminister**. Zuvor war Bundeskanzler Adenauer zugleich Chef des Auswärtigen Amtes.

11. 6. Beim **24-Stunden-Rennen** in **Le Mans** (Frankreich) sterben 82 Menschen, mehr als 100 werden verletzt. ►

20. 6. Der Hochverratsprozess gegen den Rennfahrer **Manfred von Brauchitsch** vor dem Bayerischen Oberlandesgericht platzt, weil er sich in die DDR abgesetzt hat.

26. 6. **Rot-Weiß Essen** erringt mit einem 4:3 über den 1. FC Kaiserslautern die **Deutsche Fußballmeisterschaft**.

7. 7. **Hans Günter Winkler** wird Weltmeister der **Springreiter**.

15. 7. 33 Retter sterben in der von den Sowjets betriebenen **Grube Wismut** (DDR) bei dem Versuch, verschüttete Kumpel zu retten.

1. 8. **Gustaf Gründgens** ist **Generalintendant** des Hamburger Deutschen Schauspielhauses.

3. 8. Bei einem **Grubenbrand** in Gelsenkirchen kommen 42 Kumpel ums Leben.

◄ 5. 8. Der **1 000 000. VW Käfer** läuft in Wolfsburg vom Band.

12. 8. **Thomas Mann,** Literaturnobelpreisträger von 1929, stirbt in Zürich.

6. 10. **Franz Josef Strauß** wird Chef des neuen **Bundesministeriums für Atomfragen**.

9. 10. **Hermann Hesse** erhält den **Friedenspreis des Deutschen Buchhandels.**

23. 10. 67,7 Prozent der **Saarländer** stimmen für die **Eingliederung** ihres Landes, das bisher mit Frankreich in einer Zoll- und Währungsunion verbunden war, in die **Bundesrepublik**.

12. 11. 101 Freiwillige der neuen Bundeswehr erhalten von Verteidigungsminister **Theodor Blank** ihre Ernennungsurkunden. Sie treten in Zivil an, da sie noch keine Uniformen haben.

22. 12. Die **Berliner Philharmoniker** wählen **Herbert von Karajan** zu ihrem Chef auf Lebenszeit. ►

Als „Des Teufels General“ nach dem Drama von Carl Zuckmayer brilliert Curd Jürgens 1955 im Film ▸

Jungs in kurzen Lederhosen mit Ballonrollern vor einem Bonner Bonbon-Automaten. Ob Fuß- oder Handbremse besser sei, darüber reden sie sich die Köpfe heiß. Das Foto stammt aus dem Bildband „Wirtschaftswunder“ des Foto-Chronisten Jupp Darchinger

▴ „documenta“-Erfinder Arnold Bode erläutert Bundespräsident Theodor Heuss (mit Zigarre) das Gemälde „Mädchen vor einem Spiegel“ von Pablo Picasso

◂ Ein Mann, der nur noch den Käfer im Kopf hat. So wirbt VW während der Genfer Autoausstellung 1955

Mitten im Wirtschaftswunder geschieht in Kassel ein KUNSTWUNDER

Obwohl die Botschafter der Westmächte in Moskau sicher sind, dass die Verhandlungen ergebnislos abgebrochen werden, schafft Adenauer es, den Sowjetmachthabern Nikolai Bulganin und Nikita Chruschtschow ihr Ehrenwort abzuringen, die letzten Kriegsgefangenen freizulassen. Dafür gesteht Adenauer die Aufnahme diplomatischer Beziehungen zwischen Bonn und Moskau zu. „Niemand in Deutschland würde verstehen“, so rechtfertigt er seine durchaus nicht unumstrittene Taktik, „wenn ich die Rückkehr der Gefangenen wegen staatsrechtlicher Bedenken ablehnen wollte.“

Am 14. September titelt die „B. Z.“: „Endlich! Unsere Gefangenen kehren heim!“

Drei Wochen später trifft der erste Zug mit Spätheimkehrern, wie es damals heißt, im Lager Friedland ein. Bis zu Beginn des Jahres 1956 kommen 9628 Kriegsgefangene und mehr als 20 000 verschleppte Zivilisten nach Hause zurück.

Ein Jahr später holt Adenauer bei den Bundestagswahlen die absolute Mehrheit. Er hat Geschichte gemacht.

Kunstgeschichte, fast beiläufig, macht 1955 der Kasseler Kunstlehrer Arnold Bode. Er konzipiert die erste „documenta“. Ursprünglich gedacht als bescheidene Begleitung zur Bundesgartenschau in Kassel, wird sie im Lauf der Jahrzehnte zur weltweit wichtigsten Ausstellung zeitgenössischer Kunst.

Bode, der im Dritten Reich als „entarteter Künstler“ mit einem „Berufsverbot“ bestraft wurde, präsentiert auf der ersten „documenta“ Werke von 148 Malern und Bildhauern. Darunter sind viele seiner Schicksalsgenossen, die ebenfalls von den Nazis als „entartet“ verfemt waren, wie Max Ernst, Otto Dix, Oskar Kokoschka, Otto Mueller, Emil Nolde und Karl Schmidt-Rottluff.

Nach Fräulein- und Wirtschaftswunder erleben die Deutschen, Bode sei Dank, 1955 eine Art Kunstwunder. Doris Schmidt, Kritikerin der „Frankfurter Allgemeinen Zeitung“, ist entzückt: „Der Blick auf die Kunst unseres Jahrhunderts“, schreibt sie am 26. Juli, geht über eine wunderbare, aufregende Landschaft. Sie zu durchwandern, gehört zu den großen Erfahrungen unserer Zeit.“

Fortan ist Kassel alle fünf Jahre „documenta“-Stadt, so etwas wie die Weltkunstmetropole, nächstes Mal 2012.

Ob „Sissi“ viel mit Kinokunst zu tun hat, darüber mögen Kritiker streiten. Doch kaum ist die 16 Jahre junge Romy Schneider als liebreizende österreichische Kaiserin „Sissi“ in den Kinos, wird sie von den „Filmtheaterbesitzern“, wie es zu jener Zeit heißt, zum beliebtesten deutschen Nachwuchsstar gewählt. Dafür bekommt die Kaiserin der Herzen eine Galakutsche aus Porzellan. „Wenn Romy spricht“, stellt das „Hamburger Abendblatt“ fest, „ist sie wie jeder andere Backfisch auch...“

Backfisch? Ja, so nennt man damals die Teenies, ein Begriff der inzwischen genauso ausgestorben ist wie Sommerfrische und Halbstarke, wie Landser und Ballonroller.

FOTOS: BPK, MAURITIUS IMAGES, INTERFOTO, CINETEXT, ULLSTEIN-BILD, LAIF, ACTION PRESS, AP

1956

Petra Schürmann wird als erste (und bisher einzige) Deutsche MISS WORLD, die HALBSTARKEN erobern die Kinos, Bild am Sonntag die Kioske, und Bonn streitet über STREITKRÄFTE

Am 27. September hat der Film „Die Halbstarken" im Essener UFA-Palast Premiere. Horst Buchholz spielt den Anführer einer Jugendgang, Karin Baal dessen Freundin. Das Drehbuch stammt von Will Tremper, der zwei Jahre später mit seiner „Stern"-Serie „Deutschland deine Sternchen" bekannt wird

Zwei Jahre nach dem Wunder von Bern, als Deutschland Fußballweltmeister wurde, erlebt das Land ein Fräuleinwunder. Die Studentin Hildegard Petra Schürmann aus dem Bergischen Land, damals 21, wird Weltmeisterin in der Disziplin Schönheit. In London erlächelt sie sich den Titel Miss World. Das hat vor ihr noch keine Deutsche geschafft, nach ihr bisher auch nicht. Später macht sie Karriere als Ansagerin beim Bayerischen Rundfunk.

Dass Schönheit nicht glücklich macht für den Rest eines Lebens, das muss Miss World 2001 erfahren, als ihre Tochter Alexandra bei einem Autounfall stirbt. Das aber ist eine andere, traurige Geschichte.

Doch nicht die schöne Petra prägt das Jahr 1956, sondern die Halbstarken. In ihrer Ausgabe 4/1956 empört sich die neue Zeitschrift „Bravo": „Halbstarke, Halbstarke, immer wieder Halbstarke, die Zeitungen sind voll davon, Bücher werden darüber geschrieben und Filme gemacht. Der Begriff ist zu einem Schlagwort geworden, zu einer Seuche, die sich die Köpfe nicht aussucht, die sie trifft. Jeder junge Mann, der Röhrenhosen trägt, mit ein paar anderen jungen Leuten auf Moped oder Motorrad durch die Gegend knattert oder sich etwas herausfordernder benimmt, als das früher üblich war, ist auf einmal ein Halbstarker."

Die „Westdeutsche Allgemeine Zeitung" (WAZ) legt im November nach und leitartikelt: *„Für einen halbwegs vernünftigen Menschen ist der Krawall um diesen gehaltlosen amerikanischen Musik-Rabbatz ebenso unverständlich wie den entfesselten Halbwüchsigen selbst das Motiv ihrer blinden Zerstörungswut und kindischen Provokation unklar sein dürfte."*

Ganz starke Worte für ein paar Halbstarke. Was ist passiert?

Der Berliner Historiker Rudolf Großkopff analysiert das neue Phänomen in seinem Buch „Unsere 50er Jahre" (Piper Verlag) so: „Hier rührte sich zum ersten Mal in der Nachkriegsgeschichte so etwas wie Revolte, sogar Anarchie."

Sie beginnt im Oktober 1955 mit einem Konzert, das Jazz-Legende

30 Pf - 29. APRIL 1956

Bild am Sonntag – erscheint wöchentlich

Ist Otto John nicht normal?

- Er bleibt in Haft
- Er wird untersucht
- Im August Prozeß?

Unverbesserlich!

Mildes Urteil - und doch wieder brutal

Mit einer Schlagzeile über den Prozess gegen den ehemaligen Verfassungsschutz-Präsidenten Otto John erscheint am 29. April die erste Ausgabe von BILD am SONNTAG. John wird am 22. Dezember zu vier Jahren Zuchthaus verurteilt

In London wählt eine Internationale Jury die Studentin Petra Schürmann aus dem Bergischen Land am 17. Oktober 1956 zur schönsten Frau der Welt. Ihre Traummaße sind 91-51-84. Die Zweitplatzierte Betty Lane Cherry aus den USA gratuliert mit einem Küsschen auf die Wange der schönsten Deutschen. Petra Schürmann stirbt am 14. Januar 2010 im Alter von 74 Jahren

DIE CHRONIK VON 1956

18. 1. Die DDR-Volkskammer beschließt den Aufbau der **NVA (Nationale Volksarmee)**. Verteidigungsminister wird Generaloberst Willi Stoph.

27. 1. Die Allgäuerin **Rosa Reichert**, genannt Ossi, gewinnt in Cortina d'Ampezzo bei den Olympischen Winterspielen die **Goldmedaille** im Riesenslalom.

4. 2. Die **DDR-Fluggesellschaft** startet zunächst unter dem Namen **Deutsche Lufthansa,** ab 1958 als **Interflug**.

23. 2. Wegen Differenzen in der Deutschlandpolitik verlässt die **FDP** Adenauers Kabinett. Trotzdem verfügt seine Regierung über die Mehrheit im Bundestag.

25. 2. **Nikita Chruschtschow** spricht auf dem 20. Parteitag von den Verbrechen Stalins und propagiert **„friedliche Koexistenz"** mit dem Westen.

5. 3. **IBM** stellt in Berlin einen modernen **Computer** vor.

22. 3. **Erster Transatlantikflug** der Lufthansa mit deutschen Piloten.

13. 4. Der Maler **Emil Nolde** stirbt.

17. 6. Lotto führt die **Zusatzzahl** ein.

24. 6. **Borussia Dortmund** wird nach einem 4:2-Sieg über den Karlsruher SC **deutscher Fußballmeister**.

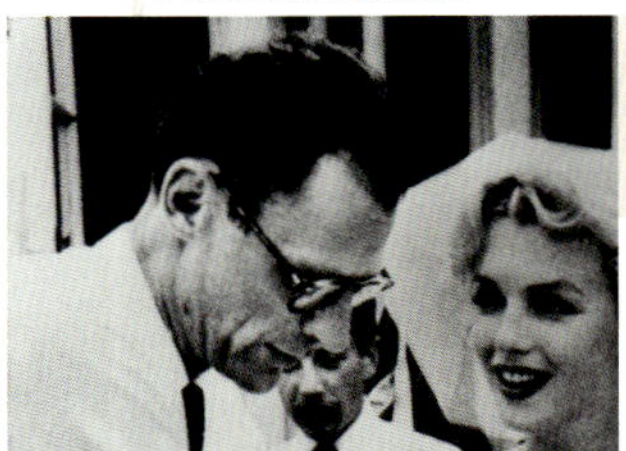

◄ 29. 6. **Marilyn Monroe** gibt in New York dem Dramatiker **Arthur Miller** das Jawort.

1. 7. Die **Straßenverkehrsämter** beginnen mit der Ausgabe **neuer Nummernschilder** (schwarze Buchstaben und Ziffern auf weiß), die die alten (weiß auf schwarz) ersetzen.

7. 7. Der Bundestag beschließt das **Wehrpflichtgesetz**.

8. 7. Ein Irrer zerschneidet in Dresden das Gemälde **„Ruhende Venus"** von Guido Reni.

◄ 14. 8. Der Dramatiker **Bertolt Brecht** stirbt in Ost-Berlin.

17. 8. Das **Verfassungsgericht** verbietet die **KPD**.

20. 9. Der **millionste Flüchtling** aus der DDR kommt in West-Berlin an.

1. 10. Der ehemalige Großadmiral **Karl Dönitz**, bis zur Kapitulation der Wehrmacht am 8. Mai 1945 letztes Staatsoberhaupt des Dritten Reichs, wird aus alliierter Haft entlassen.

10. 10. Herzchirurg **Professor Werner Forßmann** erhält den Nobelpreis.

11. 10. Der Bundestag bestimmt, dass in **Flensburg** eine zentrale **Verkehrssünderkartei** aufgebaut wird.

16. 10. **Franz Josef Strauß** wird **Verteidigungsminister**.

25. 10. Das Amtsgericht Berchtesgaden erklärt **Hitler** amtlich für tot. ►

28. 10. Start der erfolgreichen TV-Reihe **„Ein Platz für Tiere"** mit dem Frankfurter Zoodirektor Professor **Bernhard Grzimek**.

3. 11. **Erster TV-Werbespot**. **Beppo Brem** und **Liesl Karlstadt** machen Reklame für **Persil**.

4. 11. Sowjetische Truppen schlagen in **Ungarn** einen **Volksaufstand** gegen das kommunistische Regime blutig nieder. 2700 Tote.

1. 12. Boxer **Wolfgang Behrendt** (re.) erkämpft sich bei den Olympischen Spielen in Melbourne als erster DDR-Sportler **Gold.** ►

6. 12. Der Philosoph **Wolfgang Harich** und der Chef des Aufbau-Verlags **Walter Janka** werden in Ost-Berlin wegen Kritik am DDR-System verhaftet und später zu zehn Jahren Haft verurteilt.

12. 12. Das Kabarett **„Münchner Lach- und Schießgesellschaft"** mit **Dieter Hildebrandt** tritt erstmals auf.

22. 12. Der ehemalige Verfassungsschutz-Chef **Otto John** wird wegen Landesverrats zu vier Jahren Zuchthaus verurteilt.

31. 12. Traurige Bilanz: 1956 sterben **14 811 Menschen** in der Bundesrepublik **bei Verkehrsunfällen.**

OSTPREUSSISCHE SCHMANDHERINGE

Acht Matjesfilets abspülen. Zu kleinen Türmen aufrollen und kalt stellen. Inzwischen eine Sahnesoße bereiten. Dazu einen halben Liter saure Sahne oder Joghurt verquirlen. Mit zwei fein gehackten Zwiebeln, zwei klein gewürfelten Gewürzgurken, zwei in Streifen geschnittenen Äpfeln, Salz, Pfeffer, einer Prise Zucker und etwas Paprika gut vermischen. Würzig abschmecken und eine Stunde ziehen lassen. Dann die gerollten Matjesfilets in der pikanten Soße anrichten, mit Pellkartoffeln auftragen.

Originalrezept aus „Lecker angerichtet", Hörzu 34/1956

Die Arbeitslosenquote liegt 1956 bei 5,5 Prozent (1950 noch 10,7 %). Deshalb kommen zunehmend Gastarbeiter aus Italien. 1962 hat Conny Froboess großen Erfolg mit ihrem Schlager „Zwei kleine Italiener"

Ein alter Panzergeneral erfindet den Namen BUNDESWEHR

Louis Armstrong im braven Hamburg gibt. 7000 Zuschauer sind gekommen, ganz gewiss nur wenige in Röhrenhosen und mit dem röhrenden Moped.

Doch die bestimmen das Geschehen: Als bei „Satchmos" Auftritt die Technik versagt und er das Konzert abbricht, fliegen „Flaschen, Dosen, Teile von Stühlen, Tumulte, Straßenschlacht." (Zitiert nach „Unsere 50er Jahre".)

Straßenschlacht, das macht offenbar mächtig Spaß und wird im Deutschland ab 1956 eine Art Zeitvertreib. Man übt und rüpelt trotzig weiter, zunächst anlässlich der Premiere des Bill-Haley-Films „Außer Rand und Band". Als sich endlich auch eine einheimische Kino-Produktion des Themas annimmt, ist Ende September ein vorläufiger Höhepunkt der Randale erreicht.

In „Die Halbstarken", geschrieben vom genialischen Kolportage-Autor und Kino-Freak Will Tremper („Playgirl"), wird Horst „Hotte" Buchholz zum Idol einer Generation. Der Promi-Biograf Torsten Körner über Buchholz: „Er spielt einen jungen Mann, Freddy, der gegen die spießige Vaterwelt aufbegehrt, ausbricht und kriminell wird. Die Figur wird sogleich als Fanal gegen die muffige, autoritäre, angepasste, biedere und strenge Elternwelt der fünfziger Jahre verstanden. All die aufmüpfigen und rebellischen Energien schienen durch Horst Buchholz' vibrierenden Körper und sein expressives Spiel zum Ausdruck gebracht zu werden." Na ja.

Cineasten halten Hotte aus Berlin vermutlich für eine gesamtdeutsche Klon-Version von James Dean. Der übrigens fährt sich am 30. September 1955 in einem silbernen Porsche 550 Spyder zu Tode, exakt ein Jahr vor der deutschen Uraufführung der „Halbstarken" in Essen mit Horst Buchholz.

Die Kaserne in Andernach besteht aus Baracken, als zu Beginn des Jahres 1956 die ersten Wehrwilligen einrücken. Lange Jahre dienen dort Soldaten des Bataillons für Psychologische Verteidigung mit dem Sender „Radio Andernach“ ▸

Von einer eigenen Waschmaschine können die meisten Hausfrauen 1956 nur träumen. Da ist ein öffentlicher Waschsalon wie hier in Hamburg ein großer Fortschritt ▾

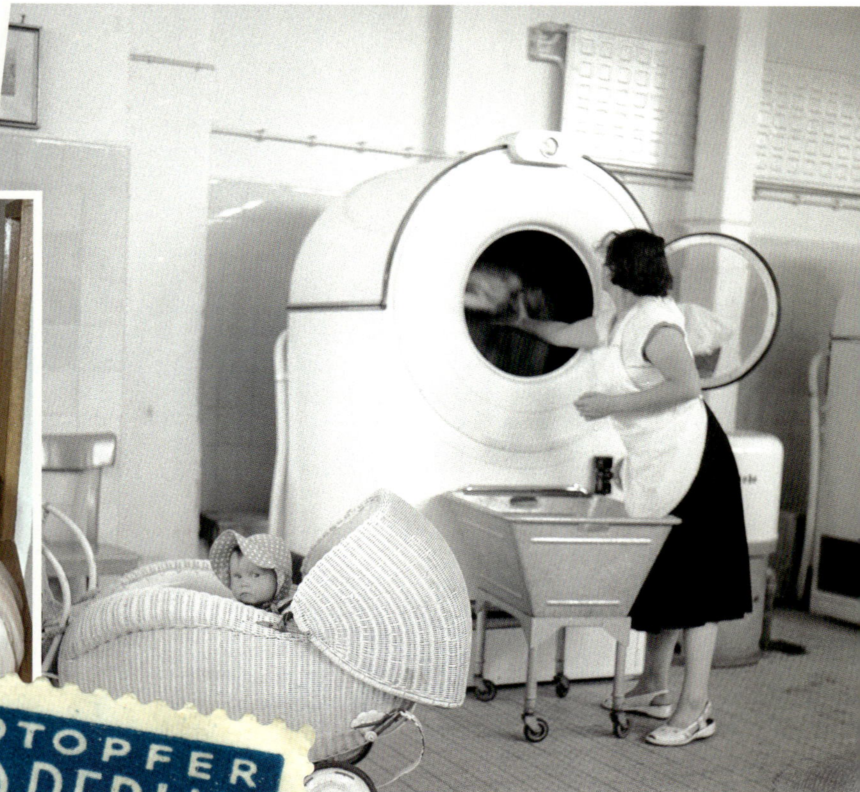

▴ Da sich nur wenige Deutsche ein eigenes Fernsehgerät leisten können, trifft man sich wie hier in Fritzlar (Hessen) zum gemeinsamen TV-Gucken im Dorfgemeinschaftshaus

◂ Bis zum 1. April 1956 muss jeder Brief seit Jahresbeginn 1950 neben der Briefmarke mit einem Zwei-Pfennig-Notopfer für Berlin frankiert werden

Ganz und gar nicht „halbstark“ wirken die 1500 Männer, die am 20. Januar 1956 vor den frisch gestrichenen Baracken im Andernacher Stadtteil Krahnenberg in schweren grauen Mänteln, Stahlhelme auf den Köpfen, angetreten sind.

Es ist gut sechs Jahre her, da hat der aufstrebende CSU-Politiker Franz Strauß – den Josef fügt er später ein – stark getönt: „Wer noch einmal ein Gewehr in die Hand nimmt, dem soll die Hand abfaulen.“ Jetzt ist Strauß Atomminister und hat für den Aufbau von Streitkräften der Bundesrepublik gestimmt.

Strauß' Chef, Bundeskanzler Konrad Adenauer, ist trotz starker Erkältung nach Andernach gefahren, um die ersten Soldaten seiner Armee zu begrüßen. Anders als der einstige Wehrmacht-Offizier Strauß hat sich der ungediente Adenauer schon früh in Geheimgesprächen mit den Westalliierten für einen bundesdeutschen Verteidigungsbeitrag starkgemacht, ließ sich weder durch massive öffentliche Proteste („Nie wieder Krieg“) noch durch den Rücktritt seines Innenministers Gustav Heinemann im Jahr 1950 irritieren.

In Andernach begründet Adenauer, einen dunklen Homburg auf dem Kopf, vor fünf Kompanien von Heer, Luftwaffe und Marine in kurzen, klaren Sätzen, warum sie hier angetreten sind: **„Einziges Ziel der deutschen Wiederbewaffnung ist es, zur Erhaltung des Friedens beizutragen. Wir werden dieses Ziel erreicht haben, wenn die gemeinsame, potentielle Abwehrkraft der Verbündeten zu jedem Zeitpunkt ein zu großes Risiko für jeden möglichen Angreifer bedeutet. In einer solchen militärischen Stärke, die lediglich für unsere Verteidigung ausreicht, kann niemand eine Bedrohung erblicken.“**

Für einen Skandal am Rande ist Bundesverteidigungsminister Theodor Blank verantwortlich. Er hat vergessen, das Präsidium des Bundestags einzuladen.

Die Soldaten wissen noch nicht, wie ihre Truppe heißen wird. Der „Spiegel“ nennt sie „Bundessoldaten“. Der FDP-Bundestagsabgeordnete Erich Mende, ein Major im Zweiten Weltkrieg und Träger des Ritterkranzes, fordert die neue Armee solle wie im Dritten Reich wieder „Wehrmacht“ heißen. Im Februar entscheidet sich der Sicherheitsausschuss mit 18 zu 8 Stimmen für „Bundeswehr“, wie es Mendes Parteifreund, der ehemalige Panzergeneral Hasso von Manteuffel, empfohlen hatte.

Franz Josef Strauß, der Mann der mal gegen die Wiederbewaffnung war, übernimmt im Oktober 1956 als Nachfolger Blanks im Amt des Verteidigungsminister das Kommando.

„Ist Otto John nicht normal?“ Mit dieser Schlagzeile über den Ex-Verfassungsschutzchef Otto John, der 1954 nach Ost-Berlin gewechselt war und sich nach seiner Rückkehr in den Westen wegen Landesverrats vor dem Bundesgerichtshof verantworten muss, beginnt am 29. April 1956 die Geschichte von BILD am SONNTAG.

Das Angebot an die Leser ist so prall wie heute: Berichtet wird über die stürmischen Flitterwochen des monegassischen Fürsten Rainier und „seiner Gattin Grace Kelly“ und über den Erfolg von Hildegard Knef am Broadway, über die neueste Hut-Mode und eine bayerische Justizreform, die das Fensterln erlaubt; der Sport tadelt die „Geheimniskrämerei um die roten Ferrari“ in Brescia.

Auch mit dieser Neugründung hat Verleger Axel Springer die richtige Nase. Noch im Gründungsjahr steigt die Auflage auf 400 000. Heute verkauft die BILD am SONNTAG jedoch mehr als vier Mal soviel.

1957

Das käufliche Mädchen ROSEMARIE wird erwürgt, im Atlantik versinkt die PAMIR, und ADENAUER siegt ohne „Experimente“

Verführerisch lächelt die Edelhure Rosemarie Nitribitt aus ihrer Badewanne. Viele Fotos dieser Art, auch viel freizügigere, ließ sie von sich anfertigen und als Werbung an potenzielle Freier durch Frankfurter Hotelportiers verteilen. Am 1. November 1957 wird sie erwürgt in ihrem Appartement aufgefunden. Wer sie ermordet hat, das ist bis heute eines der großen Rätsel der deutschen Kriminalgeschichte

Ein Jahr nach dem Mord an der Nitribitt kommt der Film „Das Mädchen Rosemarie“ mit Nadja Tiller in der Titelrolle in die Kinos

Die Polizeibeamten Heinz Guvernator und Heinz Möller, die am 1. November 1957 kurz vor 17 Uhr durch einen Mitarbeiter des Schlüsseldienstes die Tür zum Appartement 41 in der Stiftstraße 36 in Frankfurt/Main öffnen lassen, ahnen nicht, dass sie bald Statisten in einem der größten und mysteriösesten Kriminalfälle Deutschlands sein werden.

Verwesungsgeruch stellen die Beamten fest, noch bevor sie die Leiche im überhitzten, dunklen Wohnzimmer entdecken. Die mit einem grauen Kostüm bekleidete Tote heißt Rosemarie Nitribitt († 24), ihr rechtes Bein liegt auf dem Sofa, das linke darunter. Aus einer Wunde ihres Kopfes, gelagert auf einem rosa Tuch, ist Blut auf den Teppich getropft.

Die Obduktion ergibt, dass die junge Frau am Nachmittag des 29. Oktober erwürgt wurde.

Im Telefonbuch hat Rosemarie Nitribitt „Mannequin“ als Beruf angegeben, tatsächlich verdiente sie seit ihrer Jugendzeit unter ihrem, na ja, Künstlernamen Rebecca ihren Lebensunterhalt als Prostituierte. Sie ersexte sich ein Vermögen.

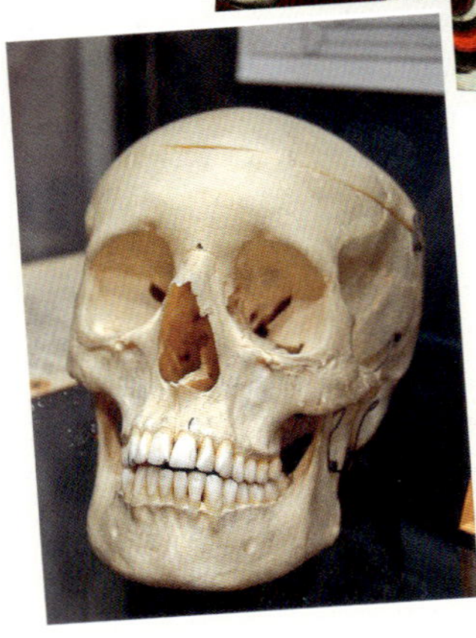

Erst 2008 wird der Schädel der Ermordeten beigesetzt, zuvor war er im Kriminalmuseum ausgestellt

▲ **Nur sechs Mann der 86-köpfigen Besatzung der „Pamir“ (kl. Foto rechts) überleben den Untergang des Frachtseglers am 21. 9. 1957 im Atlantik. Einer der Glücklichen ist der Leichtmatrose Günter Haselbach (auf der Trage), der nach drei Tagen im Rettungsboot von der US-Küstenwache gerettet wird. Er bleibt der Seefahrt treu, wird sogar Kapitän**

Mit dem Wahlkampf-Slogan „Keine Experimente!“ gewinnen CDU und CSU 1957 die Bundestagswahlen zum ersten Mal mit absoluter Mehrheit. Am 22. 10. legt Konrad Adenauer zum dritten Mal seinen Amtseid als Bundeskanzler ab

Anders als das durch Künstler wie George Grosz und Otto Dix geprägte Bild vom Elend der Dirnen, die von brutalen Zuhältern zum Anschaffen gezwungen werden, schafft das in ärmlichsten Verhältnissen und wechselnden Heimen aufgewachsene Mädchen Rosemarie den Aufstieg zur „Edelhure“ („Spiegel“), passend zum Wirtschaftswunder in Deutschland-West.

Stets elegant angezogen kurvt die attraktive Blondine in ihrem schwarzen Mercedes 190 SL mit roten Ledersitzen und Weißwandreifen durch Frankfurt auf Freierfang.

Mit großem finanziellem Erfolg. Bei der Durchsuchung ihrer Wohnung stellt die Kripo Sparbücher im Wert von 90 000 DM sicher, 1000 DM Bargeld, teuren Schmuck, einen Nerzmantel und ein Notizbuch mit abgekürzten Namen des Wirtschaftswunder-Adels. Weitere Ermittlungen ergeben, dass die auf verschwiegenen Partys gern gesehene Frau u. a. Beziehungen zu den Millionärsbrüdern Gunter und Ernst Wilhelm Sachs sowie den Industriellen Harald von Bohlen und Halbach und Harald Quandt hatte.

„Dass ihre Kunden aus höchsten Kreisen kommen, macht ihren Tod zum ersten großen Sexskandal der Nachkriegszeit“, urteilt Christian Steiger in seinem Buch „Rosemarie Nitribitt – Die Autopsie eines deutschen Skandals“ (Verlag Heel, Königswinter).

Ihre Freier sind nicht nur reich, sondern auch spendabel. Die Kripo errechnet einen Jahresliebeslohn der fleißigen Sexarbeiterin von 80 000 DM, netto. Dafür kann man damals zwei ordentliche Einfamilienhäuser bauen.

Mit Schlips und Fluppe flippern junge Männer wie hier in Köln ►

▲ 1957 ist das Jahr von Peter Alexander. Im Film „Das haut hin" spielt er einen Zoologie-Studenten, der lieber Musik macht. Sein Schlager „Ich weiß, was dir fehlt" ist im Frühjahr drei Wochen lang Nummer-eins-Hit

◄ Das Ritterkreuz (Kreis) darf nach dem Krieg nur ohne Hakenkreuz getragen werden, was der FDP-Politiker Erich Mende (Foto mit Frau Margot) gern tut

Die lächelnde Frau in Tracht, die für Rama-Margarine Werbung macht. 1957 ist sie nur Reklame, heute Kult

Die ORDEN des Zweiten Weltkriegs dürfen wieder getragen werden – aber nur noch ohne Hakenkreuz

„Teleboy", nennt Grundig seinen automatischen Anrufbeantworter, der 1957 stolze 495 DM kostet

Ein Arbeiter verdient 1957 im Jahresdurchschnitt 5043 DM.

Zwar ermittelt die Kripo auch in den „besseren Kreisen" und verhört 500 Personen. Verhaftet und vor Gericht gestellt wird ein alter Freund der Nitribitt, der stets klamme Heinz Pohlmann. BILD titelt: „Das Netz wird enger".

Im Frühjahr 1960 beginnt der Prozess gegen Pohlmann, der den Mord leugnet. Das Verfahren endet, auch wegen schlampiger Ermittlungen, mit einem Freispruch mangels Beweises.

Noch vor Prozessbeginn wird das Leben und Sterben von Rosemarie Nitribitt von Rolf Thiele verfilmt. Thiele und Drehbuchautor Erich Kuby wollen „die Doppelmoral" der Adenauer-Zeit entlarven, sagt Nadja Tiller, die als „Das Mädchen Rosemarie" (Filmtitel) beinahe eine Weltkarriere startet. „Das war ein richtiger Skandalfilm", erinnert sie sich fast wehmütig im „Stern"-Interview aus dem Seniorenheim Augustinum in Hamburg. 1996 wagt Bernd Eichinger ein Remake des Tiller-Thiele-Films. Diesmal ist Nina Hoss das Mädchen Rosemarie. „Seltsam bieder", mäkelt das „Hamburger Abendblatt" über Film-Nitribitt 2.

Der Leichnam der echten Rosemarie Nitribitt wird auf dem Nordfriedhof ihrer Geburtsstadt Düsseldorf beigesetzt, zunächst ohne Kopf. Mehr als ein halbes Jahrhundert bewahrt die Frankfurter Staatsanwaltschaft ihren Schädel als potenzielles Beweismittel auf. Erst im Februar 2008 kommt auch er in die Erde.

Die Akte Nitribitt ist „XY ungelöst". Für immer? Nitribitt-Experte Christian Steiger ist da nicht so sicher: „Ich halte es für durchaus möglich, dass irgendwo in Frankfurt ein älterer Herr lebt, der kurz vor seinem Tod sein Gewissen erleichtern möchte und den Mord an Rosemarie Nitribitt gesteht. Ich bin überzeugt: Es war eine Beziehungstat."

So wenig geklärt wie der „Fall Nitribitt" ist auch der Untergang des Viermastsegelschiffs „Pamir" am 21. September 1100 Kilometer westlich der Azoren. 80 der 86 Besatzungsmitglieder, überwiegend Kadetten, ertrinken in den Fluten des durch den Hurrikan „Carrie" aufgepeitschten Atlantik.

Der damals schon mehr als ein halbes Jahrhundert alte Frachtsegler, gebaut bei Blohm + Voss in Hamburg, hatte in Buenos Aires (Argentinien) Gerste geladen und Kurs auf Europa genommen, als der Hurrikan ihn mit Windgeschwindigkeiten von 130 km/h erwischt. Um 12.03 Uhr funkt die „Pamir" ihr letztes SOS, dann kentert sie durch, schwimmt noch eine knappe halbe Stunde kieloben als Spielball in den bis zu 14 Meter hohen Wellen und sinkt.

Sofort machen sich 78 Schiffe in der bis dahin größten Rettungsaktion der Seefahrtgeschichte auf die Suche nach Schiffbrüchigen. Sechs werden gerettet.

Obwohl alle Offiziere umgekommen sind, untersucht das Seeamt Lübeck die möglichen Ursachen der Katastrophe penibel. Dem Urteil, Grund für den Untergang sei eine unfachmännische Lagerung der Gerste sowie die zögerliche Reduzierung der Segel, widerspricht die Reederei. Die „Pamir" sei leckgeschlagen, so argumentiert deren Anwalt Horst Willner.

Der überlebende Kochsmaat Karl-Otto Dummer hat seine eigene Erklärung, ein halbes Jahrhundert nach der Katastrophe: „Für mich gibt es wohl 20 Möglichkeiten, warum die ‚Pamir' untergegangen ist – und alle sind ein bisschen wahr."

Es gibt auch Erfreuliches in diesem an Katastrophen reichen Jahr 1957. Konrad Adenauer kann sich darüber freuen, dass CDU und CSU zum ersten Mal bei Bundestagswahlen die absolute Mehrheit schaffen und er bleiben kann, was er gern ist: Bundeskanzler. Sein Wahlplakat mit dem gezeichneten Kanzlerkopf und dem Satz „Keine Experimente!" hat wohl den Nerv der Bürger getroffen.

Die Veteranen des Zweiten Weltkriegs können sich freuen, weil sie ihre Orden wieder tragen dürfen, allerdings nur ohne Hakenkreuz. Dies regelt das neue Ordensgesetz.

Die Etikette-Expertin der damaligen Zeit, Erica Pappritz, kommentiert das süffisant: „Helden von gestern können sich als solche ausweisen. Doch es gibt nicht wenige, die, obwohl hochdekoriert, in einer Zeit, da die Welt wieder um den Frieden bangt, darauf verzichten, von dieser Möglichkeit Gebrauch zu machen."

DIE CHRONIK VON 1957

1\. 1. Das **Saarland** wird in die Bundesrepublik eingegliedert. Der Beitrag zur **Arbeitslosenversicherung** sinkt von drei auf zwei Prozent.

8\. 1. Eine komplette aus der DDR **geflüchtete Abiturklasse** trifft per Flugzeug in Frankfurt/Main ein.

21\. 1. Der Bundestag beschließt die **„dynamische Rente"**.

1\. 2. Der Ingenieur **Felix Wankel** stellt den Kreiskolbenmotor vor.

4\. 2. Zu seinem 60. Geburtstag veröffentlicht Bundeswirtschaftsminister **Ludwig Erhard** das Buch **„Wohlstand für alle"**. Er fordert Arbeitgeber und Arbeitnehmer zum Maßhalten auf. ►

8\. 2. Premiere des DEFA-Films **„Schlösser und Katen"** mit **Erwin Geschonneck**.

22\. 2. In München wird der **Erfindung der Weißwurst** vor 100 Jahren gedacht.

27\. 2. Bertolt Brechts **„Dreigroschenoper"** kommt ins TV.

28\. 2. Die **1-** und **2-DM-Scheine** werden ungültig.

◄ 8. 3. Wolfgang Staudtes Film **„Der Untertan"**, 1951 in der DDR nach einem Roman von **Heinrich Mann** gedreht, wird erstmals in bundesdeutschen Kinos gezeigt.

25\. 3. Gründung der **EWG** (Europäische Wirtschaftsgemeinschaft) und der **Euratom** (Europäische Atomgemeinschaft).

4\. 4. Beginn der **Massenimpfung** gegen Kinderlähmung.

5\. 4. **Atomwaffen** für die Bundeswehr, fordert Bundeskanzler Adenauer.

12\. 4. 18 Göttinger Wissenschaftler sprechen sich **gegen** die **atomare Bewaffnung** der Bundeswehr aus.

10\. 5. Das Bundesverfassungsgericht stellt fest, dass der **Paragraf 175** (Strafbarkeit homosexueller Handlungen) rechtmäßig ist.

19\. 5. **Gustav Heinemanns** GVP (Gesamtdeutsche Volkspartei) löst sich auf. Die meisten Mitglieder treten in die SPD ein, darunter auch der spätere Bundespräsident Johannes Rau.

21\. 5. Das Bundesverfassungsgericht urteilt: Das **Grundgesetz** gilt auch in West-Berlin.

23\. 5. SPD-Chef **Erich Ollenhauer** stellt einen Plan zur Wiedervereinigung vor.

3\. 6. **15 Bundeswehr-Soldaten** ertrinken bei einer Übung in der Iller.

18\. 6. Der Grundsatz der **Gleichberechtigung** zwischen Mann und Frau im bürgerlichen Recht wird Gesetz.

23\. 6. **Borussia Dortmund** wird nach einem 4:1-Sieg über den HSV **Deutscher Fußballmeister**.

26\. 6. Der Schriftsteller **Alfred Döblin** („Berlin Alexanderplatz") stirbt.

29\. 6. **Bubi Scholz** (links) wird nach einem K.-o.-Sieg über Peter Müller Deutscher Meister im Mittelgewicht. ►

1\. 8. Die **Deutsche Bundesbank** übernimmt die Aufgaben der Bank deutscher Länder als Zentralbank der Bundesrepublik.

1\. 9. In geschlossenen Ortschaften der Bundesrepublik tritt ein **Tempolimit** von 50 km/h in Kraft

12\. 9. Premiere des Films **„Monpti"** mit **Romy Schneider** und **Horst Buchholz**. ►

15\. 9. **CDU** und **CSU** schaffen bei der Bundestagswahl mit 50,2 Prozent der Stimmen die **absolute Mehrheit**.

17\. 9. **Sophia Loren** heiratet drei Tage vor ihrem 23. Geburtstag den Filmproduzenten Carlo Ponti (44).

3\. 10. Wahl von **Willy Brandt** (SPD) als Nachfolger von **Otto Suhr** zum regierenden Bürgermeister von (West-)Berlin.

◄ 4. 10. Die **Sowjetunion** schickt den ersten Satelliten **„Sputnik"** ins All.

8\. 10. In Bayern endet die Viererkoalition unter Ministerpräsident **Wilhelm Hoegner** (SPD). Neuer Regierungschef wird **Hanns Seidel** (CSU).

13\. 10. Der **DDR-Ministerrat** beschließt die Ausgabe neuer **Banknoten**.

22\. 10. Zum dritten Mal wird **Konrad Adenauer** zum **Bundeskanzler** gewählt.

27\. 10. **Gründung** des **Bundes der Vertriebenen**.

31\. 10. In Garching nahe München nimmt das **erste westdeutsche Kernkraftwerk** seinen Betrieb auf.

1\. 11. **Erich Mielke** steigt zum Minister für Staatssicherheit der DDR auf.

▲ 7. 11. Produktionsbeginn des **Trabant P 50**.

11\. 12. Die Volkskammer ändert das **Passgesetz**. Das Verlassen der DDR „ohne erforderliche Genehmigung" ist mit bis zu drei Jahren Haft bedroht.

15\. 11. Der DEFA-Film **„Vergesst mir meine Traudel nicht"** mit **Eva-Maria Hagen** hat Premiere.

16\. 12. In Rossendorf nahe Dresden nimmt der erste **DDR-Atomreaktor** den Betrieb auf.

29\. 12. Der **1. FC Bayern** bekommt seinen ersten **DFB-Pokal** nach einem 1:0-Sieg über Fortuna Düsseldorf.

1958

ELVIS kommt als Soldat nach Deutschland, der „KULI DES OSTENS“ geht auf Sendung, und Berlin hat wieder mal eine Krise

Als „Mädchen mit den Katzenaugen“ funkelt die Berlinerin Vera Tschechowa 1958 die Deutschen von der Kinoleinwand an – eine von insgesamt fünf Tschechowa-Premieren in diesem Jahr. Im März 1959 soll die damals 19-Jährige eine kurze Affäre mit dem jungen GI auf dieser Seite gehabt haben ... Später spielte die Ur-Großnichte des Dichters Anton Tschechow Charakterrollen an den wichtigen deutschen Bühnen, mittlerweile arbeitet sie noch gelegentlich als Dokumentarfilmerin

Mann über Bord: Rockstar Elvis Presley kommt im Oktober als einfacher Gefreiter der US-Army nach Deutschland

Der doppelte Elvis Presley: Im Oktober schmückt sich der „Bravo“-Titel gleich mit zwei Elvis Porträts und stellt begeistert fest: „Alles dreht sich um Elvis“

Als der Stammhalter entbunden wird, eilt der Vater erwartungsfroh aus seiner Backstube ins Krankenhaus und erschrickt heftig: „Mein Gott, ist der hässlich", lautet der Satz, mit dem Bäckermeister Otto Quermann seinen Sohn auf dieser Welt willkommen heißt. Der Vater braucht, so ist überliefert, mindestens zehn Bier, um sein vernichtendes Urteil einigermaßen zu revidieren. Und der Sohn, der später zwar nicht wirklich schön, aber sehr berühmt und ziemlich wohlhabend sein wird, schreibt in seinen Erinnerungen: „Das lehrte mich zweierlei: Erstens kann man sich auch Babys schönsaufen, zweitens ist die Premierenkritik oft vom Pegelstand des Rezensenten abhängig."

Diese Wortgewalt, gepaart mit Ehrgeiz und Perfektionismus' bringt den auf den Namen Heinz getauften Jungen unbeschadet durch Kindheit und Krieg – und schließlich, nach einem Umweg über mehrere Theaterbühnen, vor das Rundfunkmikrofon. Am Montag, dem 20. Oktober 1958, Punkt 20 Uhr, moderiert Heinz Quermann, mittlerweile 37 Jahre alt, für Radio DDR 1 in Berlin die allererste Folge einer Sendereihe, die jetzt „Schlagerrevue" heißt und zuvor schon als „Schlagerlotterie" Erfolg hatte. Doch erst mit dem neuen Titel wird die Sendung, in der Quermann Neuerscheinungen der DDR-eigenen Schallplattenproduktion AMIGA präsentiert, zur Legende. Bis zum 18. Dezember 1989 moderiert er unvorstellbare 1731 Folgen, landet in den Herzen der Hörer und schließlich im „Guinness-Buch". **„36 Jahre und drei Monate saß ich wöchentlich einmal vor dem Rundfunkmikrofon. Das schaffte sonst niemand auf der Welt, kein Moderator, kein Sender,"** notiert er für „Das dicke Quermann-Buch" (Eulenspiegel Verlag). Als Jahre später auch westliche Medien auf den Ost-Unterhalter mit Geburtsstadt Hannover aufmerksam werden, nennen sie ihn gern den „Kulenkampff der DDR". Doch das wird Quermann, dessen Abmoderation „tschüss und winke, winke" in den aktiven Sprachschatz der DDR-Bürger eingeht, nicht gerecht. Während Kulenkampff vorwiegend Ideen anderer präsentiert, bewirkt der Staatsangestellte Quermann Entscheidendes in der Entwicklung der DDR-Fernsehkunst. Mit Unterstützung des Ministerrats erfindet er zum Beispiel die Sendung „Herzklopfen kostenlos", einen Vorläufer der Casting-Shows. Quermann, dessen gemütliches Äußeres mit seinem aufbrausenden Charakter nur wenig korrespondiert, erkennt und fördert zum Beispiel Frank Schöbel, Dagmar Frederic und Regina Thoss. Auch Stefanie Hertel hat als 6-Jährige in einer Quermann-Sendung einen ihrer ersten Auftritte.

Am Ende seines Lebens erkennt der Mann, der alle kannte, sich selbst nicht mehr: Heinz Quermann erkrankt an Alzheimer und stirbt im Oktober 2003. Als sein Herz zu schlagen aufhört, sitzt er im Fernsehsessel...

Das traurige Ende des Westberliner Berufsboxers Scholz ist hinlänglich bekannt, einen längst vergessenen Höhepunkt findet dieses Leben am 4. Oktober des Jahres 1958. An diesem Abend besiegt er im Olympiastadion den französischen

DIE CHRONIK VON 1958

2. 1. Das **Bundeskartellamt** nimmt seine Arbeit auf.

6. 2. **23 Menschen** sterben beim Absturz eines Flugzeugs in München, darunter acht Fußballprofis von **Manchester Unied.**

19. 2. Der Marburger Chirurg **Rudolf Zenker** (Foto) operiert mit Unterstützung einer Herz-Lungen-Maschine erstmals einen Patienten am **offenen Herzen.** ▸

21. 2. Der englische Designer **Gerald Holtom** entwirft das Peace-Symbol.

14. 3. Erste Folge (von insgesamt 24) der ARD-Krimiserie **„Stahlnetz"** von Jürgen Roland und Wolfgang Menge. Sie erzählen **authentische Fälle,** aufgezeichnet nach Unterlagen der Kriminalpolizei.

19. 3. Das **Europäische Parlament** tritt zu seiner ersten Sitzung zusammen.

25. 3. Der Bundestag genehmigt die Ausrüstung der Bundeswehr mit **atomaren Waffen.**

27. 3. **Nikita Chruschtschow** löst Nikolai Bulganin als Ministerpräsident der Sowjetunion ab und ist fortan **Partei- und Regierungschef.**

6. 4. Der **Schah von Persien** lässt sich von **Soraya** scheiden, weil sie keine Kinder bekommen kann.

9. 5. Premiere der legendären Gründgens-Inszenierung von Goethes **„Faust II"** in Hamburg.

◂ 18. 5. **Schalke 04** wird nach einem 3:0 über den HSV Deutscher Fußballmeister. (Foto: Bernie Klodt mit der Meisterschale)

28. 5. Die DDR schafft die **Lebensmittelkarten** ab.

7. 6. Am Ammersee eröffnet das erste **SOS-Kinderdorf.**

8. 6. Auftaktspiel der **Fußball-WM** in Schweden. Brasilien holt den Titel, Deutschland wird Vierter.

1. 7. In der Bundesrepublik tritt ein **Gesetz** in Kraft, das Frauen erlaubt, auch ohne Zustimmung ihres Mannes zu arbeiten.

3. 7. **Fritz Thiedemann** auf Meteor ist Europameister der Springreiter.

23. 8. Die **„Gorch Fock",** das Segelschulschiff der Bundesmarine, läuft in Hamburg vom Stapel.

26. 8. Charlie Chaplins Film **„Der große Diktator"** von 1940 kommt erstmals in der Bundesrepublik ins Kino.

9. 10. **Papst Pius XII.** († 82) stirbt in Castel Gandolfo.

28. 10. Kinopremiere der Wirtschaftswunder-Satire **„Wir Wunderkinder"** von Kurt Hoffmann. Mit Johanna von Koczian, Hansjörg Felmy, Wolfgang Neuss.

16. 12. In Hamburg kommt der Film **„Helden"** nach dem Theaterstück von George Bernard Shaw mit **O. W. Fischer** (Foto) und Lieselotte Pulver erstmals ins Kino ▸

21. 12. Wahl von **Charles de Gaulle** zum Präsidenten Frankreichs.

FOTOS: ULLSTEIN-BILD, BRAVO/BAUER MEDIA GROUP, CINETEXT, ULLSTEIN-BILD, IMAGO, INTERFOTO

Jeden Tag fliehen 332 DDR-BÜRGER vor dem Mangel in den WESTEN

Titelverteidiger Charles Humez nach zwölf begeisternden Runden und krönt sich zum Europameister im Mittelgewicht. Wolfgang Fricke, ein Poet unter den Boxberichterstattern, fordert nach dem Kampf im „Hamburger Abendblatt“: „Man sollte sich angewöhnen, ihn nicht mehr ‚Bubi‘ zu nennen. Denn der 28-jährige Deutsche Meister kämpft nicht wie ein ‚Bubi‘. Er fightet mit einem Ernst und einer Entschlossenheit, die nur ein Mann von Format aufbringen kann. Und Männer sind keine ‚Bubis‘!“

Der Appell, man ahnt es damals schon, hat nicht gefruchtet. **Gustav Scholz bleibt „Bubi“. Noch heute, lange nach dem letzten Gong.**

Der junge Panzersoldat mit den blitzblauen Augen, der am 1. Oktober an der Columbuskaje in Bremerhaven von Bord des Truppentransporters USS „General Randall“ klettert, ist bereits mehrfacher Millionär und ein Idol der Massen – aber noch nennen ihn Menschen und Medien bei seinem Taufnamen: Elvis.

Zum „King“ wird Elvis Aron Presley, 23, erst später. Elvis kommt als Soldat der 3. US-Panzerdivision in die Bundesrepublik, ist bis 2. März 1960 im hessischen Friedberg stationiert und schläft kein einziges Mal bei seinen 234 Kameraden in der Kaserne. Mit seinem Clan (Großmutter Minnie Vae, Vater Vernon und zwei Leibwächter) zieht er in Bad Nauheim ins Hotel. Der Kompanie dient der Rock-Star, den seine Vorgesetzten für einen „außergewöhnlich guten Soldaten“ halten, als Aufklärungsfahrer. Den Dienst-Jeep ergänzt Elvis bald durch ein automobiles Schmuckstück aus bayerischer Produktion: Zu Weihnachten schenkt er sich für 2750 US-Dollar einen schneeweißen BMW 507, den er dem Rennfahrer Hans Stuck abkauft.

Das Lächeln des Siegers: Bubi Scholz, Vater aller „Gentlemen-Boxer“ nach dem EM-Sieg

Für Experten ist es der beste Kampf, den er je gezeigt hat: Scholz holt sich am 4. Oktober in Berlin den Europameister-Titel gegen den favorisierten Franzosen Charles Humez

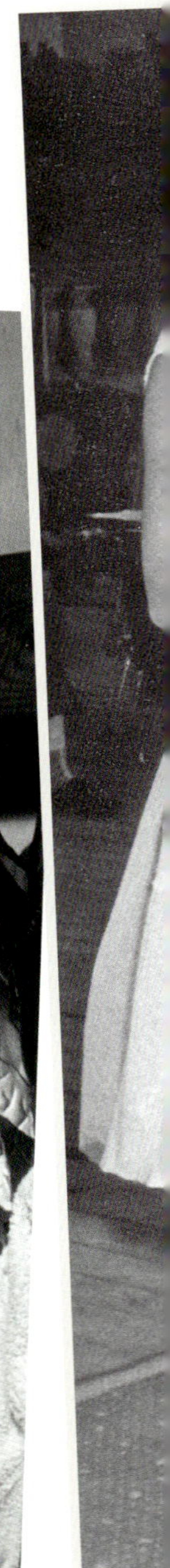

Wenige Wochen zuvor scheint allerdings ein friedliches Weihnachtsfest für die meisten Deutschen ernsthaft in Gefahr: Das „Neue Deutschland“, Organ der Sozialistischen Einheitspartei mit dem Motto „Proletarier aller Länder vereinigt euch“, erscheint am 28. November mit der seitenbreiten Schlagzeile: „Westberlin – entmilitarisierte Freie Stadt“.

Das Blatt, das zu dieser Zeit eine Auflage von einer Million hat (heute 41 723), berichtet über eine Initiative des sowjetischen Partei- und Regierungschefs Nikita Chruschtschow. Im Westen wird sie als „Berlin-Ultimatum“ bekannt. **Chruschtschow fordert die drei anderen Siegermächte des Zweiten Weltkriegs – USA, Großbritannien und Frankreich – auf, ihre Truppen aus West-Berlin abzuziehen und ihre Hoheitsrechte für die Zugangswege an die DDR abzutreten. West-Berlin, damals eine Insel innerhalb der DDR, solle eine „freie und entmilitarisierte Stadt“ werden.** Falls die Westmächte nicht innerhalb von sechs Monaten parieren, droht Stalins Nachfolger mit der einseitigen Kündigung des Vier-Mächte-Status von Berlin.

Das freie Berlin ist ein Stachel im Fleisch der russischen und der deutschen Kommunisten. Im Tagesdurchschnitt kommen 332 DDR-Bürger, die Ulbrichts Mangel-Sozialismus leid sind, relativ gefahrlos über die Sektorengrenze.

Kurze Zeit später legt der rote Zar nach. Er präsentiert den Entwurf eines Friedens-

FOTOS: DARCHINGER/FRIEDRICH-EBERT-STIFTUNG, PRIVAT/ENTNOMMEN AUS „DAS DICKE QUERMANN-BUCH“, DICKE EULENSPIEGEL BÜCHER VERLAG, TV-YESTERDAY, AKG, ULLSTEIN-BILD

Bis 1991 Fernsehkult in Ost und West: Heinz Quermann und Margot Ebert moderieren jedes Jahr am 1. Weihnachtsfeiertag „Zwischen Frühstück und Gänsebraten“ . . .

Aus der Fotosammlung des Deutschland-Chronisten Jupp Darchinger: Der Berliner Reichstag ist noch Ruine – der blank polierte VW Käfer symbolisiert das Wirtschaftswunder

Das schickste TV-Gerät kann sich damals weder in Ost noch West kaum jemand leisten: Der Design-Fernseher HF 1 von Braun kostet 840 Mark

Jetzt kommt Farbe an den Topf! Bunte Kochtöpfe aus Edelstahl sind ’58 der aktuelle Küchen-Chic

Als Dienstleistung noch selbstverständlich ist: Gasolin-Tankstelle in Bremen

Ein bisschen Spaß muss sein: Jugendliche randalieren im Berliner Sportpalast bei einem Konzert von Johnnie Ray

vertrags mit 48 Artikeln, in dem er die Anerkennung der DDR als Staat, die Neutralisierung Gesamtdeutschlands sowie die Aufhebung des 1956 vom Bundesverfassungsgerichts verfügten KPD-Verbots in Westdeutschland fordert.

Chruschtschows Vorschläge, meldet der „Spiegel“, haben „anfänglich die Nerven der Bonner Politiker gehörig strapaziert“. Doch Bundeskanzler Konrad Adenauer, der Fuchs, bleibt gelassen. Er sagt: „Der Herr Chruschtschow hat große Schwierigkeiten und braucht außenpolitisch einen Erfolg...“

Der Westen bleibt standhaft, das Ultimatum versandet. Die gefährlichste Berlin-Krise, die die Welt an den Rand eines Atomkriegs führt, kommt erst drei Jahre später.

Und im Hotel „Grunewald“ in Bad Nauheim, im Zimmer mit der Nummer zehn, sitzt am Silvesterabend ein glücklicher US-Soldat und löffelt Erbsensuppe mit Speck, nach deutschem Rezept: Das hat sich **Elvis Presley** so gewünscht...

Der Wolf und sein Lämmchen: Alain Delon und Romy. Das Foto entsteht kurz vor der offiziellen Verlobungsfeier auf dem Grundstück von Romys Stiefvater „Daddy" Blatzheim am Luganer See

Das Verlobungsfoto: Romy in champagnerfarbener Seide, Alain Delon im grauen Anzug, den er nur unter Protest anzieht

1959

ROMY verlobt sich mit Alain Delon, die BLECHTROMMEL sorgt für Wirbel und die SPD nimmt Abschied von KARL MARX

Ziemlich früh im Jahr, am 1. Februar, werden die blonde Hessin Marika Kilius und ihr bayerischer Partner Hans-Jürgen Bäumler Europameister im Eiskunstlauf, was ihnen so leicht fällt, dass sie diesen Erfolg bis 1964 regelmäßig wiederholen. All das nutzt ihrer Popularität zunächst aber nur bedingt, weitaus intensiver als für die Sprungläufer interessieren sich die Deutschen für eine ungleiche Paarung, deren Spezialität der Seitensprung wird: Am 24. März verlobt sich „Sissi" Romy Schneider (22) mit dem französischen Abenteurer und ehemaligen Indochina-Kämpfer Alain Delon (24). Kennengelernt haben sich beide bei den Dreharbeiten zum Film „Christine", beinahe sofort beginnt Romys Über-Mutter Magda gegen den Galan mit dem zweifelhaften Ruf zu sticheln und zu hetzen. Dass er „viel zu jung" sei, ist noch das Mindeste, was sie zu kritisieren hat. Einen „Windhund" schimpft ihn die strenge Magda außerdem, einen „Filou" natürlich auch. In ihren Erinnerungen, aufgeschrieben erst nach Romys Tod, wird sie deutlicher. Nur ein „scheinbarer Prinz", sei Delon gewesen, „von seinem Charakter her ein Wolf, ein reißendes Tier, voller Willen zur Macht über andere Menschen."

Dennoch – das erste Mal setzt sich Romy entscheidend gegen die Mama durch, obwohl sie wohl ahnt, wie recht die mit ihren Warnungen hat.

Bei der Verlobungsfeier, die in der Schweizer Villa des schwerreichen Romy-Stiefvaters „Daddy" Blatzheim (den Alain

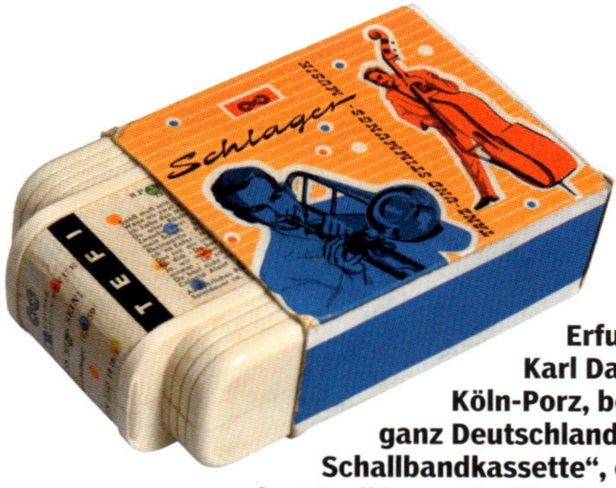

Erfunden von Karl Daniel aus Köln-Porz, beliebt in ganz Deutschland: die „Tefi-Schallbandkassette", ein Vorläufer der Musikkassette. Die Kassette enthält ein Schallband, in das Rillen eingeprägt sind

Delon übrigens für ein „gewaltiges Arschloch" hält), stattfindet, trägt die Schauspielerin ein „auf Taille geschnittenes, champagnerfarbenes Kleid. Alain einen eleganten hellgrauen Anzug mit Pariser Schick." Am nächsten Tag zelebrieren die frisch Verlobten ihren Verlobungskuss noch einmal für die Weltpresse auf dem Pariser Flughafen Orly (sie im Leopardenpelz, er im blauen Gabardinemantel). Für den Franzosen ist all das eine reine Show-Inszenierung, der er sich nur widerwillig unterwirft. Der Journalist Michael Jürgs hat für seine Biografie „Der Fall Romy Schneider" (List) Belege dafür recherchiert: „Er (Delon) reist im Tessin ohne dunklen Anzug an, beim feierlichen Abendessen vor der Verlobung erscheint er im Pullover, kein Hemd darunter, rast mit Blatzheims Motorboot über den Luganer See und landet mit lautem Krach am Steg, sodass ein Loch in die Verkleidung gerissen wird. Mit verdreckten Gummistiefeln legt er sich auf die teuren seidigen Bettdecken im Gästezimmer. Romy findet ihn aufregend, und Mutter seufzt, ihre Tochter sei dem Kerl wohl leider hörig."

Was Romy in den nächsten Jahren mit Alain Delon zu erwarten hat, teilt der kurz darauf einem Reporter mit: „Ein Ehemann kann seine Frau betrügen, ohne sie zu verraten, wenn er die andere nicht liebt."

Während man dem lockeren Kinovölkchen solche Frivolitäten noch zu verzeihen bereit ist, rennen Kulturschaffende im Deutschland des Jahres 1959 gegen weit höhere Mauern der Ignoranz.

In Bremen zum Beispiel entbrennt ein Riesenkrach um einen Zwerg namens Oskar, der nicht wachsen will und Glas zersingen kann. Eine Experten-Jury entschei-

DIE CHRONIK VON 1959

◄ 2. 1. Fidel Castros (Foto) Revolutionäre erobern die kubanische Hauptstadt **Havanna**.

23. 1. SED-Chef **Walter Ulbricht** schlägt eine Konföderation der beiden deutschen Staaten vor.

12. 2. Die ARD startet die 6-teilige Serie **„So weit die Füße tragen"** (Regie Fritz Umgelter). Erzählt wird die Geschichte eines deutschen Soldaten (Heinz Weiss), der aus sowjetischer Kriegsgefangenschaft flieht.

2. 3. **Karl-Heinz Köpcke** (Foto, noch mit Echthaar) liest zum ersten Mal die Nachrichten in der „Tagesschau". ►

4. 3. Bei Dresden stürzt ein Flugzeug vom Typ B 152 bei einem **Testflug** ab.

17. 3. Der 14. **Dalai Lama** (Foto mit seiner Mutter) flieht aus seiner chinesisch besetzten Heimat Tibet nach Indien. ►

18. 3. Die Bundesrepublik kauft in den USA 96 Kampfflugzeuge vom Typ **„Starfighter"**

7. 4. Bundeskanzler Adenauer erklärt, er kandidiere für das Amt des **Bundespräsidenten**, zwei Monate später verzichtet er.

28. 4. Kinostart von „Freddy, die Gitarre und das Meer" mit **Freddy Quinn**.

◄ 25. 5. An der Berliner Sektorengrenze wird der Grundstein für das **Hochhaus** des Axel-Springer-Verlags gelegt (Foto rechts: Axel Caesar Springer).

28. 6. Mit einem 5:3 über Kickers Offenbach sichert sich Eintracht Frankfurt die **Fußballmeisterschaft**.

1. 7. Bundeslandwirtschaftsminister **Heinrich Lübke** (CDU) wird als Nachfolger von **Theodor Heuss** zum zweiten Bundespräsidenten gewählt.

6. 7. Der Maler **George Grosz** stirbt in West-Berlin.

7. 7. Der Kölner **Martin Lauer** (Foto) läuft an einem Tag in Zürich gleich zwei Weltrekorde: über 110 m Hürden (13,2 Sek.) und über 200 m Hürden (22,5 Sek.) ►

11. 7. Eröffnung der **Documenta** II in Kassel.

17. 7. In Tansania wird ein **Schädel** des Australopithecus boisei gefunden, ältester Vorfahre des Menschen.

19. 7. In Trier wird das Tuch gezeigt, das Jesus während der Kreuzigung getragen haben soll, der **„heilige Rock"**.

26. 8. **Dwight D. Eisenhower** ist der erste US-Präsident, der die Bundesrepublik besucht.

4. 9. Kinopremiere der Wallace-Verfilmung **„Der Frosch mit der Maske"** mit Joachim Fuchsberger, Siegfried Lowitz.

13. 9. Eine **Rakete** der UdSSR **zerschellt** auf dem Mond.

1. 10. Die DDR ergänzt ihre schwarz-rot-goldene Flagge um **Hammer und Zirkel** im Ährenkranz.

22. 11. **„Unser Sandmännchen"** (Foto) taucht zum ersten Mal im DDR-Fernsehen auf, eine Woche später kontert die ARD mit einem „Westsandmann". ►

21. 12. Der **Schah von Persien** heiratet die Studentin Farah Diba.

Literarisch nicht gerade ambitioniert, aber auch eine deutsche Erfolgsgeschichte: 1959 kommt „Tibor – Sohn des Dschungels" (gezeichnet von Hansrudi Wäscher) in die Zeitungskioske

Junger Wilder: Günter Grass, damals 32, bei der Vorstellung seines Romans „Die Blechtrommel". Die Literaturkritik nimmt das Werk höchst zwiespältig auf ►

FOTOS: FACE TO FACE, TV-YESTERDAY, SZ PHOTO, EPD, MAGNUM/FOCUS, NDR, BETTMANN/CORBIS, UNTERNEHMENSARCHIV, ULLSTEIN-BILD, THOMAS & THOMAS

REICH-RANICKI schimpft über GRASS: „Das ist ein bulgarischer Agent!“

det einstimmig, Günter Grass für seinen im Sommer erschienenen Roman „Die Blechtrommel“ um den kleinwüchsigen Oskar Matzerath mit dem Literaturpreis der Hansestadt auszuzeichnen. Doch der Bremer Senat zersingt anschließend das Jury-Votum wie Oskar die Gläser. Weil die Öffentlichkeit „weite Bereiche des Inhalts nach außerkünstlerischen Gesichtspunkten kritisieren würde“, heißt es in einer gewundenen Erklärung, muss der damals 32 Jahre alte Grass auf die 8000 DM aus Bremen verzichten. Die „Blechtrommel“-Kritiken sind zwiespältig. **Hans-Magnus Enzensberger, 1959 selbst noch Jung-Autor, erkennt hellsichtig einen „Brocken, an dem Rezensenten und Philologen mindestens ein Jahrzehnt lang zu würgen haben.“ Die „Welt am Sonntag“ nennt den Roman einen „Geniestreich“, die „Deutsche Zeitung“ stellt bei Grass eine „rücksichtslose Begabung“ fest.** Doch Marcel Reich-Ranicki quengelt in der „Zeit“: „Grass kann die Worte nicht halten. Sie gehen ihm durch. Er wird immer wieder geschwätzig. Die Blechtrommel ist kein guter Roman.“

Denkbar, dass das harsche Kritiker-Urteil auch beeinflusst ist durch die erste, leicht bizarre Begegnung mit dem Schriftsteller. Die beiden treffen sich in Warschau, als Grass Einzelheiten für das letzte Kapitel der „Blechtrommel“ in der Wohnküche seiner kaschubischen Großtante recherchiert. Grass erinnert sich im „Stern“ an die Reaktion von Reich-Ranicki: „Als ich ihm die ‚Blechtrommel‘ in Kurzfassung erzählte („Junge stellt dreijährig Wachstum ein …“), ließ er mich stehen und rief verstört Andrzej Wirth an, der unsere Bekanntschaft vermittelt hatte: ‚Pass auf! Das ist kein deutscher Schriftsteller. Das ist ein bulgarischer Agent.‘“

40 Jahre nach Erscheinen der „Blechtrommel“ und der Aberkennung des Bremer Literaturpreises durch den Senat erhält der „bulgarische Agent“ einen anderen Preis: den Nobelpreis für Literatur, dotiert mit umgerechnet 1,8 Millionen DM.

Um Kunst, was sie darf und was nicht, geht es auch bei der Beschlagnahme der Satirezeitschrift „Simplicissimus“. Im Frühjahr prangt eine üppige dunkelhaarige Schönheit mit einem Gewehr in den Händen und entblößten Brustwarzen auf dem

Spottname „Bauern-Buick“: der Opel „Olympia Rekord“ wird bis 1959 eine Million Mal verkauft. Der Rekord gilt als das Brot- und Butter-Auto, solide und nicht angeberisch. Der Opel-Kapitän, eine Klasse drüber, gehört zur Luxusklasse

Schnäppchenjagd für die Dame! Im SSV, wie der Sommer-Schluß-Verkauf gerne abgekürzt wird, sind im Angebot des Grossversandhandels Quelle ein Kleid „Gina“ aus Baumwoll-Kunstseiden-Gewebe für 14,50 DM (2. v. r.) und eines in Baumwollstruktur für 12,50 DM

„Die Brücke“ als Karriere-Sprungbrett: Günther Hoffmann, Volker Lechtenbrink, Fritz Wepper, Michael Hinz, Folker Bohnet, Frank Glaubrecht

Bis heute einer der wichtigsten Filme aus deutscher Produktion: Bernhard Wickis Antikriegsdrama „Die Brücke“ (Filmplakat), das die Geschichte von sieben Schülern in den letzten Kriegstagen erzählt

Titelblatt. Wegen Jugendgefährdung kommt das Blatt auf richterliche Anordnung auf den Index.

Was für den heiligen Paulus sein Damaskus, ist für die SPD ihr Godesberg. Im November versammeln sich die Genossen zum Parteitag in der Stadthalle von Bad Godesberg, um ein neues Grundsatzprogramm zu beschließen.

Fast in Sichtweite von Rhöndorf auf der gegenüberliegenden Rheinseite, wo der seit zehn Jahren regierende Bundeskanzler Adenauer wohnt, beschließt die Opposition unter ihrem Parteivorsitzenden Erich Ollenhauer künftig nicht mehr Arbeiter-, sondern Volkspartei zu sein.

Was sich so einfach anhört, ist ein schwieriger, höchst kontroverser Prozess für Deutschlands älteste Partei. Geht es doch auch um Eigentum und Macht, ein Thema, das ein halbes Jahrhundert nach Godesberg wieder brennend aktuell ist.

Es ist der ehemalige Kommunist Herbert Wehner, der zweifelnde Genossen erfolgreich beschwört, sich von Marxismus und Klassenkampf loszusagen. „Glaubt einem Gebrannten“, schleudert er in den Saal der Stadthalle. Am Ende stimmen 324 Delegierte für das Godesberger Programm, nur 16 dagegen. Die SPD steht nun auch für Landesverteidigung, soziale Marktwirtschaft, Privateigentum.

Willy Brandt, damals Regierender Bürgermeister von West-Berlin, bezeichnet das neue Grundsatzprogramm als „zeitgemäße Aussage.“ Heute gilt es als Fundament für die Regierungsfähigkeit der SPD. Sieben Jahre nach Godesberg wird Brandt Vizekanzler und Außenminister der (ersten) großen Koalition, zehn Jahre später Bundeskanzler.

Die Käuferin strahlt, der Verkäufer bleibt stumm: Zeitungsautomat mit „Berliner Morgenpost“. Bis heute hat sich der Begriff „Stummer Verkäufer“ für Automaten aller Art gehalten

FOTOS: ACTION PRESS, CINETEXT/SAMMLUNG RICHTER, ULLSTEIN-BILD, TV-YESTERDAY

Bei ihrem ersten Deutschlandbesuch seit 29 Jahren wird Weltstar Marlene Dietrich nicht nur mit roten Rosen, sondern auch mit Schmähplakaten empfangen: „Marlene go home“

1960

MARLENE DIETRICH kehrt nach Deutschland zurück, BERNHARD GRZIMEK bekommt den Oscar und ARMIN HARY läuft allen davon

Triumph und Trauer, sie liegen manchmal nahe beieinander. Schmerzlich erfährt das der Frankfurter Zoodirektor Bernhard Grzimek im Frühjahr 1960. In Los Angeles wird er als erster deutscher Dokumentarfilmer für „Serengeti darf nicht sterben“ mit einem Oscar ausgezeichnet. **Uneingeschränkt freuen kann sich der wegen seiner ARD-Sendung „Ein Platz für Tiere“ populäre Fernsehstar nicht. Denn noch während der Dreharbeiten am Serengeti-Film stirbt sein Sohn und engster Mitarbeiter Michael bei einem Flugzeugabsturz. Seine Dornier 27 prallt am Himmel Ostafrikas mit einem Geier zusammen.**

Obwohl Weltstar, einen Oscar hat Marlene Dietrich nie bekommen. Als sie im Mai 1960 erstmals nach 29 Jahren wieder in ihrer Heimatstadt Berlin auftritt, ist es drei Jahrzehnte her, dass sie als beste Darstellerin in „Marokko“ für einen „Oscar“ nominiert, aber nicht ausgezeichnet wurde.

Längst nicht alle Deutschen freuen sich über Marlenes Heimkehr. Die Schauspielerin, die das Dritte Reich in der US-Emigration überstanden hat, muss Beschimpfungen wie „Marlene, hau ab“ und „Marlene, go home“ lesen. Weil sie im Krieg vor GIs aufgetreten ist, wird sie als „Vaterlandsverräterin“ beschimpft.

DIE CHRONIK VON 1960

1. 1. In **Westdeutschland** tritt das Gesetz über die friedliche Nutzung der **Atomenergie** in Kraft.

28. 1. **Erich Mende** wird FDP-Chef.

13. 2. **Frankreich** führt in der Sahara den ersten **Kernwaffentest** durch.

18. 2. In **Squaw Valley** (USA) starten die **Olympischen Winterspiele**.

22. 2. Bei einem **Grubenunglück** in **Zwickau** (DDR) sterben 123 Kumpel.

24. 2. Jungfernfahrt des **DDR-Urlauberschiffs** „Völkerfreundschaft". ►

29. 2. 15 000 Menschen sterben bei einem **Erdbeben** in Marokko.

◄ 14. 3. **Bundeskanzler Adenauer** (rechts) trifft in New York den israelischen **Ministerpräsidenten David Ben Gurion**.

21. 3. Start der Sendung „Der schwarze Kanal" im DDR-TV mit **Karl-Eduard von Schnitzler**. 1519-mal bis Ende Oktober 1989 preist „Sudel-Ede" den Sozialismus.

31. 3. Eröffnung des **ersten deutschen Autokinos** nahe Frankfurt/Main.

28. 4. Die **DDR-Regierung** verbietet, auf Landkarten und in Atlanten den Begriff **„Deutschland"** zu verwenden.

3. 5. Der CDU-Politiker **Theodor Oberländer** tritt wegen seiner Nazi-Vergangenheit als Bundesminister zurück. ►

17. 5. Die **Pariser Gipfelkonferenz** der Siegermächte des Zweiten Weltkrieges scheitert. Die Sowjets begründen dies mit den Spionageflügen der USA über ihrem Land.

22. 5. Bei einem **Erdbeben in Chile** sterben 6000 Menschen.

23. 5. Israels Ministerpräsident **Ben Gurion** gibt die Festnahme des Holocaust-Organisators **Adolf Eichmann** bekannt. Er wurde von Mossad-Agenten in Argentinien enttarnt und entführt.

27. 5. **Marlene Dietrich** beendet ihre Deutschland-Tournee.

25. 6. Der **HSV** wird durch ein 3:2 über den 1. FC Köln **deutscher Fußballmeister**. ►

24. 7. Der Volksschauspieler **Hans Albers** („Auf der Reeperbahn nachts um halb eins") stirbt.

14. 8. Laut „Business Week" ist **Westdeutschland** nach den USA die **zweitstärkste Wirtschaftsmacht** der Welt. Die Arbeitslosenquote liegt bei 0,6 Prozent.

17. 8. Im **Hamburger** „Indra" gastieren die **Beatles** zum ersten Mal außerhalb Englands.

18. 8. In den **USA** kommt die **Antibabypille** auf den Markt.

25. 8. In **Rom** beginnen die **XVII. Olympischen Sommerspiele**. Sportler aus der Bundesrepublik und der DDR treten in einer gemeinsamen Mannschaft an.

7. 9. DDR-Präsident **Wilhelm Pieck** stirbt mit 84. ►

12. 9. **Walter Ulbricht** wird Staatsratsvorsitzender der DDR.

12. 10. Während einer UN-Sitzung hämmert der **sowjetische Ministerpräsident Chruschtschow** mit einem Schuh aufs Pult.

22. 10. Ein Freiburger Gericht verurteilt den vierfachen Frauenmörder **Heinrich Pommerenke** zu lebenslanger Haft.

28. 10. Festnahme des SPD-Abgeordneten **Alfred Frenzel** in Bonn. Wegen Spionage für die Tschechoslowakei wird er später zu 15 Jahren Haft verurteilt.

8. 11. **John F. Kennedy** wird zum Präsidenten der USA gewählt.

13. 11. In der Gemeinde **Karlstein** am Main nimmt das **Kernkraftwerk Kahl** seinen Betrieb auf.

17. 12. Ein **Flugzeug** der US-Luftwaffe stürzt über München ab, **52 Tote**.

Zwar stellt „Der Spiegel" angewidert fest, dass sich die Leserbriefspalten der Illustrierten angesichts der Dietrich-Rückkehr „in Kloaken verwandeln". Aber im selben Artikel wird ihre Lebensleistung so komprimiert: „Sie verkörpert – seit nunmehr 30 Jahren – den jeweils neuesten Stand der kosmetischen Chirurgie."

Doch die Dietrich, inzwischen 59, lässt sich nicht vertreiben, ihr Konzert im Titania-Palast wird zum Triumph. Als der letzte Ton verklingt, erhebt sich in der ersten Reihe ein Zuschauer, applaudiert begeistert und fordert die anderen auf, es ihm gleichzutun. Es ist Berlins Regierender Bürgermeister, Willy Brandt (SPD), auch er ein Emigrant während der Nazi-Zeit.

1960 ist der Krieg seit 15 Jahren vorbei. Doch die Deutschen, die sich im Westen im Wohlstand eingerichtet und im Osten mit dem Sozialismus arrangiert haben, werden mit ihrer braunen Vergangenheit konfrontiert.

In Bonn muss Theodor Oberländer (CDU) am 4. Mai 1960 nach sechs Jahren als Bundesvertriebenenminister zurücktreten, weil er als Nazi-Ideologe enttarnt wird.

Für seinen Film „Serengeti darf nicht sterben" erhält der Frankfurter Zoodirektor Professor Bernhard Grzimek (großes Foto links und kleines Foto rechts) 1960 den Oscar. Sein Sohn und engster Mitarbeiter Michael (auf dem großen neben seinem Vater) ist noch vor Abschluss der Dreharbeiten in Afrika bei einem Flugzeugabsturz ums Leben gekommen

FOTOS: OKAPIA, ULLSTEIN-BILD, DPA, BETTMANN/CORBIS, BPK, GETTY IMAGES

Hans Albers' LETZTER WUNSCH: Noch einmal im geliebten CADILLAC fahren

In der DDR war er wegen eines Massakers im besetzten Lemberg in Abwesenheit zu lebenslanger Haft verurteilt worden. Doch in der Bundesrepublik kommt Oberländer, der 1923 an Hitlers Putschversuch in München teilgenommen hat, niemals vor Gericht.

Wider Willen macht ein anderer ranghoher Nazi, dessen Name Synonym für fabrikmäßigen Massenmord wird, weltweit Schlagzeilen: Adolf Eichmann. Als Leiter des Judenreferats im Reichssicherheitshauptamt führte er Protokoll bei der berüchtigten Berliner „Wannseekonferenz", wo 1942 die Ermordung der Juden beschlossen wurde. Anschließend organisierte der SS-Obersturmbannführer die Deportationen in Ghettos und KZ. Nach dem Krieg entkam Eichmann nach Argentinien, lebte unauffällig und unbehelligt als Ricardo Klement in Buenos Aires.

Bis zum 11. Mai 1960. An diesem Tag wird der Daimler-Mitarbeiter von israelischen Geheimdienstagenten gefangen genommen und nach Israel entführt. Beim Prozess verteidigt sich der Terror-Technokrat, er habe nur Befehle ausgeführt, sei „nicht schuldig". Doch das hilft ihm nicht. Er wird zum Tode verurteilt und am 31. Mai 1962 gehenkt.

Die von den Nazis ausgebürgerte Philosophin Hannah Arendt beobachtet den Prozess und prägt das oft zitierte Wort von der „Banalität des Bösen".

Im Sommer 1960 will ein kranker Mann noch einmal im Leben einen Ausflug machen. Einst stand er mit Marlene Dietrich in „Der blaue Engel" vor der Kamera: Hans Albers. Merkwürdig, sein letzter, gerade abgedrehter Film heißt „Kein Engel ist so rein". Albers' Biograf Hans-Christoph Blumenberg schreibt in seinem Buch „In meinem Herzen, Schatz ..." (Fischer): „Drei Wochen vor seinem Tod lässt sich Hans Albers in seinem geliebten Cadillac um den Starnberger See fahren. Er weiß, wie es um ihn steht. Er ist abgemagert, seine Haut gelb verfärbt, die Leber zerstört. Hans Albers stirbt am 24. Juli in einer Klinik in Bayern."

KARLSBADER BLUMENKOHL

Den in leichtem Salzwasser nicht zu weich gekochten Blumenkohl in kleine Röschen zerteilen. Diese Röschen in eine gut gebutterte, möglichst flache feuerfeste Form geben. Eine fein geschnittene Zwiebel in reichlich Butter dünsten. Kümmel dazutun. Alles über den Blumenkohl verteilen. 4 Eier mit Salz und Pfeffer gut schlagen. Ebenfalls über das Gericht schütten. Im Backofen backen, bis die Eier gestockt sind. Mit neuen, in der Schale gekochten Kartoffeln heiß reichen.

Originalrezept veröffentlicht in der Rubrik „Lecker zubereitet", HörZu 45/1960

Beigesetzt wird Albers natürlich in seiner Heimatstadt Hamburg. Zehntausende geben dem „blonden Hans" das letzte Geleit. Regisseur Helmut Käutner, der mit Albers die „Große Freiheit Nr. 7" gedreht hat, spricht den toten Freund am Grab direkt an: „Du hast dich schlafen gelegt. Na bitte, das ist doch ganz natürlich. Wer so viel gearbeitet hat wie du, der wird doch auch mal müde sein

1960 triumphiert der westdeutsche Leichtathlet Armin Hary gleich zweimal: beim Weltrekord in Zürich, wo er am 21. Juni die 100 Meter in 10,0 Sekunden läuft, und bei den Olympischen Spielen in Rom. Dort holt er im September mit der 4 x 100 Meter Sprintstaffel mit Bernhard Cullmann, Walter Mahlendorf und Martin Lauer die Goldmedaille. Ein Jahr später sperrt der Leichtathletikverbund den Weltrekord-Sprinter

Armin Hary nach seinem Sieg mit der 4 x 100-Meter-Staffel bei den olympischen Spilen in Rom. Harys kurz zuvor aufgestellter Weltrekord 100 Meter in 10 Sekunden, hält acht Jahre lang

1960 stellt der Ingenieur Hanns Trippel sein 12 000 DM teures Amphicar vor, ein Auto für Wasser und Straße. Der Schwimmwagen wird kein Erfolg, da bei leichtem Wellengang schnell Wasser in den Wagen schwappt

dürfen. Außerdem, man muss sich doch ausruhen, wenn man so eine weite Reise vorhat wie du! Eine so weite Reise in die große Freiheit. In die einzige Freiheit vielleicht, die es wirklich gibt." Der Regisseur schließt mit den Worten: „Tschüs, mein Junge. Goodbye, Jonny!"

Direkt in die Unsterblichkeit rennt in diesem Jahr 1960 einer der wohl exzentrischsten Stars des deutschen Sports. Am 21. Juni sprintet Armin Hary, ein Bergmannssohn aus dem Saarland, in Zürich als erster Mensch die 100 Meter in 10,0 Sekunden – und das gleich zweimal. Sein erster Weltrekord wird wegen eines angeblichen Fehlstarts annulliert. Nur 35 Minuten später trommelt Hary die Aschenbahn erneut in handgestoppten zehn Sekunden herunter. Im September holt er zudem noch olympisches Gold für Deutschland, natürlich über die 4x100 Meter in der Sprintstaffel mit Bernd Cullmann, Walter Mahlendorf und Martin Lauer.

Ein Jahr später sperrt ihn der Leichtathletikverband. Hary wird vorgeworfen, er habe zu Unrecht Spesen kassiert. In Wahrheit soll nur ein Kritiker mundtot gemacht werden. Der Journalist Knut Teske, der Armin Harys Lebenslauf in seinem Buch „Läufer des Jahrhunderts" (Verlag Die Werkstatt, Göttingen) beschrieben hat: „Besonders auf Hary hatten es die humorlosen Kritiker abgesehen: Er wurde ein Opfer des Neides. Sie geißelten seinen Wunsch nach Freiheit und Ungebundenheit – ein Frevel in den Zeiten des bundesrepublikanischen Wiederaufbaus. In ihren Augen war der Feinmechaniker, der seinen Job vorschob, um ungehindert trainieren zu können, nichts weiter als ein Tagedieb."

Harys Bestleistung wird erst acht Jahre später in der Höhenluft von Sacramento um eine Zehntelsekunde verbessert. Doch der Deutsche gilt bis heute als letzter 100-Meter-Weltrekordler, der ohne Doping zum Erfolg kam.

FOTOS: GETTY IMAGES, TV-YESTERDAY, AP, AFPV

Eine Gruppe Straßenjungs aus Liverpool startet im August 1960 ihre Karriere auf der Bühne im Hamburger Indra-Club. Später wird sie weltweit bekannt als die „Beatles"

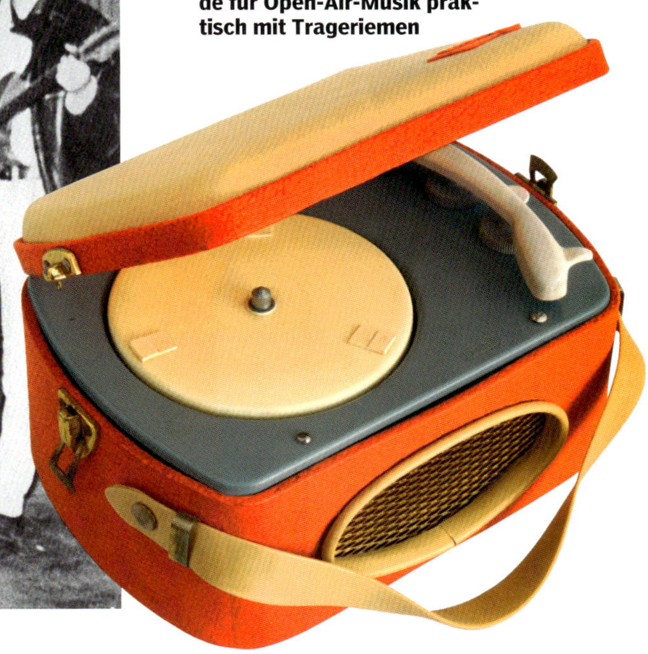

Auch neu im Jahr 1960: der batteriegetriebene Plattenspieler Phoni der Firma Emide für Open-Air-Musik praktisch mit Trageriemen

Berlin, Bernauer Straße, 20. August 1961. Sieben Tage nach Beginn des Mauerbaus hangeln sich Flüchtlinge aus den Häusern an der Sektorengrenze in die Freiheit. Kurz danach werden die Fenster zugemauert

1961

ULBRICHT mauert die DDR ein, die PILLE befreit die Liebe, und CHRISTINE KAUFMANN erobert Joachim Hansen in „VIA MALA"

Pressekonferenz in Ost-Berlin, 15. Juni 1961. Die Korrespondentin der „Frankfurter Rundschau", Annamarie Doherr, fragt den DDR-Staatsratsvorsitzenden, Walter Ulbricht, ob er mitten durch Berlin eine Staatsgrenze errichten wolle. „Niemand hat die Absicht eine Mauer zu errichten", lügt der.

Tatsächlich hatte Ulbricht schon im März in Moskau auf einer Tagung der Staaten des Warschauer Paktes, dem Militärbündnis der Ostblockstaaten, gefordert, West- von Ost-Berlin abzuriegeln.

Mehr als zwei Millionen Bürger des Arbeiter-und-Bauern-Staates haben seit 1949 dem Mangel-und-Gängel-Sozialismus Adieu gesagt und sich in die Bundesrepublik abgesetzt, angelockt von Freiheit und Wohlstand. Während die innerdeutsche Grenze seit 1952 dicht ist, kann man von Ost- nach West-Berlin relativ gefahrlos per U- und S-Bahn in den verlockenden freien Westen wechseln.

Am 13. August erscheint BILD am SONNTAG mit der Schlagzeile: „Sie kommen Hals über Kopf". Berlin erlebe die „stärkste Flüchtlingswelle" seit dem Arbeiteraufstand 1953. Bevor die Zeitung gedruckt und verkauft ist, sperren Tausende von Soldaten der Nationalen Volksarmee und Volkspolizisten auf Befehl von ZK-Sekretär Erich Honecker den Zugang vom Ost- in den Westteil Berlins mit Stacheldraht ab. Der Bau der Mauer beginnt, zwei Monate nach Ulbrichts Lüge.

Verzweifelte Menschen springen aus den Fenstern der Häuser an den Sektorengrenzen, bevor diese zugemauert werden, oder seilen sich ab. Auch 85 Uniformierte fliehen, einer von ihnen ist Conrad Schumann. Sein Sprung über den Stacheldraht wird von dem Fotografen Peter Leibing aufgenommen und weltweit gedruckt, eines der bekanntesten Fotos des Mauer-Irrsins. Hunderte von Berlinern stehen hilflos und verzweifelt an den Sperren, winken Freunden und Verwandten auf der anderen Seite zu, voller Ahnungen, dass sie sie für lange Zeit nicht wieder in die Arme schließen können.

Willy Brandt, Regierender Bürgermeister von West-Berlin, erklärt, das Territorium der DDR habe sich mit Beginn des Mauerbaus in ein „Konzentrationslager" verwandelt und fordert von den Westmächten „energisches Eingreifen". Doch die Schutzmächte verharren in Schockstarre. Erst nach 72 Stunden protestieren sie gegen das barbarische Bauwerk, das die DDR-Propaganda „antifaschistischer Schutzwall" nennt.

US-Präsident John F. Kennedy beschwichtigt: „Keine schöne Lösung, aber tausendmal besser als Krieg." Der Briten-Premier Harold Macmillan gar kann „nichts Gesetzwidriges" entdecken. Bundeskanzler Adenauer fliegt erst neun Tage nach dem Beginn der Absperrung in die „traumatisierte Stadt" („Süddeutsche Zeitung").

Dass die Westmächte mit ihren Panzern die Mauer nicht einfach niederwalzen, haben Ulbricht, Honecker und Sowjet-

Das finden Jungs damals „dufte": Ein Feuerwehrauto aus Blech mit einer Leiter zum Hochkurbeln

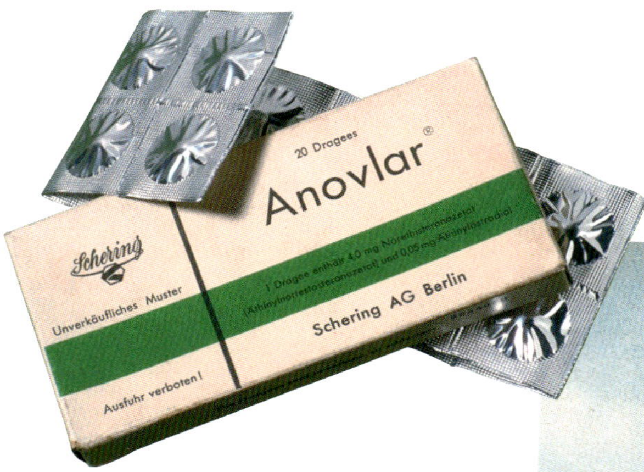

Als Anovlar kommt die erste Antibabypille auf den Markt. Zunächst darf sie nur verheirateten Frauen verschrieben werden als Mittel gegen Menstruationsstörungen

Der Abenteurer und Schriftsteller John Knittel (1891 bis 1970), ein in Indien geborener Schweizer, der nur auf Englisch schrieb, landet mit „Via Mala" einen Welterfolg, der insgesamt dreimal verfilmt wurde

Als Sylvia Lauretz in „Via Mala" (Foto mit Film-Ehemann Joachim Hansen) erntet die damals erst 16-jährige Christine Kaufmann böse Verrisse, was ihr aber herzlich egal sein kann: Im selben Jahr wird sie für ihre Hauptrolle in „Stadt ohne Mitleid" als beste Nachwuchsdarstellerin mit dem Golden Globe ausgezeichnet

FOTOS: KEYSTONE, ULLSTEIN-BILD, CINETEXT

◂ **Nur elf Tage dauert die Ehe der jungen Kielerin Heidi Dichter (19) mit dem kuwaitischen Ölmillionär Abdallah al Dschabir al Sabbah (64). Noch in den Flitterwochen verstößt er sie. Enttäuscht aber reich kehrt sie an die Küste zurück**

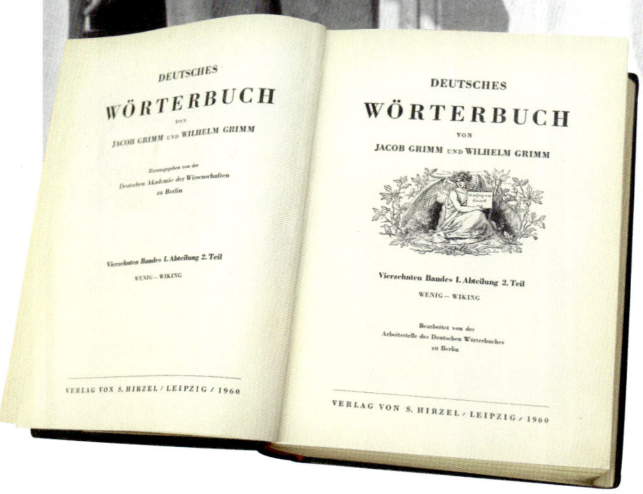

◂ **1961 erscheint das 1854 von den Brüdern Jacob und Wilhelm Grimm begonnene Deutsche Wörterbuch mit 33 Bänden im Leipziger Hirzel-Verlag**

Am 15. Juni lügt DDR-Machthaber Walter Ulbricht die Welt an: „Niemand hat die Absicht, eine Mauer zu errichten". Dabei hatte der „Spitzbart", so sein Spitzname, bereits im März in Moskau um die Genehmigung nachgesucht, die offene Sektorgrenze zwischen Ost- und Westberlin abzuriegeln

Der kurze Traum einer Kielerin von 1001 NACHT

Machthaber Nikita Chruschtschow richtig kalkuliert. Zu groß ist die Angst, aus dem kalten könne ein heißer Krieg mit Atomwaffen werden. Die Rechte der Alliierten, wie Kennedy sie wenige Tage vor dem Mauerbau als „Essentials" formuliert hat – Präsenzrecht in ihren Sektoren, freie Zufahrt nach West-Berlin und die Überlebensfähigkeit der Stadt –, werden ja nicht tangiert.

Erst als Ende Oktober das DDR-Innenministerium anordnet, Angehörige der US-Militärmission müssten sich gegenüber der Volkpolizei ausweisen, fahren US-Panzer drohend am Checkpoint Charlie auf, wo sich heute Touristen gern mit Studenten in US- und Sowjetuniformen fotografieren lassen. Die Sowjets geben nach.

Die 167,8 Kilometer lange Mauer, von der heute nur noch Reste stehen, wird Ost- von West-Berlin bis zum 9. November 1989 trennen, 28 lange Jahre. 190 Menschen sterben bei dem Versuch, sie zu überwinden. Letztes Opfer ist der 20-jährige Chris Gueffroy, der am 6. Februar 1989 von DDR-Grenzern erschossen wird.

Wer heute in Deutschland von „der Mauer" spricht, meint die Berliner Mauer. Wer nur „Pille" sagt, meint die Antibabypille.

Am 1. Juni 1960 wird sie in der Bundesrepublik unter dem Markennamen Anovlar zugelassen. Verschämt führt der Schering-Konzern die Pille zunächst nur als Medikament gegen Menstruationsstörungen ein.

Im Oktober 1960 prophezeit das „Hamburger Abendblatt" hellsichtig: „Heiße Diskussionen werden um diese Tabletten entbrennen".

So kommt es. Denn die Pille revolutioniert den Sex, trennt Lust von Empfängnis, gibt Frauen die Freiheit, selbst zu bestimmen, ob sie schwanger werden möchten oder nicht. Deshalb wohl wird sie zunächst auch nur verheirateten Frauen verschrieben. „Unverheiratete Frauen sollten die Tabletten nicht bekommen", fordert der

Göttinger Frauenarzt Haller. Bis heute gilt für Katholiken das von Papst Paul VI. in seiner 1968 publizierten Enzyklika „Humanae Vitae“ erlassene Verbot der Antibabypille.

Im Mauerstaat DDR kommt die Antibabypille erst 1965 unter dem Markennamen Ovosiston auf den Markt. Dort gibt es sie kostenlos.

Wenige Monate nachdem die Antibabypille in Westdeutschland in die Apotheken kommt, erlangt ein anderes Arzneimittel traurige Berühmtheit: Contergan. Im November 1961 nimmt die Herstellerfirma Chemie Grünenthal das seit 1954 hergestellte beliebte Schlaf- und Beruhigungsmittel nach einem Bericht in der „Welt am Sonntag“ überraschend vom Markt. Der Hamburger Kinderarzt Widukind Lenz schlug Alarm, als er herausfand, dass die meisten Mütter missgebildeter Kinder während der Schwangerschaft Contergan eingenommen hatten.

Welche Folgen der Pharmaskandal hat, wird erst Jahre später bekannt. Nach Schätzungen des „Verbandes Contergangeschädigter“ kamen etwa 5000 Babys mit Missbildungen auf die Welt, weil deren Mütter in der Schwangerschaft das rezeptfreie Mittel genommen hatten.

Zwei Hochzeiten beflügeln die Fantasie der Deutschen im Jahr des Mauerbaus und der Antibabypille: Lilo Pulver, durch Billy Wilders Film „Eins, zwei, drei“ als „deutsches Fräuleinwunder“ (obwohl Schweizerin) bekannt, heiratet im September an Bord eines Schiffs auf dem Genfer See ihren Kollegen Helmut Schmid. In Kiel gibt die 19-jährige Gastwirtstochter Heidi Dichter dem Multimillionär Scheich Abdallah al Dschabir al Sabbah (64) aus Kuwait das Jawort, den sie erst kurz zuvor kennengelernt hatte.

Doch die Geschichte von tausendundeiner Nacht endet schon nach elf Tagen in den Flitterwochen auf Mallorca. Der 27-mal geschiedene Kuwaiter verstößt die Kielerin, was sogar dem US-Magazin „Time“ eine Meldung wert ist. Um eine Erfahrung und Millionen reicher, kehrt Frau Scheich an die Ostsee-Küste zurück.

DIE CHRONIK VON 1961

20. 1. **John F. Kennedy** wird als neuer **US-Präsident** vereidigt (Foto mit Ehefrau Jackie und den Kindern John jr. und Caroline). ▸

28. 2. Als **verfassungswidrig** verbietet das Bundesverfassungsgericht Pläne von Kanzler Adenauer für eine **„Deutschland-Fernsehen GmbH“**.

18. 3. **Franz Josef Strauß** wird **CSU-Chef**.

19. 4. In der **Schweinebucht** scheitert der Versuch von Exilkubanern, das **Castro-Regime** zu stürzen.

24. 4. Das 1628 gesunkene **Segelschiff „Vasa“** wird in Stockholm gehoben.

5. 5. **Alan Shepard** ist nach dem Russen Juri Gagarin der zweite Mensch, der ins All fliegt.

4. 6. **Dieter Adler, Adi Furler** und **Ernst Huberty** moderieren die erste **ARD-„Sportschau“**. Der sowjetische Parteichef **Chruschtschow** schlägt US-Präsident **Kennedy** in Wien vor, Berlin solle eine neutrale Stadt werden. Die **Westmächte** lehnen das ab.

6. 6. Die Ministerpräsidenten der Bundesländer beschließen den Aufbau des **Zweiten Deutschen Fernsehens**.

24. 6. Im **Endspiel** um die deutsche Fußballmeisterschaft besiegt der **1. FC Nürnberg Borussia Dortmund 3 : 0**.

30. 6. Verabschiedung des **Bundessozialhilfegesetzes**.

2. 7. US-Nobelpreisträger **Ernest Hemingway** („Der alte Mann und das Meer“) erschießt sich. ▸

18. 7. Der Bundestag beschließt: Ab dem zweiten Kind gibt es **Kindergeld**.

13.8. Die DDR beginnt mit dem Bau der Mauer quer durch Berlin.

1. 9. Bundeskanzler **Adenauer** fordert **Atomwaffen** für die **Bundeswehr**.

8. 9. **„Unternehmen Stardust“** heißt der erste von **Walter Ernsting** und **Karl-Herbert Scheer** verfasste Heftroman aus der **Science-Fiction-Serie „Perry Rhodan“**.

10. 9. Der deutsche Rennfahrer **Wolfgang Graf Berghe von Trips** stirbt in Monza beim Großen Preis von Italien in seinem Ferrari. ▸

11. 9. Eröffnung des **Konkursverfahrens** gegen den Bremer Autobauer **Borgward** (Foto: Borgward Isabella).

17. 9. **Bundestagswahlen**. Die CDU/CSU verliert die absolute Mehrheit.

18. 9. UN-Generalsekretär **Dag Hammarskjöld** stirbt bei einem Flugzeugabsturz im Kongo.

11. 10. Nach Erscheinen der Novelle **„Katz und Maus“** bezeichnet der Spiegel **Günter Grass** als „Spezialist für Unappetitlichkeiten und Obszönitäten“.

22. 10. **Chris Howlands „Musik aus Studio B“** wird erstmals ausgestrahlt.

25. 10. Am Sektorenübergang Checkpoint **Charlie** in Berlin stehen erstmals US- und Sowjetpanzer drohend einander gegenüber. Drei Tage später ziehen sie sich zurück. ▸

7. 11. Zum **vierten Mal** wird **Konrad Adenauer** zum **Bundeskanzler** gewählt. Er regiert erneut mit einer Koalition aus CDU/CSU/FDP.

14. 11. **Elisabeth Schwarzhaupt** (CDU) übernimmt als **erste Bundesministerin** das Gesundheitsressort. ▸

27. 11. Weil es Missbildungen bei Embryos hervorrufen kann, wird das Beruhigungsmittel **Contergan** vom Markt genommen.

10. 12. Der deutsche Physiker **Rudolf Ludwig Mößbauer** erhält den **Nobelpreis**.

15. 12. **Adolf Eichmann**, einer der Organisatoren des Holocaust, wird in Jerusalem zum Tode verurteilt.

17. 12. **Einweihung** der Berliner **Kaiser-Wilhelm-Gedächtniskirche**.

30. 12. **SED-Chef Ulbricht** jammert, die **Massenflucht** von DDR-Bürgern habe sein Land 30 Milliarden Mark gekostet.

31. 12. **5746 DM brutto** beträgt laut Statistischem Bundesamt das **Pro-Kopf-Jahreseinkommen** in **Westdeutschland**. Jeder 11. Bundesbürger besitzt ein Auto.

Der sowjetische Kosmonaut Juri Gagarin ist der erste Mensch, der in einer Raumkapsel die Erde umrundet. Das geschieht am 12. April 1961. Erst im Mai schicken die USA ihren ersten Astronauten Alan Shepard in All

FOTOS: DPA, BPK, GETTY IMAGES, HIPP-FOTO, INTERFOTO, ULLSTEIN-BILD/KEYSTONE, SDZ/AP, O. VOLGMANN, CHRISTIAN SPREITZ, E. PREUNINGERV

Für den „Schatz im Silbersee" wirbt der Produzent zwar mit Pierre Brice und Lex Barker (Foto rechts), die meisten Szenen hat jedoch Götz George (mit Pferd und Karin Dor). George über den Dreh in Jugoslawien: „Ich holte meine Kindheit und Jugend nach, tobte mich aus, spielte und vergaß dabei alles andere"

Im SILBERSEE fühlt sich Götz George wie eine Kartoffel, der „SPIEGEL"-CHEF muss ins Gefängnis, und ein ATOMBUNKER kostet 7000 DM

Ein Jahr der Katastrophen und der Krisen ist 1962: Sturmflut in Norddeutschland, Bergwerksunglück im Saarland, „Spiegel"-Äffäre und – nahezu zeitgleich – Kuba-Krise.

Vergleichsweise friedlich geht es zu, als im Februar in Oberhausen eine andere Kriegserklärung verlesen wird – die an „Papas Kino". Verfasser sind Regisseure wie Peter Schamoni, Alexander Kluge, Edgar Reitz; und was sie auf dem 8. Westdeutschen Kurzfilmfestival als „Papas Kino" beschimpfen und abschaffen wollen, sind all die artigen Filme, in denen Idole wie Sonja Ziemann, Ruth Leuwerik, Lilo Pulver, O. W. Fischer, Karlheinz Böhm und Hardy Krüger mitspielen.

Die Revoluzzer erzielen ein gewaltiges Echo, doch es besteht in erster Linie aus höhnischem Gelächter: Ihre eigenen Werke werden als „Bubis Kino" verspottet, und es soll noch drei Jahre dauern, bis die Nachwuchsregisseure Steuergelder bekommen, um den „neuen deutschen Film" anzukurbeln.

Ein typischer Vertreter von „Papas Kino" hat zu diesem Zeitpunkt das benötigte Budget schon zusammen und dreht damit einen Film der Superlative. „Der Schatz im Silbersee", den der Berliner Horst Wendlandt nach dem Roman von Karl May dreht, ist mit 3,5 Millionen Mark Produktionskosten der bis dahin **teuerste deutsche Nachkriegsfilm, mit zehn Millionen Zuschauern wird er außerdem der national erfolgreichste Film 1962 und mit Verkäufen in sechzig Länder ein internationaler Hit**. Um diesen Erfolg zu sichern, spielen mit dem Amerikaner Lex Barker (Old Shatterhand) und dem Franzosen Pierre Brice (Winnetou) zwei ausländische Stars der B-Kategorie die prominentesten Rollen – die eigentlichen Hauptrollen aber besetzt Wendlandt mit deutschen Jungstars: Karin Dor und Götz George. **Der damals 23-jährige George ist zum Zeitpunkt des Rollenangebots am Göttinger Theater engagiert, spielt Shakespeare und Schiller und empfindet die Vorstellung, auf der Leinwand als „Lasso-Bengel" zu agieren, beinahe als ehrenrührig. Jahrzehnte später gesteht George seinem Biografen Torsten Körner: „Wenn du Karl May gespielt hast, kannst du dich am Theater nicht mehr blicken lassen, dachte ich. Ich hatte Karl May als Kind auch nie gelesen und fand diese deutschen Wildwest-Stoffe eigentlich fürchterlich."**

Wendlandts Überredungskünste und 40 000 Mark Gage (Lex Barker bekommt das Dreifache) überzeugen George schließlich – doch zu Beginn der Dreharbeiten erleidet sein Selbstbewusstsein zunächst einen heftigen Hieb. George im Gespräch mit Körner: „Lex Barker war blond und

DIE CHRONIK VON 1962

1. 1. Der **Deutschlandfunk** geht auf Sendung.

24. 1. Die **DDR-Volkskammer** beschließt die **allgemeine Wehrpflicht.**
28 **Ost-Berliner flüchten** durch einen 27 Meter langen **selbst gebauten Tunnel**.

7. 2. 299 Kumpel sterben bei einer **Explosion** in der **Grube Luisenthal** bei Völklingen (Saarland).

16./17. 2. Die schwerste **Sturmflutkatastrophe** seit 1855 sucht **Norddeutschland** heim. 330 Menschen ertrinken. Der damalige Hamburger Innensenator **Helmut Schmidt** (SPD) bewährt sich ohne Rücksicht auf Zuständigkeiten als Krisenmanager. ▸

22. 2. Der **Bundestag** verlängert den **Wehrdienst** von 12 auf 18 Monate.

28. 2. 26 **junge Filmemacher** verabreden sich in Oberhausen, den „neuen deutschen Spielfilm zu schaffen".

14. 3. Beginn der **Genfer Abrüstungskonferenz**.

20. 3. Die **Bundesmarine** übernimmt ihr erstes in der Bundesrepublik gebautes **U-Boot** (U 1).

22. 3. Die **DDR** verlangt von Bundesbürgern **Einreisevisa**.

5. 4. Der **Bundestag** beschließt: Die Parteien erhalten Zuschüsse aus Steuergeldern.

12. 5. Der **1. FC Köln** wird nach einem 4:0 über den 1. FC Nürnberg **deutscher Fußballmeister**.

24. 5. Die Verwaltung der **Gemeinde Mettingen** (Westfalen) verbietet Frauen das Tragen eines **Bikinis** im Freibad.
Gerhard Hetz schwimmt in Moskau Weltrekord über 400-m-Lagen in 4:53,8 Minuten.

30. 5. Beginn der **Fußball-WM** in **Chile**. Deutschland scheidet im Viertelfinale aus. **Brasilien** wird **Weltmeister**.

31. 5. Das **Todesurteil** gegen Nazi-Verbrecher **Adolf Eichmann** wird in Israel vollstreckt.

4. 6. **Johann Ferbach** und **Vera Brühne** werden in einem aufsehenerregenden Prozess wegen **Doppelmordes** an ihrem Liebhaber **Otto Praun** und dessen Haushälterin **Elfriede Kloo** aufgrund von Indizien zu **lebenslanger Haft** verurteilt.

19. 6. Bei einer **Kollision** von **vier Starfighter-Jets** sterben in Nörvenich (NRW) vier Piloten der Luftwaffe. ▸

24. 7. Die **Hamburger Schlieker-Werft** meldet **Konkurs** an.

5. 8. Filmstar **Marilyn Monroe** stirbt in Los Angeles. ▸

17. 8. Bei einem **Fluchtversuch** über die Berliner Mauer verblutet der 18-jährige Schüler **Peter Fechter** im Kugelhagel.

27. 8. Die **Satirezeitschrift „pardon"** erscheint zum ersten Mal. Auf dem Titel: eine Loriot-Zeichnung.

1. 9. Im **Iran** sterben 12 230 Menschen bei einem **Erdbeben**.

8. 9. DDR-Machthaber **Ulbricht** nennt die Berliner Mauer **„antifaschistischen Schutzwall"**.

27. 9. US-Präsident **Kennedy** droht der Sowjetunion mit Waffengewalt, sollte sie West-Berlin angreifen.

11. 10. **Papst Johannes XXIII.** eröffnet das zweite Vatikanische Konzil.

19. 11. Die fünf Minister der **FDP** verlassen **Adenauers** Kabinett und fordern dessen baldigen Rücktritt sowie den sofortigen von Verteidigungsminister **Franz Josef Strauß**.

30. 11. **Strauß** erklärt seinen Rücktritt.

7. 12. Verabschiedung des **Bundesurlaubsgesetzes**. Mindestens 15 Ferientage stehen künftig jedem Arbeiter und Angestellten zu.

11. 12. Nach erfolglosen Verhandlungen über eine Große Koalition von Union und **SPD** bildet Adenauer erneut eine **Regierung** von **CDU/CSU** und **FDP**.

blauäugig, ein kräftiger Bulle. Und Pierre Brice sah so schön und edel aus, ein ganz geschmeidiger, interessanter Mann. Ich hingegen fühlte mich wie eine pommersche Kartoffel. Ich hatte in diesem Moment überhaupt kein Selbstwertgefühl mehr."

Eine, verglichen mit dem Weltgeschehen, eher kleine Krise des großen Götz. Aber selbst große Krisen, Weltkrisen sogar, fangen manchmal ganz klein an.

Anfang Februar 1962 beauftragt US-Präsident John F. Kennedy seinen Regierungssprecher Pierre Salinger, ihm schnellstens 1000 Havanna-Zigarren seiner Lieblingsmarke Petit Upmann zu besorgen. Kaum hat Salinger Kennedys Auftrag erfüllt, unterzeichnet der Präsident ein Dekret, das den Import aller Waren aus Kuba in die USA verbietet.

Dem Handelsembargo folgt die „gefährlichste Krise seit Ende des Zweiten Weltkriegs" („Spiegel").

Am 16. Oktober um 9 Uhr Washingtoner Zeit wird Kennedy geweckt. Verschlafen schaut er auf gestochen scharfe Luftbilder,

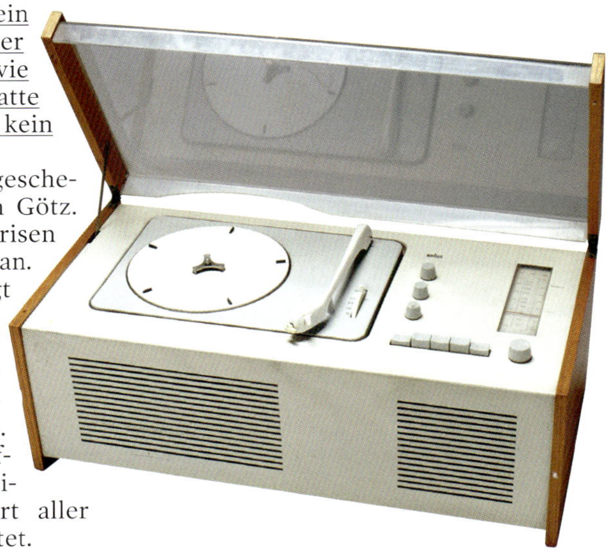

Zeitlos schön wirkt der von Dieter Rams designte Braun-Plattenspieler SK 55 mit Röhrenradio, der 1962 auf den Markt kommt. Diese Art der Produktgestaltung, die sich von der Funktion ableitet, wird zum Vorbild vieler technischer Neuheiten

Zuversichtlich lächelt Rudolf Augstein bei seiner Verhaftung im Hamburger Pressehaus. Dem „Spiegel"-Chef wird vorgeworfen, die Titel-Geschichte „Bedingt abwehrbereit" (kleines Bild unten) vom 10. 10. 1962 sei „Landesverrat". Wenig später muss Verteidigungsminister Franz Josef Strauß (mit Zigarre) zurücktreten

FOTOS: DPA, M. EHLERT/DER SPIEGEL, ULLSTEIN-BILD/KEYSTONE, SAMMLUNG RAUCH/INTERFOTO, CINETEXT, BUNDESWEHR, ACTION PRESS

Warum US-Präsident KENNEDY im Februar 1000 HAVANNA-ZIGARREN kauft

die ein US-Aufklärungsflugzeug über Kuba aufgenommen hat. Sie zeigen, wie auf Fidel Castros Zucker- und Tabakinsel sowjetische Techniker Abschussrampen für Raketen bauen, die Washington, Miami und New Orleans zerstören können. Sieben Tage später verkündet Kennedy die Seeblockade Kubas. Sowjetische Schiffe sollen notfalls mit Waffengewalt gestoppt werden.

„Von der Kuba-Krise wird Adenauer genauso überrascht wie die gesamte deutsche Öffentlichkeit", schreibt Hans-Peter Schwarz in seiner Biografie über den ersten Bundeskanzler. Adenauer sichert den USA sofort Unterstützung zu. Während Einheiten der westdeutschen Bundeswehr und der ostdeutschen Nationalen Volksarmee alarmiert werden, stürzen die Börsenkurse ab, in Norddeutschland fliehen Menschen nach Dänemark, Hausfrauen horten Lebensmittel. Der Bundesluftschutzverband stellt einen 7000 DM teuren Privat-Atombunker für zwölf Personen vor.

Klaus Reinhardt ist damals Leutnant bei den Gebirgsjägern in Mittenwald. „Wir haben während der Kuba-Krise ganz normal Grundausbildung gemacht. Doch ich selbst kam kaum vom Radio weg", erinnert sich der spätere General.

US-Generale raten Kennedy zur Invasion Kubas. „Die Militärs sind verrückt", stöhnt der Präsident in einem Gespräch mit Schlesinger. Ein Atomkrieg von nur 60 Minuten Dauer hätte 300 Millionen Menschen das Leben gekostet, so Kennedy.

Am 28. Oktober, einem Sonntag, hat Kennedy gewonnen. Sowjet-Machthaber Nikita Chruschtschow verspricht, die Raketenrampen abzubauen. Er hält Wort. Dass die USA als Gegenleistung ihre Raketen in der Türkei demontieren, wird verschwiegen.

Kennedys Handelsembargo gegen Kuba überdauert den Kalten Krieg. Bis heute darf keine einzige Havanna-Zigarre (offiziell) in die USA eingeführt werden.

Conny Froboess singt für Deutschland beim Grand Prix in Luxemburg über „Zwei kleine Italiener" und wird Sechste. Isabelle Aubret aus Frankreich gewinnt den Sängerwettstreit

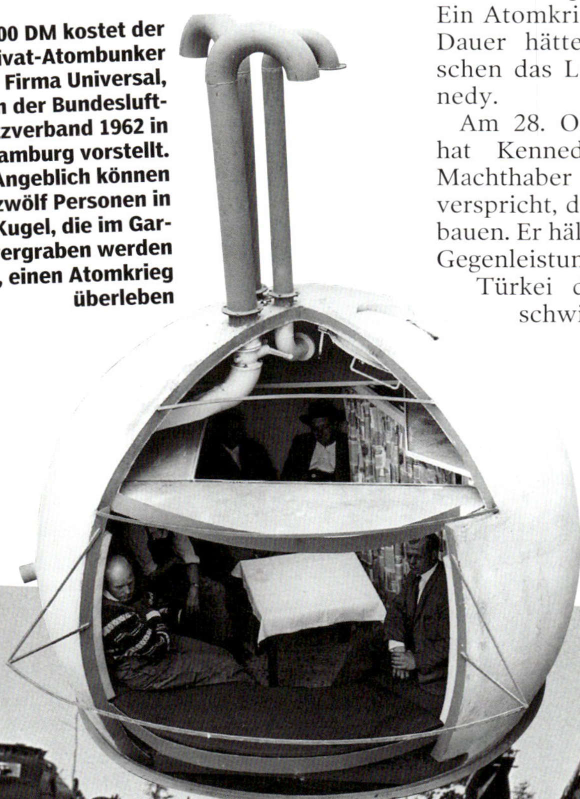

7000 DM kostet der Privat-Atombunker der Firma Universal, den der Bundesluftschutzverband 1962 in Hamburg vorstellt. Angeblich können zwölf Personen in der Kugel, die im Garten vergraben werden soll, einen Atomkrieg überleben

Auf dem Höhepunkt der Kubakrise raten US-Militärs Präsident Kennedy (vorn Mitte) zur Invasion der Zucker- und Tabakinsel. Er widersteht ▼

EINE ZWEITE CHANCE FÜR DIE LIEBE

DAS LESER-FOTO aus den 60ern

Das Foto zeigt meine Frau Renate und unseren Sohn Jessen 1964 in Taormina (Sizilien). 1954 habe ich Renate zum ersten Mal in der Berliner S-Bahn gesehen. Mir fehlte der Mut, sie anzusprechen. Neun Monate später traf ich den blonden Engel per Zufall wieder in der Tanzschule Apitsch in Steglitz. Das Schicksal hatte mir eine zweite Chance gegeben. Jetzt nutzte ich sie. 1960 haben wir geheiratet, 1962 wurde Jessen geboren. 2010 feiern Renate und ich goldene Hochzeit.

Anders Oestergaard*
68723 Oftersheim
(Baden-Württemberg)
** Cousin des Modedesigners Heinz Oestergaard (1916–2003)*

PUTENKEULE CHIPOLATA

Die Keule am unteren Gelenk einschneiden und die Sehnen herausziehen. Anschließend die Keule in Butter anbraten, etwas Flüssigkeit dazugeben und im Bratofen unter fleißigem Begießen zugedeckt weiterbraten, die letzte halbe Stunde ohne Deckel. Geschälte Maronen in Fleischbrühe nicht zu weich kochen, geschälte Karotten in Salzwasser kochen. In der Pfanne etwas Zucker in Fett anbräunen, mit Bratensaft aufgießen. Maronen und Karotten darin glasieren. Zuletzt das Gemüse mit dem Fleisch zusammen einige Minuten im Backofen offen dünsten.

Originalrezept aus „Lecker zubereitet" (HörZu 14/1962)

Parallel zur Kuba-Krise erlebt die Bundesrepublik die „Spiegel"-Affäre, die in Wahrheit eine Adenauer- und Strauß-Affäre ist.

Am 10. Oktober erscheint der „Spiegel" mit dem Titelfoto eines freundlichen Herrn in Generalsuniform. Es zeigt den Generalinspekteur der Bundeswehr, Friedrich Foertsch. Die Titelgeschichte „Bedingt abwehrbereit" enthüllt, dass die Bundeswehr keineswegs die Fähigkeiten hat, einen Angriff der Sowjets ohne Atomwaffen abzuwehren.

Die Bundesanwaltschaft ermittelt wegen „Landesverrats". Die Redaktion in Hamburg wird von Polizei und Staatsanwaltschaft durchsucht; mehrere Redakteure, darunter auch Herausgeber Rudolf Augstein, kommen in Haft. Bundesverteidigungsminister Franz Josef Strauß, dem Magazin in Feindschaft verbunden, ordnet die Verhaftung von Conrad Ahlers an, dem Autor der Titelstory, der in Spanien Urlaub macht.

„Wir haben einen Abgrund von Landesverrat im Lande", rechtfertigt Bundeskanzler Adenauer die Aktion im Bundestag, gegen die viele Bürger protestieren.

Noch während Augstein in Untersuchungshaft sitzt, erklären die fünf FDP-Minister der Bundesregierung ihren Rücktritt. Anlass sind die offensichtlichen Lügen von Strauß, er habe mit der Aktion nichts zu tun. Am 11. Dezember wird er entlassen. Doch Augstein bleibt in U-Haft, kommt erst nach 103 Tagen frei. Erst im Mai 1965 urteilt der Bundesgerichtshof, an den Landesverratsvorwürfen sei nichts dran.

Die „Spiegel"-Affäre ist Geschichte. Doch Augsteins Bedeutung überdauert. Er habe mit dem „Spiegel", so sein Biograf Peter Merseburger, den Deutschen ihr „obrigkeitsstaatliches Denken ausgetrieben."

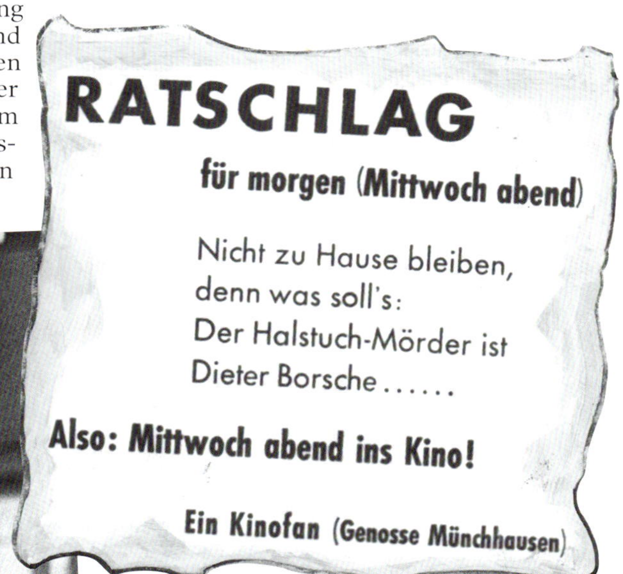

RATSCHLAG

für morgen (Mittwoch abend)

Nicht zu Hause bleiben,
denn was soll's:
Der Halstuch-Mörder ist
Dieter Borsche ......

Also: Mittwoch abend ins Kino!

Ein Kinofan (Genosse Münchhausen)

Millionen Deutsche rätseln zu Hause in den Familien und am Arbeitsplatz, wer im ARD-Krimi „Das Halstuch" der Mörder ist – vor der letzten Folge verrät es Kabarettist Wolfgang Neuss anonym in einer Anzeige (Ausriß oben). Dieter Borsche (Foto links, mit Heinz Drache) ist der Bösewicht – und Neuss bekommt Morddrohungen. Denn schnell kommt heraus, wer sich hinter dem Pseudonym „Genosse Münchhausen" verbirgt.

FOTOS: CORBIS, ULLSTEIN-BILD/KPA, DPA, INTERFOTO, SCIENCE MUSEUM/SSPL

Der populärste Satz, den je ein US-Präsident auf deutschem Boden sagte, stammt von John F. Kennedy. Am 26. Juni 1963 bekennt er vor dem Schöneberger Rathaus: „Ich bin ein Berliner." Zuvor hat er sich den Satz in Lautschrift aufschreiben lassen und mit einem Journalisten geübt

1963

Ein Schweizer wird der erste HELD DER BUNDESLIGA, Kennedy wird BERLINER, und in Lengede geschieht ein WUNDER

Wir hätten Ihnen natürlich sehr gern ein Foto gezeigt, auf dem der Dortmunder Innenstürmer Friedhelm Konietzka am 24. August 1963 per Flachschuss den Ball zum 1:0 im Tor der Bremer versenkt, denn dieses Bild würde einen historischen Moment belegen: das allererste Tor am allerersten Spieltag der Fußballbundesliga. Es fiel, Geschichte kennt bizarre Pointen, in der allerersten Minute, exakt in der 50. Sekunde. Dies ist präzise dokumentiert – nur ein Foto von diesem bedeutenden Moment gibt es nicht. Friedhelm Konietzka, seiner Ähnlichkeit mit dem russischen Stalingrad-General Timoschenko wegen „Timo" genannt, erinnert sich: „Alle Fotografen standen hinter unserem Tor, mit einem Treffer für den BvB hatte keiner gerechnet." Richtig glücklich kann der Stürmer über sein Tor nicht sein: Zwar schießt er in der letzten (!) Sekunde des Spiels ein zweites Tor, zwischendrin treffen allerdings die Bremer dreimal.

Später wechselt Konietzka zum TSV 1860 München, weil „mir die Sechziger die Leitung eines Lotto-Toto-Ladens anboten". Zum Dank schießt er die Münchner 1966 zur Meisterschaft, siedelt später in die Schweiz über, wird einer der erfolgreichs-

Das erste Foto vom ersten Bundesligator – Sekunden, nachdem es erzielt wurde: Im Vordergrund jubelt Lothar „Emma“ Emmerich, im Hintergrund Schütze Konietzka, heute Hotelier am Vierwaldstätter See und Schweizer Staatsbürger

Auf der Internationalen Funkausstellung in Berlin stellt Philips den ersten Kassettenrecorder vor. Schnell setzt sich die Compact-Kassette gegen teure und schwere Tonbandgeräte mit Spulen durch

Mit dem Slogan „Am Ersten das Zweite“ geht das ZDF am 1. April mit „Berlin-Melodie“ auf Sendung, seit dem 2. April sind die Mainzelmännchen dabei. Entwickelt hat die lustigen Herren mit der Zipfelmütze der Grafiker Wolf Gerlach

ten Clubtrainer des Landes und 1988 sogar Schweizer Staatsbürger.

Die Bundesliga entwickelt sich mit den Jahren zu einer der stärksten Profi-Ligen in Europa. Dabei war sie ein ungeliebtes Kind. Bereits 1932 sollte eine „Reichsliga“ für die besten deutschen Vereine gegründet werden. Doch die mächtigen Vertreter der Regionalverbände wehrten sich erfolgreich gegen die Beschneidung ihres Einflusses. Also wurde weiter in vier Oberligen und einer Stadtliga (Berlin) gespielt mit mehr Masse als Klasse. Erst die Pleite der Nationalelf bei der WM 1962 in Chile (Aus im Viertelfinale) verleiht dem Hauptargument von Bundestrainer Sepp Herberger Durchschlagskraft: Nur eine Elite-Liga von Profis versorgt die Nationalmannschaft mit den besten Fußballspielern.

Nationalgefühl gilt in den frühen 60er-Jahren was im Land. Einer, der meisterhaft auf der emotionalen Klaviatur seiner Landsleute spielt, hat am 5. April einen spektakulären Auftritt – Konrad Adenauer, seit 13 Jahren Bundeskanzler, gewährt einem Reporter im erstmals ausgestrahlten „Bericht aus Bonn“ ein Interview, in dem er verkündet: „Ich gehe im Herbst“.

Nach den Bundestagswahlen 1961 hatte die FDP darauf gedrungen, Adenauer solle im Laufe der Legislaturperiode sein Amt abgeben. Doch erst nach der „Spiegel“-Affäre im Jahr zuvor ist er willig.

Einmal noch vor seiner Pensionierung am 15. Oktober genießt Adenauer, der Über- und Gründervater der Bundesrepublik, einen starken Auftritt an der Seite zweier Männer, Jünglingen aus seiner Sicht. US-Präsident John F. Kennedy kommt im Juni nach Berlin, zum ersten Mal seit dem Bau der Mauer zwei Jahre zuvor. Kennedy, Adenauer und Berlins Regierender Bürgermeister Willy Brandt sitzen im Cabriolet, die Berliner jubeln.

Am Schöneberger Rathaus spricht Kennedy Worte, die in Deutschland unvergesslich bleiben: „Alle freien Menschen, wo immer sie leben mögen, sind Bürger Berlins und deshalb bin ich als freier Mensch stolz darauf, sagen zu können: Ich bin ein Berliner.“ Den letzten Satz sagt er auf Deutsch. Das hat er zuvor in Brandts Büro mit RIAS-Direktor Robert H. Lochner geübt und, um nichts falsch zu machen, sich in Lautschrift aufschreiben lassen: „Ish bin ein Bearleener“.

Fünf Monate später sitzt Kennedy wieder in einem offenen Cabriolet. Am 22. November fährt er, begleitet von Ehefrau Jackie, dem texanischen Gouverneur und dessen Frau, durch Dallas.

„Wenn jemand wirklich den Präsidenten der USA erschießen wollte“, so hatte Kennedy angesichts mehrerer Morddrohungen einem Mitarbeiter anvertraut, „wäre das keine schwierige Arbeit. Man müsste nur

FOTOS: AKG, DPA, TEUTOPRESS, PRIVAT

Wie UNSITTLICH ist der kleine Junge auf dem Bild des GROSSEN BASELITZ?

„Mich faszinierte, einer so großen Persönlichkeit die Hand halten zu dürfen": Gitte (damals 16) erinnert sich noch heute an ihre Begegnung mit dem Weltstar Marlene Dietrich (damals 61). In Baden-Baden gewinnt Gitte 1963 die „Schlager-Festspiele"

eines Tages mit einem Gewehr mit Zielfernrohr auf ein hohes Gebäude hinauf, niemand könnte etwas gegen einen solchen Anschlag unternehmen."

Um 12.30 Uhr Ortszeit wird Kennedy aus dem sechsten Stockwerk einer Lagerhalle von zwei Schüssen getroffen. Eine halbe Stunde später stellen Ärzte seinen Tod fest. Kurz darauf legt Vizepräsident Lyndon B. Johnson seinen Amtseid als 36. Präsident der USA ab. Noch am selben Tag wird Lee Harvey Oswald als Präsidentenmörder festgenommen und zwei Tage später von einem Nachtclub-Besitzer erschossen.

Obwohl 1964 die nach ihrem Vorsitzenden Earl Warren benannte Warren-Kommission zu dem Schluss kommt, Kennedy sei nicht Opfer einer Verschwörung, Oswald sei Alleintäter, tauchen bis heute immer neue Mord-Theorien auf.

*

Den Kunstskandal des Jahres verursacht Georg Baselitz – oder ist es der Staatsanwalt, der das Ölgemälde „Große Nacht im Eimer" und die Studie „Die große Nacht" in der Westberliner Galerie Werner & Katz wegen „Unsittlichkeit" beschlagnahmen lässt? Erst nach zwei Jahren werden die Bilder, die onanierende Jungen darstellen, wieder herausgegeben. Inzwischen hängt die „Große Nacht im Eimer" im Kölner Museum Ludwig. Heute kostet ein Bild von Baselitz, der einst von der Ostberliner Kunstakademie wegen „Unreife" entlassen wurde, eine halbe Million Euro.

*

Ende Oktober 1963 berichten Medien in aller Welt über den kleinen Ort Lengede in Niedersachsen. Beim Einbruch eines Klärteichs werden 129 Bergleute in der Eisenerzgrube verschüttet. Die meisten können sich retten, 29 sterben. Als das Rettungsgerät bereits abgebaut und die Trauerfeier schon angesetzt ist, bettelt einer der Hauer, noch einmal in dem Schacht „Alter Mann" nach Verschütteten suchen zu dürfen. In 58 Metern Tiefe hört man Klopfzeichen, ein Wettlauf mit der Zeit beginnt. Eine Bombe ist es, die die elf Eingeschlossenen rettet: die Dahlbuschbombe. So wird die erstmals in der Zeche Dahlbusch in Gelsenkirchen eingesetzte Rettungskapsel genannt, die die elf Überlebenden Kumpel am 7. November wieder ans Licht und ins Leben befördert. „Die längste Schicht", schreibt das „Hamburger Abendblatt". Die BILD zugeschriebene Schlagzeile „Gott hat mitgebohrt" hingegen ist eine Legende. Tatsächlich titelt die Zeitung: „Gott hat mitgeholfen!".

MEXIKANISCHE HÜHNER-KASSEROLLE

Ein großes Brathuhn abwaschen und abtrocknen, dann in Portionsstücke zerteilen. Mehl und Salz und Paprika vermischen, die einzelnen Stücke darin wälzen, in Butter allseitig gut anbräunen, dann aus dem Fett nehmen und auf dem Boden einer großen Kasserolle einschichten. Im Bratenfett 3 mittelgroße Zwiebeln glasig werden lassen, eine zerdrückte Knoblauchzehe dazugeben, ferner eine gewürfelte Paprikaschote. Alles leicht anbräunen, dann 2/3 einer Dose abgezogener Tomaten dazu. Würzen mit 2 Eßl. Weinessig, 1/4 Teel. Chilipulver und 1 Teel. Rosmarin. Über Hühnerstücke geben, zudecken. Bei guter Hitze backen.

Originalrezept aus HörZu, April 1963

EIN TRAURIGER TAG

DAS LESER-FOTO aus den 60ern

Der 23. November 1963 sollte der schönste Tag in meinem Leben werden, mein Hochzeitstag. Der Saal war voller Gäste, und eine große Blaskapelle war auch da. Am Morgen kam unser Bürgermeister mit der Nachricht: „Gestern wurde US-Präsident John F. Kennedy erschossen. Deshalb darf nicht getanzt werden." So wurde dieser Tag einer der traurigsten in meinem Leben. Das Foto zeigt mich und meinen 1984 verstorbenen Mann Georg.

Agnes Grindl
Moosburg (Bayern)

Wegen „Unsittlichkeit“ zieht die Berliner Staatsanwaltschaft das Gemälde „Die große Nacht im Eimer“ von Georg Baselitz aus dem Verkehr. Heute hängt es im Kölner Museum Ludwig. Baselitz-Werke gehören in den teuertsen des Kunstmarkts

NORIS

Freitag, 8. November 1963 · 10 Pf

Bild Zeitung

BILD bringt als erste Zeitung der Welt Fotos aus der Höhle

Überglücklicher Retter bei der Bergung der 11:

Gott hat mitgeholfen!

Unten

Endlich wieder an der Sonne...

Oben

Weitere Foto-Berichte auf sieben Seiten

Elf Kinder des Glücks

brennfix

Der weiße Kohlenanzünder

Die ganze Welt nimmt Anteil an der Bergung der verschütteten Bergleute in Lengede (Niedersachsen). Elf Kumpel werden nach zwei Wochen aus der Tiefe gerettet, nachdem die Trauerfeier bereits terminiert ist. BILD erscheint am 8. November mit der Schlagzeile „Gott hat mitgeholfen!“ und nicht wie immer kolportiert wird mit „Gott hat mitgebohrt“

DIE CHRONIK VON 1963

1. 1. Das **Bundesurlaubsgesetz** tritt in Kraft. Jeder Arbeitnehmer hat Anspruch auf mindestens **24 Urlaubstage**.

14. 1. Bonn beendet entsprechend der **„Hallstein-Doktrin“** die diplomatischen Beziehungen zu Kuba, weil **Castro** die **DDR** anerkannt hat.

15. 1. Parteitag der SED. **Ulbricht** wird erneut **Erster Sekretär**.

20. 2. Uraufführung von **Rolf Hochhuths** Drama **„Der Stellvertreter“** in Berlin.

28. 2. **Marika Kilius** und **Hans Jürgen Bäumler** werden in Italien **Weltmeister** im **Eiskunstlaufen.** ►

8. 3. **Annerose Neumann** ist die erste Frau, die Nachrichten der **„Aktuellen Kamera“** im DDR-Fernsehen verlesen darf.

1. 4. Das **ZDF** ist auf Sendung, erstmals werden **Einschaltquoten** gemessen.

5. 4. Im ersten **„Bericht aus Bonn“** der ARD kündigt Bundeskanzler **Adenauer** seinen **Rücktritt** für den Herbst an.

14. 4. An den **Ostermärschen** gegen Atomwaffen nehmen in der **Bundesrepublik** Zehntausende teil.

3. 6. **Papst Johannes XXIII.** stirbt in Rom. ►

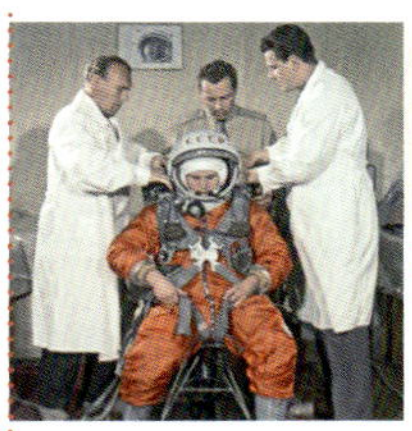

◄ 16. 6. Als **erste Frau** startet die sowjetische Kosmonautin **Valentina Tereschkowa** (Foto Mitte) ins All.

21. 6. Das Konklave wählt den Mailänder Erzbischof zum Papst. Als **Paul VI.** besteigt er den Stuhl Petri.

29. 6. Im letzten Endspiel vor Einführung der Bundesliga wird **Borussia Dortmund** mit einem 3:1 über den 1. FC Köln **Deutscher Meister**.

8. 7. Beginn der Gerichtsverhandlung gegen Sowjet-Spion **Heinz Felfe**. Urteil: 14 Jahre Haft.

25. 7. In **Nagold** bricht ein **Rekrut** bei einem **Hitzemarsch** zusammen und stirbt wenige Tage später.

5. 8. Die Außenminister der **USA**, der **Sowjetunion** und **Großbritanniens** vereinbaren, **Atomwaffenversuche** in der Atmosphäre, im All und in den Meeren zu beenden.

8. 8. Bei einem **Überfall** auf einen **Postzug** in England erbeuten **15 Gangster** umgerechnet **33 Millionen D-Mark**.

1. 10. Eröffnung einer Ausstellung mit Bildern von **Georg Baselitz** in West-Berlin. Wegen „Unsittlichkeit“ werden zwei Gemälde beschlagnahmt.

7. 10. Theaterstar **Gustav Gründgens** stirbt in Manila (Philippinen).

9. 10. 2000 Menschen kommen bei einem **Bergrutsch** in den **italienischen Alpen** ums Leben.

15. 10. Bundeskanzler **Konrad Adenauer** tritt wie angekündigt zurück.

16. 10. Bundeswirtschaftsminister **Ludwig Erhard** wird zum **Bundeskanzler** gewählt.

14. 11. **Margot Honecker** steigt zur Volksbildungsministerin der DDR auf. ►

22. 11. Ermordung von US-Präsident **John F. Kennedy** in Dallas. Nachfolger wird Vizepräsident **Lyndon B. Johnson**.

10. 12. Zwei Deutsche, **Karl Ziegler** und **Hans Daniel Jensen**, erhalten in Oslo **Nobelpreise** für Chemie und Physik.

11. 12. Uraufführung des Films **„Winnetou“** nach **Karl May**.

12. 12. Tod von Altbundespräsident **Theodor Heuss**.

◄ 14. 12. SPD-Chef **Erich Ollenhauer** stirbt in Bonn.

17. 12. Unterzeichnung des **1. Passierscheinabkommens** zwischen dem Senat von West-Berlin und der DDR. Erstmals seit dem Mauerbau dürfen West-Berliner ihre Verwandten im Ostteil während Weihnachten und Silvester besuchen.

20. 12. Beginn des **Prozesses** gegen **21 ehemalige Wärter** im **KZ Auschwitz.** ►

FOTOS: AKG, KEYSTONE, DPA, CINETEXT, ULLSTEIN-BILD, INTERFOTO

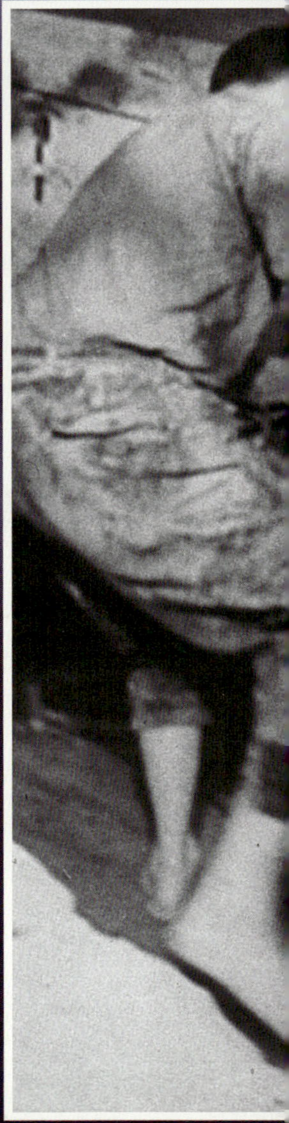

1964

Der MINI macht Deutschland verrückt, „DAS SCHWEIGEN“ kommt ins Gerede, und KULI wird gewinnen

Minirock und Minikleid – im Sommer 1964 erobert der von der Britin Mary Quant kreierte revolutionäre Modestil Westdeutschland. Für Konservative gilt die neue Beinfreiheit als schamlos, viele Frauen feiern die Minimode als Befreiung

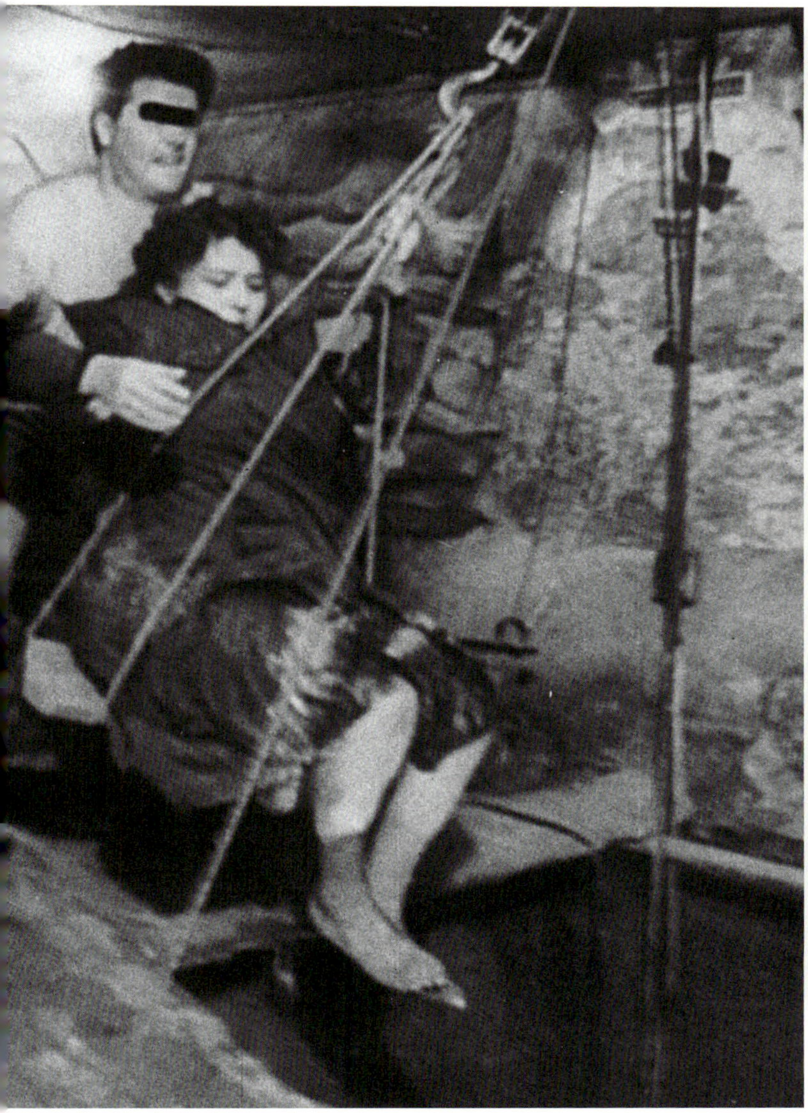

178 Tage lang graben 30 junge Westberliner an einem 140 Meter langen Tunnel, der vom Keller einer Bäckerei an der Bernauer Straße 97 im Westen unter Mauer und Stacheldraht hindurch in einen Hinterhof an der Strelitzer Straße 55 im Osten führt. In der Nacht vom 4. auf den 5. Oktober gelangen 57 DDR-Bürger – 23 Männer, 31 Frauen, drei Kinder – durch den Tunnel in die Freiheit. Beim Schusswechsel mit den Fluchthelfern stirbt der DDR-Unteroffizier Egon Schulz. Er ist das 52. Todesopfer der Mauer

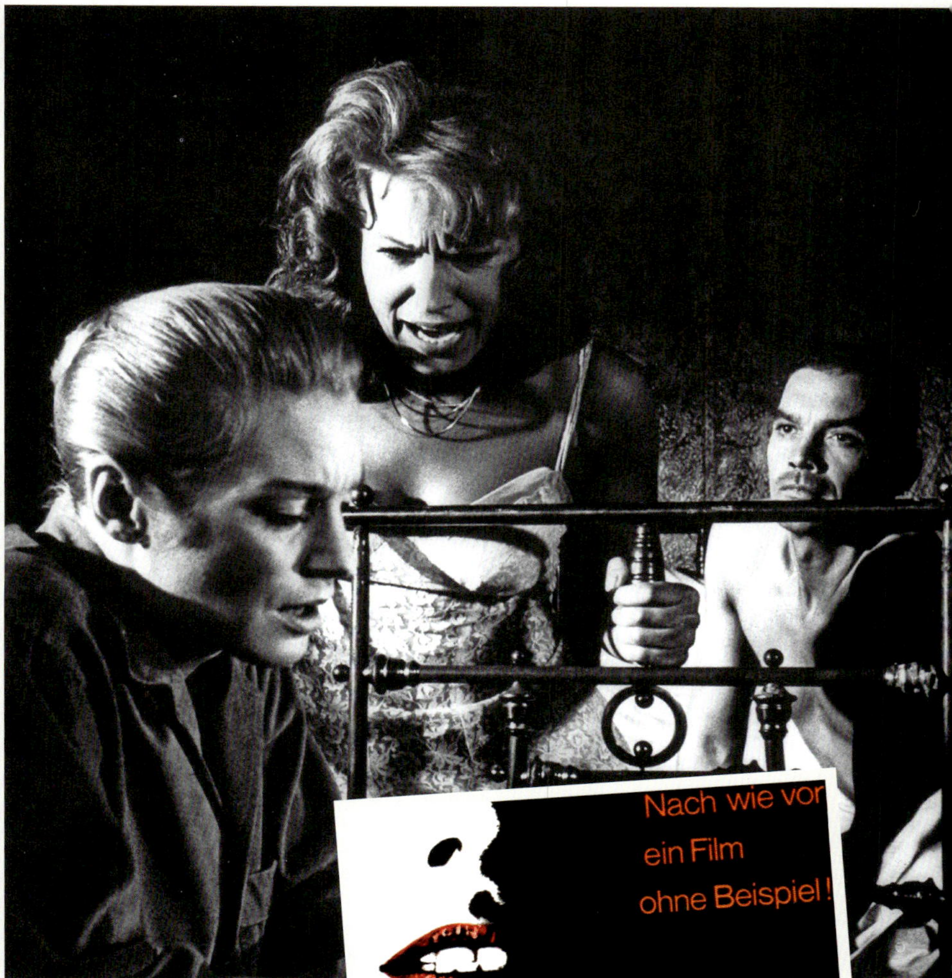

Heftige Kontroversen löst Ingmar Bergmans Film „Das Schweigen" nach seiner Premiere in der Bundesrepublik Ende Januar aus. Sogar im Bundestag wird darüber debattiert

Den Deutschen in der Bundesrepublik geht es gut in diesem Jahr 1964. Ludwig Erhard, der Vater des Wirtschaftswunders, ist nach 14 Adenauer-Jahren Bundeskanzler und bringt die Selbstzufriedenheit seiner Landsleute auf die griffige Formel: „Wir sind wieder wer."

Die Arbeitslosenquote in Westdeutschland liegt unter einem Prozent, der millionste Gastarbeiter, Armando Rodrigues de Sá aus Portugal, wird bei seiner Ankunft gefeiert und mit einem Moped beschenkt. Ein Arbeitnehmer verdient 870 DM pro Monat im Durchschnitt, elf Prozent mehr als im Jahr zuvor, muss dafür aber 42 Stunden pro Woche schaffen.

Die Preise, die im Haushaltsbuch von damals stehen, lassen heute manches Auge tränen: 1,75 Mark für die Dose Nesquik Instant („Mit Nesquik trinken wir Milch viel lieber"), 5,90 Mark für die Flasche Carstens SC Markensekt, 10 Pfennig für eine Filterzigarette der Marke Winston und genauso wenig für drei Scheiben Wasa Schweden-Knäcke in der praktischen Portionspackung. Bald können sich immer mehr Menschen in der Bundesrepublik ein Auto leisten: Opel stellt auf dem Genfer Automobilsalon drei große Wir-sind-wieder-wer-Straßenkreuzer vor – Kapitän, Admiral und Diplomat; VW produziert 5600 Autos am Tag.

Und doch, es gibt einiges, worüber sich die West-Deutschen erregen. Ende Januar hat „Das Schweigen" bundesdeutsche Premiere, nach „Wie in einem Spiegel" und „Licht im Winter", dritter Teil der Glaubenstrilogie des schwedischen Regisseurs Ingmar Bergman.

Schon in Bergmans Heimat sorgte das Werk wegen einer 118 Sekunden langen Sexszene für einen Skandal. Der Pfarrerssohn Bergman ist überzeugt, außerhalb des liberalen Schweden könne sein Film nur gekürzt gezeigt werden. In Norwegen müssen 14 Filmmeter raus, in den Niederlanden 21.

Doch zwischen Flensburg und Garmisch dürfen die Menschen das „ernste Lust-Stück" (Spiegel) unzensiert anschauen. Es erhält sogar das Prädikat „besonders wertvoll". Das ist deshalb besonders begehrt bei den Lichtspielhausbetreibern, weil sie dafür weniger Steuern zahlen müssen.

In drei Monaten sehen sich vier Millionen Bundesbürger diesen besonders wertvollen Film an, in dem es stark gerafft, um

DIE CHRONIK VON 1964

4\. 1. **Papst Paul VI.** besucht Israel.

◄ 25. 1. Erstmals strahlt die ARD die Ratesendung **„Einer wird gewinnen"** mit **Hans-Joachim Kulenkampff** aus.

29\. 1. Beginn der **Olympischen Winterspiele** in **Innsbruck**.

7\. 2. Weil er im Dritten Reich Richter an einem Sondergericht war, muss **Bundesvertriebenenminister Hans Krüger** (CDU) zurücktreten.

16\. 2. Willy Brandt wird als Nachfolger des verstorbenen **Erich Ollenhauer** zum **SPD-Vorsitzenden** und **Kanzlerkandidaten** gewählt.

9\. 3. Ein **sowjetischer Abfangjäger** schießt ein **US-Militärflugzeug** über Thüringen ab.

12\. 3. **Professor Robert Havemann** bekommt wegen seiner Kritik an der SED Lehrverbot an der Universität und wird aus der Partei ausgeschlossen.

17\. 3. Die CDU wählt **Konrad Adenauer** erneut zum Vorsitzenden.

30\. 3. Etwa **100 000 Atomwaffengegner** nehmen an den **Ostermärschen** teil.

4\. 4. **Gustav „Bubi" Scholz** wird **Europameister** im Halbschwergewicht. ►

9\. 4. **Neun Menschen** sterben bei einer **Granatenexplosion** auf dem Nato-Schießplatz Bergen-Hohne

22\. 4. Eröffnung der **Weltausstellung** in **New York**.

24\. 4. Während der **Luftfahrtschau** in **Hannover** wird der Prototyp eines senkrecht startenden Jagdflugzeugs (EWR VJ 101 C/X 1) vorgestellt. Es geht nie in Serie.

30\. 4. **Premiere** des **Karl-May-Films „Old Shatterhand"** in München

9\. 5. Der **1. FC Köln** wird **deutscher Fußballmeister**. Der **DDR-Meister** heißt **BSG Chemie Leipzig**.

13\. 6. Die **„Otto Hahn"**, erstes mit Atomkraft angetriebenes deutsches Schiff, läuft in Kiel vom Stapel.

27\. 6. Eröffnung der **Documenta III** in Kassel.

30\. 6. Modeschöpfer **Rudi Gernreich** lässt in Chicago von dem Model **Tony Lee Shelley** den ersten **Oben-ohne-Badeanzug** vorführen. Das Mädchen wird festgenommen. ►

1\. 7. Wiederwahl von **Heinrich Lübke** als **Bundespräsident**. US-Bürgerrechtler **Martin Luther King** predigt in der **Ost-Berliner Sophienkirche**.

7\. 7. **Abschiedsspiel** für **Fußballbundestrainer Sepp Herberger**. Nachfolger ist **Helmut Schön**.

1\. 9. Die **DDR-Volkskammer** beschließt, dass Nazi- und Kriegsverbrechen nicht verjähren.

3\. 9. **Erstaufführung** des Defa-Films **„Der geteilte Himmel"** nach einem Roman von **Christa Wolf**.

6\. 9. Die **„Lords"** machen im Hamburger **„Starclub"** Furore als **„deutsche Beatles"**.

9\. 9. Der **DDR-Ministerrat** entscheidet, dass Rentner einmal im Jahr in die Bundesrepublik reisen dürfen.

10\. 9. Der Portugiese **Armando Rodrigues** bekommt als **millionster Gastarbeiter** in Köln ein Moped geschenkt.

21\. 9. **Otto Grotewohl**, Vorsitzender des DDR-Ministerrats, stirbt in Ostberlin. Drei Tage später wird **Willi Stoph** sein Nachfolger.

6\. 10. **10 000 Strafgefangene** in der **DDR** kommen wegen einer **Amnestie** früher aus der Haft.

10\. 10. Beginn der **Olympischen Sommerspiele** in **Tokio**. Der deutsche **Willi Holdorf** gewinnt Gold im Zehnkampf und wird **„König der Athleten"**.

14\. 10. **Entmachtung** des sowjetischen Partei- und Regierungschefs **Nikita Chruschtschow. Ministerpräsident** wird **Alexej Kossygin, Parteichef Leonid Breschnew**.

16\. 10. Die **Volksrepublik China** testet ihre erste **Atombombe**.

28\. 11. Gründung der rechtsextremen **Nationaldemokratischen Partei Deutschlands** (NPD).

1\. 12. Die **DDR** führt einen **Mindestumtauschzwang** von fünf DM für Besucher aus dem „nichtsozialistischen Ausland" ein.

Viel Häme muss Bundeskanzler Ludwig Erhard (Foto am Schreibtisch) für seinen neuen Kanzlerbungalow in Bonn ertragen ►

zwei Schwestern geht, die während eines ungeplanten Hotelaufenthalts einem Strudel der sexuellen Begierde und des Hasses verfallen. Und weil nicht jeder gleich versteht, was der Künstler uns damit sagen möchte, hagelt es gegen „Das Schweigen" etwa 100 Strafanzeigen. Sogar im Bundestag wird über „Das Schweigen" geredet. Die CDU-Abgeordneten Fritz Baier aus Mosbach und Josef Müller aus Aachen fragen die Regierung, ob sie nicht „gegen den Film vorgehen" wolle. Der liberale Bundesjustizminister Ewald Bucher antwortet knapp: „Schweigen ist Gold." Der Bundestag grölt. **Nicht nur ein Film erregt die Nation, auch eine knappe Klamotte. Der lange Siegeszug des Minirocks beginnt im Frühjahr. Erfunden wurde der Minirock, der zwischen Knie und Saum dem femininen Oberschenkel mindestens zehn Zentimeter Freiheit gibt, von der Londoner Modeschöpferin Mary Quant. „Es machte die Menschen irgendwie glücklich. Es war ein Durchbruch. Es war das Gefühl der Zeit", rechtfertigt sie den Trend zu immer weniger Stoff.**

Kaum wagen sich die ersten deutschen Frauen im Mini ins Büro, werden Arbeitsgerichte bemüht, ob so ein Kleidungsstück erlaubt sei oder nicht.

Dass sich über Geschmack streiten lässt, erfährt auch der Architekt Sep Ruf, ein weltweit geschätzter Erneuerer des Bauhaus-Stils. Der Bayer, der mit Vornamen eigentlich Franz-Joseph heißt, hat für Bundeswirtschaftsminister Ludwig Erhard bereits einen Privatbungalow mit Blick über den Tegernsee entworfen. Im Sommer 1963, noch vor Erhards Wahl zum Kanzler, zeichnet Ruf das „Wohnhaus Bonn 1", einen Dienstbungalow im selben nüchtern-puristischen Stil, denn Adenauers Nachfolger will keinesfalls im 1860 erbauten Palais Schaumburg wohnen.

In wenigen Monaten entstehen zwei gegeneinander versetzt angeordnete Atriumbauten, im Innenhof der Privaträume ist Platz für einen kleinen Pool. Kaum ist der Kanzlerbungalow fertig, ist der gute Ruf des Architekten bei den spöttischen Bonnern ruiniert. „Palais Schaumbad" lästern sie und „Ludwigslust".

Konrad Adenauer, der in Interviews („So schafft es Erhard nicht!" BamS vom 1. 11. 1964) seinem ungeliebten Nachfolger das Leben schwer macht, mag auch dessen

„ES WAR EINE TOLLE ZEIT"

DAS LESER-FOTO aus den 60ern

Der Lockenkopf vorn kniend auf dem Auto*, das bin ich auf einer Spitztour mit Freunden. Als 20-Jährige war ich in Oberstaufen im Allgäu für ein paar Jahre als Hausgehilfin mit Kinderbetreuung tätig. Es war eine ganz tolle, lustige Zeit. Eigentlich komme ich aus dem Landkreis Donauwörth, wohne aber leider schon 37 Jahre wegen der Liebe im „Preußenland" Niedersachsen.

Waltraud Stein, Obernkirchen

** Bei dem Auto handelt es sich um einen Ford 17 m P2, der von 1957 bis 1960 in Köln gebaut wurde*

Im nüchern-funktionellen Bauhaus-Stil entwirft Stararchitekt Sep Ruf für Ludwig Erhard den Kanzler-Bungalow in Bonn. Baumeister und Bauherr müssen anfangs manchen Spott ertragen. Heute stet der Kanzler-Bungalow unter Denkmalshutz

„PALAIS SCHAUMBAD" spotten die Bonner über Erhards Kanzlerbungalow

Hausgeschmack nicht. „Ich würde mich weigern, da einzuziehen. Ich weiß nicht, welcher Architekt den Bungalow erbaut hat. Aber er verdient zehn Jahre," meckert der Uraltkanzler.

Heute steht Rufs Kanzlerbungalow am Rhein unter Denkmalschutz als „einzigartiges Zeugnis der Geschichte der Bundesrepublik", wie Hans Walter Hütter, Chef des „Haus der Geschichte" in Bonn, schwärmt.

Hans-Joachim Kulenkampff, soviel zum Stichwort, begründet in diesem Jahr seinen legendären Ruf als größter und ausdauerndster Geschichtenerzähler, den das deutsche Fernsehen je hervorbringt. In der ARD moderiert „Kuli" sechsmal im Jahr live das Europa-Quiz „Einer wird gewinnen" mit acht Kandidaten aus acht Ländern. Sehr schnell wird deutlich, dass Kulis Interesse an Fragen und Antworten stark von Geschlecht und Attraktivität seiner Studiogäste abhängt. Sind sie jung, weiblich, ledig, beflirtet sie der Moderator gerne eine ganze Sendung über. Und die wird bei Kuli lang und länger: Kaum einmal hält er die vorgesehenen 105 Sendeminuten ein. Im Standardwerk „Das Fernsehlexikon" (Goldmann) schildert das Autorenduo Reufsteck/Niggemeier das Kulenkampff-typische Moderationsverhalten so: „Er war immer der große Charmeur mit einem Hang zum Herrenwitz. Zwischendurch begrüßte er die gerade dazugekommenen Zuschauer der soeben im anderen Programm zu Ende gegangenen Fußballübertragung, telefonierte mit den „hohen Herren", die die Einhaltung der Spielregeln überwachten und bei Unklarheiten anriefen und ging auf Beschwerden ein, die während der Live-Sendung telefonisch beim Sender eingegangen waren!" Die Zuschauer lieben ihn dafür, Kulenkampff selbst hat sich mit zunehmendem Alter dafür beinahe geschämt.

In einem Interview mit der „Zeit", geführt 1988, bilanziert Kuli: „Ich bin aus Feigheit zur Unterhaltung gegangen. Ich wollte mein Kind ernähren." Also sagt Hans-Joachim Kulenkampff, der viel lieber am Theater den Orest spielt oder den Ferdinand in „Kabale und Liebe", zu, als ein Rundfunkintendant einen „Garderobenkomiker" suchte, der einen erkrankten Quizmaster ersetzen sollte. Und wird so auf immer der „Kuli"...

SCHWEIZER SPINATSCHNITTEN

Auch wenn Ihre Gäste schon eingetroffen sind, können Sie die Schnitten ohne allzuviel Mühe noch schnell backen: 300 g tiefgekühlten Blätterteig auftauen lassen und dünn ausrollen. **Ein Pfund Spinat** gut waschen, überbrühen und nicht zu fein hacken, **Zwei bis drei Eier** mit etwas **Sahne** sorgfältig verquirlen, mit einer Prise **Salz, Pfeffer** und etwas **Muskat** würzen und dann mit dem Spinat vermischen. Die Spinatmasse gleichmäßig über den Teig verteilen, kleine **ausgebratene Speckwürfel** darüber streuen und das Ganze bei mäßiger Hitze im Ofen backen. Noch warm in Rechtecke schneiden und gleich servieren.

Original-Rezept aus der Rubrik „Lecker zubereitet" (HörZu 16/1964)

1965

Werden früh Freunde: Franz Beckenbauer und der Ball. Der spätere „Kaiser", hier im Trikot des FC Bayern, gibt 1965 sein Debüt in der Bundesliga (0:0 gegen Nürnberg) und im Nationalteam

Der junge KAISER spielt zum ersten Mal in der Nationalelf, die junge KÖNIGIN entzückt Deutschland, und der DDR-PLANUNGSCHEF erschießt sich

Berlins Regierender Bürgermeister Willy Brandt (SPD) trägt Frack und Orden, als er die britische Königin Elisabeth II. auf ihrem ersten Staatsbesuch in Deutschland in der geteilten Stadt begrüßt. In der Mitte: Bundespräsident Heinrich Lübke

Günter Herzog ist von Beruf Bestatter, aber sein Herz gehört dem Fußball und umso tragischer ist es, dass ein einziger Satz des Bestatters Herzog genügt, um ihn zum Totengräber seines Lieblingsvereins werden zu lassen.

Dieser Herzog fungiert im Jahr 1965 als Schatzmeister des Bundesligisten Hertha BSC Berlin, er macht einen guten Job, er versteht etwas von Bilanzen und Geschäften. Ein Schatzmeister ist in den Kindertagen des westdeutschen Profifußballs ein wichtiger Mann, doch vielleicht fühlte sich dieser Herzog in seinem Wirken für die Hertha trotzdem nicht angemessen gewürdigt. Auf jeden Fall macht er am Abend des 15. Februar auf der Hauptversammlung von Hertha BSC mit folgendem geheimnisvoll klingenden Satz auf sich aufmerksam: **„Ich darf hier im Interesse des Vereins nicht alles sagen. Täte ich es, würde Hertha BSC nicht mehr bestehen."**

Das Geraune des Funktionärs dringt nach Frankfurt zum mächtigen Deutschen Fußballbund. Dort zählt Hubert Claeßen, Chef des gefürchteten Kontrollausschusses, eins und eins zusammen, macht sich auf den Weg nach Berlin, lässt sich von Herzog die Geschäftsbücher zeigen und findet: frisierte Bilanzen! 192 000 Mark sind schwarz gezahlt worden, zum Beispiel an Wolfgang Fahrian, Nummer 1 im Hertha-Tor und Nummer 2 im Tor der Nationalmannschaft. Fahrian erinnert sich: „Die hohen Handgelder waren damals üblich. Es war viel mehr Geld im Umlauf, doch nur in Berlin ist es aufgeflogen." Als es auffliegt, fliegt die Hertha raus: Zwangsabstieg, donnerndes Finale des allerersten Bundesligaskandals.

Im Jahr, als die Berliner zum Zwangsabstieg verurteilt werden, schafft ein anderer Club auf sportlichem Weg den Aufstieg in die Elite-Liga: Der FC Bayern München. In dessen Reihen: ein schwarz gelockter, stämmiger junger Mann, gerade mal 20, dessen Spielweise auf Anhieb so überzeugt, dass Experten Bundestrainer Helmut Schön drängen, den Jüngling für die Nationalmannschaft zu nominieren. Zunächst zaudert der lange Sachse, doch ein Rat seines Kapitäns Uwe Seeler gibt schließlich den Ausschlag: **„Bringen Sie den Beckenbauer, Herr Schön!" Herr Schön bringt Franz Beckenbauer am 26. September, Deutschland gegen Schweden, nur ein Auswärtssieg sichert die WM 1966 in England. Deutschland gewinnt 2:1,** Beckenbauer führt an der Seite des genialischen Horst „Schimmi" Szymaniak im Mittelfeld Regie – und beginnt seine Weltkarriere, die in den Geschichtsbüchern als „Kaiserzeit" zusammengefasst wird.

Wenige Monate zuvor ist die zweite deutsche Republik unabhängig vom „Kaiser" elf Tage lang so etwas wie eine „gefühlte Monarchie". Im Mai kommt die britische Königin Elisabeth II. zusammen mit ihrem Mann, Prinz Philip, zu ihrem ersten Staatsbesuch in die Bundesrepublik. Zuletzt war Edward VII. in Deutschland, doch das war 1909; damals regierte noch Kaiser Wilhelm II.

Die Republik macht sich fein für den hohen Besuch: Man trägt Frack, Frau trägt Abendkleid und zelebriert – wenn auch etwas ungelenk, weil ungeübt – den Hofknicks. Selbst der Regierende Bürgermeister von Berlin, Willy Brandt (SPD), hat Orden angelegt, als er das britische Königspaar empfängt.

Am Ende sind alle zufrieden. Der Hofpoet – so einen Job „schlichter Dichter" gibt es in Großbritannien – schwelgt: „Die Nationen haben sich vergeben und Freundschaft geschlossen". Die Queen ist very amused. **BILD am SONNTAG zitiert sie am 30. Mai auf der Titelseite: „Germany was wonderful."**

Einen tüchtigen Politiker bringt die Queen in diesen Tagen allerdings um sein Amt, quasi nebenbei. Hamburgs Erster Bürgermeister Paul Nevermann (SPD) hat seit geraumer Zeit eine Geliebte. Er versucht, seine Ehefrau Grete zu überreden, an seiner Seite beim Galadinner mit der Queen die Freie und Hansestadt zu repräsentieren. Doch Frau Nevermann ist so frei und gibt Herrn Nevermann gekränkt einen Korb. Kaum ist die Queen an Bord ihrer Jacht „Britannia" elbabwärts Richtung England gefahren, tritt der bloßgestellte Nevermann zurück.

Auch im „ersten Arbeiter- und Bauernstaat auf deutschem Boden", wie sich die

Womit Kinder kassieren lernen: eine Spielzeugkasse von 1965

Trauer heucheln DDR-Chef Walter Ulbricht (vorn links) und Ministerrats-Vorsitzender Willi Stoph (vorn rechts) bei der Totenwache für Planungschef Erich Apel. Apel hatte sich am 3. 12. erschossen, weil er einen Knebelvertrag zugunsten der Sowjets nicht unterschreiben wollte

Nach dem Besuch der QUEEN tritt Hamburgs 1. BÜRGERMEISTER zurück (wegen seiner Geliebten)

DDR versteht, werden Sicherheitsbeamte benötigt, zum Schutz der Mächtigen vor ihren Arbeitern und Bauern. Dietmar F. ist der Schutzmann von Dr. Erich Apel, dem Vorsitzenden der staatlichen Plankommission der DDR und damit oberstem Wirtschaftslenker.

Am Morgen des 3. Dezember 1965 trinkt Leibwächter Dietmar F. Tee in Apels Vorzimmer im Haus der Ministerien an der Leipziger Straße in Berlin-Mitte, dort, wo heute das Bundesfinanzministerium untergebracht ist. Er meint, eine Tür schlagen zu hören, findet das nicht ungewöhnlich, weil der laute und cholerische Apel gelegentlich die Türen zuschmeißt.

Erst als DDR-Ministerpräsident Willi Stoph seinen Planungschef vergeblich anruft, hat eine Sekretärin eine böse Ahnung. Kurz vor zehn findet sie ihren Chef tot in seinem Stuhl vor dem Schreibtisch sitzend, Kopfschuss.

„Kurzschlussreaktion infolge nervlicher Überlastung", diagnostiziert die Chefärztin des Regierungskrankenhauses. Staats- und Parteichef Walter Ulbricht befiehlt eine Trauerfeier und findet sich selbst zur Totenwache ein, Stoph hält die Gedenkrede **„Lieber Erich, in dieser Stunde des Abschieds danken wir dir noch einmal für alles, was du für unsere sozialistische Sache getan hast." Jedes Wort gelogen und geheuchelt.**

Erich Apel plante eine Art Wirtschaftswunder für Ostdeutschland und erfand das „Neue ökonomische System der Planung und Leitung der Volkswirtschaft" (NÖSPL). Sein Ziel war es, die DDR aus dem wirtschaftlichen Würgegriff der Sowjetunion zu lösen und mehr Geschäfte mit dem Westen zu machen. Damit hatte er durchaus Erfolg, Ulbricht gibt in Richtung Bundesrepublik die Devise aus: „Überholen ohne einzuholen."

Dank Apels Reformen steigt der Außenhandel der DDR mit den kapitalistischen Staaten von 21 Prozent (1962) auf 25 Prozent (1965), der Lebensstandard in Ostdeutschland ist höher als der aller anderen sozialistischen Bruderländer. Doch zunehmend verzweifelt Apel an der Sturheit des neuen Kremlchefs Leonid Breschnew. Der Kreml-hörige Ulbricht will Apel nötigen, einen neuen Handelsvertrag zu unterschreiben, der nur einen Gewinner kennt: die Sowjetunion.

Apel widersteht allen Drohungen und unterschreibt nicht, sondern wählt den Freitod mit Kaliber 7,65. „Dr. Erich Apel", so formuliert der „Spiegel" nach dessen Selbstmord „griff zur Pistole, damit er nicht zur Feder greifen musste."

Mit dem Porsche 911 holen Herbert Linge und Peter Falk bei der Rallye Monte Carlo 1965 einen Klassensieg. Eigentlich sollte der Nachfolger des 356 die Bezeichnung 901 bekommen. Doch dagegen ging Peugeot vor: Die Mittel-Null gehört der Autofirma mit dem Löwen – bis heute

Mehr als drei Stunden dauert das gefühlvolle Filmepos „Dr. Schiwago" (englisch: „Doctor Zhivago") nach einem Roman des in der Sowjetunion verfemten Nobelpreisträgers Boris Pasternak, der Ende 1965 US-Premiere hat. Titelheld ist Omar Sharif

DAS LESER-FOTO aus den 60ern

KOSTÜMFEST

Das Foto aus dem Jahr 1966 zeigt mich, damals sieben Jahre alt, mit meiner Schwester Birgit (5) auf einem Kostümfest unseres Turnvereins TUS Harburg. Ich spiele einen Zeitungsverkäufer, Birgit die Kundin. Die Kostüme hat unsere Mutter selbst geschneidert.

Hansjörg Schwoch,
Seevetal (Niedersachsen)

Ist als 19-Jähriger mit „Marmor, Stein und Eisen bricht" 21 Wochen Nummer 1 der deutschen Hitparade: Drafi Deutscher. Zunächst, aber das muss man nicht wissen, wird der Song unter dem Titel „Marmorstein und Eisen bricht" veröffentlicht. Bis heute wird der Ohrwurm gerne zu fortgeschrittener Stunde auf Partys geschmettert

Aktion saubere Mattscheibe: Weil sie im Mainzer Karneval im „Baby Doll" auftritt, fällt ZDF-Ansagerin Edelgard Stössel bei ihrem katholischen Intendanten in Ungnade und muss den Sender verlassen

DIE CHRONIK VON 1965

◄ 24. 1. Der frühere britische Premierminister **Winston Churchill** stirbt.

10. 2. Erstmals gibt es im **Bundestag** eine **„Aktuelle Stunde"**.

18. 3. Sowjet-Kosmonaut **Alexej Leonow** schwebt als erster Mensch 20 Minuten lang im All.

20. 3. Jazzmusiker **Louis Armstrong** gastiert in **Ost-Berlin**.

26. 4. Die **Bundesbank** gibt **500-DM-Scheine** aus.

5. 5. Der Bundestag verabschiedet ein **Gesetz zur Vermögensbildung** (624-DM-Gesetz).

8. 5. Die **Verjährungsfrist** für Morde während der Nazizeit wird in der Bundesrepublik bis Ende 1969 verlängert.

12. 5. Die Bundesregierung kündigt den **Botschafter-Austausch** mit Israel an. Daraufhin brechen neun arabische Staaten die diplomatischen Beziehungen zu Bonn ab.

15. 5. **Werder Bremen** wird **deutscher Fußball-Meister**.

18. 5. Der **DFB** verbannt **Hertha BSC** aus der Bundesliga wegen Zahlung von **Schwarzgeld** beim Ankauf neuer Spieler.

19. 5. Auf der **Südseeinsel Tonga** verendet die **Schildkröte Tu'i Malila** († 188), ein Geschenk von **James Cook**.

2. 6. 30 000 Menschen sterben durch einen **Wirbelsturm** in **Pakistan**.

19. 6. Treffen von **4000 Vätern** und **Müttern Contergangeschädigter Kinder** in Köln.

26. 6. Ein **Schnellzug** schafft auf der Strecke München-Augsburg erstmals mehr als **200 km/h.** ▼

19. 8. Nach 20 Monaten Verhandlung im ersten **Auschwitz-Prozess** gegen 20 SS-Leute, dem größten Strafverfahren in der Bundesrepublik, werden in Frankfurt/Main sechs Angeklagte zu **lebenslanger Haft** verurteilt, elf erhalten Haftstrafen, drei werden freigesprochen.

▲ 4. 9. Zum ersten Mal überträgt das Fernsehen die Ziehung der **Lottozahlen**.

15. 9. Während eines Konzerts der **„Rolling Stones"** demolieren Fans die Berliner **Waldbühne**.

19. 9. **Bundestagswahlen**. Die Union erhält 47,6, die SPD 39,3, die FDP 9,5 Prozent.

30. 9. Verteidigungsminister **Kai Uwe von Hassel** (CDU) übergibt den ersten in der Bundesrepublik hergestellten **Kampfpanzer „Leopard"** der Truppe.

8. 10. Das **Internationale Olympische Komitee** entscheidet: **Bundesrepublik** und **DDR** sollen künftig mit **getrennten Mannschaften** bei den **Olympischen Spielen** antreten.

20. 10. **Ludwig Erhard** wird erneut zum **Bundeskanzler** gewählt.

15. 11. Vier Jahre nach der Bundesrepublik lässt auch die **DDR** die **Antibabypille** zu. Markenname: Ovosiston.

25. 11. **Drittes Passierscheinabkommen** zwischen der DDR und West-Berlin seit dem Mauerbau.

8. 12. **Papst Paul VI.** beendet in Rom das Zweite Vatikanische Konzil.

17. 12. Start des 007-Films **„Feuerball"** in der Bundesrepublik.

22 .12. ▼ **Wolf Biermann** erhält sein erstes **Auftrittsverbot** in der DDR.
Welturaufführung des Films **„Dr. Schiwago"** in New York.

1966

KANZLER ERHARD tritt zurück, GUNTER SACHS heiratet Brigitte Bardot, und INGE MEYSEL hält die erste Goldene Kamera in der Hand

Sie sind die Ersten, die von „HörZu“ mit einer Goldenen Kamera geehrt werden: Hans-Joachim „Kuli“ Kulenkampff und Inge Meysel

Höflich gratuliert der zurückgetretene Bundeskanzler Ludwig Erhard (links) am 1. 12. 1966 im Bundestag seinem Nachfolger Kurt Georg Kiesinger, Kanzler der (ersten) Großen Koalition in der Bundesrepublik

Die Welt ist völlig überrascht, als Gunter Sachs und Brigitte Bardot am 14. Juli 1966 in Las Vegas den Bund fürs Leben schließen. Er hält nur drei Jahre

Exakt drei Stimmen bekommt die britische Königin Elisabeth II., als die Redaktion der „HörZu" mit der „Goldenen Kamera" den ersten deutschen Fernsehsehpreis erfindet und ihre 13 Millionen Leser bittet, über ihre TV-Lieblinge abzustimmen. Die drei Einsendungen für die Queen reichen am Ende nicht. Inge Meysel, damals 55, holt sich die Krone der Zuschauer-Sympathie „mit großem Vorsprung bei den Damen", wie das damals heißt. Beliebtester Herr wird Hans-Joachim Kulenkampff („Einer wird gewinnen"), über den es in der Laudatio heißt: **„Charme, Esprit, Offenheit und Ehrlichkeit finden in Herrn Kulenkampff eine glückliche Synthese. Er ist ein wirklicher Gentleman."** Der Geehrte

DIE CHRONIK VON 1966

12. 1. DDR-Kulturminister **Hans Bentzien** muss gehen, zu liberal.

28.1. **Absturz** einer **Lufthansa-Convair** in Bremen, 46 Tote.

◄ 22.2. Chemieprofessorin **Margot Becke** wird in Heidelberg zur **ersten deutschen Uni-Rektorin** gewählt.

28.2. Die **DDR** beantragt erfolglos ihre Aufnahme in die **Uno**.

17.3. **Ulrich Schamonis** Abtreibungsfilm **„Es"** hat Premiere.

21.3. Beginn des **CDU-Parteitags** in Bonn. Bundeskanzler **Ludwig Erhard** wird nun auch noch **Partei-Chef**.

1.4. Die Ost-Berliner Akademie der Wissenschaften entlässt Regimekritiker **Robert Havemann**.

8.4. **Leonid Breschnew** steigt zum **Generalsekretär** der KP in der Sowjetunion auf.

5.5. **Borussia Dortmund** gewinnt durch ein 2:1 Sieg über den FC Liverpool den **Europapokal der Pokalsieger** als erste deutsche Elf.

9.5. In Rheinsberg geht das erste **Kernkraftwerk** der DDR in Betrieb.

10.5. **CSU-Chef Strauss** verteidigt in Südafrika die Politik der Rassentrennung.

22.5. **Großdemonstration** gegen den **Vietnamkrieg** in Frankfurt/Main.

28.5. Der **TSV 1860** München wird **Deutscher Fußballmeister**.

5.6. Die **SPD** wählt **Willy Brandt** zu ihrem **Vorsitzenden**.

8.6. Weltpremiere von **Peter Handkes** Theaterstück **„Publikumsbeschimpfung"** in Frankfurt/Main.

◄ 15.6. **Erstaufführung** des Films **„Spur der Steine"** in Ost-Berlin mit **Manfred Krug**.

21.6. **Verhaftung** des vierfachen **Kindermörders Jürgen Bartsch** in Düsseldorf.

23.6. Start der **„Beatles-Tournee"** durch Westdeutschland.

29.6. In Danzig beginnen die Dreharbeiten für den Film **„Katz und Maus"** nach einer Novelle von **Günter Grass**. Die Söhne von SPD-Chef **Willy Brandt**, Lars (Foto) und Peter, spielen die Hauptrolle. ►

Die **SED** sagt einen mit der **SPD** vereinbarten Austausch von Rednern ab.

1.7. **Frankreich** tritt aus der **Nato** aus.

In der **DDR** geht der **Wartburg 353** in Serie.

2.7. **Frankreich** testet auf dem **Mururoa-Atoll** im Südpazifik seine erste **Atombombe**.

19.7. Das **Verfassungsgericht** verbietet die **Parteienfinanzierung** aus dem **Bundeshaushalt**.

30.7. **Endspiel** der **Fußball-WM**. Im Wembley-Stadion in London unterliegt **Deutschland England** mit **4:2** nach einer bis heute umstrittenen Tor-Entscheidung zugunsten des Gastgebers.

18.8. In **China** beginnt **Maos Kulturrevolution**.

28.8. **Rudi Altig** wird **Straßenweltmeister** der **Radprofis.** ►

5.9. Premiere von **Alexander Kluges** Film **„Abschied von gestern"**.

10.9. Der deutsche Europameister **Karl Mildenberger** unterliegt in Frankfurt dem Weltmeister im Schwergewicht, **Muhammad Ali**.

◄ 14.9. Vor Helgoland sinkt das **U-Boot „Hai"** der Bundesmarine. 19 Männer sterben, nur **Smutje Peter Silbernagel** überlebt.

1.10. Hitlers Rüstungsminister **Albert Speer** und Reichsjugendführer **Baldur von Schirach** kommen nach 20 Jahren Haft aus dem alliierten Kriegsverbrechergefängnis Berlin-Spandau frei.
Auf der Kölner **photokina** stellt Rollei die **kleinste Präzisionskamera** vor, die Rollei 35.

10.10. Die **Passierscheinstelle** für dringende Familienange-legenheiten beginnt in **West-Berlin** mit der Arbeit.

15.10. Weil die Mannschaft der **DDR** bei den **vorolympischen Spielen** in Mexiko nicht unter der Länderkennung **„Ostdeutschland"** auftreten will, reist sie ab.

27.10. Die **FDP-Fraktion** kündigt die Koalition mit **CDU** und **CSU** auf.

30.10. **20 000 Menschen** demonstrieren in Frankfurt/Main gegen die geplanten **Notstandsgesetze**.

6.11. Bei **Landtagswahlen** in **Hessen** erhält die **NPD 7,9 Prozent** der Stimmen und zieht als **erste rechtsextreme Partei** in einen **Landtag** ein.

30.11. Bundeskanzler **Ludwig Erhard** tritt zurück.

1.12. Der bisherige baden-württembergische Ministerpräsident **Kurt Georg Kiesinger** (CDU) wird Bundeskanzler, er regiert mit einer Großen Koalition aus CDU/CSU und SPD. Vizekanzler und Außenminister wird **Willy Brandt** (SPD).

10.12. Die 1940 aus Nazi-Deutschland nach Schweden geflüchtete Schriftstellerin **Nelly Sachs** erhält in Stockholm den Nobelpreis für Literatur.

Am 10. März heiratet die niederländische Kronprinzessin Beatrix den deutschen Diplomaten Claus von Amsberg. Die Ehe hält bis zu seinem Tod 2002

„BRANDT musste zum Jagen getragen werden“

charakterisiert sich weit weniger prätentiös: „Ich bin ein großer Quatschkopf.“

Eine Jury unter Vorsitz von Chefredakteur Hans Bluhm zeichnet außerdem Caterina Valente, die Schauspieler Luitgard Im und Paul Verhoeven, Regisseur Egon Monk, TV-Professor Heinz Haber, Georg Stefan Troller („Pariser Journal“) und das Team vom „Aktuellen Sportstudio“ (Rainer Günzler, Wim Thoelke, Harry Valérien) aus.

Zwei Jahre nach der Feier im Hamburger Hotel „Vier Jahreszeiten“ beschwert sich die eigenwillige Inge Meysel, von ihrem Preis – einer Nachbildung der ersten elektronischen TV-Kamera von 1936 – blättere beim Putzen das Gold ab. Daraufhin wird die Legierung verstärkt.

★

100 Prozent echt und durch keine Putzattacke zu beeinträchtigen, ist das Schmuckstück, das der damals 34-jährige Schweinfurter Industrielle Gunter Sachs seiner Frau am 14. Juli zur Hochzeit schenkt. Laut „Paris Match“ ist es „ein Armband aus Saphiren und Diamanten“. Zur Vermählung in Las Vegas, die Zeremonie dauert handgestoppte acht Minuten, bekommt Brigitte Bardot (Medienname „Frankreichs Sex-Idol Nr. 1“) noch den üblichen goldenen Ring dazu.

Für Sachs, den Erben des Maschinenbau-Imperiums Fichtel & Sachs, ist es die zweite Ehe. Nach dem Tod seiner Frau Anne-Marie, die wegen eines Narkosefehlers bei einer Operation stirbt, ist er, unter anderem, langjähriger Begleiter der vom Schah geschiedenen Prinzessin Soraya. Die Bardot hat bereits zwei Ehen hinter sich: mit Regisseur Roger Vadim, ihrem „Entdecker“, und dem Schauspieler Jacques Charrier.

Vor der Heirat in Las Vegas gibt das Paar, ebenfalls in „Paris Match“, ein Interview, das zu den schönsten Hoffnungen berechtigt. Sie über ihn: „Wundervoll. Ein Mann, auf den man bauen kann. Darauf habe ich mein ganzes Leben gewartet. Gunter ist einer der letzten charmanten Prinzen.“ Er über sie: „Seit ich Brigitte kenne, habe ich den Eindruck, dass ich jetzt immer nur Erfolg haben kann. Brigitte ist gleichsam alle Frauen in einer. Sie ist zärtlich, enthusiastisch, witzig.“

Wie sie die Ehe-Realität erlebte, schreibt der berühmteste Schmollmund der Welt später in ihren Memoiren: **„In drei Jahren Ehe habe ich ihn alles in allem drei Monate gesehen.“**

Sachs selbst, längst mit Mirja verheiratet und als Kunstsammler, Fotograf und Astrologieforscher weltweit unterwegs, reagiert darauf wie ein Gentleman: „Die drei Jahre mit ihr waren wie 30 Jahre mit einer sterblichen Frau. Heute sind wir Freunde, die ein ungetrübtes Verhältnis haben.“

★

Es ist schon kurios, wie sich gelegentlich große und kleine Ereignisse der Geschichte verweben. Deutlich wird dies beim Sturz von Kanzler Ludwig Erhard und dem in Danzig gedrehten Film „Katz und Maus“.

Obwohl Unionsfraktionschef Rainer Barzel am 4. Oktober tönt „Erhard ist und bleibt Kanzler“, ist schnell klar: Kanzler kann Erhard nicht. Eine im Vergleich zu heute läppische Wirtschaftskrise überfor-

dert den einstigen Wirtschaftswunderminister.

Während einer der vielen Krisensitzungen im Kanzlerbungalow malt Erhard im Gespräch mit Vizekanzler Erich Mende (FDP) das Gespenst eines Machtwechsels an die Wand: „Denken Sie bloß einmal, wo wir hinkommen, wenn ein Mann wie Brandt Kanzler wird. Dessen beide Söhne schänden das nationale Symbol des Eisernen Kreuzes, indem sie das Ritterkreuz zum Badeanzug tragen."

SPD-Chef Willy Brandt, in jenen Tagen Regierender Bürgermeister von West-Berlin, hatte seinen Söhnen Peter (damals 17) und Lars (damals 14) erlaubt, die Hauptrolle in der Verfilmung der Novelle von Günter Grass „Katz und Maus" zu spielen, in der allerlei Unfug mit dem Ritterkreuz getrieben wird.

Erhards Hinweis auf die „Ordensschändung" durch die Brandt-Jungs überzeugt nicht einmal Ritterkreuzträger Mende. Er lehnt die von Erhard zur Behebung des Haushaltsdefizits vorgeschlagene Steuererhöhung zunächst ab. Später stimmen die Liberalen doch zu und werden landauf, landab als „Umfaller-Partei" tituliert. **Am 27. Oktober beschließt die FDP-Fraktion, ihre Minister sollen das Kabinett Erhard verlassen. Hektische Verhandlungen zwischen SPD und FDP folgen.** Ende November scheitern sie an unvereinbaren politischen Positionen, aber auch an der Unsicherheit, ob genug Liberale Brandt zum Kanzler wählen würden.

Jetzt schlägt die Stunde von SPD-Vize Herbert Wehner. Der verfolgt unbeirrt das Ziel, seine Partei in die Regierung zu bringen. „Willy Brandt war kein Anhänger der Großen Koalition. Er musste zum Jagen getragen werden", erinnert sich Helmut Schmidt in dem Buch „Die Bonner Republik" (Propyläen). Am 30. November sind Wehner und Schmidt am Ziel, Erhard tritt zurück. Einen Tag später wählen Union und SPD den baden-württembergischen Ministerpräsidenten Kurt Georg Kiesinger (CDU) zum Kanzler der ersten Großen Koalition. Vizekanzler und Außenminister wird Willy Brandt, der Papa der „Katz-und-Maus"-Mimen.

Günter Grass schreibt Brandt einen wütenden Brief, nennt die Große Koalition eine „miese Ehe". Viele Sozialdemokraten sind enttäuscht, weil Franz Josef Strauß wieder Minister und damit trotz seiner Verfehlungen in der „Spiegel"-Affäre rehabilitiert wird. Holprig reimen sie: „Wer Strauß ruft ins Kabinett, der geht auch mit der NPD ins Bett."

1966 bringt Siemens mit dem Modell Grillo das erste Klapptelefon auf den Markt

Am 6. Oktober weiht Axel Springer (kleines Foto, oben) sein neues Verlagshochhaus direkt an der Berliner Mauer ein. Neben ihm: Berlins Regierender Bürgermeister Willy Brandt (SPD), der wenige Wochen später Vizekanzler wird. In der 15. Etage arbeitet die Redaktion von BILD am SONNTAG, die Ostern 2008 von Hamburg nach Berlin umgezogen ist

1967

Bunte Gala auf Schloss Brühl bei Bonn am 27. Mai für den Schah und seine Frau Farah Diba. Die Kaiserin trägt ein langes Spitzenkleid, Seine Majestät Uniform und Bundesaußenminister Willy Brandt (SPD) Frack und Schärpe

Der Staatsbesuch des SCHAHS VON PERSIEN endet mit einem tödlichen Schuss, „HELGA" klärt die Deutschen auf, und der erste Ro 80 rollt los

Für die damals sogenannte „Soraya-Presse" scheint der Staatsbesuch des Schahs von Persien und seiner Frau Farah Diba in der Bundesrepublik ein Traum. Er gerät zum Albtraum.

Am 2. Juni demonstrieren viele junge Berliner, häufig Studenten, gegen Menschenrechtsverletzungen in Persien. Die Polizei bleibt untätig, als iranische Geheimdienstbeamte in Zivil – später „Jubel-Perser" genannt – mit Latten auf die Anti-Schah-Demonstranten einschlagen. An der Deutschen Oper, wo der Schah am Abend Mozarts „Zauberflöte" hört, eskaliert die Lage, als Polizeipräsident Erich Duensing befiehlt: „Knüppel frei! Räumen!"

Duensing gilt als Erfinder der Leberwurst-Taktik. „Nehmen wir die Demonstranten als Leberwurst", tönt er, „dann müssen wir in die Mitte hineinstechen, damit sie am Ende auseinanderplatzt."

An diesem Abend geht die Leberwurst-Taktik tödlich schief, Panik bricht aus. Die Demonstranten, darunter der Romanistik-Student Benno Ohnesorg, stieben auseinander. Im Hinterhof des Hauses Krumme Straße 66/67 bricht Ohnesorg zusammen, getroffen von einer Kugel aus der Pistole des Kriminalobermeisters Karl-Heinz Kurras.

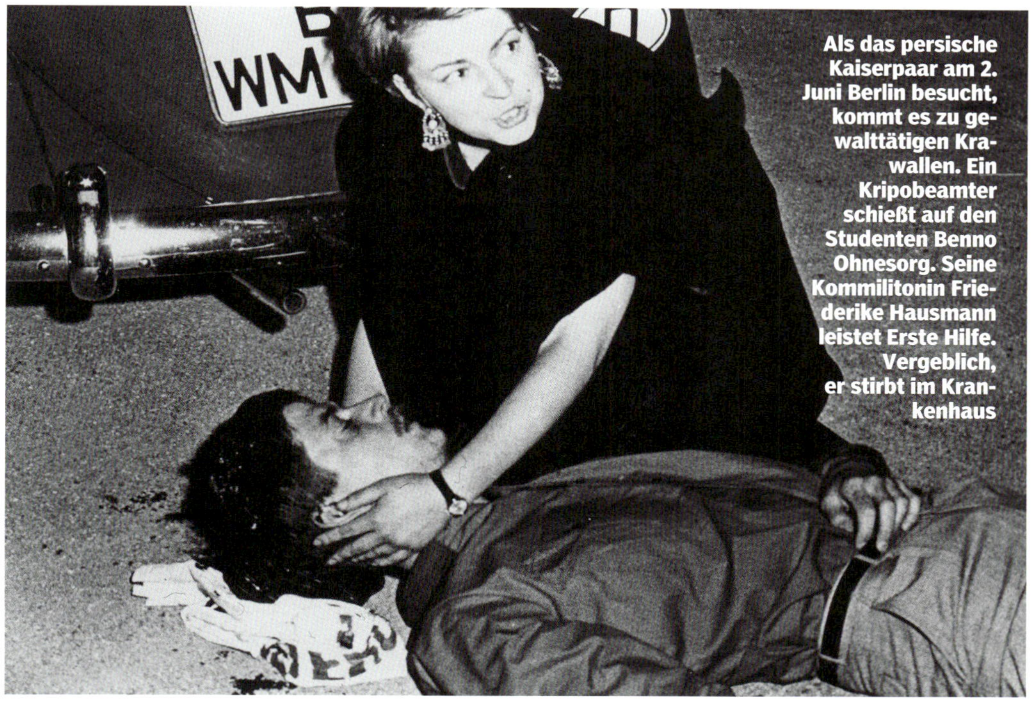

Als das persische Kaiserpaar am 2. Juni Berlin besucht, kommt es zu gewalttätigen Krawallen. Ein Kripobeamter schießt auf den Studenten Benno Ohnesorg. Seine Kommilitonin Friederike Hausmann leistet Erste Hilfe. Vergeblich, er stirbt im Krankenhaus

1967 rollen die ersten Ro 80 von NSU mit Wankelmotor auf den Straßen (Foto unten); die ersten japanischen Autos vom Typ Honda S 800 kommen im Hamburger Hafen an (Foto ganz unten)

DIE CHRONIK VON 1967

1. 1. Gründung der **Kommune 1** in **West-Berlin.** Sie will den Alltag revolutionieren.

27. 1. Drei US-Astronauten von **Apollo 1** sterben bei einem Brand an Bord ihrer Weltraumkapsel in **Cape Kennedy**.

7. 2. Premiere des Films **„Katz und Maus"** nach einer Novelle von Günter Grass. Lars und Peter, **Söhne des damaligen Vizekanzlers Willy Brandt**, spielen die Hauptrolle.

◄ 10. 2. **Freddy Quinn** bekommt für „100 Mann und ein Befehl" seine **10. Goldene Schallplatte.**

14. 2. Bundeswirtschaftsminister **Karl Schiller** (SPD) lädt Arbeitgeber und Gewerkschaften zur **konzertierten Aktion** ein, um die Rezession zu bekämpfen.

12. 3. **Stalins** Tochter **Swetlana Allilujewa** flieht in die **Schweiz**.

13. 3. Die Staatsanwaltschaft Aachen erhebt **Anklage** gegen Manager der **Firma Grünenthal**, weil deren Beruhigungsmittel **Contergan** vielfach zu **Missbildungen von Kindern** im Mutterleib geführt habe.

14. 3. **Helmut Schmidt** wird Chef der **SPD-Bundestagsfraktion**.

4. 4. Im **Salzbergwerk Asse** in Niedersachsen beginnt die **Einlagerung radioaktiver Abfälle**.

19. 4. Altbundeskanzler **Konrad Adenauer** († 91) stirbt in **Rhöndorf**.

26. 4. Der Bundestag beschließt die Einführung einer **Mehrwertsteuer**.

9. 5. Die Nato ändert ihre Strategie: Bei einem Angriff soll nicht mehr massiv, sondern **flexibel** verteidigt werden.

26. 5. Gründung der **Deutschen Sporthilfe.** Erster Vorsitzender wird der Frankfurter Versandhauskönig und Dressurreiter **Josef Neckermann.** ►

3. 6. **Eintracht Braunschweig** wird **Deutscher Fußballmeister**.

5. 6. Beginn des **Sechs-Tage-Kriegs**. Israelische Truppen besetzen **Ost-Jerusalem**, den **Gazastreifen** und die **Golanhöhen**.

◄ 6. 7. Beim **Zusammenstoß** eines **Tanklastwagens** mit einem **Zug der Reichsbahn** in Langenweddingen bei **Magdeburg** sterben 94 Menschen.

25. 8. Das Fernsehen wird **farbig**. Erste bunte TV-Show ist **„Der goldene Schuss"** mit Vico Torriani im ZDF.

15. 9. Eröffnung des **„Brücke-Museums"** in **West-Berlin**.

20. 9. Der frisch gekürte „Mr. Universum", **Arnold Schwarzenegger**, posiert in München. ►

22. 9. Der Aufklärungsfilm **„Helga"** kommt in die Kinos.

9. 10. Ein Feldwebel der bolivianischen Armee **erschießt** den verwundeten Revolutionär **Ernesto Che Guevara. Premiere** des Dramas „Soldaten" von **Rolf Hochhuth**.

20. 10. Erste Folge der ZDF-Sendung **„Aktenzeichen XY ... ungelöst"** mit **Eduard Zimmermann.**

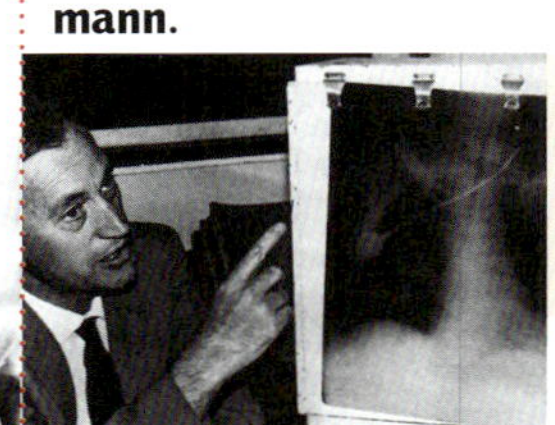

◄ 3. 12. Der Chirurg **Christiaan Barnard** verpflanzt in Kapstadt **erstmals** ein **menschliches Herz.**

10. 12. **Manfred Eigen** bekommt den **Chemie-Nobelpreis.**

14. 12. Der griechische **König Konstantin** geht nach einem **missglückten Putsch** gegen das Obristen-Regime ins **Exil** nach **Rom**.

FOTOS: DPA, QUADE/ADOLPH PRESS, SCHINKEL/INTERFOTO, ULLSTEIN-BILD, CORBIS, AKG

Mit der Sendung „Der goldene Schuss“ im ZDF schafft es der Schweizer Vico Torriani († 1998), erster Showmaster des Farb-Fernsehens zu werden. Die Firma Blaupunkt wirbt mit einem bunten Strauß für die Mattscheibe, die nun zur Buntscheibe wird

Mit einem Requiem im Kölner Dom nehmen die Deutschen am 25. April Abschied von Konrad Adenauer. Der Gründungskanzler der Bundesrepublik war am 19. April im Alter von 91 Jahren gestorben

Die Studentin Friederike Hausmann erinnert sich: „Plötzlich sah ich vor mir jemanden auf dem Boden liegen. Er war offensichtlich am Kopf verletzt, es rann Blut heraus. Ohne lange nachzudenken, legte ich ihm meine kleine Handtasche unter den Kopf. Zwei Polizisten zerrten mich hoch und wollten mich wegjagen. Aber ich schrie sie nur an, sie sollten doch lieber einen Krankenwagen holen...“ Ohnesorg kommt ins Krankenhaus Moabit. Dort stirbt er.

Der Todesschütze kommt vor Gericht, beruft sich auf „Notwehr“ und wird vom Vorwurf der fahrlässigen Tötung freigesprochen. Bereut hat er nie. „Wer mich angreift, wird vernichtet. Aus. Feierabend“, sagt er 40 Jahre später der „tageszeitung“. Erst 2009 kommt heraus:Kurras hat jahrelang für viel Geld für das Ministerium für Staatssicherheit der DDR spioniert.

„Der 2. Juni 1967 wurde zum historischen Datum, zum Wendepunkt im Denken und Fühlen vieler“, resümiert Ex-„Spiegel“-Chefredakteur Stefan Aust in seinem Buch „Der Baader-Meinhof-Komplex“ (Verlag Hoffmann und Campe).

★

Die Meldung im „Hamburger Abendblatt“ vom 18. Januar 1967 beginnt, als sei sie jetzt geschrieben worden: „Deutschlands Automobilindustrie ist zur Kurzarbeit übergegangen. Die Produktionszahlen sinken...“ Gefährdet sei die „deutsche Position auf den Auslandsmärkten. Eine Nation ist angetreten, die schon im Schiffbau, auf

Sechs Millionen Deutsche lassen sich von „Helga" aufklären. Doch manchen Männern wird unwohl angesichts der realistischen Geburtsszenen in dem Film

Das deutsche Fernsehen sendet in Farbe und in den KINOS WERDEN DIE MÄNNER HÄUFIG ROT

dem Textilmarkt und in der Elektroindustrie führende Stellungen einnimmt: Japan".

Wenige Tage später hievt am Schuppen 74 des Hamburger Hafens das Motorschiff „Weserstein" 20 Honda-Cabriolets S 800 (67 PS, 160 km/h Spitzengeschwindigkeit, 7750 DM) an Land, die ersten Autos aus dem Fernen Osten für Käufer im deutschen Westen. Autotester mäkeln, die als „Reisschüssel" belächelten, britischen Roadster nachempfundenen Fahrzeuge seien zu klein für Europas Kerle. Frauen finden den S 800 „süß". Das Fachblatt „Auto Motor und Sport" urteilt: „Dieser kleine Drehwurm macht deutlich, dass man im Fernen Osten weiß, womit man Autofans begeistern und die Konkurrenz erschrecken kann."

Während die Japan-Flitzer Beginn einer Erfolgsstory sind, steht eine andere automobile Revolution von 1967 inzwischen im Technik-Museum: der Ro 80. Die NSU-Limousine mit ihrer von Designern als vorbildlich zeitlos gelobten Karosserie wird durch einen Rotationskolbenmotor angetrieben, den der Heidelberger Ingenieur Felix Wankel 1954 erfunden hat. Doch die Käufer haben mit Felix Wankels Wagen wenig Glück. Hoher Spritverbrauch und häufige Motorschäden sind der Grund, warum zehn Jahre später mit dem 37 398. Ro 80 Schluss ist mit deutschem Wankel-Mut. Heute gibt es nur noch ein Serienauto mit Wankelmotor: den Mazda RX-7, einen Japaner also.

★

Die Spuren, die Karl Ludwig Ruppel in der deutschen Filmgeschichte hinterlässt, sind jahrzehntelang eher flüchtig: Im Auftrag des „Oberkommandos der Wehrmacht" dreht Ruppel 1942 das Durchhalte-Drama „Front am Himmel", nach Kriegsende taucht er unter – und Anfang der 60er wieder auf: als Fachmann für Kino-Spezialeffekte. Schließlich gründet er eine Produktionsfirma, die Lehrfilme für Soldaten und Schüler herstellt. Eine erfolgreiche Karriere scheint das nicht mehr zu werden.

Das ändert sich an dem Tag, an dem Ruppel mit seinem Regisseur Erich F. Bender beschließt, zwei kurze Aufklärungsstreifen für den Schulgebrauch zu einem abendfüllenden Spielfilm zusammenzuschneiden. Das Werk bekommt den prägnanten Titel „Helga", firmiert als „Sexualkundlicher Lehrfilm für Eltern, Erzieher und heranwachsende Jugendliche", wird von Gesundheitsministerin Käte Strobel (SPD) gefördert und gerät zu einem bislang noch nie dagewesenen Welterfolg. Sechs Millionen Bundesbürger sehen im Kino, wie Helga sich aufklären lässt, schwanger wird, ein Kind zur Welt bringt und ihrem Ehemann 77 Kinominuten lang eine liebende Frau und fürsorgliche Mutter ist. Der Geburtsvorgang wird übrigens weitgehend ungekürzt gezeigt, was dazu führt, dass vor allem männliche Zuschauer erst schamrot werden und dann scharenweise ohnmächtig. **Weltweit, so die letzte Schätzung, beglückt die blonde Helga 600 Millionen Aufklärungswillige.**

Helga, das ist damals – und übrigens bis heute – die studierte Sopranistin Ruth Gassmann aus Augsburg, eine 26-jährige Gelegenheitsdarstellerin.

Während der Dreharbeiten ist sie überzeugt, ihr nackter Körper sei später nur als Silhouette zu sehen. Als sich das als Irrtum herausstellt und ihr Ehemann Angst hat, sich mit seiner Frau auf der Straße sehen zu lassen, klagt sie gegen die Nacktaufnahmen und bekommt teilweise recht: Produzent Ruppel entfernt den Kopf der Hauptdarstellerin aus einer vier Sekunden dauernden Nackedei-Szene.

Ruth Gassmanns Kino-Ruhm hat mit „Helga" ihren frühen Höhepunkt erreicht. Zwar spielt sie in zehn Folgen der US-Westernserie „Rauchende Colts" mit, eine Hollywood-Karriere entwickelt sich daraus nicht.

Heute lebt „die Frau, die ganz Deutschland zeigte, wie man Kinder macht" („Bunte"), als dreifache Mutter und sechsfache Großmutter bei München und wird immer gern eingeladen, wenn in deutschen Talkshows das Thema „Aufklärung" ansteht – gemeinsam mit Oswalt Kolle, der 1968 „Das Wunder der Liebe" in die Kinos bringt.

1968

Schüsse auf RUDI DUTSCHKE, ein Schätzchen kommt zur Sache, und DREI COLA-NONNEN erzürnen die Kirche

Völlig losgelöst: Models im Nonnen-Ornat werben für deutsche Brause. Fotograf Charles Wilp kommt die Idee der Legende nach bei einem NASA-Besuch in Huntsville (Alabama)

Das Jahr 1968 ist deshalb ein ganz besonderes in der (bundes)-deutschen Geschichte, denn es gibt einer Generation und einer Haltung seinen Namen: die 68er. Noch vier Jahrzehnte später wird erbittert darüber gestritten: Sind die 68er nun Fluch oder Segen?

„68" ist Synonym für Protest, In-Frage-Stellen, Aufbegehren – auch wenn es nur einige Zehntausend von 60 Millionen Bundesbürgern sind, die gegen Notstandsgesetze und Vietnamkrieg, gegen Ordinarienmacht an den Unis und Springer-Zeitungen demonstrieren.

Kreativ und witzig sind sie, die 68er. Ihnen fallen Reime ein wie „Wer sich nicht wehrt, lebt verkehrt", „Unter den Talaren, der Muff von tausend Jahren" oder „Wer zweimal mit derselben pennt, gehört schon zum Establishment". Die Bundesbahn-Werbung „Alle reden vom Wetter, wir nicht" interpretiert der SDS (Sozialistische Deutsche Studentenbund) 1968 neu, indem er über diesen Spruch Porträts der kommunistischen Dreifaltigkeit Marx, Engels, Lenin platziert.

Axel Schildt, Professor für Neuere Geschichte an der Hamburger Universität, analysiert rückblickend: „Für die meisten Beteiligten war der Protest mehr Lebensgefühl als Ergebnis theoretischer Analyse. Aber deshalb war er noch lange nicht unpolitisch, sondern umschloss durchaus Utopien einer radikalen Gesellschaftsveränderung."

Am 11. April 1968 ist die ganze Bundesrepublik geschockt, Linke wie Konservative, auch die vielen Unpolitischen. An diesem Gründonnerstag streckt der rechtsradikale Hilfsarbeiter Josef Bachmann vor dem SDS-Büro am Berliner Kurfürstendamm den Studentenführer Rudi Dutschke mit drei Pistolenschüssen nieder, nachdem er ihn zuvor als „dreckiges Kommunistenschwein" beschimpft hat. Bachmann verletzt den Führer der „außerparlamentarischen Opposition" (APO) lebensgefährlich. Dutschke überlebt. Nach dem Anschlag kommt es zu schweren Krawallen, auch gegen den Springer-Verlag.

Der Attentäter, der nach seiner Festnahme bedauert, dass sein Opfer überlebt hat, wird wegen versuchten Mordes zu sieben Jahren Haft verurteilt, Anfang 1970 nimmt er sich im Gefängnis das Leben. Dutschke, der sich später den Grünen anschließt, ertrinkt Heiligabend 1979 in der Badewanne in Dänemark. Vermutete Todesursache: Ein epileptischer Anfall als Spätfolge des Attentats.

Die 68er-Bewegung zerfasert im Lauf der Jahre. Wenige gehen in den Untergrund, wollen den Staat durch Terror zerstören. Die Mehrheit der APO-Aktivisten tritt den „langen Marsch durch die Institutionen" an, sie werden Minister oder Chefredakteur oder Professor oder Werber. „Eine Zeit lang", so schreibt der Ex-Juso-Chef und heutige PEN-Präsident Johano Strasser in dem von Petra Gerster edierten Buch „60 bewegte Jahre" (Lingen-Verlag), „sind ergraute Achtundsechziger den Jüngeren mit ihren Veteranenlegenden auf den Wecker gefallen, was oft dazu führte, dass jene sich – ästhetisch und ideologisch – bewusst als Anti-Achtundsechziger inszenierten."

DIE CHRONIK VON 1968

1. 1. Einführung der **Mehrwertsteuer** in Westdeutschland. Der Steuersatz liegt bei **10 Prozent** heute sind es 19 Prozent.

8. 1. **Quelle** lässt Tiefkühlkost mit Kühlwagen **frei Haus** liefern.

◄ 20. 1. Mit „Maaama" singt sich **Heintje** in die Charts.

30. 1. Die FDP wählt **Walter Scheel** als Nachfolger von **Erich Mende** zu ihrem Vorsitzenden.

1. 2. Premiere von **Oswalt Kolles** Aufklärungsfilm **„Das Wunder der Liebe"**.

6. 2. Beginn der **Olympischen Winterspiele** in **Grenoble**.

28. 2. Die **„Bee Gees"** starten ihre Deutschlandtournee.

1. 3. Bundespräsident **Heinrich Lübke** wehrt sich gegen Vorwürfe, er sei im Dritten Reich am **KZ-Bau** beteiligt gewesen.

2. 4. In **Frankfurt/Main** gehen **zwei Kaufhäuser** in Flammen auf. Zwei Tage später werden **Andreas Baader** und **Gudrun Ensslin** (Foto mit Rechtsanwalt **Otto Schily**) festgenommen. ►

4. 4. Mord an US-Bürgerrechtler **Martin Luther King** in **Memphis**.

7. 4. Uraufführung von **Fassbinders** Gastarbeiter-Drama **„Katzelmacher"** in München.

30. 4. Der **erste** Präsident des **Bundesnachrichtendienstes** (BND), **Reinhard Gehlen**, geht in Pension.

11. 5. 30 000 Menschen protestieren in Bonn gegen die **Notstandsgesetze**.

25. 5. Der **1. FC Nürnberg** wird zum vorerst letzten Mal **Deutscher Fußballmeister**.

30. 5. Der Bundestag beschließt die **Notstandsverfassung**, die den **Bundeswehr-Einsatz** bei **Unruhen** legitimiert.

6. 6. US-Senator **Bobby Kennedy** erliegt seinen Verletzungen nach einem **Attentat** am Tag zuvor.

10. 6. Die **DDR-Volkskammer** beschließt, die **Pass- und Visapflicht** für Fahrten zwischen der Bundesrepublik und West-Berlin.

12. 6. Der Kölner Profi-Boxer **Jupp Elze** geht beim EM-Kampf gegen den Italiener **Carlos Duran** in der **15. Runde** im Ring zu Boden und stirbt nach acht Tagen im **Koma** an **Hirnblutungen**. Die Obduktion ergibt, dass der Mittelgewichtler sich mit Amphetaminen gedopt hat. ►

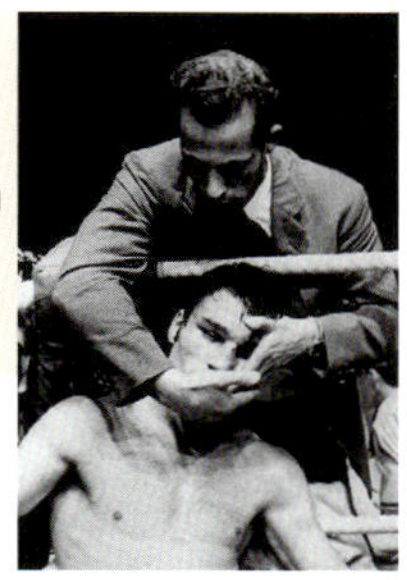

27. 6. Eröffnung der Kasseler **„documenta 4"**. Weil Happenings nicht zugelassen werden, kommt es zu Protesten.

18. 7. Nach **61 Jahren in Haft** stirbt der zweifache Mörder **Adolf Bergeest** im Gefängnis in Celle (Niedersachsen).

25. 7. **Papst Paul VI.** verkündet in der **Enzyklika „Humanae vitae"** das **Verbot der Antibabypille** für **katholische Frauen**.

9. 8. Beim **Absturz** eines englischen Flugzeugs bei **Pfaffenhofen** (Bayern) sterben **48 Menschen**.

◄ 20./21. 8. Truppen des Warschauer Paktes **besetzen die CSSR** und beenden den **„Prager Frühling"**, den Versuch eines demokratischen Sozialismus, mit Gewalt.

22. 9. Gründung der **DKP** (Deutsche Kommunistische Partei) in der **Bundesrepublik**.

12. 10. Das **internationale Olympische Komitee** nimmt die DDR zu Beginn der **Olympischen Spiele** in **Mexiko City** auf. Erstmals kämpfen Sportler aus der Bundesrepublik und der DDR **getrennt**.

14. 10. Bundespräsident **Heinrich Lübke** erklärt seinen **Rücktritt** zum **30. Juni 1969**.

20. 10. **Jacqueline Kennedy**, Witwe des 1963 ermordeten US-Präsidenten, und der griechische Reeder **Aristoteles Onassis** heiraten.

24. 10. Deutsche Erstaufführung des Musicals **„Hair"** in München

5. 11. **Richard M. Nixon** wird zum 37. US-Präsidenten gewählt.

7. 11. **Beate Klarsfeld** ohrfeigt auf dem West-Berliner CDU-Parteitag Bundeskanzler **Kurt-Georg-Kiesinger**.

27. 11. Gründung der Ruhrkohle AG.

1. 12. In der **DDR** kommt das Vollwaschmittel **Spee** auf den Markt. ►

24. 12. Das US-Raumschiff **Apollo 8** umkreist erstmals den **Mond**.

Nicht nur sauber, sondern rein: In der DDR kommt das Vollwaschmittel Spee in die Trommel und löst den bisherigen Marktführer Milwa ab

FOTOS: BPK, AKG, DPA, FOTEX, KEYSTONE, ULLSTEIN-BILD/REUTER, HERSTELLER

Werbe-Ikone Charles Wilp war mit Dutschke befreundet, wollte ihn sogar als Fotomodell für die Afri-Cola-Kampagne engagieren

▲ Mutige Optik, wichtige Funktion: Rettungsstation aus Beton auf Binz (Rügen)

▼ Im Januar in Freiburg: Studentenführer Dutschke spricht auf dem FDP-Parteitag zu Jungdemokraten

▲ Nachwirkungen: Bundeskanzler Kiesinger (neben ihm Vorgänger Erhard) drückt sich ein Taschentuch aufs Gesicht. Kurz zuvor hatte ihn Beate Klarsfeld geohrfeigt

Berlin, Kurfürstendamm, 11. April: Versuchter Mord auf Studentenführer Rudi Dutschke, der schwer verletzt überlebt. Am Bordstein sein Fahrrad

Helgoland, Hafen, 7. Mai: Wilfried Erdmann legt mit seinem 7-Meter-Boot an, in 131 Tagen hat der 27-Jährige als Alleinsegler die Erde umrundet

Fummel-Alarm: Rainer Basedow als Schwabinger Polizist geht „Schätzchen“ Uschi Glas ans Mieder

„SCHÄTZCHEN“ Uschi Glas lernt das Fummeln und das Foppen

Noch heute spaltet das Urteil über die 68er-Bewegung das Land. Für BILD-Chefredakteur und BILD-am- SONNTAG-Herausgeber Kai Diekmann ist sie, wie er in seinem Buch „Der große Selbstbetrug“ (Piper-Verlag) zürnt, verantwortlich für Bildungsmisere, Werteverfall, den Irrglauben an Multikulti und den „Tugendterror der Gutmenschen“.

Für den Soziologen Jürgen Habermas hingegen, haben die 68er eine „Fundamentalliberalisierung“ der westdeutschen Gesellschaft erreicht.

Einer, der die 68er ebenfalls stark prägt, wenn auch auf eine vollkommen friedfertige Art und Weise, ist der Foto-Künstler und studierte „Wirkungspsychologe“ Charles Paul Wilp. Der gebürtige Berliner hat schon populäre Werbekampagnen fotografiert (für Puschkin-Wodka, für den VW Käfer), als ihn eine deutsche Brausefirma engagiert, um ihre „Afri-Cola“ den Bundesbürgern wieder schmackhaft zu machen. Zwar gibt es „Afri-Cola“, erfunden in Köln, schon seit 1931, doch nach Kriegsende bricht der Umsatz massiv ein: Die Amerikaner und ihre „Original Coke“ lassen dem einheimischen Mitbewerber keine Chance. Das ändert sich erst langsam durch die zunehmende Distanz vieler Bundesbürger zu den Alliierten – und es ändert sich quasi über Nacht dank der TV- und Plakatkampagne von Charles Wilp. Der erfindet den sinnfreien Slogan „sexy-mini-super-flower-pop-op-cola, alles ist in „Afri-Cola“, dazu stellt er grell geschminkte Hippie-Göttinnen mit Nonnentracht und laszivem Blick hinter eine vereiste Glasscheibe.

Wenn das Spiel auf der Kippe steht: Aschenbecher für Fußball-Fans

Auch wenn eine relative Mehrheit der Deutschen den Pazifisten Wilp für ziemlich genauso durchgeknallt hält, wie dessen Freund Rudi Dutschke, den der Werber übrigens vergeblich bittet, gleichfalls als Afri-Cola-Modell zu posieren, geht die Kampagne ins Ziel. Der Kölner Kardinal Frings (derselbe, der nach Kriegsende das Kohlenklauen für rechtmäßig erklärt hat) spricht von Gotteslästerung und Skandal, die Szene ernennt den Werber Wilp im Gegenzug zum „Hölderlin des Pop“ („lachhaft und zugleich höllisch ernst zu nehmen“, schreibt die „Süddeutsche“ 2005 in ihrem Wilp-Nachruf). Aber vor allem greift die Zielgruppe wie im Rausch zur Flasche mit den Griffmulden an der Seite. Umsatzplus für Afri-Cola im Startjahr der Kampagne: höllische 34 Prozent.

Einige der Wilp-Modelle im Ornat machen später im Showbusiness Weltkarriere: Amanda Lear, Donna Summer, Marsha Hunt.

Verkörpert Wilp, der sich später als einziger „Artronaut“ bei der NASA registrieren lässt und Kunstobjekte ins All schießt, „die schwerelose Kreativität, die das Wirkliche mit dem Unsichtbaren koppelt“ („Frankfurter Allgemeine“), ist die Kreativität, die den Kinofilm des Jahres 1968 auszeichnet, durchaus im Hier und Jetzt verwurzelt und deshalb möglicherweise einfacher zu verstehen.

„Zur Sache Schätzchen“ heißt das Regie-Debüt von May Spils, Jahrgang 1941. Um die Milieustudie aus München-Schwabing zu finanzieren, verpfändet die junge Frau ihren Erbanteil an Großvaters Bauernhof, engagiert ihren Freund Werner Enke, dessen Kumpel Henry van Lyck und die bezaubernde Uschi Glas, die zuvor schon die weibliche Hauptrolle in „Winnetou und das Halbblut Apanatschi“ gespielt hatte. Hier ist Uschi das „Schätzchen“ Barbara, das von den Münchner Bohemiens (Enke, van Lyck) zum Beispiel das Fummeln und das Foppen uniformierter Ordnungskräfte lernt. **Das Werk, von tiefem Unernst geprägt und keinerlei Botschaft transportierend, wirkt zur Überraschung aller Beteiligten über Jahrzehnte stilbildend.** Werner Enke, auch für das Drehbuch verantwortlich, erklärt Jahrzehnte später im „Stern“: „Wenn ich in der Kneipe neben lustigen jungen Leuten sitze und die plötzlich von Schlaffi und Fummelei reden – da hab ich das Gefühl, dass irgendwas von mir noch ständig unterwegs ist.“

Ein fummelnder Schlaffi immerhin. Das ist viel mehr, als von manch anderem bleibt, aus diesem Jahr 1968.

Das Wrack des weißen Mercedes 220 SE Coupé (Foto unten), in dem die Chanson-Sängerin Alexandra (Foto links) am 31. Juli stirbt. Ihr bekanntestes Lied „Mein Freund, der Baum" („... ist tot, er fiel im frühen Morgenrot"), von Alexandra selbst getextet und komponiert, wird erst nach ihrem Tod ein Erfolg

1969

Die Sängerin ALEXANDRA stirbt einen mysteriösen Tod, der MOND ist jetzt ein Ami, und WILLY BRANDT wird Kanzler

Die junge Frau hat den ersten Urlaub seit vielen Monaten sorgfältig geplant, jetzt sitzt sie endlich in ihrem wolkenweißen Mercedes 220 SE Coupé und will am 31. Juli, dem heißesten Tag des Jahres, raus aus der dampfenden Großstadt Hamburg, hin zur Nordsee, nach Sylt.

Die kürzeste Route führt über Elmshorn, Itzehoe, Friedrichstadt, Husum und Niebüll. Auf der Landstraße 149, Richtung Friedrichstadt, lenkt die Frau ihren Wagen gegen 15 Uhr auf eine Kreuzung, die dreieckigen Halt-Schilder übersieht sie. **Von rechts kommt ein Lkw, beladen mit Betonplatten, kracht ungebremst in die Beifahrerseite des Mercedes, schleudert ihn dreißig Meter weiter in eine Wiese.**

Im Schlussbericht der zuständigen Polizeistation Tellingstedt steht am 16. August 1969: „Die Fahrerin, die hinter dem Lenkrad eingeklemmt war, konnte Sekunden später befreit werden, sie war aber bereits verstorben, als sie unter Anleitung des Arztes aus dem Pkw gehoben wurde." Die Beifahrerin, es ist die Mutter der Toten, stirbt kurze Zeit darauf im städtischen Krankenhaus Heide. Das Kind der Toten, der sechsjährige Alexander Nefedov, überlebt mit Schnittwunden im Gesicht.

Der Führerschein der toten Frau am Steuer ist unterschrieben mit Doris Nefedov, ihre Fans kennen sie als Alexandra und lieben bis heute ihre unverwechselbare Stimme und ihre traurigen Chansons.

DIE CHRONIK VON 1969

2. 1. Die Ausgabe von **Bundesschatzbriefen** zur Bildung von privaten Vermögen beginnt.

◄ 20. 1. **Richard M. Nixon** (rechts) leistet seinen Amtseid als 37. US-Präsident.

In einer **Kaserne** in **Lebach** (Saarland) werden vier Soldaten ermordet.

23. 1. Bundestagspräsident **Eugen Gerstenmaier** (CDU) kündigt seinen Rücktritt an, Nachfolger wird **Kai-Uwe von Hassel** (CDU).

5. 2. Der Bundestag beschließt, dass sich **Deutschland** am Bau von **Mittelstreckenflugzeugen** (Airbus-Projekt) mit **Frankreich** und **Großbritannien** beteiligt.

13. 2. In München nimmt **Professor Rudolf Zenker** die erste **Herzverpflanzung** in Deutschland vor, sein Patient stirbt nach 27 Stunden.

14. 2. **Prinzessin Henriette von Auersperg** und Krupp-Erbe **Arndt von Bohlen und Halbach** heiraten. ►

19. 2. Das **„Langer Eugen"** genannte **Abgeordnetenhochhaus** in Bonn ist fertig.

26. 2. Der **Existenzphilosoph** und **Physiker Karl Jaspers** stirbt in der Schweiz.

28. 2. Eröffnung der Ausstellung **„Kunst der sechziger Jahre"** in Köln.

1. 3. Letztes gemeinsames Konzert von **Esther** und **Abi Ofarim**.

◄ 5. 3. Die Bundesversammlung wählt in West-Berlin **Gustav Heinemann** (SPD) zum **Bundespräsidenten**.

9. 3. Die deutsche Krankenschwester **Renate Kuhnen** kommt nach einem Jahr Gefangenschaft bei den Vietcong wieder frei.

17. 3. Der **Warschauer Pakt** schlägt dem Westen eine Konferenz über Sicherheit und Zusammenarbeit in Europa **(KSZE)** vor.

20. 3. **John Lennon** und **Yoko Ono** heiraten auf Gibraltar. ▼

3. 4. Bundeswehroffizier **Hans-Joachim Kruse** setzt sich in die DDR ab.

12. 4. **Gründungsparteitag** der **Deutschen Kommunistischen Partei** (DKP) in Essen.

15. 4. Der Bundestag stellt **eheliche** und **nichteheliche Kinder** rechtlich gleich.

28. 4. Frankreichs Staatschef **Charles de Gaulle** tritt zurück.

9. 5. Bundesdeutsche Premiere des Jugendfilms **„Pippi Langstrumpf"** nach einem Roman von **Astrid Lindgren.** ►

15. 5. Eröffnung der **Rostocker Kunsthalle**, des ersten Museumneubaus in der DDR.

24. 5. **FC Bayern München** steht als **Deutscher Fußballmeister** fest.

30. 5. Der Ost-Berliner Schriftstellerkongress verurteilt **Christa Wolfs** Roman **„Nachdenken über Christa T."** wegen „Individualismus".

12. 6. Der **Bundestag** verabschiedet das Gesetz über die **Lohnfortzahlung** für kranke Arbeitnehmer.

◄ 15. 6. **Georges Pompidou** heißt **Frankreichs** neuer **Staatschef.**

26. 6. Der **Bundestag** hebt die **Verjährungsfrist** für **Völkermord** auf.

In Berlin zeigt **Rainer Werner Fassbinder** seinen Film **„Liebe ist kälter als der Tod"**.

20. 7. Die **US-Landefähre „Eagle"** setzt um 21.17 Uhr (MEZ) auf dem **Mond** auf.

21. 7. Um 3.56 Uhr betritt US-Astronaut **Neil Armstrong** als **erster Mensch** den **Erdtrabanten.** Sein Kommentar: „Dies ist ein kleiner Schritt für einen Menschen, aber ein großer Sprung für die Menschheit."

25. 7. In Singen stirbt der expressionistische Maler **Otto Dix**.

6. 8. Tod des Philosophen **Theodor W. Adorno** in der Schweiz.

14. 8. **Deutschland-Premiere** des Westerns **„Spiel mir das Lied vom Tod"**.

1. 9. Der Bundestag beschließt, den **Paragrafen 175** zu ändern: Ab 1970 werden sexuelle Handlungen zwischen volljährigen Männern nicht mehr bestraft.

28. 9. Bei den **Bundestagswahlen** erhält die CDU/CSU 46,1 Prozent, die SPD bekommt 42,7 Prozent, die FDP 5,8 Prozent der Stimmen. Die NPD scheitert an der Fünf-Prozent-Hürde.

29. 9. Beginn der **Koalitionsverhandlungen** in Bonn.

Die **DDR** ratifiziert den **Atomwaffensperrvertrag**.

3. 10. **Eröffnung** des **Fernsehturms** am **Alexanderplatz** in Ost-Berlin. ►

12. 10. Der Psychoanalytiker **Alexander Mitscherlich** erhält in der Frankfurter Paulskirche den Friedenspreis des Deutschen Buchhandels.

13. 10. **Absturz** des 100. Starfighters der Bundeswehr.

21. 10 Der Bundestag wählt **Willy Brandt** zum Bundeskanzler einer Koalition von SPD und FDP.

24. 10. Die **Bundesregierung** beschließt die **Aufwertung** der D-Mark um 8,5 Prozent.

5. 11. Eine Hamburger **Shell-Tankstelle** stellt auf **Selbstbedienung** um.

◄ 28. 11. Die Bundesrepublik unterzeichnet den **Atomwaffensperrvertrag**.

29. 12. **Prof. Bernhard Grzimek** wird **Naturschutzbeauftragter** der Regierung.

31. 12. Der **„Starclub"** in Hamburg, legendär geworden durch die „Beatles"-Auftritte, **schließt**.

FOTOS: KPA, ULLSTEIN-BILD, DPA, ACTION PRESS, AP, IMAGO, INTERFOTO, CINETEXT

Alexandra, die als Kind mit der Mutter aus dem Memelland nach Kiel flüchtet und ihre spätere Bühnenpräsenz schult, indem sie mit Gitarre durch Hamburgs Rotlichtkneipen tingelt, ist eine Ausnahmeerscheinung unter den Schlagerstars dieser Jahre. Hans R. Beierlein, Alexandras Manager und für kurze Zeit ihr Liebhaber: „Sie ist ein Vulkan an Ideen. Sie ist mit ihren Texten und Themen ihrer Zeit voraus gewesen." Und sie wirkte nicht nur geheimnisvoll – sie war es auch.

Als der Fernsehjournalist Marc Boettcher beginnt, für eine Biografie über die Künstlerin zu recherchieren („Alexandra – Die Legende einer Sängerin", Parthas Verlag), entdeckt er tiefe Risse hinter der nach außen so glanzlackierten Fassade im Leben des Stars.

Da ist der 30 Jahre ältere Russe Nikolai, für kurze Zeit Alexandras Ehemann: Ihm werden Verbindungen zur Stasi und anderen Geheimdiensten nachgesagt. Und da ist Pierre, ein Franco-Kanadier, den Alexandra kurz vor ihrem Tod heiraten möchte – bis sich herausstellt, dass der ein vorbestrafter Bigamist und Mitgiftjäger ist, mit besten Kontakten ins Milieu. Eine Tante von Alexandra erinnert sich gegenüber dem Biografen Boettcher an ein Gespräch mit der Nichte, unmittelbar vor ihrer Todesfahrt, **„Ich werde gehetzt"**, klagt sie. **„Alle machen sich etwas vor, sie meinen es nicht ehrlich. O Gott, manchmal kann ich nicht mehr. Ich lebe zwischen Leben und Tod, jeden Tag."**

Diese Todesangst bringt die 27-Jährige auch dazu, ein Testament aufzusetzen, Alleinerbe ist Sascha, der Sohn. Sechs Millionen Mark beträgt das Vermögen, das ihm später ausgezahlt wird. Ist die Gier

KUKIDENT-HAFT-PULVER
Kukident
Montag, 21. Juli 1969 · 15 Pf
Die letzten 150 Meter vor der Landung – das war die größte Strapaze der Reise zum Mond
Bild Zeitung heute Mond Zeitung
Der Mond ist jetzt ein Ami
Ein neues Jahrtausend hat begonnen
Alles über die Mond-Eroberung auf den Seiten 2 und 3, auf den Fortseiten 4 und 5 und auf der letzten Seite

Am 21. Juli erscheint die BILD-Zeitung als „Mond-Zeitung" mit der oft zitierten Schlagzeile „Der Mond ist jetzt ein Ami". Der damalige Chefredakteur Peter Boenisch kommentiert: „Es ist ein amerikanischer Sieg nach einem harten Wettlauf mit den Russen"

„BULLENSCHWEINE“, schimpft die Tochter des Polizeipräsidenten von Frankfurt am Main

nach so einer gewaltigen Summe Motiv genug, um einen Anschlag wie einen Unfall aussehen zu lassen?

Marc Boettcher, der auf der Suche nach Antworten „massiv beschimpft, gedemütigt und mit Mord bedroht“ wurde, schreibt: „Bis vor Kurzem ging ich noch davon aus, dass Alexandras tödlicher Autounfall ein Zusammenspiel tragischer Zufälle war, doch diese Auffassung geriet immer mehr ins Wanken ...“

Es bleiben bis heute viele Fragen zum Sterben von Doris Nefedov. Aus dem Leben von Alexandra aber bleiben immer ihre Lieder.

★

Im Sommer 1969 nimmt auch Peter Sartorius, Jungredakteur der „Nürnberger Nachrichten“, Urlaub. Nicht Sylt ist sein Ziel, er fliegt nach Houston, um vom US-Raumfahrtzentrum Houston aus über die erste Mondlandung zu berichten.

US-Präsident John F. Kennedy macht 1961 das Mondprojekt zur Chefsache. Nachdem die Sowjets mit Juri Gagarin am 12. April 1961 den ersten Menschen ins All geschossen hatten, muss der erste Mann auf dem Mond ein Amerikaner sein. 24,6 Milliarden Dollar geben die USA für das Prestigeprojekt aus.

Am 16. Juli 1969 ist es so weit: Apollo 11 startet zum Erdtrabanten. 40 Jahre später erinnert sich Sartorius an die aufregenden Stunden des 20./21. Juli, als die beiden Astronauten Buzz Aldrin und Neil Armstrong sich anschicken, die ersten Mondmänner zu werden: **„Seltsamerweise hat der Ausstieg der beiden Astronauten aus der Mondfähre bei mir keinen nachhaltigen Eindruck hinterlassen. Vielleicht, weil der Landung mehr als sechs Stunden angestrengtes Warten gefolgt waren und Erregung und Spannung bereits aufgebraucht waren,** als Neil Armstrong, auf den Monitoren schemenhaft sichtbar und wie ein Tiefseetaucher wirkend, endlich die Leiter der Fähre hinunterkletterte und er einen kleinen Schritt und die Menschheit ihren großen Sprung machte.“

Prominenteste Revoluzzerin des Jahres: Claudia Littmann (20) dreht freche Filme („Mein schönes kurzes Leben“), lebt in einer Kommune, raucht Hasch und schimpft über „Bullenschweine“. Nicht weiter schlimm, aber: Claudias Vater ist der Polizeipräsident von Frankfurt am Main

Den berühmten Satz Armstrongs „Dies ist ein kleiner Schritt für einen Menschen, aber ein großer Sprung für die Menschheit“ hat der später vielfach ausgezeichnete Reporter gar nicht mitbekommen. Sartorius im „Zeit-Magazin“: „Erst später, nachdem die Ausdrucke des Funksprechverkehrs den Presseraum erreicht hatten, las ich ‚One small step ...‘ Doch es war zu spät. Der Artikel war bereits auf dem Weg nach Deutschland.“

Ein Mann, der einst als SS-Offizier für Hitler Raketen konstruiert hatte, kann jubeln: „This is my day“: Wernher von Braun. Das „deutsche Genie zwischen Untergangswahn und Raketenträumen“, so der Titel einer Biografie von Stefan Brauburger (Pendo Verlag) wird von Astronaut Buzz Aldrin sozusagen in den Himmel gehoben: „Ich glaube, dass unsere Nation, unser Präsident nicht das nötige Vertrauen für die Sache aufgebracht hätten, wenn er (Braun) durch seine Führungsstärke nicht so überzeugend aufgetreten wäre.“

★

Die Mehrheit ist knapp, verdammt knapp. Mit nur drei Stimmen mehr als nötig wählt der Deutsche Bundestag den SPD-Vorsitzenden Willy

Machtwechsel in Bonn. Am 21. Oktober legt Willy Brandt als erster sozialdemokratischer Bundeskanzler 20 Jahre nach Gründung der Bundesrepublik vor Bundestagspräsident Kai Uwe von Hassel (CDU) den Amtseid ab

Meilensteine deutscher Fernseh-Unterhaltung: Am 3. Januar ermittelt im Zweiten Deutschen Fernsehen zum ersten Mal „Der Kommissar“ (Foto: Erik Ode und Alwy Becker)

Am 18. Januar kommt live aus Berlin die erste „Hitparade“, moderiert von Dieter Thomas Heck – natürlich ebenfalls eine Sendung „Ihres Zett-Dee-Eff ...!“

Brandt am 21. Oktober zum Bundeskanzler. Willy Brandt, 1913 als Herbert Frahm in Lübeck geboren, während der Nazizeit in Skandinavien in der Emigration, ist der erste deutsche SPD-Regierungschef seit Reichskanzler Hermann Müller. Der trat im Frühjahr 1930 wegen eines Streits um die Arbeitslosenversicherung zurück, drei Jahre bevor Hitler an die Macht kam.

In der Wahlnacht des 28. September zeigt sich der oft als zögerlich beschriebene Brandt entschieden und machtbewusst. **Gegen den Rat von Herbert Wehner und Helmut Schmidt, die wegen des knappen Wahlausgangs für eine Fortsetzung der Großen Koalition mit CDU und CSU sind, entscheidet sich Brandt für das Wagnis-Bündnis mit der FDP und Walter Scheel.**

„Der Spiegel“ schwärmt: „Praktisch im Alleingang nutzt Brandt die Gunst der Stunde und schafft vollendete Tatsachen. Ohne große Gesten schaltet er Kurt Georg Kiesinger und die CDU/CSU aus.“ Brandt selbst schreibt fünf Jahre nach dem Machtwechsel: „Ich war meines Weges sicher. Ich ließ niemanden im Zweifel darüber, dass ich Bundeskanzler werden wollte.“

Am 12. März wird „Percy Stuart“, Titelfigur einer Groschenheft-Reihe, ebenfalls im ZDF zum Serienhelden. Foto: Claus Wilcke

DAS LESER-FOTO aus den 60ern

AUF DEM WEG IN DIE KASERNE

Hier sehen Sie mich im September 1963, wie ich mit ein paar Freunden auf den Zug warte, der uns von Pocking nach Ulm transportiert. Ich wurde einberufen in die Rommel-Kaserne nach Dornstadt. Der in der Mitte bin ich. Ich fuhr einem interessanten und aufregenden Aufenthalt entgegen.

Herbert Walter, Stuttgart

FOTOS: G + J FOTOSERVICE, CINETEXT, A. GRIMM/ZDF, PRIVAT

„Was wir damals gemacht haben, war ab 18 frei, das ist ja heute in Kinderfilmen ab 12 Jahren. Daran sehen Sie die Entwicklung“: „Schulmädchen“-Produzent Wolf C. Hartwig über sein Werk. Den ersten Teil (Szenenfoto mit Lisa Fitz) sehen über sechs Millionen Kinobesucher

1970

Der SCHULMÄDCHEN-REPORT erregt Deutschland, BECKENBAUER zeigt den Italienern, was ein Kaiser ist, und die Erfurter feiern WILLY

Er sieht nicht gut und hört fast nichts. Schwierige Bedingungen für ARD-Sportreporter Ernst Huberty, der am 17. Juni im überfüllten Stadion von Mexiko-City sitzt, um live das WM-Halbfinale Italien gegen die Bundesrepublik zu kommentieren. **Er erinnert sich: „Ich saß ganz oben, hatte einen Blick wie aus dem Hubschrauber. Das Spiel lief senkrecht unter mir. Die Spieler sahen aus wie Schachfiguren, die sich von Zauberhand verschoben.“**

Gegen das Krakeelen der neben ihm platzierten brasilianischen Kollegen stopft sich Huberty Verbandswatte in die Ohren. Trotz der Handicaps liefert er am Mikrofon eine tadellose Leistung ab. Nach 124 Minuten ist er der einzige Deutsche, der sich als Sieger fühlen darf.

Auf dem Rasen geht von Beginn an alles schief. Nach sieben Minuten schießt Roberto Boninsegna das 1:0. Ein Jahr später erlangt der Italiener auf dem Bökelberg traurige Berühmtheit, als er von einer Büchse getroffen wird, zu Boden geht und eine Annullierung des 7:1-Siegs von Borussia Mönchengladbach über Inter Mailand erreicht.

Nach Boninsegnas Führungstreffer in Mexiko gibt es Hauen, Stechen und Treten zwischen den Kontrahenten, meist übersehen vom Schiedsrichter Arturo Yamasaki. WDR-Reporter Kurt Brumme beschimpft die Italiener übers Mikrofon: „Pfui, pfui, pfui, Rivera, pfui, Rivera. Das war gemein!“

Die destruktive Taktik der Italiener scheint aufzugehen, bis zur 92. Minute. Da drischt Jürgen Grabowski von links eine Verzweiflungsflanke in den Strafraum, Vorstopper Karl-Heinz Schnellinger segelt mit beiden Beinen voran in den Ball und drückt ihn über die Linie, 1:1. Verlängerung. Kommentar des entgeisterten Huberty: „Schnellinger, ausgerechnet Schnellinger!“ **Denn Schnellinger, der in Mexiko sein einziges Länderspieltor erzielt, verdient beim AC Mailand sein Geld und ist dort als „Carlo il Biondo“ (Karl, der Blonde) ein Held.**

Der Held dieser Partie bleibt der Rotblonde nur für ein paar Minuten. Es folgt eine dramatische Verlängerung, in der Gerd Müller zweimal trifft, Franz Beckenbauer nach einem Foul von Mazzola mit dem Arm in der Schlinge zu Ende spielt und Rivera in der 111. Minute das letzte Tor gelingt: 4:3. Italien ist im Finale, muss sich vier Tage nach dem „Jahrhundertspiel" gegen Brasilien 4:1 geschlagen geben.

★

Das deutsche Kino produziert 1970 keine Jahrhundertwerke. Mehr als die Hälfte aller bundesdeutschen Spielfilme, die in diesem Jahr Premiere haben, zählen zum Genre Sexfilm. Auch „Schulmädchen-Report, 1. Teil" mit dem Untertitel „Was Eltern nicht für möglich halten", gehört dazu. Was Kritiker nicht für möglich halten, geschieht: Dem ersten „Schulmädchen-Report" folgen zwölf weitere. Über 100 Millionen Kinozuschauer machen den Produzenten Wolf C. Hartwig, Jahrgang 1921, reich. 1953 gründete der studierte Soziologe Rapid-Film. Der große Erfolg bleibt aus, bis Hartwig dem selbst ernannten Sexualforscher Günther Hunold für 30000 Mark die Rechte an einem Büchlein mit Interviews abkauft, in denen er Mädchen über ihr Sexleben ausfragt. In sechs Wochen macht Hartwig daraus einen Film mit dünner Handlung: Die 18-jährige Renate verführt den Schulbusfahrer. Geklammert wird das durch die Auftritte eines „Reporters", gespielt vom sichtlich genierten Friedrich von Thun, der

„Ohne seine Verletzung hätten wir gewonnen", glaubt Bundestrainer Helmut Schön nach dem 4:3 gegen Italien in der Verlängerung, die Franz Beckenbauer mit bandagiertem Arm durchstehen muss

Ausgleich in der 92. Minute: Mailand-Legionär Karl-Heinz Schnellinger („Carlo, i biondo") trifft nach Grabowski-Flanke zum 1:1 gegen Italien im Jahrhundertspiel um den Einzug ins WM-Finale. Weltmeister wird Brasilien

DIE CHRONIK VON 1970

1. 1. Eine **achtköpfige Familie flüchtet** aus der **DDR** über die zugefrorene Elbe nach Niedersachsen.

30./31. 1. Gespräche von Brandts Staatssekretär **Egon Bahr** in Moskau über einen Gewaltverzichtsver-trag zwischen der Sowjetunion und der Bundesrepublik.

13. 2. Sieben Menschen sterben bei einem **Brandanschlag** auf das Altersheim der **israelitischen Kultusgemeinde** in **München**.

21. 3. Der **Sozialistische Deutsche Studentenbund** (SDS) löst sich auf.

29. 3. **ARD** und **ZDF** zeigen beim **Wetterbericht** erstmals ein **grenzenloses Europa**. Zuvor wurde Deutschland in den Grenzen von 1937 dargestellt.

5. 4. Der bundesdeutsche Botschafter in Guatemala, **Karl Graf von Spreti**, wird von Guerilleros ermordet.

16. 4. Letzte Folge von **Peter Frankenfelds** ZDF-Sendung **„Vergißmeinnicht"**.

3. 5. Erstmals wird **Borussia Mönchengladbach Deutscher Fußballmeister.**

14. 5. Die Journalistin **Ulrike Meinhof** und Komplizen befreien den Kaufhausbrandstifter **Andreas Baader** gewaltsam.

21. 6. **Brasilien** wird bei der **WM** in **Mexiko-City** nach einem **4:1** über **Italien Weltmeister**, die bundesdeutsche Mannschaft wird Dritter.

1. 7. Die DDR kreiert das Markenzeichen **„Made in GDR"**. GDR steht für German Democratic Republic.

31. 7. Das **Wahlalter** in Westdeutschland wird auf **18 Jahre** gesenkt.

7. 8. Weil sie zu viele englische Songs singen, dürfen die **„Puhdys"** im Bezirk Karl-Marx-Stadt (seit 1990 wieder Chemnitz) nicht mehr auftreten.

11.–13. 8. In Moskau unterzeichnet **Bundeskanzler Brandt** den Vertrag über Gewaltverzicht und die Anerkennung der bestehenden Grenzen in Europa.

5. 9. Beim Training zum **Großen Preis von Italien** (Monza) rast Formel-1-Rennfahrer **Jochen Rindt** in seinem Lotus mit 240 km/h in eine Leitplanke und stirbt. Posthum wird er zum **Weltmeister** ausgerufen. ▸

8. 10. Verhaftung des Baader-Meinhof-Anwalts **Horst Mahler**.

9. 10. Der frühere FDP-Vorsitzende **Erich Mende** wechselt zur CDU.

18. 10. Erstsendung der **Filmsatire „Millionenspiel"** von **Wolfgang Menge**.

7. 11. In der ZDF-Sendung **„Wünsch Dir was"** mit **Vivi Bach** und **Dietmar Schönherr** löst die 17-jährige **Leonie Stöhr** wegen ihrer durchsichtigen Bluse überm blanken Busen Empörung aus.

22. 12. Der ehemalige Kommandant des KZ Treblinka, **Franz Stangl**, erhält in Düsseldorf wegen Beteiligung an der Ermordung von 400000 Menschen lebenslange Haft.

31. 12. Traurige Bilanz: **21332 Menschen** kamen seit Jahresbeginn bei **Verkehrsunfällen** um.

„IRGENDETWAS MUSSTE MAN TUN“, erklärt Brandt seiner Frau Rut den Kniefall

ältere Damen nach ihren Masturbationstechniken befragt.

800 Laiendarstellerinnen hat der Produzent in dreizehn Folgen „verbraucht“, wie Hartwig es formuliert. Die meisten fand er an der Kaufhauskasse. Hartwig im O-Ton: „KaDeWe, Berlin. Da arbeiten mindestens 300 junge Mädchen drin. Schlecht bezahlt. Da sind meine Spione hingegangen, haben die Mädchen ausgesucht. Und die haben eine Gage gekriegt, die für sie exorbitant war. Die Tagesgage bei mir war für die damals 500 Mark.“

Nicht nur Verkäuferinnen waren jung, auch Jutta Speidel, Lisa Fitz, Ingrid Steeger, Andrea L'Arronge, Sascha Hehn und Heiner Lauterbach brauchten Geld und Erfahrung aus dem „Schulmädchen-Report“ offenbar als Grundstock für ihre spätere Karriere.

★

Im Vergleich zu der Reise, die Bundeskanzler Willy Brandt, gerade mal fünf Monate im Amt, am 19. März unternimmt, ist ein Ritt über den Bodensee ein Spaß.

Getreu seiner Regierungserklärung, er wolle die Beziehungen zur DDR „aus der gegenwärtigen Verkrampfung lösen“, fährt Brandt als erster westdeutscher Regierungschef im Sonderzug nach Erfurt, um den ostdeutschen Ministerpräsidenten Willi Stoph zu treffen.

Die Westalliierten und die von Brandt in die Opposition gedrängte CDU/CSU beäugen die Reise mit Misstrauen. Doch der Kanzler folgt der von seinem Vertrauten Egon Bahr 1963 auf einer Tagung der evangelischen Akademie in Tutzing erfundenen Formel vom „Wandel durch Annäherung“.

Verblüfft kommentiert der britische „Guardian“: „Die beiden Deutschlands reden wieder miteinander.“ Sie müssen

In gelben und blauen Kleidern mit passenden Käppis, so präsentieren sich Flugbegleiterinnen der Lufthansa 1970

AALSTÄBCHEN AUF RÜHREI

Zwei Päckchen Aalstäbchen aus der Tiefkühltruhe in etwas Öl auf beiden Seiten goldbraun backen. In der Zwischenzeit sechs Eier, drei Esslöffel gehackte Kräuter, eine Prise Salz und Pfeffer verquirlen. Daraus ein lockeres Rührei bereiten. Auf einer vorgewärmten Platte mit dem Fisch anrichten, einen kräftigen Schuss Tomatenketchup darübergießen. Dazu schmeckt Weißbrottoast.

Aus „Hörzu“-Rubrik „Lecker zubereitet“, 12/1970

59 DM kostet 1970 die Märklin-Lok der Baureihe Minex im Maßstab 1:45

Nur kurz und zögernd tritt Bundeskanzler Willy Brandt während seines ersten Treffens mit DDR-Ministerpräsident Willi Stoph am 19. März 1970 ans Fenster des „Erfurter Hofs". Seit Mai 2009 strahlt eine von dem Berliner Künstler David Mannstein gestaltete Leuchtschrift mit dem Ruf der Erfurter – „Willy Brandt ans Fenster" – auf dem historischen Gebäude

laut miteinander reden, die beiden Willy(i)s. Denn vor dem Hotel „Erfurter Hof" schreien die Menschen: „Willy Brandt! Willy Brandt!" Szenen, die das DDR-Fernsehen unterschlägt. Dort sind nur schlecht gereimte Rufe von „Jubeldeutschen" („Spiegel"-Reporter Hermann Schreiber) zu hören: „Die Forderung an Willy Brandt, die DDR wird anerkannt!"

Offiziell gilt immer noch die seit Adenauers Zeiten praktizierte Hallstein-Doktrin, benannt nach dem Staatssekretär im Auswärtigen Amt Walter Hallstein. **Jeder Staat, der mit der DDR Botschafter austauscht, wird mit dem Abbruch der diplomatischen Beziehungen durch die Bundesrepublik bestraft.**

Brandt differenziert: „Auch wenn zwei Staaten in Deutschland existieren, sind sie füreinander nicht Ausland, ihre Beziehungen können nur von besonderer Art sein." Die will er nicht belasten. Deshalb tritt er nur zögernd und kurz ans Erkerfenster im zweiten Stock des Hotels. „Er war unsicher, wusste nicht, was er tun sollte. Mit mahnenden Handbewegungen versuchte er, die Sprechchöre zu dämpfen ..." So seine Frau Rut Brandt in ihren Erinnerungen „Freundesland" (Hoffmann und Campe).

Zwei Monate später begegnen sich Willy-West und Willi-Ost erneut, diesmal im „Schlosshotel Wilhelmshöhe" in Kassel. Dort weht zur Feier des Tages die DDR-Fahne, was in der Bundesrepublik lange verboten war.

Mindestens so delikat wie die deutsch-deutschen Gipfeltreffen in Erfurt und Kassel ist Brandts Reise nach Polen im Dezember, ein Land, das im Zweiten Weltkrieg schwer unter den Deutschen gelitten hat. Am Denkmal für die Ghetto-Opfer in Warschau lässt der Kanzler es nicht beim üblichen Kranzniederlegen bewenden, sondern fällt auf die Knie. Diese Geste eines an den Naziverbrechen unschuldigen Ex-Emigranten bewegt die Welt. Nach der Rückkehr fragt Rut Brandt ihren Mann, ob der Kniefall spontan oder überlegt war. Brandts lapidare Antwort: „Irgendetwas musste man tun."

FOTOS: DPA/PA, ULLSTEIN, STOCKFOOD

Am 1. März tritt in Westam 1. August in Ostdeutschland eine neue Straßenverkehrsordnung in Kraft. Einige Verkehrszeichen wie das achteckige Stopschild sind neu. Um die Schilder bekannt zu machen, gibt die Bundespost neue Briefmarken heraus

Heiße Höschen, heiße Autos: So texten PS-Freaks damals wie heute. Am 12. Mai 1971 nimmt Elke Sommer, in Hollywood lebende deutsche Schauspielerin aus Erlangen, auf dem Nürburgring an einem Sportfahrerlehrgang teil und trägt zu Schutzhelm und Stiefeln modische „Hot Pants". Sie posiert vor einem Porsche 914, vom Volksmund als „Volksporsche" oder gleich „VoPo" verspottet

1971

HÖSCHEN werden heiß, SOLDATEN-HAARE erst lang (dann wieder kurz), und das ZDF macht eine Frau zur HAUPTNACHRICHT

Es ist das Jahr der mutigen Frauen. Am 6. Juni erscheint der „Stern" mit der Titelgeschichte „Wir haben abgetrieben". 374 Frauen, darunter Stars wie Romy Schneider, Sabine Sinjen, Senta Berger, Helga Anders und Vera Tschechowa bezichtigen sich des Verstoßes gegen den Strafrechtsparagrafen 218, der Schwangerschaftsabbrüche unter Strafe stellt. Initiatorin der in der gesamten Bundesrepublik kontrovers diskutierten Aktion, die eine Liberalisierung des Abtreibungsrechts erreichen will, ist Alice Schwarzer. Sechs Jahre später gründet sie die feministische Frauenzeitschrift „Emma".

34 Jahre nach dem „Stern"-Titel räumt Alice Schwarzer ein, sie und einige andere Vertreterinnen der These „Mein Bauch gehört mir" hätten gar nicht abgetrieben.

Mut beweist auch das Zweite Deutsche Fernsehen am 12. Mai um 22.14 Uhr: Erstmals verliest an diesem Abend eine Frau im (bundes)deutschen TV die Nachrichten. Die Mainzelmänner hatten Gerüchte gehört, die ARD wolle, neben „Mister Tagesschau" Karl-Heinz Köpcke noch eine „Miss Tagesschau" engagieren. Schnell entscheidet „heute"-Mann Hanns Joachim Friedrichs, die Hamburger Journalistin Wibke Bruhns als Nachrichten-Mainzelfrau einzustellen. Die nimmt erst einmal Sprachunterricht, da sie es nicht gewohnt ist, anderer Leute Texte aufzusagen.

Die Begeisterung über die Neue mit ihrer großen Brille und der Drei-Wetter-Taft-Frisur im Studio ist bei den Zuschauern nicht allzu groß. „Empört haben sich überwiegend Frauen," erinnert sich Wibke Bruhns in der „Zeit". Sie solle sich lieber um Mann und Kinder kümmern, schreiben ihr Frauen just in dem Jahr, in dem „Hot Pants" Mode machen und Tony Marshall seinen Ohrwurm „Schöne Maid" mehr als eine Million Mal verkauft. Männer, amüsiert sich Bruhns im Rückblick, seien fanta-

Beim Versuch einer Notlandung auf der A 7 Hamburg–Kiel zerbricht ein Flugzeug von Paninternational an einer Überführung. 22 Menschen sterben, 99 überleben

Im Sommer 1971 macht der frisch vereidigte Superminister Karl Schiller Jacht-Urlaub auf dem Plattensee (Ungarn) und hat nichts dagegen, sich in Badehose fotografieren zu lassen

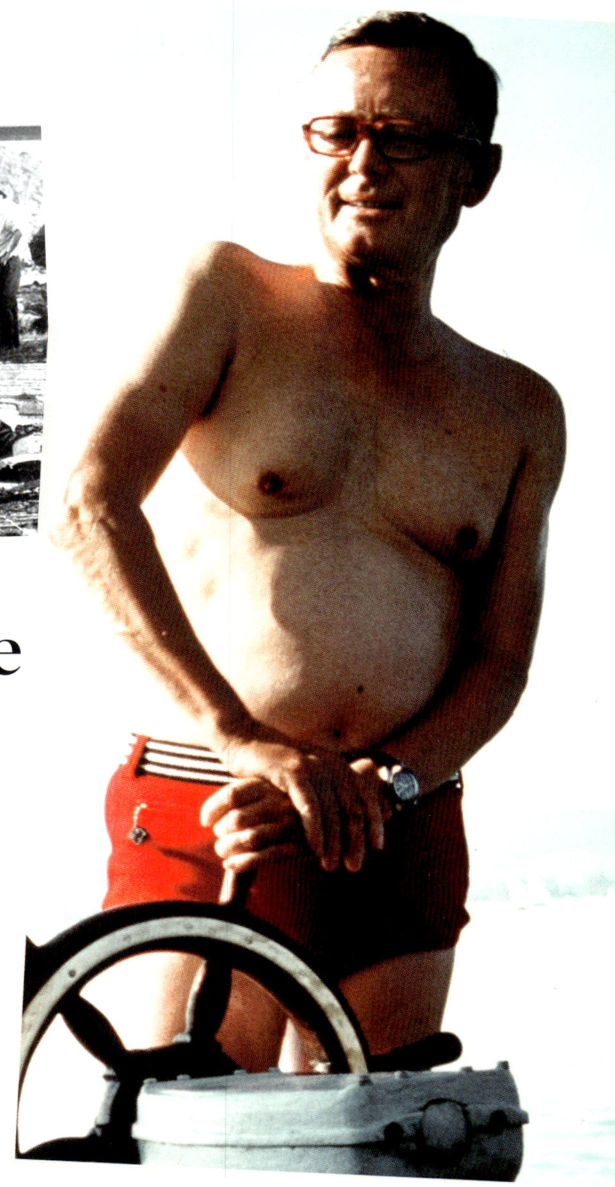

Der SUPERMANN in Badehose übernimmt im Mai das Ruder im SUPERMINISTERIUM

sievoller gewesen. Einer habe ihr einen riesigen BH geschickt und geschrieben: „Wenn ich Ihren winzigen Busen eine Weile massiere, passt er da rein."

Als sie sich ein Jahr nach ihrer „heute"-Premiere für die SPD und speziell für Willy Brandt im 72er-Wahlkampf engagiert, fordert der niedersächsische CDU-Politiker Wilfried Hasselmann Bildschirmverbot für die rote Wibke. Doch der konservative ZDF-Intendant, Philosophie-Professor Dr. Karl Holzamer, widersteht. Nach Brandts Wahlsieg kündigt Wibke Bruhns von selbst und wechselt zum WDR.

Mit der Behauptung, sie sei die erste Frau, die „im deutschen Fernsehen Nachrichten" verlesen durfte, irrt „Die Zeit" und irren viele andere: Diese Ehre gebührt Annerose Neumann. Am 8. März 1963, also acht Jahre vor Wibke Bruhns, verliest Annerose Neumann zum ersten Mal Nachrichten für die „Aktuelle Kamera" des Deutschen Fernsehfunks der DDR – am „Internationalen Frauentag". 14 Jahre lang muss sie so komplizierte Sätze herausbringen wie: „Der Generalsekretär des Zentralkomitees der Sozialistischen Einheitspartei Deutschlands und Vorsitzende des Staatsrats der Deutschen Demokratischen Republik ..."

Wibke Bruhns, die nach ihrer TV-Zeit lange als Korrespondentin für den „Stern" aus Israel und Washington berichtet und 2004 mit ihrer Familiengeschichte „Meines Vaters Land" einen Bestseller schreibt, sieht ihren zweiten Platz heute mit großer Gelassenheit. Voll milder Ironie erklärt sie BILD am SONNTAG: **„Es ist doch klar, als Fernsehen zählte damals nur das Westfernsehen. Gerade im Osten und im Ostfernsehen war das, wer immer die Nachrichten vorgelesen hat, nicht ein solcher Skandal. Schließlich war der Osten progressiv, oder?"**

★

Als progressiv mag Bundesverteidigungsminister Helmut Schmidt (SPD), der bis heute seinen Scheitel wie mit dem Lineal gezogen trägt, seinen „Haar- und Barterlass" verstehen. „Mir kommt es nicht darauf an, was der Soldat auf dem Kopf, sondern was er im Kopf hat", bekennt der liberale Hanseat. Anfang Februar erlaubt er Wehrpflichtigen der Mode entsprechend „lang" zu tragen, wenn sie ihre Haare mit einem Netz bändigen. 740 000 dieser zwiebelsackähnlichen Haarnetze schafft die Armee zum Stückpreis von 59 Pfennig an.

Auf der ganzen Welt drucken Zeitungen Fotos von deutschen Soldaten mit Haarnetz und verspotten die Bundeswehr als „German Hair Force". Bald stellt sich heraus, dass die Haarnetze nur bedingt einsatzbereit sind. **Ein Pionier-Kommandeur in Emmerich meldet, 19 seiner Haarnetz tragenden Soldaten hätten Kopfläuse.**

Im Mai 1972 kassiert Schmidt den Haar- und Barterlass als „untauglich". Soldatenfrisuren haben wieder kurz zu sein. Aus Protest lassen sich sieben Soldaten eines Ulmer Luftwaffenausbildungsregiments die Köpfe ratzekahl rasieren. Damit kommen sie in die Truppenzeitung „bundeswehr aktuell", die von dem Ex-BILD-Chefreporter Oberstleutnant Hans-Jürgen Eggert geleitet wird. Der titelt: „Ulmer Kahlschlag."

Für Wehrminister Helmut Schmidt hat die Hair-Force-Farce ein erfreuliches Nachspiel. In Aachen wird er zum Ritter „Wider den tierischen Ernst" geschlagen.

Die Nerven liegen bloß in der Bundesregierung im Wonnemonat Mai. Bei den Landtagswahlen in Schleswig-Holstein fliegt die FDP aus dem Landtag. Die CDU holt 5,9 Prozent mehr als vier Jahre zuvor. Regierungssprecher Conny Ahlers versucht, Bundeskanzler Willy Brandt mit einem Fußballvergleich aufzuheitern: „Auch Wolfgang Overath ist nach einem miesen Spiel höchstens eine halbe Stunde lang sauer und dann wieder obenauf."

Vergeblich, denn es kommt noch dicker. Bundesfinanzminister Alex Möller, von seinen Parteifreunden „Genosse Generaldirektor" genannt, tritt am 13. Mai zurück. Er hält die 63 Milliarden Mark teuren Forderungen seiner Kabinettskollegen für diverse Reformprojekte in den nächsten vier Jahren für nicht finanzierbar.

Brandt fragt den SPD-Fraktionsvorsitzenden Herbert Wehner: „Sollen wir es vielleicht mal mit Schiller versuchen?" Wehner ist einverstanden. Am nächsten Tag ist der sprachkreative Ökonomieprofessor Karl Schiller, der in der Großen Koalition zusammen mit Finanzminister Franz Josef Strauß (CSU) als legendäres „Plisch und Plum"-Duett gewirkt hat, Superminister für Wirtschaft und Finanzen. Gleich im ersten Interview verbittet er sich die Anrede „Herr Superminister ..."

Der divenhafte Schiller bleibt nicht viel länger im Superamt als die Haarnetze unterm Stahlhelm. Im Sommer 1972 verkracht sich Schiller mit Bundesbankpräsident Karl Klasen, wird im Kabinett überstimmt und tritt beleidigt zurück. Schillers Nachfolger als Superminister wird der Mann, der die Bundeswehr mit Haarnetzen in den (kalten) Krieg ziehen ließ: Helmut Schmidt.

DIE CHRONIK VON 1971

21. 1. Der **Bundesgrenzschutz** meldet, die **DDR** verlege an der innerdeutschen Grenze **zwei Millionen Minen**.

24. 1. Die **ersten Aussiedler** aus den früheren deutschen Ostregionen kommen in die **Bundesrepublik**.

1. 2. Die **DDR** erhöht die **Schnapspreise** um 20 Prozent.

12. 2. **Verhaftung** von **13 Mitgliedern** der **Baader-Meinhof-Bande**.

1. 3. Rechtsanwalt **Otto Schily** lehnt zu Beginn des Prozesses gegen den Terroristen **Horst Mahler** das Gericht wegen Befangenheit ab.

10. 3. Die ARD sendet erstmals **„Lach- und Sachgeschichten"** mit der Maus. ▸

11. 3. Premiere des Films **„Und Jimmy ging zum Regenbogen"** nach einem Roman von **Johannes Mario Simmel**.

3. 5. **Walter Ulbricht** tritt als **Erster Sekretär** des **Zentralkomitees** der **SED** zurück. Nachfolger: **Erich Honecker**.

6. 5. Die Schauspielerin und Brecht-Witwe **Helene Weigel** stirbt in Ost-Berlin.

9. 5. Start von **Margret Dünsers** Klatschsendung **„VIP-Schaukel"**.

13. 5. Das ZDF strahlt zum ersten Mal **„Dalli Dalli"** mit **Hans Rosenthal** aus.

4. 6. Deutschland-Premiere des Visconti-Films **„Tod in Venedig"** nach einer Novelle von **Thomas Mann**.

5. 6. **Borussia Mönchengladbach** ist deutscher **Fußballmeister**.

6. 6. **Horst-Gregorio Canellas**, Präsident von Kickers Offenbach, enthüllt, in der Bundesliga seien 18 Spiele mit Geld manipuliert worden.

27. 6. Erstmals läuft im **DDR-TV** der **„Polizeiruf 110"** mit **Peter Borgelt** als **Oberleutnant Fuchs**.

4. 8. Bei einem **Bankraub** mit Geiselnahme in **München** sterben ein Gangster und die Geisel **Ingrid Reppel**.

26. 8. Premiere des US-Films **„Love Story"** in der Bundesrepublik.

3. 9. Unterzeichnung des **Viermächteabkommens** (USA, UdSSR, Großbritannien, Frankreich) über den Rechtsstatus Berlins.

11. 9. Der frühere sowjetische Partei- und Regierungschef **Nikita Chruschtschow** stirbt in Moskau.

5. 10. Die CDU wählt **Rainer C. Barzel** zu ihrem Vorsitzenden, Stellvertreter wird Helmut Kohl.

22. 10. **RAF-Terroristen** ermorden den Hamburger Polizisten **Norbert Schmid**.

25. 10. Beginn des **Freiburger FDP-Parteitags**, auf dem die Freiburger Thesen für einen sozialen Liberalismus beschlossen werden.

3. 11. Ausgabe der **ersten Organspenderausweise** in Hamburg.

10. 11. Der Bundestag beschließt das reformierte **„Betriebsverfassungsgesetz"**.

26. 11. Wahl von **Willi Stoph** zum **Vorsitzenden** des **DDR-Ministerrats**.

29. 11. Der Rechtsanwalt **Heinz Joachim Ollenburg** entführt zusammen mit seinem Komplizen **Paul Kron** den Unternehmer **Theo Albrecht** („Aldi"). Nach Zahlung von **sieben Millionen Mark Lösegeld** kommt Albrecht nach 17 Tagen Geiselhaft frei.

4. 12. In München eröffnet **McDonald's** seine erste deutsche Filiale. Ein „Hamburger" kostet 95 Pfennig. ▸

10. 12. Bundeskanzler **Willy Brandt** erhält wegen seiner Ostpolitik den Friedensnobelpreis.

17. 12. Die **Bundesrepublik** und die **DDR** einigen sich auf ein **Transitabkommen** für den Berlin-Verkehr.

24. 12. **Absturz** eines **Flugzeugs** in **Peru**. Die einzige Überlebende, **Juliane Koepcke** (17), irrt elf Tage durch den Urwald, bevor sie gerettet wird.

Vor der Aufnahme von „Schöne Maid" in Jack Whites Studio trinkt sich Opernsänger Tony Marshall, 1938 als Herbert Anton Bloeth geboren, mit Chianti Mut an. Das Lied wird trotz oder wegen des Weins ein Welterfolg: drei Millionen verkaufte Platten

Anzügliche Briefe bekommt Wibke Bruhns, die als erste Frau in einem westdeutschen TV-Sender Nachrichten vorliest

FOTOS: DPA, INTERFOTO, IMAGO, CINETEXT, ZDF

COCKTAIL BLANCO

In ein Cocktailglas zur Hälfte Orangensaft (frisch gepresst) gießen, ein Gläschen Cointreau hinzufügen. Mit Sekt auffüllen und mit einer Cocktailkirsche garniert servieren.

Roberto Blanco in „Hörzu" Nr. 39/ 1971, Rubrik „heute & morgen"

Nach 19 Jahren Pause wird der Telefonverkehr zwischen Ost- und Westsektor in Berlin wieder aufgenommen. Zehn per Hand gestöpselte Leitungen sind verfügbar, die Gesprächsdauer ist auf drei Minuten begrenzt

Bevor die Armee Haarnetze einführt, versucht ein Reserve-Offizier während einer Wehrübung seine Haarpracht mit dem Netz seiner Frau zu bändigen

In den 70er-Jahren werden Telefone gern mit einem Brokatbezug in Rot oder Grün verkleidet

374 Frauen bezichtigen sich am 6. Juni im „Stern" eines Verstoßes gegen den Paragrafen 218. Darunter allerdings auch einige, die überhaupt nicht abgetrieben hatten

MUTTERSTRAF-LESUNG

Das Foto entstand 1971 in Ludwigshafen. Wir waren aus Hamburg zu Besuch bei meinen Großeltern, Dr. Günter und Paula Haber. Irgendwie hatte ich mich nicht gut benommen, wollte nicht still sitzen. Zur Strafe las mir meine Mutter Heidi eine extralange Geschichte vor, die irgendetwas mit Erziehung zu tun hatte. Es war furchtbar, weil meine Mutter sehr eintönig und abgehackt vorlas.

Dr. med. Konstanze Kuchenmeister
91126 Schwabach (Bayern)

DAS LESER-FOTO aus den 70ern

FOTOS: DPA, TV-YESTERDAY, PRIVAT

37 Jahre später: Christian von Alvensleben (noch immer Fotograf) und Gerd Tinglum (56), heute Professorin in Oslo

Pudelnackt auf Ibizia: In einer kleinen Bucht entsteht das Motiv, das die Kunstschülerin Gerd Tinglum mit dem Schirm ihres Fotografen Christian von Alvensleben zeigt. Der „Sonnenschein" und andere bekannte Bilder von Christian von Alvensleben waren 2009 im Stuttgarter „Haus der Wirtschaft" zu sehen

Eine DRALLE NORWEGERIN ist die erste nackte Frau in der Werbung, STASI-GELD rettet den Kanzler, die OLYMPISCHEN SPIELE von München versinken im Blut

Der Kreativ-Direktor der Düsseldorfer Agentur hat seinem Kunden fünf Motive für dessen neue Kampagne präsentiert, der Kunde scheint zufrieden. Doch dann, Kreativ-Kopf Claus Harden ist schon dabei, sich innerlich selbst zu gratulieren, folgt ein letzter Wunsch von Kundenseite: „Headquarters in Japan wünschen nude girl im ‚Stern'."

„Headquarters in Japan", das sind die Bosse von Fujifilm und die haben sich nun in den Kopf gesetzt, die Leser des Hamburger Magazins mit einem „nude girl", einer Nackten zu erfreuen.

Harden versucht den Fuji-Geschäftsführer davon abzubringen – im „Stern" gäbe es zwar genügend Nackte, aber die zieren den redaktionellen Teil und gern auch mal den Titel – die Anzeigenabteilung allerdings würde so viel Freizügigkeit niemals akzeptieren.

Vergeblich – die Japaner wollen, dass eine Nackte in Deutschland für ihre Rollfilme wirbt, unbedingt.

Als Werber Harden, mittlerweile leicht verzweifelt, auf dem Heimweg bei seinem Tabakhändler die „St. Pauli Nachrichten" durchblättert, kommt ihm während der Lektüre des Nackedei-Heftchens eine Idee: Die Japaner sollen ihre Nackte kriegen – aber es wird kein durchgestyltes Model sein, sondern die nette Mollige von nebenan.

Christian von Alvensleben, von der Agentur um Hilfe gebeten, denkt an eine norwegische Bekannte seiner Frau, die an der Modeschule Grafik studiert. Alvensleben, später einer der berühmtesten Fotokünstler Deutschlands, erinnert sich in BamS: „Das Mädchen sollte so aussehen, dass sich die Frau vom Ruhrpottkumpel wiedererkennt."

Gerd, so heißt die norwegische Bekannte tatsächlich mit Vornamen, sieht exakt so aus. Alvensleben: „Mollig, rosa, frisch …" Er fliegt mit ihr nach Ibiza, nimmt Gerd die

Kleider weg, drückt ihr einen Sonnenschirm in die Hand: „Das Foto war ruckzuck gemacht." Zu Hause in Düsseldorf ist Claus Harden hin und weg: „Dieses Mona-Lisa-Lächeln! Diese Linie von der linken Pobacke zur rechten Ferse. Und dann diese Verlängerung hin zur linken Wade! Das isses!"

Das isses wirklich: Die Anzeigenleitung des „Stern" drückt alle Augen zu, im Juni erscheint die Nackte unter dem Slogan: „Fotografieren Sie Ihren Sonnenschein auch mal bei Sonnenschein." Die Anzeige wird nur ein einziges Mal geschaltet und am Verkaufstag des „Stern" sagt Claus Harden, „brach die Hölle los". Tausende Anrufe, Zeitungen aus aller Welt berichten über die nackte Gerd. Sie wird in Italien für die Hauptrolle von „Das große Fressen" gecastet, avanciert in Amerika zur Galionsfigur der „Fat is Beautiful"-Bewegung, geht als gefeierter Star auf Japan-Tournee. Und das „Sonnenschein"-Motiv hängt als Poster jahrelang in deutschen Studentenbuden, Kellerkneipen, Vereinsheimen.

Heute ist Gerd Tinglum eine hochgeachtete Professorin an der Kunstakademie von Oslo und mit ihren beiden Entdeckern aus Deutschland tauscht sie, meist an Weihnachten, noch herzliche Grüße aus.

*

Wie Erdnüsse beim Fernsehabend schwinden im Frühjahr die Regierungstreuen im Bundestag. Sozialdemokratische und liberale Abgeordnete, darunter der frühere FDP-Chef Erich Mende, wechseln zur CDU/CSU, weil sie der Ostpolitik Brandts misstrauen. Am 27. April versucht Oppositionsführer Rainer Barzel erstmals in der Bundesrepublik, einen Kanzler durch ein konstruktives Misstrauensvotum zu stürzen. Wie das geht, steht in Artikel 67 des Grundgesetzes: „Der Bundestag kann dem Bundeskanzler das Misstrauen nur dadurch aussprechen, dass er mit der Mehrheit seiner Mitglieder einen Nachfolger wählt und den Bundespräsidenten ersucht, den Bundeskanzler zu entlassen ..."

Dank dreier Überläufer wähnt Barzel sich bereits im Kanzleramt, seine Ministerliste hat er fertig. Noch vor dem Ende der Stimmenauszählung meldet das ZDF das Ende der Ära Brandt. Voreilig, wie sich um 13.22 Uhr herausstellt: 247 Stimmen für Barzel, eine mehr als die CDU/CSU Abgeordnete hat, doch zwei weniger als für den Kanzlersturz nötig sind. Ungläubig schüttelt Barzel den Kopf, rafft sich auf, stakst zur Regierungsbank und gratuliert Brandt, dessen Augen tränenfeucht sind.

Bei den vorgezogenen Wahlen am 19. November triumphieren SPD (45,8%) und FDP (8,4%). Erstmals sitzen mehr Rote als Schwarze im Bundestag.

Nach dem Untergang der DDR kommt heraus, dass die Stasi quasi mitgestimmt hat. In seinen Memoiren „Spionagechef im geheimen Krieg" (Econ-Verlag) gesteht DDR-Geheimdienstgeneral Markus Wolf, er habe dem Abgeordneten Julius Steiner (CDU) 50000 DM

DIE CHRONIK VON 1972

28. 1. Bund und Länder beschließen den **„Radikalenerlass"**, der Extremisten den Zugang zum Staatsdienst verwehren soll.

3. 2. Beginn der **11. Olympischen Winterspiele** in **Sapporo (Japan)**.

15. 2. 17 Menschen ertrinken beim **Untergang** einer Barkasse in Hamburg.

18. 2. **Deutschland-Premiere** des Musicals **„Jesus Christ Superstar"** von Andrew Lloyd Webber in Münster.

6. 4. Altbundespräsident **Heinrich Lübke** stirbt. ▸

10. 4. 70 Staaten, darunter die Bundesrepublik und die DDR, beschließen die **Ächtung** von **atomaren, biologischen** und **chemischen Waffen**.

11. 5. Bei einem **Bombenanschlag** auf das **Hauptquartier** des **V. US-Army-Corps** in **Frankfurt/Main** kommt ein Offizier ums Leben, 13 Personen werden verletzt.

18. 5. Uraufführung von **Ulrich Plenzdorfs** Drama **„Die neuen Leiden des jungen W."** in Halle.

19. 5. **Sprengstoffanschlag** des „Kommando 2. Juni" auf den **Springer-Verlag** in Hamburg.

24. 5. **Bombenattentat** auf das **Europa-Hauptquartier** der **US-Army** in **Heidelberg**. Drei GIs sterben.

27. 5. Erste Folge von **„Raumschiff Enterprise"** im ZDF. ▸

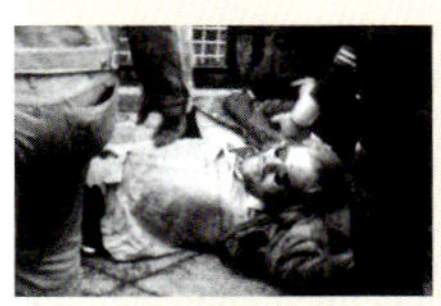

◂ 1. 6. Nach einer Schießerei mit der Polizei werden die RAF-Terroristen **Andreas Baader** (Foto), **Holger Meins** und **Jan Carl Raspe** in Frankfurt/Main verhaftet.

7. 6. Festnahme der Terroristin **Gudrun Ensslin** in Hamburg.

15. 6. Verhaftung der Terroristin **Ulrike Meinhof** in Hannover.

18. 6. Mit einem 3:0 über die Sowjetunion erkämpft sich die **westdeutsche Elf** in Brüssel die **Fußball-Europameisterschaft**.

28. 6. Nach einem 5:1 über Schalke 04 wird **Bayern München deutscher Fußballmeister**.

7. 7. Superminister **Karl Schiller** (SPD) tritt zurück, weil er die Verantwortung für die **zunehmende Staatsverschuldung** nicht mittragen möchte. Nachfolger wird Verteidigungsminister **Helmut Schmidt** (SPD).

14. 8. Beim **Absturz** einer **Iljuschin II-62** der Interflug sterben bei **Königswusterhausen** (DDR) 156 Menschen.

15. 9. Der dreifache Kindermörder **Erwin Hagedorn**, genannt der „Kinderschlitzer von Eberswalde" (DDR), wird durch **Genickschuss hingerichtet**.

9. 10. Beginn des Prozesses gegen den Astrologen und vierfachen Frauenmörder **Arwed Imiela** in Lübeck.

28. 10. Der erste **Airbus** (Typ 300 B) hebt ab.

5. 11. Letzte Vorstellung des Münchner Kabaretts **„Lach- und Schießgesellschaft"**.

7. 11. **Richard M. Nixon** wird erneut zum **US-Präsidenten** gewählt.

13. 11. Während des schlimmsten **Orkans** in **Norddeutschland** sterben 47 Menschen. ▸

19. 11. Bei den **Bundestagswahlen** wird die SPD zum ersten Mal stärkste Partei.

3. 12. 155 Menschen – darunter 144 Deutsche – kommen bei einem **Flugzeugunglück** der Spantax Airlines auf **Teneriffa** ums Leben.

◂ 6. 12. In **Wim Thoelkes** ZDF-Sendung **„3 x 9"** schmettert Bundes-präsident **Walter Scheel** das Volkslied „Hoch auf dem gelben Wagen".

10. 12. Der Köllner Schriftsteller **Heinrich Böll** erhält in Stockholm den **Nobelpreis** für Literatur. ▸

Am 5. September stürmen acht Terroristen das Quartier der israelischen Olympiamannschaft in München. Einer der vermummten Männer verhandelt vom Balkon des olympischen Dorfs mit Sicherheitskräften. Zwei Tage später werden die Leichen der getöteten Israelis in ihre Heimat geflogen (Foto links)

FOTOS: CHRISTIAN VON ALVENSLEBEN/FUJI, AP, B. HAUGSTAD/SCANPIX NORWAY/DANAPIX, ACTION PRESS, CINETEXT, ULLSTEIN-BILD, DPA, AKG, W. M.WEBER/TV-YESTERDAY

Die BLONDE LADY im Leoparden-Look wird ERSTE PRÄSIDENTIN im Parlament

zukommen lassen, damit er nicht für Barzel stimme. Mit derselben Summe – das belegen die von der CIA erworbene „Rosenholz-Dateien“ – bestach die Stasi den CSU-Abgeordneten Leo Wagner, was der bestreitet.

1996 wird Karl Wienand, einst Parlamentarischer Geschäftsführer der SPD-Fraktion, als DDR-Spion zu zweieinhalb Jahren Haft verurteilt. Von Wienand, so behauptet Steiner, habe er die 50 000 DM bekommen. Wienand hatte am Abend vor der Abstimmung Sekt für die SPD-Siegesfeier kalt stellen lassen.

*

Die XX. Olympischen Sommerspiele in München sollen „heitere Spiele“ werden – so heiter und liebenswert wie „Dackel Waldi“, Maskottchen der Jubiläumsspiele. Zur Eröffnung marschieren die bundesdeutschen Athleten zur Melodie von „Hoch auf dem gelben Wagen“ ins Olympiastadion ein.

Doch als sich am 11. September Sportler, Trainer und Funktionäre aus 122 Staaten zur Schlussfeier versammeln, leben 11 Teilnehmer der Eröffnungsfeier nicht mehr: Sie wurden Opfer eines Anschlags des Kommandos „Schwarzer September“.

Am frühen Morgen des 5. September nehmen acht schwer bewaffnete, vermummte Palästinenser elf Israelis im olympischen Dorf als Geiseln, zwei werden sofort niedergeschossen und sterben. **Von Israel wollen die Kidnapper die Freilassung von 232 inhaftierten Palästinensern erpressen, von Bonn die der RAF-Terroristen Andreas Baader und Ulrike Meinhof.** Israels Ministerpräsidentin Golda Meir lehnt ab. Jetzt verlangen die Terroristen ein Flugzeug, das sie nach Kairo fliegen soll. Als die acht Palästinenser mit ihren Geiseln in Helikoptern auf dem Fliegerhorst Fürstenfeldbruck landen, versucht die bayerische Polizei, die Gefangenen freizuschießen. Nach dem Feuergefecht sind die Geiseln, ein Polizist und fünf Terrorristen tot.

Nach einem Tag der Trauer entscheidet der Amerikaner Avery Brundage, Chef des Internationalen Olympischen Komitees: „The games must go on.“ Willi Daume, Präsident des Nationalen Olympischen Komitees, stimmt zu: „Es ist schon so viel gemordet worden. Wir wollten den Terroristen nicht erlauben, auch noch die Spiele zu ermorden.“

Stadionsprecher „Blacky“ Fuchsberger schildert in seinen Erinnerungen „Denn erstens kommt es anders ...“ (Bastei-Lübbe-Verlag) Daums Seelenzustand nach dem Drama: „Nie zuvor habe ich einen so mächtigen Mann so traurig erlebt. Sein Lebenswerk lag in Trümmern ... Die Spiele gingen weiter. Aber über allem lag nun ein Schleier der Trauer und der Angst vor weiteren Attentaten“.

Während der Schlussfeier erreicht Fuchsberger die Meldung, ein unbekanntes Flugzeug nähere sich dem Stadion, möglicherweise drohe ein Bombenabwurf. Was er nicht weiß: In Bonn hat der ebenfalls alarmierte Verteidigungsminister Georg Leber (SPD) zwei Starfighter losgejagt, um das mutmaßliche Terroristenflugzeug notfalls abzuschießen. Leber 2001 in einem BamS-Interview: „Zwei, drei Minuten, bevor ich den Befehl zum Abdrängen und notfalls zum Abschießen hätte geben müssen, wurde klar, dass es sich um eine verirrte finnische DC-8 handelte, deren Radar defekt war.“

28 Jahre nach München kommentiert Fuchsberger erneut Olympische Spiele – in seiner Wahlheimat Australien.

Der bunte Dackel Waldi ist das Maskottchen der zunächst „heiteren Spiele“ von München 1972, für die ein Plakat mit Hürdenläufern wirbt

Geschockt, aber formvollendet gratuliert Rainer Barzel (CDU) nach seinem misslungenen Misstrauensvotum Bundeskanzler Willy Brandt (SPD). Was beide wohl nicht wissen: Die Stasi hat heimlich mitgestimmt

WECKS KAISERSCHMAREN

Einen **Viertelliter Milch, zwei Eigelb**, etwas **Salz** und so viel **Mehl** verrühren, dass ein dickflüssiger Teig entsteht. Den Schnee der zwei Eiweiß darunterziehen. In zwei Esslöffeln heißer Butter beidseitig etwa fingerdick goldbraun backen. Mit zwei Gabeln in Stücke reißen, Puderzucker darüber sieben. Dazu **Pflaumenkompott** reichen.

Schauspieler Peter Weck („Ich heirate eine Familie“) in „Hörzu“ Nr. 32/72

Nach den vorgezogenen Wahlen am 19. November ist die SPD stärkste Fraktion im Bundestag. Mit Annemarie Renger (1919–2008) wird nun erstmals eine Frau Parlamentspräsidentin. Sie startete ihre politische Karriere als Sekretärin und Gefährtin von Kurt Schumacher, dem ersten SPD-Vorsitzenden nach dem Krieg. Wegen ihrer Vorliebe für exotische Pelze nennt der mächtige SPD-Poliker Herbert Wehner seine Genossin wenig charmant: „Ziege in Leopardenfell“

In seinem Katalog preist das Warenhaus „Konsument“ in Karl-Marx-Stadt (nach der Wiedervereinigung wieder Chemnitz) Uniformen für Junge Pioniere und FDJ (Freie Deutsche Jugend) an. Ein Hemd kostet 6,40 Mark, ein Rock 14 Mark

Was man heute Mailbox nennt, heißt 1972 Anrufbeantworter und ist ein klobiges Ding wie der Telefunken T 105 E, der mit einem Tonbandgerät verbunden werden muss

Autor Helmut Böger (Jahrgang 1949) als Jungjournalist in der Redaktion der „NRZ“ („Neue Ruhr-Zeitung“, Essen) Ende 1972. Pfeife raucht er immer noch, doch sein Barbarossa-Bart ist gestutzt und ergraut, die Haare trägt er deutlich kürzer, die Schlipse deutlich schmaler

DAS LESER-FOTO aus den 70ern

SPÜLEN STATT SPIELEN

Das Foto wurde 1975 in der Küche meiner Großeltern aufgenommen, als ich vier Jahre alt war. Damals habe ich, anders als heute, sehr gerne abgewaschen. Wenn das Geschirr in die Küche getragen wurde, habe ich immer gesagt: „Geht ihr mal ins Wohnzimmer, ich mach das schon.“ Wenn ich das Bild heute sehe, muss ich immer schmunzeln.

Julia Lass, Kiel

FOTOS: AKG, ULLSTEIN-BILD, TV-YESTERDAY, PRIVAT

Winfried Glatzeder und Angelica Domröse sind „Paul und Paula“ in einem Film über die Unsterblichkeit der Liebe. Die Domröse, damals 34 Jahre alt, wollte die Rolle unbedingt spielen, obwohl die „Paula“ im Drehbuch eine junge Frau Anfang zwanzig ist

1973

In PAUL UND PAULA treffen die „Puhdys“ den Ton der DDR-Jugend, ein JÄGERMEISTER schluckt Braunschweig, und sonntags bleiben die AUTOKÜHLER kalt

Wenn ein Mensch kurze Zeit lebt/
sagt die Welt, daß er zu früh geht/
Wenn ein Mensch lange Zeit lebt/
sagt die Welt, es ist Zeit, daß er geht.

„Maschine“ Birr, Sänger der DDR-Combo „Puhdys“, nölt diesen Refrain im damals schon unverwechselbaren „Maschine“-Style vor sich hin. Der Mann macht beim Singen fast alles falsch, **er atmet nicht richtig, er trifft kaum einen Ton, aber er trifft mit diesem Lied taktgenau den Nerv einer Generation**, es sind Millionen. Es sind diejenigen, die 1973 in der DDR 20 Jahre alt sind oder 30, vielleicht sogar 40. Viele von ihnen sehen den Film, der „Die Legende von Paul und Paula“ heißt, sie hören das Lied und können den Text auswendig, noch bevor im Kinosaal nach der Vorstellung die Lichter angehen:

Meine Freundin ist schön/
Als ich aufstand, ist sie gegangen/
Weckt sie nicht, bis sie sich regt/
Ich hab mich in ihren Schatten gelegt/.

Die meisten übrigens glauben, diese anrührenden Zeilen seien dem Filmautor und Dramatiker Ulrich Plenzdorf eingefallen. In Wahrheit stammen sie aus der Bibel, die in der sozialistischen DDR als Lektüre allerdings eher umstritten ist.

Der Film, eine tragische Liebesgeschichte zwischen zwei jungen Menschen, soll wegen freizügiger Szenen und systemkritischer Anspielungen kurz vor der Premiere am 29. März 1973 verboten werden. Hauptdarsteller Winfried Glatzeder verrät in seiner Autobiographie „Paul und ich“ (Aufbau-Verlag), wer zum Verteidiger der Kunstfreiheit wird: „Und erstaunlicherweise waren ausgerechnet bei diesem Film Honecker und sein Volk einmal einer Meinung. ‚Der läuft!‘, hatte der Staatsratsvor-

DIE CHRONIK VON 1973

◀ 3. 2. **Carmen Thomas** moderiert als erste Frau **„Das aktuelle Sportstudio“** im **ZDF**.

26. 2. Das Berliner Kammergericht verurteilt den Ex-Anwalt **Horst Mahler** wegen schwerer Raubüberfälle zu zwölf Jahren Haft.

8. 4. Der Künstler **Pablo Picasso** stirbt in Südfrankreich. ▶

10. 4. Wegen eines **Streiks der Drucker** erscheinen in der **Bundesrepublik** nur wenige Zeitungen.

1. 5. Die **„Zentralstelle für die Vergabe von Studienplätzen“** (ZVS) nimmt in Dortmund ihre Arbeit auf.

8. 5. Inhaftierte **RAF-Terroristen** beginnen einen **Hungerstreik**.

11. 5. Der Bundestag stimmt nach kontroversen Debatten dem **Grundlagenvertrag** mit der **DDR** sowie dem Gesetz über den Beitritt zur **Uno** zu.

18. 5. Beginn des Staatsbesuchs des sowjetischen Parteichefs **Leonid Breschnew** in der Bundesrepublik.

7. 6. **Willy Brandt** besucht als erster deutscher Regierungschef **Israel**.
Als erste Frau der Welt läuft **Renate Stecher** (DDR) die 100 Meter in 10,9 Sekunden.

9. 6. Zum vierten Mal gelingt es dem **FC Bayern München Deutscher Fußballmeister** zu werden.

12. 6. **Helmut Kohl**, Ministerpräsident von Rheinland-Pfalz, löst **Rainer Barzel** als CDU-Vorsitzenden ab.

1. 7. Gesetzliche **Gleichstellung** von **Zivil- und Wehrdienst** in **Westdeutschland**.

3. 7. Die europäischen Außenminister treffen sich zur ersten Sitzung der KSZE **(Konferenz für Sicherheit und Zusammenarbeit in Europa)**.

26. 7. Der Bundestag senkt die **Promillegrenze** von 1,3 auf 0,8.

11. 9. Chiles Präsident **Salvador Allende** erschießt sich beim Sturm putschender Militärs auf seinen Palast.

18. 9. Die **Bundesrepublik** und die **DDR** werden in die **Uno** aufgenommen.

20. 9. Die Bundesrepublik beschließt die **Notrufnummern 110** und **112** einzuführen.

30. 9. Das **ZDF** sendet die erste **„Rappelkiste“**.

1. 10. Die **Bundeswehr-Unis** in **Hamburg** und **München** beginnen ihren Lehrbetrieb.

3. 10. Ostberlin: Die Volkskammer wählt **Willi Stoph** zum Staatsrats- und **Horst Sindermann** zum Ministerratsvorsitzenden.

◀ 17. 10. Die österreichische Lyrikerin **Ingeborg Bachmann** stirbt in Rom an Brandverletzungen.

24. 10. Beim **Achtelfinale** des **Europapokals** spielen zum ersten Mal eine Mannschaft aus der Bundesrepublik und der DDR gegeneinander. **Bayern München** siegt über **Dynamo Dresden** mit 4:3.

9. 11. Eine **Strafrechtsreform** erlaubt zukünftig in Westdeutschland Herstellung und Verkauf von Pornos.

13. 11. Entführung von **Evelyn Jahn**, Tochter des „Wienerwald“-Gründers **Friedrich Jahn** in München.

14. 11. Bundespräsident **Gustav Heinemann** erklärt, er wolle nicht erneut kandidieren.

23. 11. **Anwerbestopp** für **Gastarbeiter** aus **Nicht-EG-Staaten**.

2. 12. **James Last** erhält seine 100. Goldene Schallplatte.

14. 12. Die FDP nominiert Bundesaußenminister **Walter Scheel** (FDP) für das Amt des Bundespräsidenten.

sitzende nach einer weiteren internen Begutachtung des Films die Verbotsvorschläge seiner Genossen entschieden abgelehnt – mit kleinen Auflagen: **Die Szene, in der Paul im Kampfgruppenanzug die Mütze vom Kopf geschlagen wird, musste entfallen. Dieses Attribut der Volksverteidigung mit dem Emblem der DDR durfte nicht dem Gelächter preisgegeben werden.“**

Ähnlich unflexibel wie die Genossen im Politbüro reagieren die Spitzenfunktionäre des Deutschen Fußball-Bunds (DFB), als der hoch verschuldete Bundesligist Eintracht Braunschweig sein Klub-Emblem, den Welfen-Löwen, gegen einen Hubertus-Hirsch tauschen möchte.

Die damals gigantische Summe von 500 000 Mark zahlt Kräuterschnaps-Krösus Günter Mast dafür, dass die Profi-Kicker zu Pionieren der Trikotwerbung werden und künftig mit dem Jägermeister-Logo über den Platz laufen. Die Vereinsmitglieder sind von der Idee geradezu berauscht, weiß der Vorsitzende Ernst Fricke: **„Als die hörten, was es dafür gibt, waren sie bereit, einen ganzen Zoo aufs Hemd zu malen.“**

Hans Paßlack, Generalsekretär beim DFB, sieht das Ganze humorloser und wirft Mast („Ich bin kein Freund des Sports“) vor, „aus unserem Verband eine Kneipe zu machen“. Am Ende setzen sich Mast und die Macht des Geldes durch, doch der DFB bleibt kleinlich bis zum Anpfiff: Statt des ursprünglich vorgesehenen 18-Zentimeter-Logos wird lediglich eine 14-Zentimeter-Variante genehmigt. Die Schiedsrichter, kein Witz, messen vor Anpfiff bei den Spielern mit dem Zollstock nach. Wirtschaftlich ist die Eintracht jetzt saniert, sportlich aber torkeln die Spieler mit dem Schnaps-

Meister wird der FC Bayern, Braunschweig wird nur Jägermeister und steigt in die Regionalliga ab. Torhüter Bernd Franke und Stürmer Hartmut Konschal machen sich für den neuen Sponsor zum Hirsch und lächeln gequält ...

Am Tag nach dem ersten Auto-Fahrverbot in Westdeutschland titelt BILD am 26. November 1973: „Das war ein mausetoter Sonntag“. Gelassen akzeptieren die Bürger die Fahrverbote

Bild
UNABHÄNGIG · ÜBERPARTEILICH
Montag, 26. Nov. 1973 · 20 Pf
Das war ein mausetoter Sonntag
Straßen in Stadt und Land ausgestorben • Volle Busse • Bei 40 000 Kontrollen nur wenige Verkehrssünder gefaßt
Nachrichten
Militär-Putsch! Athens Regime gestürzt
Pulmoll

FOTOS: HIPP-FOTO, IMAGO, GETTY IMAGES, AKG/AP

Ein EKEL wird TV-LIEBLING und PETER SCHOLL-LATOUR in Vietnam GEKIDNAPPT

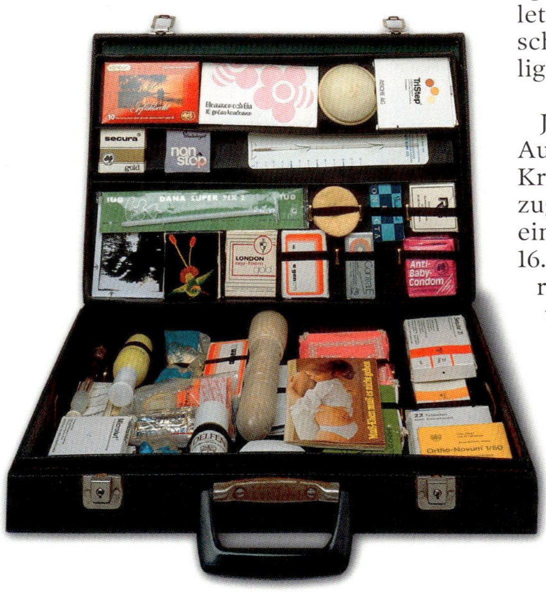

Ein Koffer voller Kondome, Pillen und Pessare. Damit ziehen 1973 Mitarbeiter von Pro Familia von Schule zu Schule, um Jugendliche aufzuklären, wie man Kinder kriegt – und wie nicht

Sponsor dem Verderben entgegen: Am letzten Spieltag der Saison steigt Braunschweig mitsamt Hirschen in die Regionalliga ab.

*

Jeder dritte Westdeutsche hat 1973 ein Auto, sagt die Statistik. 21,9 Millionen Kraftfahrzeuge sind in der Bundesrepublik zugelassen. Doch an vier Sonntagen hintereinander, am 25. November, am 2., 9. und 16. Dezember verbietet die Bundesregierung das Autofahren. Wer es dennoch tut und keine Ausnahmegenehmigung vorweisen kann, muss 500 DM Strafe zahlen. Mit erstaunlicher Gelassenheit nehmen die Zwangsfußgänger das Verbot hin, gehen auf autofreien Autobahnen spazieren, fahren mit dem Rad, spielen Fußball.

Der Grund für das Fahrverbot sind explodierende Ölpreise. Die Organisation Erdöl exportierender Länder (Opec) beschloss im Oktober während des Jom-Kippur-Kriegs, den Ägypten und Syrien gegen Israel vom Zaun gebrochen hatten, die Rohöl-Fördermenge drastisch zu reduzieren. Damit sollte der Westen für die Unterstützung Israels bestraft werden. Rasant steigt der Preis pro Barrel (159 Liter) Rohöl von drei auf mehr als fünf Dollar, ein Liter Superbenzin kostet 85 Pfennig.

1973 teuer, heute billig. 37 Jahre nach dem ersten Ölpreisschock kostet ein Liter Superbenzin in Deutschland meist mehr als 1,30 Euro, ein Barrel Rohöl fast 70 Dollar.

Doch die Zeitungsberichte von damals klingen ganz aktuell. So schreibt das „Hamburger Abendblatt" am 18. Dezember 1973, es sei „einleuchtend, daß gerade für den Nahverkehr sich der elektrische Kraftfahrzeugbetrieb eigne." Der „Spiegel" stellt am 3. Dezember 1973 fest: „Die bedrängten deutschen Autohersteller profitieren von einem Kleinwagen-Boom, den die Ölkrise in Amerika entfacht hat."

*

Nicht ohne Neid verballhornen die Kollegen in der Mainzer ZDF-Zentrale den Namen ihres reiselustigen Chefkorrespondenten Peter Scholl-Latour zu „Scholl auf Tour". Im August 1973 ist er, wieder mal, auf Tour im umkämpften Vietnam.

Er kennt die Gefahren, auf die er sich in dem geteilten Land einlässt. Die USA ziehen im Frühjahr 1973 ihre Soldaten zurück. Henry Kissinger, Sicherheitsberater von US-Präsident Richard Nixon, prophezeit, Südvietnam könne der kommunistischen „Nordvietnamesischen Volksarmee" (NVA)

Nach dem Tod von Walter Ulbricht († 80) am 1. August 1973 lesen Angehörige der Freien Deutschen Jugend (FDJ) in der Parteizeitung „Neues Deutschland" Nachrufe auf den ehemaligen DDR-Staatsratsvorsitzenden. Besonders traurig schauen sie nicht drein. Die SED-Zeitung mit dem Slogan „Proletarier aller Länder vereinigt euch" titelt: „Das Kämpferleben des Genossen Walter Ulbricht hat sich vollendet"

Mutig berichtet ZDF-Chefkorrespondent Peter Scholl-Latour 1973 aus dem Kriegsgebiet Vietnam/Kambodscha. Im August gerät er in Gefangenschaft, wird verdächtigt, ein Spion der USA zu sein. Nach einer Woche kann er die kommunistischen Kämpfer davon überzeugen, dass er Journalist ist und kommt frei

SEPP MAIERS „HAPPY-PARTY-FISCH"

Pro Person eine bratfertige Forelle innen und außen salzen, pfeffern, reichlich mit Zitronensaft beträufeln. In jede Forelle ein halbes Sträußchen Petersilie legen, die Fische jeweils in fünf Blatt eingeweichtes Zeitungspapier fest einwickeln. Auf dem Grill in etwa 15 Minuten garen, dabei vorsichtig wenden. Auf eine Platte legen, die äußeren Papierschichten lösen, die letzten beiden mit der Forellenhaut abziehen, Fisch nachwürzen.

Rezept von Nationaltorwart Sepp Maier aus der „Hörzu"-Kochserie „Aufgedeckt, was Meistern schmeckt" (Nr. 27, 1973)

sowie den Vietcong-Partisanen längstens 18 Monate lang widerstehen.

Scholl-Latour und sein Kamerateam sind etwa 40 Kilometer nördlich von Saigon unterwegs. Nahe der Nationalstraße 13 will er einen Kommentar in die Kamera sprechen, als Partisanen auftauchen und die ZDF-Männer gefangen nehmen. Kaltblütig begrüßt Scholl-Latour die Vietnamesen per Handschlag. Er weiß: „Ein Hände schüttelnder Bewaffneter kann nicht schießen." Angst, versichert Scholl-Latour in einem Gespräch mit der BILD am SONNTAG, habe er nicht gehabt: **„Ich kannte die Vietnamesen und wusste, dass sie uns nicht foltern oder erschießen würden."** Die Kämpfer finden schnell heraus, dass ihre Gefangenen nicht wie vermutet, US-Agenten sind. Von da werden sie wie Gäste behandelt, dürfen sogar drehen. Als sie nach einer Woche freikommen, umarmen sie die Soldaten. „Es war ein Moment ehrlicher Ergriffenheit", erinnert sich der Reporter.

STEFFI LIBERTY

Ende der 70er arbeitete ich als Technical Manager in Greenville/South Carolina (USA). Einige Wochen lang besuchte mich meine Familie. Bei einem Ausflug nach New York entstand das Foto auf Liberty Island, auf dem unsere Tochter Steffi mit der Freiheitsstatue konkurriert.

Klaus Heidan, Krefeld

DAS LESER-FOTO aus den 70ern

Lief zuerst in den dritten Programmen und hat am letzten Tag des Jahres ARD-Premiere: „Ein Herz und eine Seele" mit Krekel, Wiedemann, Krebs und Heinz Schubert als „Ekel Alfred"

FOTOS: IMAGO, TELE WINKLER+BUNK, CINETEXT, DEUTSCHES HYGIENE-MUSEUM,EPD, PRIVAT

1974

Der „Lange“ und sein Kaiser: Franz Beckenbauer und Nationaltrainer Helmut Schön Arm in Arm nach dem 2:1-Finalsieg der (West-)Deutschen Nationalmannschaft am 7. Juli in München über Holland. Der Mann mit dem Mikro im Hintergrund ist Dieter Kürten vom ZDF, auch er längst eine Legende

OST besiegt WEST – aber West wird trotzdem FUSSBALLWELTMEISTER, die STASI stürzt Willy Brandt, und im Fernsehen flirtet Romy mit einem EX-BANKRÄUBER

Noch heute ist Jürgen Sparwasser davon überzeugt, das bedeutendste Tor seiner Karriere am 20. April 1974 geschossen zu haben: „Das 2:0 gegen Sporting Lissabon im Halbfinale des Europapokals der Pokalsieger.“

Das sieht der Rest der Fußballwelt entschieden anders: Die kennt ihn nicht als Stürmer des durchaus ruhmreichen 1. FC Magdeburg, sondern als den dunkelhaarigen Mann mit der Nummer 14 auf dem Rücken, der am 22. Juni 1974 um 21.03 Uhr im WM-Vorrundenspiel für die Nationalmannschaft der DDR das 1:0 erzielt. **Gegen die Nationalmannschaft der BRD. „Ein Schuss“, so steht es martialisch auf Sparwassers Website, „traf mitten ins Herz der westdeutschen Republik.“**

Es geht aber natürlich auch weniger kriegerisch. Originalton Sparwasser: „Ich bekam den Ball nach einem Pass kurz vor dem Strafraum in den Lauf. Lief weiter, bis Sepp Maier vor mir auftauchte, trickste ihn mit einem angetäuschten Schuss aus und machte den Ball rein.“

Es bleibt bei diesem einen Tor und bei der Niederlage Deutschland-West gegen Deutschland-Ost. Franz Beckenbauer (Kapitän der Mannschaft Deutschland-West, die später Weltmeister wird) glaubt, dass ausgerechnet Sparwasser daran entscheidenden Anteil hat: „Eigentlich gehört ihm eine Medaille. Der hat uns mit seinem Tor rechtzeitig wachgerüttelt.“

Jürgen Sparwasser selbst erntet für den Treffer viel Lob, aber noch mehr Neid. Es werden Gerüchte gestreut, er habe ein Auto, ein Haus, eine Wahnsinnsprämie bekommen. Nichts davon ist wahr. 1979 muss er seine Karriere wegen einer kaputten Hüfte beenden, neun Jahre später setzt er sich mit Frau Christa in den Westen ab. **Das Trikot mit der Rückennummer 14 besitzt er übrigens nicht mehr, es hängt im Bonner „Haus der Geschichte“ der Bundesrepublik Deutschland.**

★

Bonn, Montag, der 6. Mai 1974, morgens. Bundeskanzler Willy Brandt (SPD) tritt ans Fußende des Ehebetts im Schlafzimmer seiner gemieteten Villa am Kiefernweg 12

Wirken nicht besonders helle, winken aber freundlich: Tip und Tap, offizielle Maskottchen der WM 74

Hamburg, 22. Juni, 21.03 Uhr: Sparwasser läuft Berti Vogts davon, verlädt Sepp Maier, trifft zum 1:0

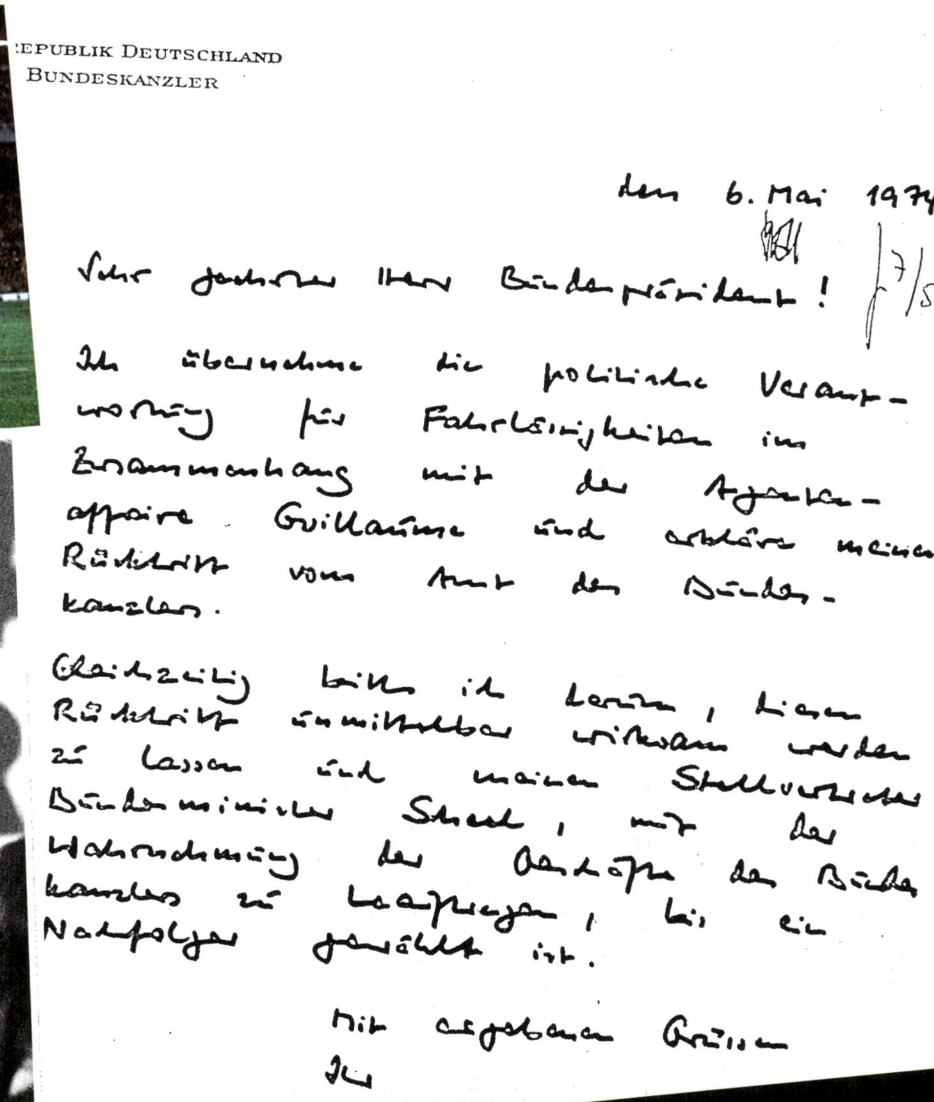

EPUBLIK DEUTSCHLAND
BUNDESKANZLER

den 6. Mai 1974

Sehr geehrter Herr Bundespräsident!

Ich übernehme die politische Verantwortung für Fahrlässigkeiten im Zusammenhang mit der Agentenaffaire Guillaume und erkläre meinen Rücktritt vom Amt des Bundeskanzlers.

Gleichzeitig bitte ich darum, diesen Rücktritt unmittelbar wirksam werden zu lassen und meinen Stellvertreter, Bundesminister Scheel, mit der Wahrnehmung der Geschäfte des Bundeskanzlers zu beauftragen, bis ein Nachfolger gewählt ist.

Mit ergebenen Grüssen
Ihr

▲ **Zwei Jahre lang arbeitet Günter Guillaume (1927–1995) offiziell als persönlicher Referent für Bundeskanzler Willy Brandt (Foto oben) und im Geheimen als Spion für die Staatssicherheit Hauptabteilung Aufklärung der DDR. Am 24. April werden Guillaume und seine Ehefrau Christel verhaftet. In einem mit der Hand geschriebenen Brief an Bundespräsident Gustav Heinemann übernimmt Brandt „die politische Verantwortung" und erklärt seinen Rücktritt. Brandts Rücktrittsschreiben befindet sich heute im „Haus der Geschichte" in Bonn – ebenso wie das Trikot mit der Rückennummer 14 des DDR-Nationalspielers Jürgen Sparwasser**

Eine kurze Szene, die in die Fernsehgeschichte eingeht: Romy Schneider, in der Welt ein Star, für Deutschland noch immer Kaiserin „Sissi" von Österreich, in der Talkshow „Je später der Abend". Neben ihr: Burkhard Driest, Bürgerschreck, ehemaliger Bankräuber, Buchautor. Romy legt ihm die Hand auf den Arm: „Sie gefallen mir. Sie gefallen mir sehr . . ." ►

Die Unzertrennlichen: Derrick (Horst Tappert) und Harry (Fritz Wepper), der ewige Assistent. Auch noch im Team, aber fast vergessen: Willy Berger (Willy Schäfer) und – bis 1977 – „Melissa“-Star Günther Stoll als Schröder

▲ Mitte Oktober eröffnet Ikea in Eching bei München sein erstes „unmögliches Möbelhaus aus Schweden“, so die Eigenwerbung. Heute gibt es 45 allein in Deutschland

Schlager des Jahres ist Vicky Leandros’ Ohrwurm „Theo, wir fahr’n nach Lodz“. 27 Wochen fährt Theo in den Hitparaden und landet auf Platz 1. der Jahrescharts

Kaum hat „DERRICK“ den „KOMMISSAR“ ersetzt, wird er mit HÄME beschossen

auf dem Bonner Venusberg und erklärt seiner Frau Rut lapidar: „Ich werde heute zurücktreten.“ Ihre Antwort: „Das finde ich richtig. Einer muss die Verantwortung auf sich nehmen.“ Mehr, so schildert sie in ihrem Buch „Freundesland“, wurde nicht gesprochen. Brandt selbst schreibt in seinen „Erinnerungen“: „Zwingend war der Rücktritt nicht, auch wenn der Schritt mir damals unausweichlich erschien.“

Zwölf Tage vor dem Kurz-Dialog im Schlafzimmer des Bundeskanzlers waren sein persönlicher Referent, Günter Guillaume, und dessen Frau Christel als Spione verhaftet worden. Guillaume gab ohne Umschweife zu: „Ich bin Bürger der DDR und ihr Offizier. Respektieren Sie das!“

Guillaumes Enttarnung als Stasi-Spion wäre kein Grund für einen Rücktritt des Kanzlers der Entspannungspolitik („Wandel durch Annäherung“) gewesen. Doch Vernehmungen der Sicherheitsbeamten nähren den Verdacht, Brandt sei „erpressbar“. Der Verräter wisse von „Frauengeschichten“ des Kanzlers und werde sie im Prozess offenbaren.

Eine dubiose Rolle spielt der Präsident des Bundesamtes für Verfassungsschutz, Günter Nollau. Er fürchtet „peinliche Details“, die geeignet seien, Bundesregierung und Bundesrepublik „bis auf die Knochen“ zu blamieren. „Ein Produkt blühender Fantasie“, wie Brandt rückschauend feststellt.

Am Wochenende des 4. und 5. Mai trifft sich die SPD-Führung zum Krisengipfel in der Friedrich-Ebert-Stiftung in Münstereifel. Der politisch angeschlagene, zu Depressionen neigende Brandt erklärt, er werde die politische Verantwortung übernehmen.

Er hofft wohl auf Zuspruch und Rückhalt des SPD-Fraktionsvorsitzenden Herbert Wehner, der zu DDR-Chef Erich Honecker spezielle und bis heute nie geklärte Beziehungen unterhält. Doch der undurchsichtige Wehner „hält sich sehr zurück“, so Brandt. Nur Finanzminister Helmut Schmidt versucht, dem Kanzler den Rücktritt auszureden – vergeblich.

Zurück aus Münstereifel, verfasst Brandt mit der Hand sein Rücktrittsgesuch an Bundespräsident Gustav Heinemann. **Nachfolger als Bundeskanzler wird der bisherige Finanzminister Helmut Schmidt, der zugibt, vor dem Amt des Regierungschefs „Schiss“ zu haben.**

1975 wird Guillaume wegen schweren Landesverrats zu 13 Jahren Gefängnis verurteilt, seine Frau zu acht.

2003, elf Jahre nach dem Tod des von den Sozialdemokraten verehrten Willy Brandt, dreht Oliver Storz einen Film über die Guillaume-Affäre. Titel: „Schatten der Macht“. Den Spion im Kanzleramt spielt des Kanzlers jüngster Sohn, Matthias Brandt.

★

1974 kommen die ersten Playmobil-Figuren in die Geschäfte und Kinderzimmer – zu Taschengeldpreisen: Dieser Indianer kostet 2,29 DM. Insgesamt wurden 2,2 Milliarden Figürchen hergestellt, allein im Juni 2009 macht Ebay mit Playmobil-Produkten einen Umsatz von 1,48 Millionen Euro

DIE CHRONIK VON 1974

◄ 1. 1. Ostdeutschland führt als Autokennzeichen **DDR** ein statt.

14. 1. Wegen „kapitalistischer Mentalität“ dürfen in der Volksrepublik China Werke von **Beethoven** und **Schubert** nicht mehr gespielt werden.

17. 1. **Uri Geller** verbiegt angeblich dank übersinnlicher Kräfte in der TV-Show „Drei mal neun“ Besteck. ►

12. 2. Die Sowjetunion weist den Literaturnobelpreisträger **Alexander Solschenizyn** aus.

13. 2. Die Bezüge im **öffentlichen Dienst** steigen um 11 Prozent.

14. 2. **Udo Lindenberg** und sein „Panik-Orchester“ beginnen ihre Deutschland-Tournee.

22. 3. Die Bundesrepublik senkt die **Volljährigkeit** von 21 auf 18 Jahre.

◄ 29. 3. Beginn der Serienfertigung des Käfer-Nachfolgers **Golf I.**

1. 5. Das Kraftfahrtbundesamt beginnt mit der Aufzeichnung von Punkten für **Verkehrssünden.**

2. 5. Die Bundesrepublik und die DDR richten gegenseitig Botschaften ein, die **„Ständige Vertretung“** heißen, da für Bonn die DDR kein Ausland ist.

8. 5. Der **FC Magdeburg** gewinnt den Europapokal der Pokalsieger.

15. 5. Wahl des bisherigen Bundesaußenministers **Walter Scheel** (FDP) zum Bundespräsidenten.

16. 5. **Helmut Schmidt** (SPD), bislang Bundesfinanzminister, wird zum Bundeskanzler gewählt. Er setzt die Koalition mit der FDP fort. **Hans-Dietrich Genscher** wechselt vom Innen- ins Außenministerium. (Foto: Schmidt und Ehefrau Loki) ►

17. 5. Bayern München gewinnt den **Europapokal** der Landesmeister.

4. 6. Der Student **Ulrich Schmücker** wird in West-Berlin von Terroristen der „Bewegung 2. Juni“ als Verräter ermordet.
Der Bundestag überstimmt den Einspruch des Bundesrats und legalisiert die **Abtreibung** in den ersten drei Monaten der Schwangerschaft. Am 21. 6. setzt das Bundesverfassungsgericht die **Fristenlösung** aus.

26. 6. Zusammenbruch der Kölner **Herstatt-Bank**.

4. 7. Aus Protest gegen Etat-Kürzungen tritt Entwicklungshilfeminister **Erhard Eppler** (SPD) zurück. Nachfolger wird Egon Bahr (SPD).

29. 7. Der Schriftsteller **Erich Kästner** („Fabian“, „Das doppelte Lottchen“) stirbt in München.

9. 8. US-Präsident Richard **M. Nixon** tritt zurück. Vize Gerald Ford zieht ins Weiße Haus ein.

◄ 25. 9. **Mildred Scheel**, Ehefrau des Bundespräsidenten, gründet die Deutsche Krebshilfe.

1. 10. Die FDP wählt **Hans-Dietrich Genscher** zu ihrem Vorsitzenden.

9. 11. RAF-Häftling **Holger Meins** stirbt an den Folgen eines Hungerstreiks.

10. 11. Der Berliner Kammergerichtspräsident **Günter von Drenkmann** wird ermordet.

29. 11. **Horst Mahler** und **Ulrike Meinhof** erhalten wegen der Befreiung von **Andreas Baader** langjährige Freiheitsstrafen.

20. 11. Absturz eines **Lufthansa-Jumbos** in Nairobi (Kenia). 98 von 157 Menschen an Bord überleben.

KOTELETTS SCHWEDISCH

Vier Schweinekoteletts salzen, pfeffern, mit Senf bestreichen. In etwas Öl knusprig braun braten, warm stellen. Im Bratfond eine fein gehackte Zwiebel drei Minuten rösten, den Saft einer Orange, einen Esslöffel Tomatenmark, zwei Esslöffel gehackte Petersilie und einen Schuss Weißwein hineinrühren. Drei Minuten kochen, unterdessen auf den Koteletts vier Orangenscheiben und einige geröstete Mandeln verteilen. Mit der Soße und körnig gekochtem Reis zu Tisch bringen.

Aus der Rubrik „Küche“, „Hörzu“ Nr. 28, 1974

DAS LESER-FOTO aus den 60ern

SOMMER-SKETCH

Während unser Zerstörer „Hessen“ 1975 im Trockendock bei Blohm + Voss in Hamburg lag, hatten wir Matrosen einen kurzen Auftritt in der ZDF-Sendung „Disco 75“ mit Elke Sommer und Ilja Richter. Ein schönes Erlebnis! Dort entstand anschließend dieses Foto. Ich bin der in der Mitte der unteren Reihe.
Arnold Lind, Papenburg (Emsland)

Am Anfang steht der Spott. Kaum eröffnet der Schwede Ingvar Kamrad am 14. Oktober 1974 in Eching nahe München sein erstes „unmögliches Möbelhaus“ auf deutschem Boden, wird gewitzelt: „Legal, Illegal, Ikearegal.“ Dass Deutsche Geld für Möbel mit komischen Namen wie Bosse, Ivar, Uffe ausgeben, die sie selbst zusammenbasteln müssen, stößt auf Skepsis.

„Die Konkurrenten in der Münchner Region waren sich einig, dass sich Mitnahmemöbel nicht verkaufen lassen“, erinnert sich Margarete „Gretl“ Dippold heute an ihren ersten Arbeitstag im Laden mit dem Elch-Symbol. „Die Leute dachten, da kommen ein paar ausgeflippte Schweden und wollen uns Apfelsinenkisten verkaufen“, so Gretl Dippold, die 33 Jahre lang für **I**ngvar **K**amprad aus **E**lmtaryd in **A**gunnaryd – die Anfangsbuchstaben bilden den Kunstnamen Ikea – gearbeitet hat.

Aus dem einen Ikea-Haus in Eching sind 45 in ganz Deutschland geworden, weltweit 299. Der Bauernjunge Ingvar gilt mit einem Vermögen von 22 Milliarden US-Dollar (so „Forbes“) als fünftreichster Mann der Welt. Als Gretl Dippold in Rente geht, bekommt sie einen persönlichen Brief von Ingvar. Denn bei Ikea duzt man sich.

★

Wenngleich im Rollen- wie auch im wirklichen Leben ein Herr von distanzierten Umgangsformen, pflegt auch Oberinspektor Stephan Derrick (Horst Tappert) beim dienstlichen Umgang mit untergeordneten Mitarbeitern (Inspektor Harry Klein) das vertrauliche Du. So ist das bereits in der allerersten „Derrick“-Folge, die das ZDF am 20. Oktober 1974 ausstrahlt. Sie heißt „Waldweg“, und Wolfgang Kieling, dessen diabolische Aura schon Alfred Hitchcock faszinierte, gibt zur Premiere den Mörder.

Kielings darstellerische Leistung ist freilich das Einzige, was der Kritik lobenswert erscheint, „Der Spiegel“ zum Beispiel möchte den neuen TV-Ermittler am liebsten sofort in Pension schicken: „‚Derrick‘ ist schon am Beginn seines Serienlebens so morsch wie ‚Der Kommissar‘, den er doch ersetzen sollte, am Ende des seinen.“

Viel zu früh gehämt. Als sich „Derrick“ im Oktober 1998 nach 281 Folgen tatsächlich verabschiedet (laut Drehbuch wechselt er nach Brüssel), tut er das als erfolgreichster deutscher TV-Export aller Zeiten. In über 100 Länder verkauft das ZDF den niemals beförderten Oberinspektor, und Autor Herbert Reinecker erzählt, wie zum Beweis, gern vom „Brief einer Australierin, die auf dem Jangtse mit Chinesen über Derrick gesprochen hat“.

Reinecker übrigens hat in seinem langen Autorenleben vieles erfunden und fast alles geschrieben, eins jedoch niemals: „Harry, hol schon mal den Wagen!“, der Satz, der für Millionen Fans als Markenzeichen Derricks gilt, stammt nachweisbar nicht aus Reineckers Schreibmaschine.

FOTOS: PRESSEFOTO BAUMANN/AUGENKLICK, GETTY IMAGES, IMAGO, ULLSTEIN-BILD, J. H. DARCHINGER

1975

Der CDU-Politiker PETER LORENZ wird entführt, die KESSLER-ZWILLINGE ziehen sich für den „Playboy“ aus, und die DDR verbietet der Band RENFT das Rocken

Dieses Foto des entführten Berliner CDU-Politikers Peter Lorenz bewegt die Bundesregierung zum Nachgeben. Die „Bewegung 2. Juni“ schafft es damit, sechs Terroristen freizupressen. An Bord einer Lufthansa-Maschine fliegen sie, begleitet vom ehemaligen Regierenden Bürgermeister von Berlin, Heinrich Albertz (SPD), in den Jemen (kleines Foto). Lorenz kommt nach mehr als einer Woche frei ▼

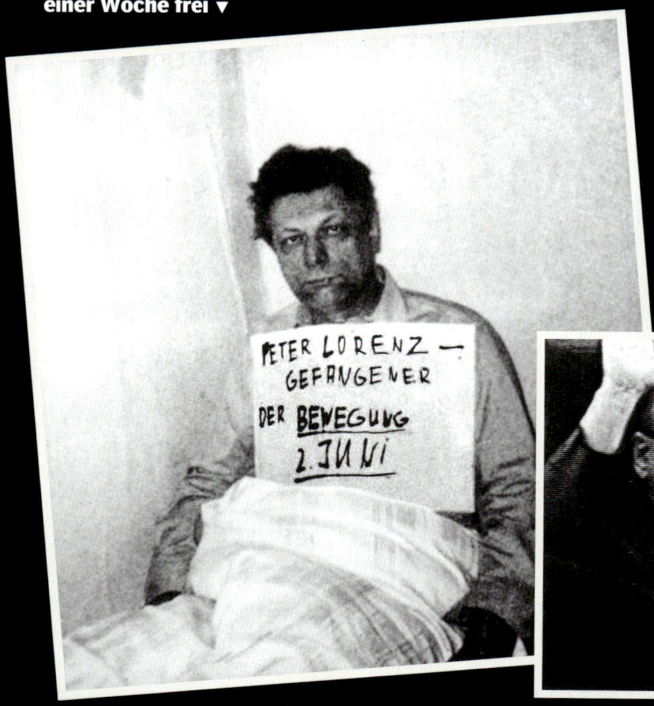

Die italienische Ausgabe des „Playboy“ mit den nackten Kessler-Zwillingen ist in wenigen Stunden ausverkauft. Dass Alice und Ellen Kessler (damals knackige 39) gerade dabei sind, mit Bert Brechts „Die sieben Todsünden“ vom Unterhaltungsgenre ins ernste Fach zu wechseln, ist nahezu vergessen

DIE CHRONIK VON 1975

1. 1. Das **„Jahr der Frau“** beginnt.
Die **Volljährigkeit** für Bundesbürger sinkt von **21** auf **18** Jahre.
Alle **DDR-Zeitungen** stellen wegen der hohen Papierpreise ihre **Sonntagsausgaben** ein.

16. 1. CSU-Chef **Franz Josef Strauß** trifft in Peking den chinesischen KP-Chef **Mao Tse-tung**.

◄ 20. 1. **Oskar Fischer** heißt der neue DDR-Außenminister.

23. 1. Für zwei Milliarden Mark verkaufen **Muck** und **Mick Flick** ihre ererbten **Daimler-Aktien** an die **Deutsche Bank**.

1. 2. Weil die alten ► **5-DM-Münzen** nicht fälschungssicher sind, bringt die Bundesbank neue heraus. Materialwert: 22 Pfennig.

5. 2. Nach fünf Monaten beenden die **RAF-Häftlinge** ihren **Hungerstreik**.

9. 2. Eine **Transall** der Bundeswehr zerschellt in Kreta beim Landeanflug: **42 Tote**.

25. 2. Das **Bundesverfassungsgericht** kassiert die vom Bundestag beschlossene **Fristenlösung** bei Abtreibungen als **verfassungswidrig**.

16. 3. Verbot von **Autoreifen** mit **Spikes** in **Westdeutschland**.

4. 4. **Bill Gates** und **Paul Allen** gründen in Redmond (USA) **Microsoft**.

21. 5. Beginn des Prozesses gegen **Andreas Baader, Gudrun Ensslin, Ulrike Meinhof** und **Jan Carl Raspe** in Stuttgart. Sie werden u. a. des 4fachen Mordes und 54fachen Mordversuchs beschuldigt.
Borussia Mönchengladbach holt mit einem 5:1 über **Twente Enschede** erstmals den **UEFA-Cup**.

28. 5. Der **FC Bayern München** verteidigt mit einem 2:0 über **Leeds United** den **Europapokal der Landesmeister**.

5. 6. Bundesforschungsminister **Hans Matthöfer** (SPD) weiht in Aachen das erste **Wohnhaus** mit **Sonnenkollektoren** ein. ►

8. 6. **41 Menschen** sterben bei einem **Zugunglück** nahe **München**.

14. 6. **Borussia Mönchengladbach** ist **Deutscher Fußballmeister**.

19. 6. Die CDU nominiert **Helmut Kohl,** Ministerpräsident von Rheinland-Pfalz, zum **Kanzlerkandidaten**.

8. 7. Erster Besuch eines israelischen Ministerpräsidenten in der Bundesrepublik. **Yitzhak Rabin** legt einen Kranz im KZ Bergen-Belsen nieder.

10. 10. Premiere des Films **„Die verlorene Ehre der Katharina Blum“** nach einer Erzählung von **Heinrich Böll**.

10. 10. Nach 14 Monaten Trennung geben sich die Filmstars **Elizabeth Taylor** und **Richard Burton** erneut das Jawort. ►

5. 11. **Abgeordnetendiäten** müssen versteuert werden, entscheidet das **Bundesverfassungsgericht**.

15. 11. In **Rambouillet** (Frankreich) beginnt der **erste Weltwirtschaftsgipfel** mit Repräsentanten von sechs Staaten.

15. 12. **Günter Guillaume** wird wegen Spionage im Kanzleramt für die DDR zu 13 Jahren Haft verurteilt, seine **Frau Christel** zu acht.

31. 12. Im Jahresdurchschnitt sind **1 074 217 Bundesbürger arbeitslos**, 1974 waren es 582 481.

Gentlemanlike ist es nicht, wie der italienische „Playboy“ über Alice und Ellen Kessler, damals je 39 und das berühmteste Zwillingspaar im Showgeschäft, lästert: „Die Kesslers sind nicht mehr die Jüngsten und nicht mehr die Schönsten.“ Das sieht der bekannte römische Fotograf Angelo Frantoni anders. Er überredet die Kessler-Zwillinge, sich für den „Playboy“ und für 20 000 Dollar auszuziehen. Ellen ist zu der optischen Gegendarstellung in dem Nackedei-Heft, das sie zuvor beleidigt hat, bereit. Sie überzeugt die etwas schüchterne Alice zum Hüllen-Fallenlassen. **Egal, was sie tun, die Kesslers mit den Gleichmaßen 94-62-95 gibt es nur im Doppelpack.**
Als der „Playboy“ Italia mit den Kesslers so erscheint, wie Gott die beiden 1936 im sächsischen Nerchau erschaffen hat (na ja, ein bisschen erwachsener schon), ist das Heft „innerhalb von drei Stunden vergriffen“, wie sich Ellen Kessler viele Jahre später in Reinhold Beckmanns Talkshow stolz erinnert, „wir waren damals die teutonischen Deutschen, hatten aber nie so viel gezeigt“.

★

Geschichte ist gelegentlich zynisch. In West-Berlin herrscht Wahlkampf ums Abgeordnetenhaus. Die CDU gibt eine Anzeige mit dem Porträt ihres Landesvorsitzenden Peter Lorenz (1922 bis 1987) auf. Darunter die nach wie vor aktuelle Feststellung: „Berliner leben gefährlich.“ Bundeskanzler Helmut Schmidt (SPD) spottet: „Peter Lorenz, der das verantwortet, diesen Unfug, muss sich offenbar nachts in seiner Wohnung ängstigen.“
70 Stunden vor der Wahl ängstigt sich Deutschland um das Leben von Peter Lorenz.
Am Donnerstag, 27. März 1975, 8.55 Uhr, wird der Mercedes des CDU-Spitzenkandidaten für das Amt des Regierenden Bürgermeisters nur wenige 100 Meter von seinem Haus in Zehlendorf entfernt von einem Fiat gerammt, Lorenz gekidnappt. 24 Stunden später geht ein Polaroid-Foto bei der Deutschen Presse-Agentur ein. Es zeigt den gedemütigten Politiker mit einem Schild, auf dem steht: „Peter Lorenz – Gefangener der Bewegung 2. Juni“. Gleichzeitig taucht ein Flugblatt mit einem bösen Gedicht auf:

„An einem schönen Donnerstag
Es hatte gerade getaut
da wurde Peter Lorenz
aus Zehlendorf geklaut
und er kam gleich in die Kiste
und allmählich wurd' ihm klar
dass er nun ein Gefangener
des 2. Juni war.“

Deutschland erlebt die erste Entführung eines Politikers durch Terroristen. Sechs Gesinnungsgenossen wollen sie freipressen.
Nachgeben oder hart bleiben? Diese Frage wird im erstmals gebildeten großen Krisenstab im Bonner Kanzleramt hin und her erörtert. Schließlich entscheidet die Bundesregierung, „die Rettung des Lebens von Peter Lorenz über

Wegen kritischer Texte erhält die Leipziger Band „Renft“ im September 1975 Berufsverbot. Auf dem Foto: Thomas Schoppe mit Gitarre und Peter Kschentz

◄ **Im Januar 1975 bekommt der Ungar Erno Rubik das Patent auf seinen Zauberwürfel. Millionen unterhält er und bringt viele zur Verzweifelung beim Versuch, einen verdrehten „Rubik's Cube“ in die Ausgangslage zu bringen.**

Mit seinem bis heute gern gehörten (und mitgesungenen) Hit „Griechischer Wein" stürmt Udo Jürgens 1975 die Hitparade – und sorgt für diplomatische Verwicklungen mit der Türkei

Udo Jürgens' Hit GRIECHISCHER WEIN verärgert Hans-Dietrich Genschers türkische Gäste

die Staatsräson zu stellen", wie Bundesinnenminister Werner Maihofer (FDP) formuliert. Der ehemalige Regierende Bürgermeister von Berlin, Heinrich Albertz (SPD), besteigt zusammen mit den sechs Freigepressten eine Lufthansa-Maschine mit Ziel Jemen. Das Fernsehen überträgt live. In Aden verkündet Albertz das vereinbarte Codewort: **„So ein Tag, so wunderschön wie heute."** Wenig später, am 4. März, kommt Lorenz, der die ganze Zeit in einem Keller im Stadtteil Kreuzberg ausharren musste, frei. Seine CDU war bei den Berliner Wahlen zwei Tage zuvor mit 43,9 Prozent stärkste Fraktion im Abgeordnetenhaus geworden.

Bundeskanzler Schmidt erklärt gleich nach Lorenz' Wiederauftauchen, der Staat dürfe sich nicht noch einmal erpressen lassen. Als zwei Monate später die RAF die westdeutsche Botschaft in Stockholm überfällt, um 26 Terroristen freizupressen, bleibt die Bundesregierung hart. Zwei deutsche Diplomaten sterben.

★

Es ist nur ein Lied. Doch die „Rockballade vom kleinen Otto" trifft auch 14 Jahre nach dem Mauerbau den Nerv der DDR-Machthaber. Um das Tabuthema „Republikflucht" geht es in dem Lied, das der „Klaus Renft Combo" ein Berufsverbot einträgt. In dem Text von Gerulf Pannach heißt es: „Seine Kinderjahre/Lagen ihm im Magen/Wie Steine, doch er weint nicht mehr /Manchmal sagte Otto/Leben ist wie Lotto/Doch die Kreuze macht ein Funktionär." Der kleine Otto, so geht die Ballade weiter, hat eine große Sehnsucht nach Hamburg, haut ab, wird gefasst. Die traurige letzte Strophe: „Nach dem Tütenkleben/Wollte er nicht mehr leben/Er fuhr nach Wittenberge rauf/Und ging in die Elbe/Die Stelle war dieselbe/Vielleicht taucht er in Hamburg wieder auf."

Bereits 1975 mangelt es in der Bundeswehr an Medizinern. Deshalb stellt Verteidigungsminister Georg Leber (SPD) im Herbst erstmals weibliche Sanitätsoffiziere ein. Modeschöpfer Heinz Oestergaard entwirft die Uniformen für die Stabsärztinnen

Art Car Collection nennt BMW 16 von weltbekannten Künstlern wie Frank Stella, Roy Lichtenstein oder Andy Warhol gestaltete Edelfahrzeuge. Diesen BMW 3.0 CSL entwarf Alexander Calder

ERDBEEREN MIT SHERRY

Sie brauchen:
1 kg Erdbeeren, 500 g Zucker, 1 Vanillestange, 1 Flasche Cream Sherry (0,7 l), 1 Gläschen Rum.
So wird's gemacht: Erdbeeren waschen, putzen, mit Zucker und der zerkleinerten Vanillestange in Gläser füllen. Dann Sherry und Rum darübergießen. Gläser verschließen, kühl aufbewahren, bald verbrauchen.

Aus der Rubrik „Küche", „Hörzu" Nr 26/1975

Die vier Jahre zuvor gegründete Gruppe, nach ihrem Gründer meist nur „Renft" genannt, ist die „heißeste Rockband, die die DDR jemals hervorgebracht hat", urteilt der „Spiegel". Der „Stern" adelt „Renft" zu „Stones des Ostens".

Mit ihren Songs erobern Thomas „Monster" Schoppe, Christian „Kuno" Kunert, Peter „Pjotr" Kschentz, Peter „Cäsar" Gläser, Jochen Hohl und Klaus Renft die Hitparade Ostdeutschlands, zwei Langspielplatten produzieren die sechs Rocker mit den langen Haaren und dichten Bärten. „Alle Musikstücke sind unserem Hier und Heute, unserer Lebenshaltung verbunden", lobt das SED-Blatt „Neues Deutschland" die Renft-Combo 1973 während einer kurzen Phase der Liberalisierung, in der Parteichef Erich Honecker von den DDR-Künstlern mehr „Vielfalt der Lebensäußerungen" befohlen hatte.

Dann flüchtet der kleine Otto in die Elbe und Schluss ist mit Honeckers Vielfalt. Der Kulturfunktionär des Bezirks Leipzig, Werner Wolf, verfügt: „Mit Wirkung vom 22. September 1975 gilt die Tanzmusikformation ‚Klaus Renft Combo' als aufgelöst." Die Staatsorgane, wie es auf DDRisch heißt, schwärmen aus und konfiszieren in den Läden „Renft"-Platten, dem Rundfunk Ostdeutschlands wird verboten, ihre Songs zu senden. Nichts soll mehr bleiben. Die Kulturfunktionäre streuen das Gerücht, die Combo habe „rüber gemacht" in den Westen.

1976 darf Bandgründer Renft tatsächlich mit Segen der Behörden ausreisen, Gerulf Pannach und Christian Kunert kommen wegen „staatsfeindlicher Hetze" in Haft, werden später von der Bundesrepublik freigekauft.

Erst im März 1998, acht Jahre nach dem Finale der DDR, findet auch für die Renft-Combo eine Art Wiedervereinigung auf Bühnen in Berlin und Leipzig statt. Seit 2007 gibt es im Leipziger Stadtteil Möckern sogar eine Renft-Straße.

Der kleine Otto ist also doch in der Freiheit angekommen.

★

„Griechischer Wein" – auch das ist nur ein Lied. Es geht um das Heimweh von Gastarbeitern nach ihrer Heimat. Dieser Ohrwurm von Udo Jürgens, der sich wochenlang in den Hitparaden der Bundesrepublik hält, macht Politik, ein wenig.

Im Juni besucht Bundesaußenminister Hans-Dietrich Genscher (FDP) die Türkei. Bei einer Gartenparty für 800 türkische Gäste bittet die Ehefrau des deutschen Botschafters in Ankara die eigens aus Rheine eingeflogene „Starfighter-Band" des Jagdbomber-Geschwaders 36, den sentimentalen Sehnsuchtssong zu spielen. Der Bandleader, so berichtet die „Emsdettener Volkszeitung", denkt sich nichts Böses dabei. Doch die geladenen türkischen Politiker nehmen übel. Seit Generationen pflegen sie nämlich mit den Griechen, deren Premierminister Konstantin Karamanlis zuvor Udo Jürgens und Textdichter Michael Kunze in Athen empfangen hat, nachbarliche Feindschaft.

Übrigens: Die Schlagerforscher Dr. Martin Lücke und Dr. Ingo Grabowsky zählen „Griechischer Wein" zu den „ewigen Top Ten" der deutschen Schlager.

DAS LESER-FOTO aus den 70ern

HUND MIT OBERTEIL

Es war im Sommerurlaub 1978 beim Picknick. Ich glaube in Österreich. Meine Mutter liest BILD. Unserem Hund Trixi haben wir das Oberteil meines Bikinis über die Ohren gezogen, damit er keinen Sonnenstich bekommt.
Renate Lucke, Friedberg (Hessen)

FOTOS: ULLSTEIN-BILD/JAZZ ARCHIV HAMBURG, DPA, GETTY IMAGES, CINETEXT/MORGAN, PRIVAT, WOLGANG MARIA WEBER, BERND DUCKE

1976

Fräulein Sommerlath aus Heidelberg wird KÖNIGIN VON SCHWEDEN, die DDR wirft BIERMANN raus und Franz Josef Strauß verliert den MACHTKAMPF gegen Kohl

So schön kann Heiraten sein. Das offizielle Hochzeitsfoto von Carl Gustav, König von Schweden, und seiner aus Deutschland importierten Ehefrau

Wer über Märchen schreibt, muss gelegentlich mal ein Märchen aus der Welt schaffen. In diesem Fall handelt es sich um die märchenhafte Beziehung zwischen der deutschen Olympia-Hostess Silvia Renate Sommerlath zu Carl XVI. Gustaf von Schweden, die am 19. Juni 1976 mit einer Hochzeit in der Stockholmer Domkirche ihren vorläufigen Höhepunkt findet.

Fester Bestandteil dieses Märchens, das oft wie die Geschichte vom Aschenputtel intoniert wird, ist die Episode, nach der Silvia und der schwedische Kronprinz 1972 in der Ehrenloge des Münchner Olympiastadions das erste Mal zusammentreffen – er als hochadliger VIP-Gast, sie als Betreuerin. Beim Kaffeeservieren, so wird erzählt, sollen die beiden ihre Sympathie füreinander entdeckt haben. Nur leider: Ganz so unschuldig entstehen auch damals keine Beziehungen zwischen erwachsenen Menschen.

Lange vor Beginn der Olympischen Spiele, im März 1972, begegnet Carl Gustaf, ein Hallodri von Rang, der Dolmetscherin aus Heidelberg. Ganz profan in der Münchner Disco „Tiffany's", die der Prinz nachts aufsucht, weil er den Tipp bekommt, dort seien flirtbereite Bekanntschaften zu machen. Ein echter Experten-Tipp. Denn diese Ehe, 1976 vor 1200 Ehrengästen – darunter auch Bundespräsident Walter Scheel – geschlossen, hält bis heute, und die Schweden lieben ihre energische und patente Silvia inniger als ihren gelegentlich doch etwas wunderlich anmutenden Gemahl.

★

Zons ist ein kleines, romantisches Städtchen am Rhein bei Köln. Dort erlebt der Sänger und Dichter Wolf Biermann am 15. November 1976 den „glücklichsten Tag meines Lebens", wie er Jahre später in der „Zeit" schreibt. Mit Freunden feiert er Jahre später im Weinlokal „Torschänke" seinen 40. Geburtstag.

Am 13. November begeistert Wolf Biermann 8000 Zuhörer und Zuschauer in der Kölner Sporthalle. Drei Tage nach dem Konzert erfährt der Künstler aus den Nachrichten, dass die DDR ihn ausgebürgert hat, weil er dem SED-Regime zu kritisch ist

◂ 1200 Gäste kommen am 19. Juni, einem Samstag, in die Stockholmer Domkirche Storkyrka zur Hochzeit zwischen Schwedenkönig Carl Gustaf und Silvia Sommerlath. 400 Millionen Menschen sind weltweit live vor dem Fernseher dabei, Bedingung: Im Moment des Jaworts und des Ringtausches müssen die Kameras wegschwenken. Kennengelernt hat sich das Paar schon 1972 in München

▴ Im Frühjahr 1976 lesen CDU-Kanzlerkandidat Helmut Kohl (links) und CSU-Chef Franz Josef Strauß gemeinsam Zeitung. Nach der Bundestagswahl, die Kohl knapp verliert, kündigt Strauß die Fraktionsgemeinschaft zwischen CDU und CSU im Bundestag auf, macht diesen Beschluss aber bald wieder rückgängig, als Kohl androht, seine Partei auch nach Bayern ausdehnen

Warum am 1. August 1976 beim Grand Prix auf dem Nürburgring der Ferrari 312T2 von Niki Lauda gegen eine Felswand donnert und in Flammen aufgeht, ist letztlich ungeklärt. Der Rennfahrer, der mit schweren Brandverletzungen überlebt, schreibt in „Meine Story“, vermutlich sei der hintere linke Längslenker gerissen. Nur einen Monat später steigt Lauda wieder ins Cockpit

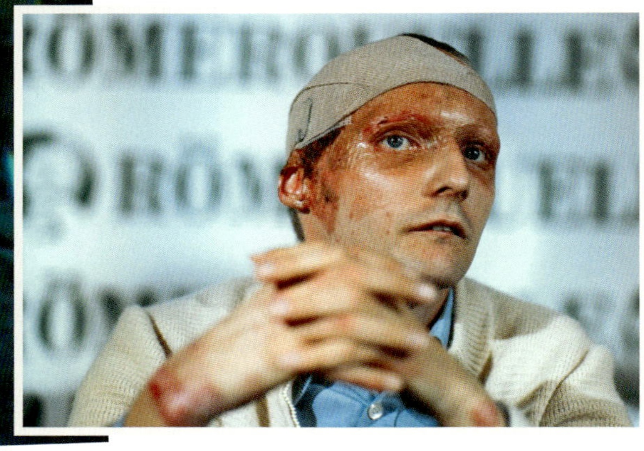

DIE CHRONIK VON 1976

1. 1. In der **Bundesrepublik** müssen **Autofahrer** den **Gurt** anlegen.

1. 2. Der Physiker **Werner Heisenberg** stirbt in München.

4. 2. Beginn der **XII. Olympischen Winterspiele** in **Innsbruck**.

12. 2. Das westdeutsche Parlament reformiert den **§ 218**. Bei bestimmten Notlagen ist der **Abbruch einer Schwangerschaft** in den ersten drei Monaten **straffrei**.

1. 4. Das neue **Kanzleramt** in **Bonn** ist fertig.

◄ 23. 4. Einweihung des **„Palasts der Republik“** als Sitz der **DDR-Volkskammer** in Ost-Berlin.

28. 4. Der Kindermörder **Jürgen Bartsch** stirbt bei einer freiwilligen Kastration. ►

9. 5. RAF-Terroristin **Ulrike Meinhof** erhängt sich nach Streitigkeiten mit ihren Mithäftlingen **Gudrun Ensslin** und **Andreas Baader** in ihrer Zelle im **Gefängnis Stuttgart-Stammheim**.

12. 5. Der **FC Bayern München** gewinnt durch einen 1:0-Sieg über AS Saint-Etienne zum dritten Mal den **Europapokal der Landesmeister**.

15. 5. **Dynamo Dresden** wird zum vierten Mal **Fußballmeister** der **DDR**.

26. 5. Tod des Existenzphilosophen **Martin Heidegger**.

14. 6. Der **Bundestag** beschließt ein neues **Scheidungsrecht**.

◄ 20. 6. Beim **Elfmeterschießen** unterliegt die deutsche Elf im Finale der **Europameisterschaft** in Jugoslawien der **Tschechoslowakei**.

26. 6. Der **HSV** gewinnt den **DFB-Pokal**.

7. 7. Altbundespräsident **Gustav Heinemann** stirbt mit 76 Jahren in Essen.
Eröffnung des **ersten deutschen Frauenhauses** in Berlin.

10. 7. **Umweltkatastrophe** in **Seveso** (Italien). Nach einer Explosion in einem Chemiewerk kommt hochgiftiges Dioxin in die Luft.

17. 7. Beginn der **XXI. Olympischen Sommerspiele** in **Montreal** (Kanada).

30. 7. Die **DDR** setzt die **Mindestlöhne** von **350** auf **400 Mark** rauf.

18. 8. Aus Protest gegen die Repression in der DDR steckt sich Pfarrer **Oskar Brüsewitz** in Zeitz in Brand. Vier Tage später stirbt er.

9. 9. Tod von **Mao**.

10. 9. 176 Menschen, darunter 27 Deutsche, kommen bei einem **Crash** zwischen zwei **Flugzeugen** über **Zagreb** (Jugoslawien) ums Leben.

3. 10. Bei den **Bundestagswahlen** gewinnt die Union 48,6 Prozent der Stimmen, die SPD 42,6, die FDP 7,9.

29. 10. Wahl von **Erich Honecker** zum DDR-Staatsratsvorsitzenden, **Willi Stoph** wird Vorsitzender des Ministerrats.

2. 11. Wahl von **Jimmy Carter** zum **39. US-Präsidenten**.

29. 11. **Karstadt** übernimmt **Neckermann**.

14. 12. **Richard Oetker** wird entführt und kommt zwei Tage später schwer verletzt nach Zahlung eines Lösegeldes von 21 Millionen D-Mark wieder frei.

15. 12. Erneute Wahl von **Helmut Schmidt** zum Bundeskanzler.

20. 12. **Fritz Honka,** Frauenmörder von Sankt Pauli, wird zu 15 Jahren Haft und Einweisung in die Psychiatrie verurteilt.

21. 12. Als erste deutsche Mannschaft gewinnt der **FC Bayern München** den **Weltpokal**.

24. 12. ARD-Korrespondent **Lothar Loewe** wird aus der DDR ausgewiesen, weil der den Grenztruppen vorwirft, sie schießen auf Menschen „wie auf Hasen“. ►

Zwei Tage zuvor hatte er „nach einer Ewigkeit von elf Jahren Maulkorb“ und Auftrittsverbot in der DDR 8000 Menschen in der Kölner Sporthalle begeistert. Doch am Tag nach der Zonser Zeche hört Biermann auf der Fahrt nach Hamburg zum nächsten Konzert im Autoradio Nachrichten, und vorbei ist es mit dem Glücksgefühl. Denn die DDR bürgert ihn nach Paragraf 13 ihres Staatsbürgerschaftsgesetzes als „nicht würdig“ aus. Biermann: „16. November, es war der elendste Tag meines Lebens. Ich kam mir vor wie eine Ost-Leiche auf West-Tournee.“

Während in Ost-Berlin bekannte Autoren des Arbeiter-und-Mauern-Staats wie Stefan Heym, Sarah Kirsch, Christa Wolf, Stephan Hermlin, Rolf Schneider und Robert Havemann die DDR-Führung auffordern, die Ausbürgerung rückgängig zu machen, fällt Nobelpreisträger Heinrich Böll bei einer Pressekonferenz in Köln das „bittersüße Bonmot“ (Biermann) ein: „Der Wolf Biermann ist jetzt ein In-die-Heimat-Vertriebener.“ Ein Detail von vielen, das einen Rechts- vom Unrechtsstaat unterscheidet: Die Bundesrepublik darf keinem Deutschen die Staatsangehörigkeit entziehen, egal was er tut.

★

Die Londoner „Times“ bedauert den CDU-Vorsitzenden Helmut Kohl: „Der arme Kohl scheint in einen Graben geworfen zu sein, der von Strauß ausgehoben worden ist.“ Was die Weltpresse bewegt, ist die Scheidung von CDU und CSU im Bundestag nach 27 Jahren politischer Ehe. Die reicht der CSU-Vorsitzende Franz Josef Strauß am 19. November während einer Klausurtagung in Wildbad-Kreuth (Bayern, wo sonst?) ein.

Die Bundestagswahlen mit dem rheinland-pfälzischen Ministerpräsidenten Helmut Kohl als Spitzenkandidat gingen knapp mit 48,6 Prozent verloren – heute wäre das für

Mit leisen Tönen beginnt am 23. August 1976 eine Weltkarriere: Anne-Sophie Mutter gibt als 13-Jährige ihr erstes Konzert während der Luzerner Musikfestwochen

„Biene Maja" startet am 9. September 1976 zum Jungfernflug und steigt zur erfolgreichsten Trickfilmsreie des ZDF auf

INSEKTEN-JUPP und Karel Gott machen die SCHLAUE BIENE MAJA zum Fernsehstar

Angela Merkel ein Traumergebnis. Kohls Niederlage nimmt Strauß zum Anlass für eine neue Strategie. „Ich kann nicht an einer Schlachtordnung festhalten, die weniger an Feuerkraft auf den politischen Gegner ergibt, als möglich wäre", erklärt er markig. Deshalb müssten CDU und CSU künftig getrennt marschieren. Nur wenige Parteifreunde wie Ex-Postminister Richard Stücklen haben den Mumm zum Widerspruch. Am Ende stimmen 30 CSU-Politiker für die Spaltung, 18 dagegen.

Kohl ist gerade dabei, sein Amt als Ministerpräsident an Bernhard Vogel zu übergeben, um in Bonn die Opposition zu führen, als er von der Trennung erfährt. Er fühlt sich hintergangen, erklärt: „Ein Schritt in die falsche Richtung!"

Fünf Tage nach dem Kreuther Schisma hält Strauß in der Münchner „Wienerwald"-Zentrale vor der Jungen Union eine Wutrede: „Kohl ist total unfähig, ihm fehlen die charakterlichen, die geistigen und die politischen Voraussetzungen." **Die CDU nennt er Partei der „politischen Pygmäen, die nur um ihre Wahlkreise bangen...". Kohl werde niemals Bundeskanzler.**

Während Strauß wütet, bereitet Kohl mit Generalsekretär Kurt Biedenkopf die Invasion der CDU nach Bayern vor. Eine weiß-blaue CDU, das erscheint Strauß extrem riskant, würde dies doch eine Schwächung seiner CSU bedeuten. Noch im Dezember verhandelt er über eine Wiedervereinigung der Fraktionen. Am dritten Advent meldet Stücklen: „Es weihnachtet sehr." Strauß hat Kohl unterschätzt, nicht das letzte Mal in seinem Leben; auch nicht der letzte Streit zwischen den Schwesterparteien.

★

Den größten Fernseherfolg des Jahres landet das ZDF. Im September startet es die erste von 104 Folgen der Zeichentrickserie „Biene Maja", sehr frei gestaltet nach dem 1912 entstandenen Kinderbuch des ehemaligen Missionskaufmanns Waldemar Bonsels. Die Serie, redaktionell betreut in Deutschland, getextet in den USA, gezeichnet in Japan, basiert auf einer Idee von Josef Göhlen, damals Leiter des Kinderprogramms, und bringt ihm rasch den Spitznamen „Insekten-Jupp" ein. In härterer Währung profitieren von der „Biene Maja", deren Einzelfolgen im Schnitt zwischen drei und vier Millionen junge Zuschauer sehen, vor allem Karel Gott, der die Titelhymne singt („Und diese Biene, die ich meine, die heißt Maja, kleine, freche, schlaue Biene Maja...") und Dutzende Synchronsprecher, denen der Klassiker Beschäftigung garantiert.

Für Feinschmecker: Als „Bienenkönigin" ist Charlotte Kerr zu hören, damals eine Schauspielerin von mäßiger Prominenz, im weiteren Verlauf ihres Lebens als streitbare Witwe und engagierte Nachlassverwalterin des Schweizer Dramatikers Friedrich Dürrenmatt in Erscheinung getreten.

Das Erbe der Biene bringt noch heute Zinsen. Das Auktionshaus eBay setzte allein mit Biene-Maja-Artikeln in drei Monaten schon einmal über 45 000 Euro um.

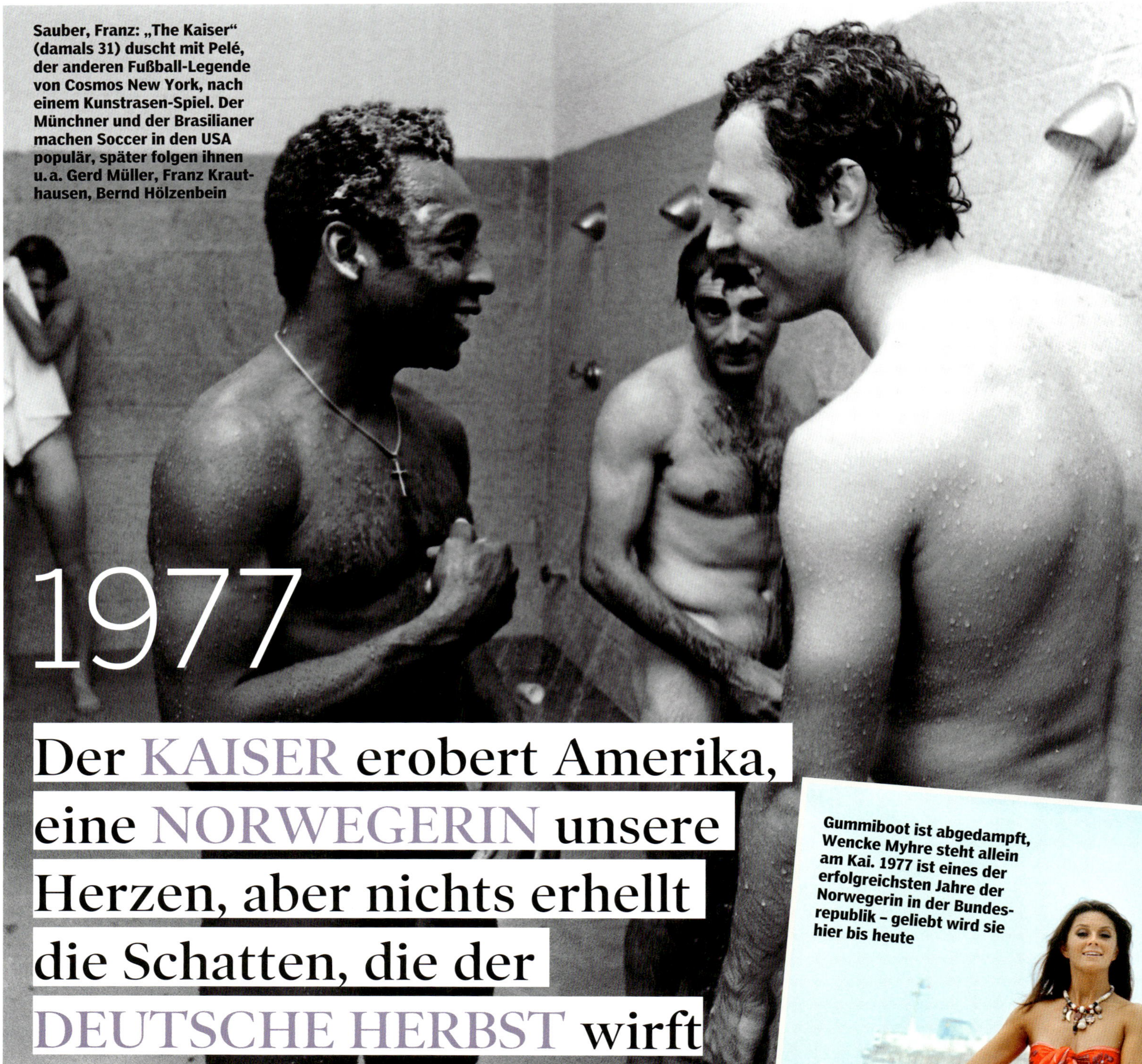

Sauber, Franz: „The Kaiser" (damals 31) duscht mit Pelé, der anderen Fußball-Legende von Cosmos New York, nach einem Kunstrasen-Spiel. Der Münchner und der Brasilianer machen Soccer in den USA populär, später folgen ihnen u. a. Gerd Müller, Franz Krauthausen, Bernd Hölzenbein

1977

Der KAISER erobert Amerika, eine NORWEGERIN unsere Herzen, aber nichts erhellt die Schatten, die der DEUTSCHE HERBST wirft

Die deutschen Plattenkäufer der 70er-Jahre schätzen es skandinavisch. Wer aus dem Norden stammt und singen kann, schafft es in den Hitparaden in der Bundesrepublik schnell nach ganz oben: Siw Inger, Gitte Haenning, Siw Malmkvist.

Der beliebteste Nord-Import allerdings ist, im Gegensatz zu ihren Kolleginnen, untypisch dunkelhaarig, kommt aus Norwegen, singt von der christlichen Seefahrt („Er hat ein knallrotes Gummiboot") und hat im ZDF eine eigene Personality-Show. „Das ist meine Welt" heißt sie, wird, wie nahezu jede Unterhaltungssendung in jener Zeit, von Hans Hubberten getextet und gefällt den „Hörzu"-Lesern so gut, dass sie Wencke die Goldene Kamera als beliebteste Showmoderatorin zuerkennen.

Bis heute ist die Popularität der Norwegerin ungebrochen. Ihre Tourneen quer durch die Republik sind gut gebucht, die alten Hits werden beklatscht wie früher. Ob es einen „besonders einfältigen Schlager" gibt, den zu singen sie heute bereut, wird Wencke Myhre einmal gefragt. Ihre smarte Antwort, empfohlen für Angehörige aller Berufe: **„Wissen Sie was: In unserer Branche bereut man nicht, da vergisst man einfach..."**

★

Gummiboot ist abgedampft, Wencke Myhre steht allein am Kai. 1977 ist eines der erfolgreichsten Jahre der Norwegerin in der Bundesrepublik – geliebt wird sie hier bis heute

Kurz nach der Befreiung der „Landshut" am 18. Oktober fliegen Passagiere und Besatzung bis auf den in Aden erschossenen Kapitän Jürgen Schumann zurück nach Frankfurt/Main. Mitglieder der Bundesregierung begrüßen die Geretteten. Als Erste kommen die leicht verletzte Stewardess Gabi Dillmann und Co-Pilot Jürgen Vietor aus der Maschine

DAS JAHR DES TERRORS

◄ **7. April** Gründonnerstag werden Generalbundesanwalt Siegfried Buback und zwei Begleiter in Karlsruhe von einem Motorrad aus erschossen. Das Foto zeigt die abgedeckte Leiche des obersten Anklägers der Bundesrepublik. Ein „Kommando Ulrike Meinhof der RAF" bekennt sich zu der Tat.

28. April Das Stuttgarter Oberlandesgericht verurteilt die RAF-Terroristen Andreas Baader (Foto), Gudrun Ensslin und Jan-Carl Raspe wegen mehrfacher Morde und Mordversuche zu lebenslangen Haftstrafen ►

◄ **30. Juli** Weil er sich seiner Entführung widersetzt, erschießen Christian Klar und Brigitte Mohnhaupt den Chef der Dresdner Bank, Jürgen Ponto, in seinem Haus in Oberursel im Taunus

5. September Arbeitgeberpräsident Hanns Martin Schleyer wird in Köln gekidnappt. Sein Fahrer und drei Sicherheitsbeamte sterben bei dem Überfall. Am 28. 9. veröffentlicht die französische Zeitung „Libération" das Foto der Geisel ►

◄ **13. Oktober** Um inhaftierte RAF-Kriminelle freizupressen, entführen Palästinenser die Lufthansa-Maschine „Landshut". Nach mehreren Zwischenlandungen (Foto: Dubai) endet der Irrflug in Mogadischu (Somalia). Dort stürmt die GSG 9 am 18. 10. den Jet und befreit die Passagiere. In dieser Nacht begehen Baader, Ensslin und Raspe Selbstmord

19. Oktober Nach dem Selbstmord von Baader, Ensslin und Raspe wird der entführte Arbeitgeberpräsident Schleyer erschossen. Seine Leiche findet sich im Kofferraum eines in Mühlhausen (Elsass) abgestellten Audi 100 ►

Am 7. Juli töröööt sich der sprechende Elefant Benjamin Blümchen erstmals als Hörspiel-, später als Zeichentrickheld in die Herzen der Kinder

Am 7. September versammelt sich im neuen Bonner Kanzleramt die Familienministerkonferenz des Europarats. Gastgeberin ist Bundesfamilienministerin Antje Huber (SPD). Sie wundert sich über das große Interesse der Journalisten, die in die Regierungszentrale drängen. In Wahrheit wollen sie dem Großen Krisenstab nahe sein, der kurz nach der Entführung von Arbeitgeberpräsident Hanns Martin Schleyer und der Ermordung seiner vier Begleiter in Köln zwei Tage zuvor ständig tagt.

In dieser Woche beginnt der „deutsche Herbst", es wird die bislang größte Herausforderung des Staates durch zu allem entschlossene Terroristen. Doch eigentlich fängt er bereits Gründonnerstag 1977 an.

Am 7. April werden Generalbundesanwalt Siegfried Buback und zwei seiner Begleiter in Karlsruhe von einem Motorrad aus erschossen. Am 30. Juli stirbt Jürgen Ponto, Chef der Dresdner Bank, in seinem Haus in Oberursel, als er sich einem Entführungsversuch widersetzt. Am 25. August scheitert ein Anschlag mit einem Raketenwerfer auf die Bundesanwaltschaft knapp.

Seit Montag, dem 5. September, 17.30 Uhr, befindet sich Schleyer, der höchste Repräsentant der deutschen Wirtschaft, in der Gewalt der Entführer. Einen Tag später stel-

FOTOS: V. HINZ/STERN/PICTUREPRESS, CINETEXT/GROENEVELD, AP, EPD/PLANPUNKT, ULLSTEIN-BILD/DPA, C. SALHANI/SYGMA/CORBIS, ZDF

Im Mai 1977 bekommt Komiker Otto Waalkes im vornehmen Hamburger Restaurant „Jacob" Lokalverbot wegen „nicht angemessener Kleidung" (Foto). In angemessener Kleidung feierten dort im Juli 2009 Robert Redford und die Malerin Sibylle Szaggars heimliche Hochzeit

Im Sommer stellt Mercedes die ersten Kombis vor. Diese T-Modelle, spotten Traditionalisten, müssten alle eine Trennscheibe haben, damit dem Metzger beim Bremsen nicht die Würste um die Ohren fliegen

Otto Waalkes besucht in Pantoffeln ein Nobelrestaurant und fliegt wieder raus

len sie ihre Forderungen: Die zu lebenslanger Haft verurteilten RAF-Prominenten Andreas Baader, Gudrun Ensslin und Jan-Carl Raspe sowie sieben weitere einsitzende Terroristen sollen freigelassen und in ein Land ihrer Wahl geflogen werden. Wenn nicht, werde Schleyer „sofort erschossen". Dem Brief beigefügt ist ein Foto Schleyers, auf dem er ein Schild mit der Aufschrift „Gefangener der R. A. F." hält.

Bundeskanzler Helmut Schmidt (SPD) ist entschlossen, diesmal nicht nachzugeben. Auch die anderen Mitglieder des Großen Krisenstabes, zu dem Schmidt auch Oppositionsführer Helmut Kohl (CDU) hinzugebeten hat, teilen seine Haltung.

Ab dem 13. Oktober ist nicht nur Schleyers Leben in Gefahr. An diesem Tag entführt ein Palästinenser-Kommando die Lufthansa-Maschine „Landshut" kurz nach dem Start in Mallorca. Nach einem Irrflug und der Ermordung von Kapitän Jürgen Schumann in Aden (Südjemen) landet der Jet in Mogadischu (Somalia). Dort gelingt es Staatsminister Hans-Jürgen Wischnewski (SPD), dem somalischen Diktator Siad Barre die Erlaubnis abzuringen, dass deutsche Grenzschutzbeamte der GSG 9 die „Landshut" stürmen dürfen. Bevor die Aktion „Feuerzauber" losgeht, zieht sich Wischnewski zurück, um zu beten. **„Ich habe mir gesagt", erklärt er später in BamS, „jetzt solltest du auch noch die Hilfe des lieben Gottes in Anspruch nehmen. Ich schäme mich deswegen nicht."**

Sein Gebet wird erhört. Am 18. Oktober gegen null Uhr befreit die GSG 9 unter dem Kommando von Ulrich Wegener die

FOTOS: P. TIMM/C. T. FOTOSTUDIO, ULLSTEIN-BILD/DDP, DPA, BPK/STAATLICHE KUNSTSAMMLUNGEN, J. H. DARCHINGER, HERSTELLER, PRIVAT

86 Geiseln und erschießt drei der vier Terroristen. Wenige Minuten später meldet sich Wischnewski per Telefon aus Somalia bei Schmidt mit dem schlichten Satz: „Die Arbeit ist getan."

In dieser Nacht begehen Baader, Ensslin und Raspe im Gefängnis Stuttgart-Stammheim Selbstmord, nachdem sie vom Scheitern der Staatserpressung erfahren haben. Irmgard Möller überlebt verletzt.

Am nächsten Tag geht bei der französischen Zeitung „Libération" ein Schreiben der Schleyer-Entführer ein: „Wir haben nach 43 Tagen Hanns Martin Schleyers klägliche und korrupte Existenz beendet." Seine Leiche findet die Polizei im Kofferraum eines grünen Audi im Elsass. Schleyer wurde mit drei Kopfschüssen hingerichtet.

Rückblickend erklärt Helmut Schmidt im Interview mit Stefan Aust für das Buch „Der Baader-Meinhof-Komplex": **„Mit der Möglichkeit, dass diese Kerle den Hanns Martin Schleyer umbringen würden, musste man immer rechnen. Auch vor Mogadischu und auch hinterher."**

Hans-Jochen Vogel (SPD), der als Justizminister im Krisenstab die Prinzipien des Rechtsstaats verteidigt hat, weist darauf hin, dass es „seitdem keine Entführungen mehr gegeben hat. Die Terroristen wussten, dass der Staat im Zweifel der Forderung nicht nachgeben würde. Das hat dazu geführt, dass es zwar noch Mordanschläge, aber keine Entführungen mehr gegeben hat."

★

Als bekannt wird, dass Franz Beckenbauer, Kapitän des FC Bayern und der Fußballnationalmannschaft, zu Cosmos New York wechselt, also in die amerikanische „Operettenliga", gellt ihm ein verbales Pfeifkonzert um die Ohren, wie er es kaum je bei einem Auswärtsspiel erdulden musste. „Vaterlandsverräter" wird zweiter Vorname des Vielgeliebten. **Die sonst eher bedächtige „Süddeutsche Zeitung" sieht ihn auf dem krummen Weg „vom Idol zum Reklamekasperl".** Hellmuth Karasek, damals Kulturredakteur beim „Spiegel", verfasst eine sechsseitige Titelgeschichte (!) über den „Libero auf der Flucht" und bemüht für Beckenbauers Abwanderung augenzwinkernd die Historie: „Seit Heinrich IV. in Canossa sich seine bloßen Füße im Schnee wund stand, seit Ludwig II. im Starnberger See umnachtet baden ging und Wilhelm der Zwote im holländischen Exil Bäume zersägte, ist keine Majestät im Bewusstsein der Nation so tief gesunken wie ‚Kaiser Franz'."

Angesichts des kolportierten Salärs von sieben Millionen Dollar für einen Drei-Jahres-Vertrag sind nur wenige so ehrlich wie Mannschaftskamerad Sepp Maier, der offen bekennt: **„Für das Geld tät ich nach Amerika schwimmen."**

Franz darf natürlich first class fliegen, steht Ende Mai das erste Mal auf dem Kunstrasen, verpatzt die Premiere mit 2:4 – wird aber am Ende der Saison, als sei's Naturgesetz, mit Cosmos New York gleichwohl US-Meister.

Und bleibt für lange Zeit als „The Kaiser" der beliebteste Deutsche in den USA.

DIE CHRONIK VON 1977

18. 1. Der Dramatiker **Carl Zuckmayer** („Des Teufels General") stirbt in **Visp** (Schweiz).

20. 1. **Jimmy Carter** legt seinen Amtseid als **39. US-Präsident** ab.

◄ 1. 2. **Alice Schwarzer** gibt die erste Ausgabe ihrer feministischen Zeitschrift **„Emma"** heraus.

3. 2. Die Schauspielerin **Ingrid van Bergen** erschießt ihren Geliebten **Klaus Knaths** in Starnberg. Im Juli wird sie zu **sieben Jahren Haft** wegen **Totschlags** verurteilt.

27. 3. Bei einem Zusammenstoß zweier **Jumbojets** auf Teneriffa **sterben 583 Menschen**, 61 werden gerettet.

28. 4. Der Ex-Coach der deutschen Fußballnationalelf, **Sepp Herberger** († 80), **stirbt** in Mannheim. ►

5. 5. **Tod** von Altbundeskanzler **Ludwig Erhard** († 80).

11. 5. Der **HSV** gewinnt durch ein **2:0** über RSC Anderlecht (Belgien) den **Europapokal der Pokalsieger**.

21. 5. **Borussia Mönchengladbach** wird **Deutscher Fußballmeister**. Vier Tage später unterliegen die Borussen im Finale des Europa-pokals der Landesmeister dem FC Liverpool mit 3:1.

27. 5. Der **Bundestag** beschließt die **Abschaffung der Gewissensprüfung von Wehrpflichtigen**, die nicht zur Bundeswehr, sondern Zivildienst leisten wollen.

20. 6. **Manfred Krug**, populärer DDR-Schauspieler, kommt in die **Bundesrepublik** und bleibt.

◄ 24. 6. Beginn der documenta 6 in Kassel **mit Kunst aus der DDR** von u. a. Bernhard Heisig, Willi Sitte, Werner Tübke und Wolfgang Mattheur (Foto: „Der übermütige Sisyphos und die Seinen").

27. 6. **31 Menschen** sterben bei einem **Zugzusammenstoß in Lebus (DDR)**.

1. 7. In **Westdeutschland** tritt das **neue Scheidungsrecht** in Kraft. **Zerrüttung einer Ehe** gilt als Trennungsgrund, nicht mehr das **Schuldprinzip**.

5. 7. Millionenerbin **Putzi von Opel** wird in St.-Tropez (Frankreich) wegen **Drogenbesitz** verhaftet.

4. 8. Der Philosoph **Ernst Bloch** († 92) stirbt in **Tübingen**.

6. 8. Box-Weltmeister **Eckhard Dagge** verliert seinen Titel im Superweltergewicht gegen den Italiener **Rocco Mattioli**.

16. 8. **Tod** von **Elvis Presley** († 42) in **Memphis** (USA).

23. 8. **Festnahme** von DDR-Regimekritiker **Rudolf Bahro**.

◄ 26. 8. Die **Ostberliner Rosemarie Ackermann** ist weltweit die **erste Frau**, die beim **Hochsprung zwei Meter** schafft.

7. 10. **Otto Graf Lambsdorff** (FDP) übernimmt von Hans Friderichs (FDP) das **Amt des Bundeswirtschaftsministers**.

Bei **Tumulten** zum **28. Gründungstag** der **DDR** am Alexanderplatz in **Ostberlin** kommen zwei Polizisten zu Tode

26. 10. Die **Bundesbahn** mustert ihre beiden letzten **Dampfloks** aus.

26. 11. Bundesfamilienministerin **Antje Huber** (SPD) mahnt Eltern, Kinder zwischen drei und acht Jahren nicht länger als **45 Minuten** am Tag **Fernsehen** gucken zu lassen.

21. 12. Die **Löhne** in Westdeutschland sind im Durchschnitt mit **18,50 DM** pro Stunde die höchsten der Welt. (USA: 15,50, Frankreich 11 DM).

24. 12. Mit mehr als **15 Grad** in Hamburg und Berlin ist dies der **wärmste Heiligabend** seit **100** Jahren.

PIKANTE BULETTEN

Sie brauchen:
500 g Hackfleisch,
2 große Zwiebeln,
1 Esslöffel gehackte Petersilie, 1 Ei, 1 eingeweichtes, ausgedrücktes Brötchen,
2 Paprikaschoten,
etwas Salz, Pfeffer, edelsüßen Paprika, Öl zum Braten, 800 g gekochte Kartoffeln,
2 Tomaten, 4 Esslöffel Essig,
3 Esslöffel Öl, 1/4 Tasse heiße Fleischbrühe, etwas Salz,
Pfeffer, Kümmel.

Und so wird's gemacht:
Hack mit einer halben gehackten Zwiebel, Petersilie, Ei, zerpflückten Brötchen und einer gehackten Paprikaschote mischen, salzen und würzen. Zu sechs Buletten formen, im Öl auf beiden Seiten gar braten, in den letzten Minuten die restliche halbe, zu Ringen geschnittene Zwiebel mitbraten. Kartoffeln schälen, mit drei zerkleinerten Tomaten, der Paprikaschote und gehackten Zwiebeln vermengen. Restliche Zutaten verrühren, über die Kartoffelmischung gießen, zu den Buletten servieren.

Aus Rubrik „Küche", „Hörzu" Nr. 38, 1977

1978

Curd Jürgens gibt sein fünftes JAWORT, Juso-Chef Schröder spricht ein MACHTWORT, und Minister Leber geht ohne GROSSE WORTE

Das Mannequin Margie Schmitz aus Hamburg ist die letzte große Liebe des großen Filmstars Curd Jürgens. Die beiden heiraten im März auf den Bahamas, wo auch das romantische Picknick-Foto entsteht. Margie überlebt ihren Mann um 21 Jahre, sie stirbt im August 2003 in Zürich

Im Februar 1978 wählen die Jungsozialisten in der SPD den Hannoveraner Rechtsanwalt Gerhard Schröder zum Vorsitzenden. Er versichert, er wolle sich nicht zum „Nebenkanzler" aufspielen und den Regierungschef nicht „in den Hintern treten"

▲ Seit 1978 gibt die Stadt München jährlich einen offiziellen Oktoberfest-Krug heraus. Der 78er Wiesn-Krug wurde für 158 Euro bei eBay angeboten. Eine Kollektion aller Krüge seit 1978 kostet etwa 2000 Euro

Als Curd Jürgens der exotischen Schönheit mit dem eher handelsüblichen Nachnamen Schmitz in einem Restaurant auf Sylt das erste Mal gegenübersitzt, dauert es noch ziemlich genau zehn Jahre, bis er sie zu seiner nächsten Ehefrau macht – zur fünften und zur letzten.

Im Gegensatz zu den sonstigen Gepflogenheiten des Weltstars Jürgens soll die Hochzeit diesmal „heimlich" stattfinden, in Nassau auf den Bahamas.

Nicht heimlich genug und nicht weit genug weg, als dass Michael Graeter, damals König der Society-Berichterstatter, nicht doch Wind davon bekäme: **„In einem weißen Einspänner rollten in der Nacht zum Mittwoch Curd Jürgens (62) und seine langjährige Begleiterin, das Hamburger Mannequin Margie Schmitz (35), durch das Zentrum von Nassau, der Hauptstadt der Bahamas, zum Standesamt"**, berichtet Graeter im entschleunigten Boulevard-Stil jener Zeit am 23. März 1978 in der Münchner „Abendzeitung".

Der letzte Auslöser für diese Eheschließung bleibt im Dunkeln, Margie, von Curd gern als „mein schöner Massai" bezeichnet, macht das Protokoll am britischen Königshof verantwortlich. „Beim Empfang der Queen darf ich nicht neben Dir stehen, weil wir kein Ehepaar sind. Grund genug für Dich, heimlich einen Termin in Nassau zu organisieren", schreibt sie in ihrem Erinnerungsbuch „Wie wir ihn sahen" (Verlag Langen Müller).

Der erfahrene Hochzeiter selbst erinnert sich an einen Anlass bürgerlicher Natur: „Bei einem Empfang plauderte der österreichische Bundespräsident mit Margie und gab ihr einen Handkuss. Am nächsten Tag schrieb eine Zeitung: ‚Präsident küsst Konkubine.' Da sagte Margie zu mir: ‚Es wäre mir schon lieb, wenn dein Name auch meiner wäre.' Da hat es bei mir geklingelt."

Von dem Tag, an dem dieses Klingeln in das Läuten der Hochzeitsglocken übergeht, hören Reporter vom deutschen Weltstar häufig den Scherz, dass „bei Beethoven ja auch die Fünfte die beste ist".

Tragisch nur, dass sie so unerwartet schnell zu Ende geht: Am 18. Juni 1982 stirbt Curd Jürgens, dessen großes Herz am Schluss seinem Lebenstempo nicht mehr gewachsen war. Er stirbt viel zu früh, aber wenigstens so, wie er es sich gewünscht hätte: in den Armen von Margie.

Kurz vor seinem Tod philosophierte der Mann, der „Des Teufels General" war und der böse Carl Stromberg in „James Bond 007 – Der Spion, der mich liebte": „Wenn morgen die Welt untergeht, ist es doch netter, wenn ich ein Glas Whisky in der Hand halte als ein Glas Mineralwasser."

★

Was für Zeiten, in denen man sich über Jungsozialisten in der SPD noch aufregen kann!

Als „schallende Ohrfeige" für Parteichef Willy Brandt wertet die CDU die Wahl eines Hannoveraner Anwalts zum Vorsitzenden der linken Jugendorganisation in Hofheim/Taunus im Februar 1978.

Im Jahr zuvor war Juso-Chef Klaus-Uwe Benneter von der Mutterpartei verstoßen worden, weil er behauptet, der Staat sei nichts anderes als der Knecht des Kapitals.

Matthias Wissmann, damals Vorsitzender der Jungen Union und später Bundes-

DIE CHRONIK VON 1978

1. 2. Bei der Ski-WM in Garmisch-Partenkirchen holt **Maria Epple** (Foto, rechts) Gold im Riesenslalom, ihre Schwester **Irene** Silber im Abfahrtslauf. ►

5. 2. Die Mannschaft der **Bundesrepublik** wird in Kopenhagen mit einem 20:19-Sieg über die Sowjetunion **Weltmeister** im **Hallenhandball**. Die DDR holte Bronze.

◄ 19. 1. Im **VW-Werk Emden** läuft der letzte in Deutschland gebaute **Käfer** vom Band.

16. 2. Der Bundestag beschließt das **2. Anti-Terror-Gesetz** mit strengerer Überwachung von Rechtsanwälten.

3. 3. In Westdeutschland kommt der Film **„Deutschland im Herbst"** von **Alexander Kluge**, **Volker Schlöndorff**, **Rainer Werner Fassbinder**, **Edgar Reitz** u. a. in die Kinos.

13. 4. Das Bundesverfassungsgericht urteilt, die **Abschaffung** der **Gewissensprüfung** von Kriegsdienstverweigerern sei verfassungswidrig.

29. 4. Der **1. FC Köln** ist deutscher **Fußballmeister**.

8. 5. **Reinhold Messner** (Foto, links) und **Peter Habeler** erklimmen als Erste den **Mount Everest** ohne Sauerstoffgerät. ►

11. 5. Festnahme der Terroristen **Brigitte Mohnhaupt**, **Rolf Clemens Wagner**, **Peter Boock** und **Sieglinde Hoffmann** in Jugoslawien. Im November untersagt ein Belgrader Gericht ihre Auslieferung in die Bundesrepublik.

25. 6. In Buenos Aires gewinnt die Elf des Gastgeberlandes **Argentinien** die **Fußball-WM**.

30. 6. DDR-Regimekritiker **Rudolf Bahro** muss für acht Jahre ins Gefängnis.

11. 7. **Herbert Gruhl** verlässt die CDU/CSU-Fraktion im Bundestag und gründet eine neue Partei mit dem Namen **„Grüne Aktion Zukunft"**.

Bei der **Explosion** eines mit Flüssiggas beladenen Tanklastwagens sterben auf einem Campingplatz an der spanischen **Costa Dorada** 216 Menschen, 300 werden verletzt.

2. 8. Verleger **Axel Springer** kommt auf die Idee, die Aktion **„Ein Herz für Kinder"** zu gründen. ►

6. 8. Tod von **Papst Paul VI.**

30. 8. Zwei **DDR-Bürger** zwingen ein **polnisches Flugzeug** zur Landung in **West-Berlin**. Neun Passagiere aus Ostdeutschland entschließen sich, im Westen zu bleiben.

28. 9. Nach 34 Tagen im Amt stirbt **Papst Johannes Paul I.** in Rom.

16. 10. Das Konklave wählt den polnischen Kardinal **Karol Wojtyla** zum Papst. Er ist nach 455 Jahren der erste Nicht-Italiener auf dem Stuhle Petri und nimmt den Namen **Johannes Paul II.** an.

◄ 22. 10. Die schwedische Autorin **Astrid Lindgren** („Pippi Langstrumpf") erhält den Friedenspreis des Deutschen Buchhandels.

16. 11. Die **Bundesrepublik** und die **DDR** vereinbaren den Bau einer **Autobahn** zwischen Hamburg und Berlin.

19. 11. **Massenselbstmord** von 900 Mitgliedern der Sekte **„Tempel des Volkes"** in Guyana.

12. 12. Aus ungeklärten Gründen sinkt nördlich der Azoren der Frachter **MS „München"** – 28 Seeleute ertrinken.

19. 12. Der neue **Papst** erklärt, jede Katholikin, die einen **Schwangerschaftsabbruch** vornehmen lässt, werde **exkommuniziert**.

27. 12. Die aus der DDR geflüchtete Leichtathletin **Renate Neufeld** gibt an, im Ost-Leistungssport sei Doping üblich.

29. 12. **Extremschneefälle** in Norddeutschland.

Für 3,7 Millionen Mark kauft die Stadt Mainz ein Exemplar der Gutenberg-Bibel und stellt sie im Gutenberg-Museum aus

FOTOS: ACTION PRESS, DPA, ULLSTEIN, IMAGO, F1 ONLINE, AP

verkehrsminister, wettert, der in Hofheim zum Juso-Chef gewählte Advokat stehe „links vom Standort" seines aus der Partei ausgeschlossenen Vorgängers Benneter.

Treuherzig versichert der Neue, er wolle „nicht jeden zweiten Tag den Kanzler in den Hintern treten" und sich keinesfalls als „Nebenkanzler" aufspielen.

Was der Juso-Chef, Gerhard Schröder heißt er, verspricht, wird Amtsinhaber Helmut Schmidt (SPD) sicher beruhigt haben. Seiner Frau Anne, damals ist es erst die zweite, verspricht Schröder auch etwas: „Jeder berufliche geht jedem politischen Termin vor."

Vier Monate später hat Schröder einen wichtigen beruflichen Termin in der West-Berliner Justizvollzugsanstalt Tegel. Horst Mahler, zu 14 Jahren Haft verurteilter RAF-Terrorist, wünscht sich Schröder als Verteidiger für sein Wiederaufnahmeverfahren.

Mahler hatte den Anwalt ausgesucht, „weil er Bundesvorsitzender der Jungsozialisten ist", berichtet der „Spiegel". Schröder nimmt das Mandat an, wohl wissend, dass seine Genossen davon nicht begeistert sind. Partei-Patriarch Willy Brandt grummelt hingegen souverän: „Das muss ein Anwalt ganz allein entscheiden."

20 Jahre später, im Oktober 1998, wird der Ex-Juso-Chef und einstige Mahler-Anwalt Schröder Bundeskanzler.

★

An Weiberfastnacht gehen im Rheinland Männer ihrer Krawatten verlustig. Doch über die an „Wieverfastloovend" verfasste Jux-Meldung aus dem Gesundheitsministerium „Bonner Minister werden abgelöst" können Eingeweihte gar nicht lachen. Denn tatsächlich kümmert sich Karnevalsmuffel Bundeskanzler Helmut Schmidt (SPD) während der tollen Tage um eine Kabinettsumbildung. Am 16. Februar verlassen Bauminister Karl Ravens, Bildungsminister Helmut Rohde, Entwicklungsministerin Marie Schlei und Verteidigungsminister Georg Leber (alle SPD) die Bundesregierung, mehr oder weniger freiwillig.

Während drei Abgänge Schmidt nicht weiter schmerzen, beschwor er den in der Bundeswehr als „Soldatenvater" beliebten Leber, im Amt zu bleiben. Ohne Erfolg.

Lebers Rücktrittsgrund hat drei Buchstaben: MAD. Das Kürzel, das viele als aus den USA importiertes Scherzkeksheft kennen, entschlüsselt sich als Militärischer Abschirmdienst.

Der Geheimdienst der Bundeswehr hat mehrfach „rote Zellen" – oder was er dafür hielt – abgehört, um eine kommunistische Unterwanderung der Streitkräfte zu verhindern.

Die „Oberverdachtsschöpfer", wie die MAD-Agenten verspottet werden, haben auch die Wohnung von Lebers Sekretärin verwanzt, ohne ihren Oberbefehlshaber

Im Januar kommen Lilo Pulver und Samson ins Team der weltweit erfolgreichen „Sesamstraße“. Die ursprünglich aus den USA importierte und synchronisierte Fassung wird seitdem in Hamburg produziert

Der erste Deutsche im Weltraum ist DDR-Offizier Sigmund Jähn (rechts). Seit´ an Seit´ mit dem sowjetischen Kosmonauten-Kollegen Waleri Bykowski startet er am 26. August ins All

Mit einer Feldparade in Wetzlar ehrt das Heer am 10. Februar den zurückgetretenen Verteidigungsminister und „Soldatenvater“ Georg Leber (SPD)

Weiberfastnacht denkt der KANZLER über sein neues KABINETT nach

auch nur zu informieren. Grundlos wird Lebers Vorzimmerdame der Spionage für den Staatssicherheitsdienst der DDR verdächtigt.

Als der Minister von der Lauschaktion seines Geheimdienstes erfährt, ist er entsetzt, behält dieses Wissen aber zunächst für sich. Erst nachdem die Illustrierte „Quick“ – 1992 eingestellt – darüber berichtet, nimmt der MAD-Skandal seinen Lauf und der Minister seinen Hut.

Obwohl persönlich ohne Schuld, steht der aufrichtige Leber zu seiner „politischen Verantwortung“ und tritt zurück, um die „Bundeswehr vor Schaden zu bewahren“. Lebers Nachfolger wird Bundesfinanzminister Hans Apel (SPD).

Vier Monate später gibt auch Innenminister Werner Maihofer (FDP) auf. Sein Kabinettskollege und, na ja, Parteifreund Wirtschaftsminister Otto Graf Lambsdorff hatte Maihofers Agieren während der Schleyer-Entführung im Herbst 1977 als „glückloses Wirken“ öffentlich geschmäht. Daraufhin erklärt der dünnhäutige Innenminister: „Jetzt reicht's mir.“

Während es um Maihofer still wird nach dem Rücktritt, erlebt Leber nach seinem Abschied als Minister eine zweite Karriere. 1979 wählt ihn der Bundestag zum Vizepräsidenten, hoch geachtet von allen Fraktionen. Nach seinem Abschied aus dem Parlament im Jahr 1983 ist Hobbymaler Leber ein gesuchter Vermittler bei Tarifstreitigkeiten. Der Politiker gilt als „ehrlicher Makler“ – falls es so etwas gibt.

BUNTE MÖPSE

Sie brauchen:
10–12 Rollmöpse, 1 Glas Mixed Pickles, 4 EL Salatmayonnaise, 1 EL Tomatenketchup, 1 Schuss Cognac.

Und so wird's gemacht:
Rollmöpse abwechselnd mit den abgetropften Mixed Pickles in ein Glas schichten. Mayonnaise mit Ketchup und etwas Mixed-Pickles-Marinade zu sämiger Soße verrühren, mit Cognac abschmecken; über die Rollmöpse gießen, mit Petersiliensträußchen garnieren.

Aus „Hörzu“ Nr. 31, 1978

HANNA SCHYGULLA tritt in Strapsen auf, INGRID STEEGER tritt in Strapsen ab – und der böse WOLF der DDR-Staatssicherheit bekommt endlich ein Gesicht

Hanna Schygulla als Maria Braun, eine „Mata Hari des Wirtschaftswunders" („SZ"). Die Schygulla ist in vielen der wichtigen Fassbinder-Filme dabei („Effi Briest", „Lili Marleen"), für „Die Ehe der Maria Braun" wird Hanna Schygulla mit dem Silbernen Bären (Foto mit Kameramann Michael Ballhaus) und dem Filmband in Gold ausgezeichnet

Ingrid Steeger als „Klimbim"-Göre – der Rolle, die sie berühmt macht. Die Steeger, von 1974 bis 1977 mit Regisseur Michael Pfleghar liiert, ist das populärste Mitglied des Comedy-Clans (Foto oben mit Horst Jüssen, Elisabeth Volkmann, Wichart von Roell), bekommt viermal den Bravo Otto und die Goldene Kamera. Doch 1979 ist nach 30 Folgen Schluss mit „Klimbim"

Am 29. Januar 1979 stellt der Historiker und Publizist Joachim Fest in der „FAZ" seiner eigenen Zunft ein vernichtendes Zeugnis aus: **„Das von Historikern und Publizisten seit Jahren beklagte Desinteresse der Öffentlichkeit an der Vergangenheit entpuppte sich hier als das, was es in Wahrheit ist: das Desinteresse von Historikern und Publizisten an der Öffentlichkeit."**

Fests Aufsatz erscheint als „Nachwort" zum vierteiligen TV-Film „Holocaust", der die Geschichte der jüdischen Familie Weiss und des SS-Karrieristen Erik Dorf erzählt. Die ARD, offenbar nicht begeistert, dass ausgerechnet eine US-Produktion zur Aufarbeitung deutscher Vergangenheit beitragen möchte, versucht den Sechs-Stunden-Film in den Dritten Programmen zu verstecken. Vorab schreiben Medien vom „Hollywood-Rührstück" und „Cornflakes-Melodram". Erst nachdem 15 Millionen Westdeutsche die letzte Folge gesehen haben und Gesehenes und Geschehenes diskutieren, räumen „Spiegel" und „Stern" dem TV-Film die Titelseiten frei.

Noch im selben Jahr widerlegt der Erfolg eines weiteren Films die These vom Desinteresse der Deutschen an ihrer jüngsten Vergangenheit: Im Februar eröffnet „Die Ehe der Maria Braun" die Berlinale – national und international der größte Triumph von Regisseur Rainer Werner Fassbinder.

Fassbinder-Muse Hanna Schygulla („Effi Briest"), nach dreijähriger Eiszeit zum Clan zurückgekehrt, spielt in dem Nachkriegsmelodram die Haupt- und Titelrolle: Maria glaubt ihren Mann Hermann (Klaus Löwitsch) an der Ostfront verschollen. Als der Totgesagte eines Tages doch in der Schlafzimmertür steht, ertappt er seine Maria mit einem amerikanischen Besatzungssoldaten im Bett. Es kommt zum Handgemenge, Maria erschlägt den Liebhaber, Hermann nimmt vor Gericht die Schuld auf sich und wird verurteilt. Während er im Gefängnis sitzt, „angelt sich Maria im Erste-Klasse-Abteil einen Fabrikanten und inszeniert, zwischen Gefühl und Kalkül schwankend, ihren Aufstieg ins Zentrum eines Wirtschaftsunternehmens" („Süddeutsche Zeitung"). Nicht nur der Showdown hat Hollywood-Format, vom amerikanischen Produzenten gewünscht und von Fassbinder geliefert: Hermann kehrt ein zweites Mal heim, diesmal in eine Luxuswohnung, die ihm Maria stolz präsentieren will. Im Radio läuft die berühmte Reportage über das Fußball-Wunder von Bern, da explodiert das Gas in der Küche, Maria und ihr Mann fliegen in die Luft ...

Der „SZ"-Kritiker urteilt nach der Premiere ohne Scheu vor Adjektiv-Terror: „Man lässt sich den melodramatischen Kinodonner gefallen, mit der schwergewichtige Symbole übereinandergetürmt werden, **ja man genießt sogar, wie da aus hanebüchenen Zufällen und aus abgewetzten Klischees, die sich eigentlich niemand mehr leisten kann, etwas Monströs-Übertriebenes zusammenschießt,** was auf listig-vertrackte Weise nicht nur seine

REPUBLIKFLUCHT DES JAHRES:

Acht Menschen und ein bunter Ballon treiben in die Freiheit

künstlerische Richtigkeit beweisen kann, sondern sich auch beim Zuschauer verführerisch einzuschmeicheln vermag.“

Uff.

Fassbinder, der Besessene, dreht in diesem Jahr auch die großartige ARD-Serie „Berlin Alexanderplatz“ nach dem Döblin-Roman mit Günter Lamprecht als Franz Biberkopf. **Und während er damit ein neues Kapitel TV-Geschichte schreibt, wird ein anderes Kapitel geschlossen, untypisch leise übrigens. Am 13. Februar läuft im Ersten die letzte Folge von „Klimbim“**, eine Nummern-Revue, durch die Michael Pfleghar, Produzent, Frivolität, Nonsens und die nackten Brüste von Ingrid Steeger („Gaby“) wohnzimmerfähig macht. Weltstars wie Jerry Lewis, Horst Buchholz und Curd Jürgens sind sich für schnelle Gastauftritte inmitten der wild über den Schirm zappelnden „Klimbim“-Familie nicht zu schade. Nach der 30. Ausgabe erklärt der WDR das Format für ausgereizt, und erntet beim Publikum keinen Widerspruch. Pfleghar und seine Zwischendurch-Geliebte Ingrid Steeger versuchen im darauffolgenden Jahr mit der Comedy-Reihe „Susi“ an den frühen „Klimbim“-Erfolg anzuknüpfen. Sie scheitern vorhersehbar.

★

Was das Fernsehen 1979 an Crime-Stoffen aufbietet, bleibt in seiner Gesamtheit komplett hinter der Realität zurück: Am 18. Januar wechselt Werner Stiller, Oberleutnant im Ministerium für Staatssicherheit (MfS) der DDR, die Seiten: Er kommt ganz einfach durch eine Geheimtür am Bahnhof Friedrichstraße. In einem Koffer bringt Stiller Tausende von Dokumenten auf Mikrofilm mit und präsentiert sie dem Bundesnachrichtendienst und dem Bundesamt für Verfassungsschutz.

Danach geht es Schlag auf Schlag: 15 DDR-Agenten werden sofort verhaftet, etwa 40 gelingt die Flucht in den Mauerstaat.

Doch was die Geheimen (West) genau so freut wie die Enttarnung der Geheimen (Ost): **Endlich wissen sie, wie General Markus Wolf aussieht, der von Legenden umwobene Chef der Hauptverwaltung Aufklärung im Stasi-Ministerium** und Stellvertreter von Minister Erich Mielke. Jahrzehntelang galt er als „Mann ohne Gesicht“, vermied es sorgfältig, fotografiert zu werden.

Ein Jahr vor Stillers Seitenwechsel war Wolf bei einem Stockholm-Besuch von schwedischen Agenten fotografiert worden. Aber niemand im Westen wusste etwas mit dem Bild anzufangen. Bis Stiller kommt. Anfang März veröffentlicht der „Spiegel“ das Foto des identifizierten und blamierten Spionagechefs Markus Wolf.

Heribert Hellenbroich (72), damals Chef der Spionageabwehr im Verfassungsschutz, hat Stiller persönlich vernommen. Im Gespräch mit BILD am SONNTAG erinnert sich der spätere Verfassungsschutz-Präsident: „Stiller war weitgehend aus eigenem Antrieb gekommen. Er hatte wohl Probleme mit einer außerehelichen Beziehung, was man im MfS gar nicht schätzte. Stiller war bewusst, welches Risiko er einging. Er wäre sicherlich erschossen worden,

Eckhart Witzigmann, der junge Mann am Radieserlstand, ist der erste Deutsche, der sich drei Michelin-Sterne erkocht (damals in der „Aubergine“, München)

Mit dem Wind nach Westen: Familien Wetzel, Strelzyk vor dem Ballon, der sie in die Freiheit brachte

DDR-Spionagechef Markus Wolf, heimlich fotografiert beim Einkaufsbummel in Stockholm. „Der Spiegel“ druckt das Bild vom Mann mit der Sonnenbrille 1979 auf dem Titel – es beendet die Legende vom „Mann ohne Gesicht“

16. 1. Der **Schah** flüchtet aus dem Iran. ►

17. 1. **Smogalarm** im **Ruhrgebiet**, der erste in Deutschland.

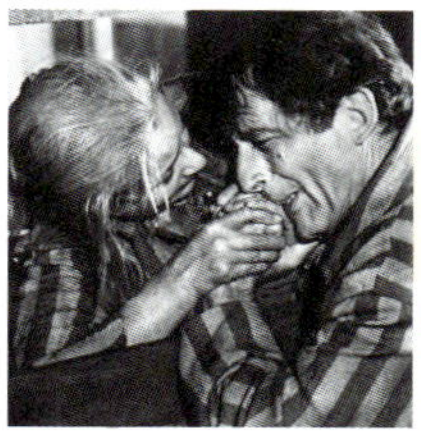

19. 1. **Udo Lindenberg** startet in Bremen seine **Rock-Revue**.

◄ 22. 1. Die **ARD** beginnt mit der Ausstrahlung des Vierteilers **„Holocaust"**.

1. 2. Rückkehr von **Ajatollah Khomeini** aus dem französischen Exil in den Iran.

1. 3. Das **Bundesverfassungsgericht** weist die Klage der Arbeitgeber gegen das **Mitbestimmungsgesetz** zurück.

13. 3. Das **Europäische Währungssystem** mit festen Wechselkursen tritt in Kraft.

17. 3. **„Die Grünen"** gründen sich als **„politische Vereinigung"** in Frankfurt am Main.

31. 3. Drei Tage nach einem schweren Störfall im **Kernkraftwerk Three Mile Islands** bei Harrisburg (USA) demonstrieren **40 000 Atomkraftgegner** in Hannover gegen die geplante **Atommülldeponie Gorleben**.

15. 4. Der in der DDR 1957 wegen Gründung einer „staatsfeindlichen Gruppe" zu zehn Jahren Haft verurteilte Philosoph **Wolfgang Harich** darf Ostdeutschland verlassen.

17. 4. Erstmals erscheint in Berlin die **„Tageszeitung" (taz)**.

4. 5. **Königin Elizabeth II.** ernennt **Margret Thatcher** zur ersten Premierministerin Großbritanniens. ►

18. 5. Ein Liter **Benzin** in der Bundesrepublik kostet erstmals mehr als **eine D-Mark**.

23. 5. Die Bundesversammlung wählt **Karl Carstens** (CDU) zum **5. Bundespräsidenten**. **Borussia Mönchengladbach** wird **Uefa-Cup-Sieger**.

31. 5. Der Bundestag wählt **Richard Stücklen** (CSU) zum **Bundestagspräsidenten**.

7. 6. **Erste Direktwahl** für das **Europäische Parlament**: Die Sozialisten erringen mit 112 Sitzen die Mehrheit.

9. 6. **Deutscher Fußballmeister** ist der **HSV**.

10. 6. **Marita Koch** aus Wismar läuft die **200 Meter** in der **Weltrekordzeit** von **21,71 Sekunden**. ►

2. 7. CDU und CSU benennen **Franz Josef Strauß** zum **Kanzlerkandidaten**.

13. 8. Die von **Rupert Neudeck** gecharterte **„Cap Anamur"** nimmt im Südchinesischen Meer die ersten **Bootsflüchtlinge** aus Vietnam auf.

◄ 19. 9. Im Garten des Kanzleramts lässt Bundeskanzler **Helmut Schmidt** die Plastik **„Two large Forms"** des Briten **Henry Moore** aufstellen.

30. 9. Laut **ZDF-Umfrage** sind **79 Prozent** der **Westdeutschen** für eine **Wiedervereinigung**. Dreiviertel der Befragten glauben nicht, dass sie in den nächsten 30 Jahren kommt.

7. 10. Die **Grünen** ziehen erstmals in **Bremen** in ein **deutsches Landesparlament** ein.

14. 10. In **Bonn** demonstrieren **100 000 Menschen** friedlich gegen die **Kernenergie**.

10. 12. **Mutter Teresa** bekommt den **Friedensnobelpreis**. ►

11. 12. Der SPD-Politiker **Carlo Schmid**, einer der **„Väter des Grundgesetzes"**, stirbt mit 83 Jahren in Bonn.

15. 12. Der Vatikan verbietet dem Tübinger Theologieprofessor **Hans Küng** Vorlesungen. Er bezweifelt die Unfehlbarkeit des Papstes.

◄ 24. 12. **Rudi Dutschke** stirbt in Aarhus (Dänemark) in der Badewanne an den Folgen des Attentats von 1968.

27. 12. Beginn der **sowjetischen Invasion** in **Afghanistan**.

wenn er vor seinem Übertritt in die Bundesrepublik aufgeflogen wäre. Er war es, der uns erst die Augen geöffnet hat über das Ausmaß der Spionage-Aktivitäten der Hauptverwaltung Aufklärung, insbesondere ihr Interesse an Wirtschaft und Technik."

In der DDR wird Stiller in Abwesenheit zum Tode verurteilt, ein Greiferkommando der Stasi versucht, ihn zu entführen und das Urteil zu vollstrecken. Doch Stiller gelingt es, getarnt als Investmentbanker, die DDR zu überleben. **Seine Kinder und seine Frau sieht Stiller im Sommer 1990 wieder, als Mielke und Co. längst entmachtet sind.**

Stillers Abgang ist nicht die einzige Blamage für die DDR. Am 17. September zwängen sich die Familien Wetzel und Strelzyk, vier Erwachsene und vier Kinder, auf einer zwei Quadratmeter großen Plattform unter einem aus Bettlaken und Regenmantelstoff zusammengenähten Ballon. Um 2.40 Uhr morgens wird der Brenner angeworfen, nach 28 Minuten Fahrt 2500 Meter über der Todesgrenze ist das Gas verbraucht. Wohlbehalten landen die acht in einem Wald bei Naila (Bayern).

Weder die DDR-Grenzer noch die Flugsicherung der Bundeswehr merken etwas von der tollkühnen Ballonfahrt, die 1982 unter dem Titel „Mit dem Wind nach Westen" verfilmt wird.

▲ **Am 1. Juli präsentiert Sony den ersten Walkman, Modell TPS-L2: blau-violett, 390 Gramm schwer, groß wie ein Backstein**

1979 ist auch das traurige Jahr des Abschieds von zwei begnadeten Künstlern des Wortes: Peter Frankenfeld (Foto oben rechts mit Ehefrau Lonny Kellner) stirbt mit 65, Heinz Erhardt, der große Humorist, mit 70 Jahren ►

FOTOS: ULLSTEIN, STERN/D.HEGEMANN, DDP, AP, AFP, CINETEXT, INTERFOTO

Eine leichte Ähnlichkeit mit dem Schauspieler Heiner Lauterbach ist unverkennbar: Erbprinz Johannes von Thurn und Taxis. Minuten zuvor hat er zu seiner jungen Begleiterin die folgenschweren Worte gesprochen: „Gloria, vor Gottes Angesicht nehme ich dich zur Frau“

1980

Das BOMBENATTENTAT auf dem Oktoberfest kostet 13 Menschenleben, Prinz Johannes von Thurn und Taxis heiratet seine GLORIA, und der WAHLKAMPF wird schmutzig wie noch nie

Hätte die wohlfeile Beziehungsweisheit von den Gegensätzen, die sich anziehen, wirklich noch eines Beweises bedurft, am 31. Mai wird er erbracht: In der roten Seidenuniform eines Malteserritters gewandet, aufgerüstet mit scharfem Säbel, geziert mit Zweispitz und grüner Schärpe, **heiratet Erbprinz Johannes von Thurn und Taxis (53 und nach Schätzungen der Fachpresse schlicht „der reichste Deutsche“) die 33 Jahre jüngere Mariae Gloria Gräfin von Schönburg-Glauchau**, deren messbarer Reichtum in einem angenehmen Äußeren, einem hellwachen Verstand und einer weit überdurchschnittlichen Schlagfertigkeit besteht.

Diese Eigenschaften, verbunden mit Fertilität, vulgo: Fruchtbarkeit, von der sich der Fürst übrigens schon vor der Heirat überzeugt, befähigen die Journalistentochter Gloria, erste und einzige Ehefrau des Erbprinzen zu werden, und mithin Herrin über zehn Schlösser (das Stammschloss St. Emmeran in Regensburg ist mit 500 Räumen größer als Versailles oder der Buckingham-Palast), elf Güter, zehn Forstämter, fünf Bankhäuser und sechs Brauerein.

Am Hochzeitstag versammeln sich auf St. Emmeran 500 geladene Gäste, allesamt „große Namen aus Adel und Großindustrie, aus Politik und jenen Lebensbereichen, in denen sich der Prinz und seine Gloria ken-

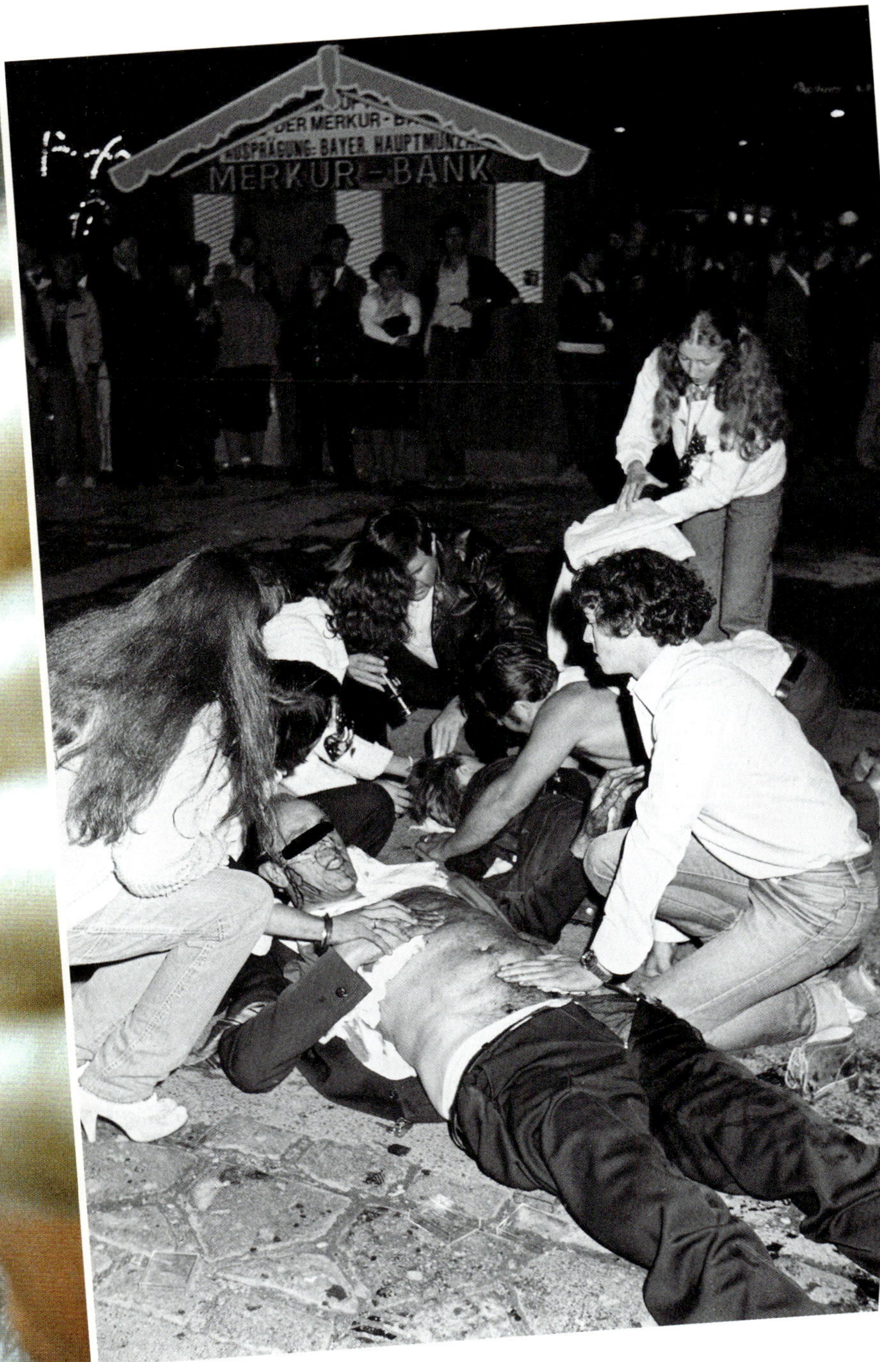

Minuten nach der Detonation der Papierkorb-Bombe auf der Theresienwiese in München: Oktoberfest-Besucher kümmern sich um zwei Opfer. Bilanz des Attentats: 13 Tote, 219 Verletzte

Irokesenschnitt, Lederjacke und die Schultasche als Statement („Kotz, Würg", „Fuck off"): Ein freundlicher westdeutscher Mainstream-Punk auf dem Weg ins Gymnasium

nen – und lieben gelernt haben: München-Schwabing, Monte Carlo, St. Moritz", wie der Berichterstatter der „Bunte" zurückhaltend notiert. Die Zweifelnden unter diesen Gästen konstatieren, dass sich der Bräutigam bei der Trauformel verhaspelt, dass ihm die Hände beim Überstreifen des Eherings zittern, und sie halten es auch für kein sonderlich glückliches Omen, dass Gloria ein Diadem trägt, das einst Eigentum der französischen Königin Marie Antoinette war, welche bekanntermaßen gegen Ende ihres Lebens kopflos wurde.

Zu früh geunkt, zu schnell gelästert: Die Ehe der beiden starken Charaktere verläuft bis zum Tod von Johannes im Dezember 1990 zwar erwartbar turbulent, aber durchaus zufriedenstellend für alle direkt Beteiligten. Die Fürstin im Gespräch mit BILD am SONNTAG: „Wir haben uns brutal gestritten, über Kleinigkeiten. Aber in den wesentlichen Dingen des Lebens waren wir uns immer einig. Ich habe in den zehn Jahren unserer Ehe so viel erlebt wie andere vielleicht in 40 Jahren. Es war ein Turbo-Leben, es waren sechs Richtige im Lotto."

Bereits am 28. 11. 2008 erfüllt Gloria ihrem Johannes erstmals dessen großen Kinderwunsch: Prinzessin Maria Theresia wird geboren, 1982 folgt Prinzessin Elisabeth und ein Jahr darauf Prinz Albert II., das zwölfte Oberhaupt der Familie Thurn und Taxis.

★

In München, genauer: auf der Theresienwiese, am Haupteingang zum Oktoberfest, kommt es am 26. Oktober gegen 22.20 Uhr zu einer Katastrophe, deren Ausmaß der „Spiegel" so kommentiert: „Der Anschlag von München – der binnen Sekunden mehr Tote (13) und Verletzte (219) forderte, als die Verbrechensserie der Baader-Meinhof-Gruppe bis zur Zerschlagung ihres harten Kerns 1972 – markierte für Millionen Bundesbürger eine völlig neue Dimension des Grauens. Denn die extreme Linke hatte den Tod x-beliebiger Mitbürger bei ihren Anschlägen auf Bankiers oder Politiker zwar stets in Kauf genommen, aber nicht gesucht."

Der Attentäter, der seine selbst gebastelte Höllenmaschine in einem Abfallkorb deponiert und so eingestellt hat, dass sie explodiert, während die meisten Wiesn-Besucher nach Hause strömen, ist ein extremer Rechter.

Gundolf Köhler (21), Geologie-Student aus Baden-Württemberg, Waffennarr und Anhänger der paramilitärischen „Wehr-

FOTOS: ULLSTEIN-BILD/AMW, ACTION PRESS, KEYSTONEVWVW

Euphorie ist nicht die größte Stärke von Volker Schlöndorff (neben Hollywood-Star Ann-Margret). Am 14. April bekommt der Regisseur den Oscar für seine Adaption des Weltbestsellers von Günter Grass „Die Blechtrommel"

Die britische Firma Sinclair bringt 1980 einen der ersten Heimcomputer auf den Markt: Der ZX 80 hat 21 Chips und ist mit 3,25 MHz getaktet. Der Tech-Freak weiß, was das bedeutet

Ein Mann taucht auf und schwimmt nach oben: ABEND-SHOW für THOMAS GOTTSCHALK

sportgruppe Hoffmann", die erst im Frühjahr vom Bundesinnenminister verboten worden war. Genaue Motive des radikalen Bombenbauers können nur vermutet werden, der Sprengkörper detoniert offenbar früher als geplant und zerfetzt den Studenten. Weil bei der Leiche Köhlers der Reisepass gefunden wird, ermitteln ihn die Fahnder schließlich als mutmaßlichen Täter.

Das 146. Oktoberfest geht übrigens schon am nächsten Tag weiter, als wäre nichts geschehen. Begründung des Münchner CSU-Oberbürgermeisters Erich Kiesl: **„Bei einer Schließung der Festwiese am Samstag wäre es zu einem Chaos gekommen. 600 000 Gäste in der Stadt! Wohin mit ihnen? Diese Situation hätte die Polizei niemals in den Griff bekommen."**

Bayerns Ministerpräsident Franz Josef Strauß nutzt das Attentat relativ unverhohlen, um seine Chancen bei der bevorstehenden Kanzlerwahl zu erhöhen. Er schiebt nämlich, ohne gesicherte Erkenntnisse, zumindest indirekt die Schuld daran der amtierenden Bonner Regierung und dem Regime in Ost-Berlin zu.

Aber auch im Kleinen reagiert FJS unüberlegt: Bei einer Kundgebung vor dem Münchner Rathaus befiehlt er dem Vize-Polizeichef der Landeshauptstadt, Georg Wolf, ein Plakat mit der Aufschrift „Stoppt Strauß!" entfernen zu lassen. Der Polizeibeamte bleibt standhaft und belehrt Strauß: „Tut mir leid, Herr Ministerpräsident. Solche Parolen sind strafrechtlich nicht relevant."

Widerspruch kann Strauß nicht leiden. Er setzt den Vize-Polizeipräsidenten kurzerhand ab. Zwar ist er als Ministerpräsident dafür gar nicht zuständig, doch sein willfähriger Innenminister Gerold Tandler entscheidet: „Wenn der Herr Ministerpräsident es will, dann müssen wir Herrn Wolf ablösen." So geschieht es.

Der Wahlkampf 1980 ist, wie das US-Nachrichtenmagazin „Time" feststellt, „der schmutzigste in der Geschichte der Bundesrepublik". So beschimpft CDU-Generalsekretär Heiner Geißler Bundeskanzler Helmut Schmidt (SPD) als einen „Rentenbetrüger". Bremens Bürgermeister Hans Koschnick behauptet, auf dem Boden von Strauß' Sprache „könne wieder Faschismus entstehen".

Als die Stimmen ausgezählt sind, steht fest: **Mit Strauß als Spitzenkandidat hat die Union 4,1 Prozent weniger bekommen als vier Jahre zuvor mit dem CDU-Vorsitzenden Helmut Kohl als Nummer 1.**

Kaum hat Strauß entschieden, dass er lieber in Bayern bleibt, wagt sein Vertrauter Friedrich Zimmermann die Prognose: „Die Bundesregierung wird innerhalb der nächsten vier Jahre zusammenbrechen. Helmut Schmidt hat seine besten Tage hinter sich." Ebenfalls prophetisch äußert sich der niedersächsische Ministerpräsident Ernst Albrecht: „Jetzt hat Helmut Kohl seine zweite Chance."

Bekanntlich nutzt er sie. **Zwei Jahr später ist Kohl Kanzler.**

Er bleibt es 16 Jahre lang.

DIE CHRONIK VON 1980

13.1. **Gründung** der Partei **Die Grünen** in Karlsruhe.

◄ 25.1. **Walter Röhrl** (Foto, r.) aus Regensburg gewinnt die 48. Rallye Monte Carlo und wird im selben Jahr mit Co-Pilot **Christian Geistdörfer** auch Rallye-Weltmeister.

30.1. Wegen des Einmarschs sowjetischer Truppen in **Afghanistan** sagt Bundeskanzler **Helmut Schmidt** ein Treffen mit DDR-Staatschef **Erich Honecker** ab.

6.2. Das **Bundesverfassungsgericht** urteilt: Die **friedliche Nutzung der Kernenergie** widerspricht nicht dem Grundgesetz.

13.2. Beginn der **XIII. Olympischen Winterspiele** in **Lake Placid** (USA).

22.2. Der Maler **Oskar Kokoschka** stirbt 93-jährig in Montreux (Schweiz).

6.4. Zum ersten Mal gilt in **Deutschland** die **Mitteleuropäische Sommerzeit** (MEZ).

29.4. Regisseur **Alfred Hitchcock** („Psycho", „Die Vögel") stirbt mit 80 Jahren in Los Angeles.

3.5. **5000 Atomkraftgegner** besetzen das Gelände der Tiefbohrstelle 3 in **Gorleben**. ►

4.5. Tod des jugoslawischen Staatspräsidenten **Josip Broz Tito**.

31.5. Der **FC Bayern München** wird **Deutscher Fußballmeister**.

2.6. Spielzeugläden melden, dass der von **Ernö Rubik** erfundene **Zauberwürfel** alle Verkaufsrekorde bricht.

22.6. Die **westdeutsche Fußballnationalelf** gewinnt durch zwei Tore von Horst Hrubesch die **EM** in Rom mit 2:1 gegen **Belgien**. ►

19.7. Beginn der **XXII. Olympischen Sommerspiele** in **Moskau**. Wegen des Einmarsches sowjetischer Truppen in Afghanistan boykottieren 30 Staaten, darunter die Bundesrepublik, die Wettkämpfe.

20.8. **Reinhold Messner** schafft es als erster Bergsteiger, den **Mount Everest** im Alleingang zu bezwingen.

25.8. **Schwere Krawalle** bei einer **Wahlkampfveranstaltung** von Unions-Kanzlerkandidat **Franz Josef Strauß** (CSU) in Hamburg.

29.8. In der ARD läuft die erste von 13 Folgen der Verfilmung **„Berlin Alexanderplatz"** von **Rainer Werner Fassbinder** nach einem Roman von **Alfred Döblin**.

22.9. Beginn des **Kriegs Iran** gegen den **Irak**.

17.9. Die **UN-Vollversammlung** wählt den westdeutschen Diplomaten **Rüdiger „Dodel" von Wechmar** zu ihrem Vorsitzenden.
Gründung der Gewerkschaft **Solidarnosc** in Gdansk (Danzig), erster Vorsitzender wird **Lech Walesa**.

23.9. **Uraufführung** des Road-Movies **„Theo gegen den Rest der Welt"** mit **Marius Müller-Westernhagen**. ►

5.10. **CDU/CSU** erhalten bei den Wahlen zum 9. Deutschen Bundestag **44,5 Prozent** der Stimmen, die **SPD** bekommt **42,9**, die **FDP 10,6**.

9.10. Die **DDR** erhöht den **Zwangsumtausch** für Besucher aus dem Westen auf **25 DM** pro Tag.

31.10. Die Mainzer Staatsanwaltschaft deckt den bis dahin größten **Weinpanscher-Skandal** in Deutschland auf: 2000 Winzer sollen Wein mit Zucker aufgepeppt haben.

5.11. Erneute Wahl von **Helmut Schmidt** (SPD) zum Bundeskanzler. Er setzt die Koalition mit FDP fort.

◄ 15.11. Besuch von **Papst Johannes Paul II.** in der Bundesrepublik.

8.12. **John Lennon** wird in New York von einem geistig verwirrten Attentäter erschossen.

18.12. Trotz richterlichen Verbots veröffentlicht der **Rowohlt Verlag** den Roman **„Mephisto"**, in dem **Klaus Mann** die fragwürdige Rolle seines Schwagers **Gustaf Gründgens** im Dritten Reich schildert.

GEFÜLLTE PUTEN-SCHNITZEL

Sie brauchen:
4 dünne Putenbrustfilets à 200 g, etwas Salz, Knoblauchpulver und Pfeffer, 4 Scheiben Gouda à 20 g, 4 Scheiben gekochten Schinken à 30 g, 40 g Kräuterbutter, 2 Eßl. Öl, 1/4 l Fleischbrühe.

So wird's gemacht:
Putenfilets salzen und pfeffern, Kräuterbutter darüberstreichen, mit je einer Schinken- und Käsescheibe belegen. Zusammenklappen, mit Rouladenspießchen zusammenstecken. Im Öl auf beiden Seiten goldbraun anbraten, dann nach und nach die Fleischbrühe dazugießen und garschmoren (ca. 20 Minuten). Mit Paprikaschotengemüse und Weißbrot oder Petersilienkartoffeln auftragen. Pro Person (ohne Beilagen) ca. 342 Kalorien (kcal) oder 1430 Joule (kJ).

Aus „Hörzu", Familien-Journal, Nr. 31, 1980

Vor seiner Badehütte ist er Kapitän: Ein noch naturblonder Thomas Gottschalk präsentiert stolz seine Immobilie am Weßlinger See. 1980 moderiert er auch das erste Mal eine Unterhaltungssendung im Hauptabendprogramm: „Telespiele" in der ARD

Susanne und Sabine, Töchter des TV-Journalisten Dieter Kronzucker (links), und deren Cousin Martin Waechter (verdeckt) werden am 25. Juli im Toskana-Urlaub gekidnappt. Die Familie zahlt 4,4 Millionen Mark. Am 1. Oktober sind die Kinder wieder frei

FOTOS: BABIRAD-PICTURE, KEYSTONE, ULLSTEIN-BILD/NMSI/SCIENCE MUSEUM, SVEN SIMON, AKG-IMAGES/AP, PRESSEFOTO BAUMANN, CINETEXT, ACTION PRESS

Beim Abschied nach dem deutsch-deutschen Gipfeltreffen in der DDR schenkt Staatsratsvorsitzender Erich Honecker (rechts) Bundeskanzler Helmut Schmidt auf dem Bahnhof in Güstrow einen Hustenbonbon. Gelutscht hat der es nicht

1981

SCHIMANSKI, Wetten, dass ..?, Traumschiff und Dallas gehen auf Sendung, und HONECKER schenkt Kanzler SCHMIDT am Bahnsteig ein Hustenbonbon

Für die Rolle, die ihn berühmt macht, ist Götz George ursprünglich nicht vorgesehen: TV-Produzent Bernd Schwamm, der den Auftrag erhält, für die ARD einen neuen „Tatort"-Kommissar zu entwickeln, nennt seine Kunstfigur Horst Schimanski und schlägt vor, Eberhard Feik damit zu besetzen. Den Assistenten, er heißt Thanner, soll Rüdiger Vogler spielen, unscheinbarer Star aus zahlreichen Filmen von Wim Wenders.

Das Duo Schimanski und Thanner wird vom Sender akzeptiert, nur die Besetzung stellt man sich anders vor: Vogler möchte man, weil zu unbekannt, gar nicht; Feik kommt als Assistent infrage, für den Schimanski bleiben bis zum Schluss zwei Schauspieler im Rennen: Jürgen Prochnow, der im selben Jahr im „Boot" seine internationale Karriere beginnt, und der damals 42-jährige Götz George. Der bekommt schließlich die Rolle, wird Nachfolger der melancholischen Frikadellen-Ikone Haferkamp (Hansjörg Felmy) und mischt die Sehgewohnheiten der Deutschen mit Ruppigkeit und seinem Hang zur Subkultur gehörig auf.

Der Chef der Duisburger Mordkommission Alhorn versucht sich nach der ersten Folge „Duisburg Ruhrort" als Fernsehkritiker. „Bei mir", schreibt der echte Polizist über den erfundenen Kollegen, „dürfte dieser Mann nicht mal Fahrraddiebstähle bearbeiten." Auch BILD am SONNTAG versteht wenig Spaß und titelt am 5. Juli, eine Woche nach der Schimanski-Premiere: „Der Ruhrpott kocht: Sind wir alle Mörder und Trinker?"

Der Ruhrpott, um in der Diktion zu bleiben, kocht längst nicht mehr, die Fernsehnation glaubt mehrheitlich, Schimanski/George seien ein und dieselbe Person und schließt sie fest ins Herz. Noch 2008, Jahre nach seinem offiziellen Abschied vom „Tatort", wird Schimanski per Emnid-Umfrage zum „beliebtesten Fernseh-Kommissar" gekürt.

Ein ganz anderes Publikum will der Berliner Quotenkönig Wolfgang Rademann („Peter-Alexander-Show") erreichen, der im ZDF das Publikum zunächst sechsmal mit seinem „Traumschiff" zu den schönsten Reisezielen der Welt mitnimmt. Rademann: „Hier gibt's keinen Mord, keine Sozialkritik, keinen falschen Kunstanspruch. Kann der Zuschauer sagen: Ich habe gelacht, ich bin gerührt, ich habe mich gut

◂ **Bitte demonstrieren Sie Führungsstärke (Kapitän), Coolness (Chefsteward) und gereiften Sex-Appeal (Chefhostess)! Sascha Hehn, Günter König und Heide Keller kommen diesem Wunsch auf dem „Traumschiff" vorbildlich nach**

unterhalten, dann hat ‚Das Traumschiff' seinen Hafen erreicht."

Schon nach der ersten Folge am Totensonntag sagen das unvorstellbare 21 Millionen Zuschauer. Außer wegen der exotischen Schauplätze schalten die Menschen auch ein, weil ihnen Rademann in den (zunächst) 60 Minuten langen Episoden serienweise Stars präsentiert: Neben der Ursprungs-Crew (Günter König als Kapitän, Heide Keller, Horst Naumann, Sascha Hehn) heuern gleich zu Beginn Hochkaräter wie Theaterliebling Maria Körber, Elisabeth Wiedemann („Ekel Alfred"), Wolfgang Kieling, Manfred Krug, Günter Lamprecht („Berlin Alexanderplatz") und Ifflandring-Träger Josef Meinrad auf der MS „Vistafjord" an.

Es ist nicht der einzige große Eigen-Erfolg, der das Zweite nach vorn bringt: Der unermüdliche Frank Elstner („Montagsmaler") erfindet in angeblich nur zwei Stunden eine Unterhaltungssendung, die dem ZDF bis heute regelmäßig Quotensiege garantiert: „Wetten, dass ...?" wird am 14. Februar um 20.15 Uhr von Tüftler Elstner erstmals persönlich und live präsentiert. Wetten, die anfangs noch befremdlich wirken – bei der Premiere bringt ein Kandidat eine Wärmflasche mit Atemluft zum Platzen –, vereinen noch immer Familien am Samstagabend vor dem Fernseher und sorgen für Gesprächsstoff für die folgende Woche.

▴ **Bitte vermeiden Sie bei Probe und Sendung jeden Fehler! Frank Elstner, der „ Mister Perfect" des ZDF, schafft das bei „Wetten, dass ...?" 39-mal**

Bitte zeigen Sie uns ein natürliches Lächeln! Für die „Dallas"-Stars Linda Gray und Larry Hagman eine leichte Aufgabe ... ▾

Das Micky-Maus-Telefon kommt 1981 auf den Markt. Die Pop-Art mit Akustik kostet inzwischen bei ebay 129,99 Euro

◂ **Bitte tragen Sie eine scheußliche Jacke so lässig, dass Sie damit smart aussehen! „Schimanski" Götz George ist bis heute nachweislich der Einzige, dem selbst das gelingt**

FOTOS: J.H. DARCHINGER, DPA, W. M. WEBER/TV-YESTERDAY, IMAGO, CINETEXT, ZDF

... und so sieht es 1981 bei GÜNTHER JAUCH zu Hause aus, der damals als Redakteur beim Bayerischen Rundfunk startete

Während sich der Mainzer Sender mit Eigenproduktionen Quoten holt, kauft die ARD-Konkurrenz ihren spektakulärsten Serien-Hit lieber gleich in den USA ein: „Dallas" (ab 30. Juni jeden Dienstag von 21.45 Uhr bis zu den „Tagesthemen") ist eine stellenweise absurd fehlerhaft konstruierte Familien-Saga über die Ewings und ihr Schicksal auf der Southfork-Ranch. Die Drehbuchautoren legen auf Logik weit weniger Wert als auf vordergründige Spannung, und den Darstellern (Larry Hagman, Patrick Duffy, Linda Gray) ist Ausdrucksstärke bei Weitem nicht so wichtig wie der korrekte Sitz ihrer Stetsons. Das garantiert den Erfolg – „Dallas" läuft dreizehn Jahre lang ununterbrochen, erst dann scheint jede Ehe ruiniert, jeder Mord begangen, jedes Wort gelogen und jeder Deal gemacht worden zu sein. Möchte man glauben, stimmt aber nicht. 1998 zeigt das Erste noch einen zusammengeschluderten TV-Film „J. R. kehrt zurück". In den Archiven lagern noch sieben nie gezeigte Folgen. Grund des Sendeverbots: Angeblich zu viel Brutalität ...

*

Jupp Darchinger liebt Klartext. „Es war schweinekalt am 13. Dezember in Güstrow, minus 15 Grad", erinnert sich der Bonner Fotoreporter im Gespräch mit BILD am SONNTAG, „ich habe mir, während ich drei Stunden lang auf dem Bahnsteig auf Helmut Schmidt gewartet habe, den Arsch abgefroren."

Als Bundeskanzler Helmut Schmidt nach einem Orgelspiel im Dom in der von Stasi und Vopo abgeriegelten Stadt gegen 16.55 Uhr eintrifft und sich von DDR-Machthaber Erich Honecker verabschiedet, gelingt Darchinger ein einzigartiges Foto. Wohl weil Honecker nicht weiß, was er nach dem Ende des dreitägigen deutsch-deutschen Gipfeltreffens mit seinem Gast noch reden soll, kramt er in seiner Manteltasche, findet ein Bonbon und reicht es dem Kanzler mit dem Satz: „Einen hab ich noch." Lächelnd nimmt Schmidt das Abschiedsgeschenk entgegen, doch er steckt es nicht in den Mund.

Im Berliner Restaurant „Ständige Vertretung" wird in einem Glaskasten ein Bonbon ausgestellt. Es soll das historische Exemplar von Güstrow sein. Wie das mit Reliquien so ist: An der Echtheit darf gezweifelt werden.

*

Aus neun Wörtern bestehen die letzten zwei Sätze seines Lebens, die Stasi-Offizier Dr. Werner Teske am 26. Juni um 10.10 Uhr im Leipziger Gefängnis hört: „Das Gnadengesuch ist abgelehnt. Ihre Hinrichtung steht unmittelbar bevor." Direkt danach zieht Henker Hermann Lorenz den Abzug einer Pistole Walther P 38 (mit Schalldämpfer) durch und tötet Teske per „Unvermutetem Nahschuss in das Hinterhaupt". So heißt das Verfahren, das das Fallbeil ersetzt. 150 Mark Henkerslohn kassiert Lorenz, der 20 Menschen im Staatsauftrag getötet hat.

Soweit bekannt, ist die Hinrichtung Teskes das letzte vollstreckte Todesurteil in der DDR. Offiziell abgeschafft wird die Todesstrafe in Ostdeutschland erst 1987, in der Bundesrepublik geschah das bereits 1949 mit dem Grundgesetz.

Stasi-Hauptmann Teske muss von Staats wegen sterben, weil er sich in die Bundesrepublik absetzen will. Anders als sein Ex-

**Eine der seltenen „Homestorys" mit Günther Jauch, damals 25 Jahre und Jungredakteur beim Bayerischen Rundfunk.
Jauch beim Entfernen des Bartflaums (oben rechts) und bei der Präsentation seines Schlaf-Lese-Zimmers. Auf dem Bord ein gezeichneter Frauenakt, als Lektüre bevorzugt Jauch damals u. a. „GEO" und Romane des US-Schriftstellers Joseph Heller („Gut wie Gold"). Der Overall auf dem Foto oben ist Dienstkleidung: In diesem Outfit präsentiert Jauch 1982 seine erste TV-Show „Rätselflug" – leider ein Quoten-Absturz**

Stasi-Offizier Werner Teske ist der letzte Deutsche, der nach einem Todesurteil in einem deutschen Staat hingerichtet wird. Das geschieht am 26. Juni 1981 in Leipzig

Kollege Werner Stiller, der sich 1979 mit einem Koffer voller Geheimakten aus dem DDR-Staub macht und sich westdeutschen Diensten offenbart, fliegt Teske auf. In einem Geheimprozess wird er zum Tod verurteilt, getreu dem Befehl von Stasi-Minister Erich Mielke, mit aller Härte gegen Verräter vorzugehen: „Hinrichten, den Menschen, ohne Gesetze, Gerichtsbarkeit und so weiter."

Erst nach dem Ende des Stasi-Regimes erfährt Teskes Witwe Sabine von der Exekution ihres Mannes. Sie glaubte, er sitze im Gefängnis.

*

Bundesgesundheitsministerin Antje Huber (SPD) überzeugte Nichtraucherin, verhandelt mit der Tabakindustrie wegen Warnhinweisen auf Zigarettenschachteln. Am 1. Oktober ist sie am Ziel: Auf alle in der Bundesrepublik verkauften Zigarettenpackungen muss künftig der Hinweis aufgedruckt werden: „Der Bundesgesundheitsminister: Rauchen gefährdet Ihre Gesundheit". Nun wird Hubers rauchender Staatssekretär Hans-Georg Wolters mit der Frage konfrontiert, ob er nicht auch dem Nikotin entsagen wolle. Wolters antwortet mit einem Satz des Philosophen Martin Heidegger: „Der Wegweiser geht nicht den Weg, den er weist." Und raucht weiter.

SCHNITZEL-TOAST

Sie brauchen:
4 Scheiben Toastbrot, 40 g Butter, 1 EL eingel. grünen Pfeffer, 4 Scheiben kalten Schweinebraten à 100 g, 4 Tomaten (150 g), 1 kl. Dose Champignons (55 g Einwaage), 100 g Edelpilzkäse.

Und so wird's gemacht:
Toast rösten, mit Butter bestreichen, Pfeffer darüberstreuen, Fleisch darauflegen. Tomaten schälen, entkernen, würfeln, Champignons zu Scheiben schneiden, über dem Fleisch verteilen. Käse klein schneiden und darüberstreuen; so lange überbacken, bis er zerlaufen ist. Pro Toast ca. 518 Kalorien (kcal) oder 2169 Joule (kJ).

Aus „Hörzu", Familien-Journal, Nr. 33,1981

DIE CHRONIK VON 1981

20. 1. Amtseinführung von **Ronald Reagan** als **40. US-Präsident**.

13. 2. Erster Auftritt der britischen Rockgruppe **„Pink Floyd"** in Dortmund mit „The Wall".

28. 2. **100 000 Menschen** demonstrieren in der Wilstermarsch nahe Hamburg gegen das **Atomkraftwerk** Brokdorf.

6. 3. In Lübeck erschießt Marianne Bachmeier (Foto) **im Gerichtssaal** den Mörder ihrer Tochter **Anna** († 7). ►

30. 3. Ein **Attentäter** verletzt in Washington US-Präsident **Ronald Reagan** mit einer Schusswaffe.

4. 4. Lena Valaitis ersingt sich beim **Grand Prix Eurovision** in **Dublin** den zweiten Platz mit dem von **Ralph Siegel** komponierten Lied „Johnny Blue".

5. 4. Die Hockeynationalmannschaft der westdeutschen Damen wird in Argentinien nach einem 4:2 **über Holland Weltmeister.**

◄ 11. 5. Unbekannte erschießen den hessischen Minister **Heinz-Herbert Karry** (FDP) in seiner Wohnung.

13. 5. Der Türke Mehmet Ali Agca schießt auf dem Petersplatz in Rom auf **Papst Johannes Paul II.** und verletzt ihn schwer. ►

10. 6. Der letzte **Mercedes 600** läuft vom Band. ▼

11. 6. **14 Tote** bei einem **Zugunglück** in Erfurt-Bischleben (DDR).

13. 6. Der FC Bayern München ist deutscher **Fußballmeister.**

25. 6. Die DDR-Volkskammer beschließt, Erich Honecker bleibt **Staatsratsvorsitzender.**

30. 6. Nach mehr als fünf Jahren Prozessdauer fällt das Landgericht Düsseldorf im Majdanek-Prozess die Urteile gegen **ehemalige SS-Angehörige.** Die meisten kommen mit zeitlich begrenzten Strafen davon. Nur die KZ-Aufseherin Hermine Braunsteiner-Ryan wird zu **„lebenslänglich"** verurteilt.

29. 7. Weltweit verfolgen mindestens **750 Millionen Menschen** im TV die Heirat des britischen Kronprinzen **Charles** mit **Lady Diana Spencer** (Foto) in London. ►

15. 8. Bei einem Karussell-Unfall sterben auf dem **Hamburger Dom** sieben Menschen, 16 werden schwer verletzt.

26. 8. Acht Kumpel kommen bei einem **Grubenunglück** in Ibbenbüren (NRW) ums Leben.

31. 8. Bei einem **Bombenanschlag** auf die US-Luftwaffenbasis in Ramstein werden 20 Menschen verletzt.

1. 9. **Albert Speer,** Rüstungsminister des Dritten Reichs und Lieblingsarchitekt Hitlers, **stirbt** in London.

17. 9. Der bis dahin mit 25 Millionen DM teuerste deutsche Film **„Das Boot"** von **Wolfgang Petersen,** nach dem Bestseller von Lothar Günther Buchheim, läuft in der Bundesrepublik an. ►

1. 10. **Günter Guillaume,** 1975 wegen Spionage im Bundeskanzleramt zu 13 Jahren Haft verurteilter Stasi-Agent, wird in die DDR **entlassen.**

4. 12. Wegen Beteiligung an der Ermordung von Arbeitgeberpräsident **Schleyer** im Herbst 1977 verurteilt das Düsseldorfer Oberlandesgericht den RAF-Terroristen **Stefan Wisniewski** zu **lebenslanger Haft.**

13. 12. Der Partei- und Regierungschef von Polen, General Wojciech Jaruzelski, verhängt das **Kriegsrecht.**

250 000 Menschen demonstrieren am 10. Oktober beim Besuch von US-Präsident Ronald Reagan in der Bundesrepublik im Bonner Hofgarten gegen den Nato-Doppelbeschluss

FOTOS: ACTION PRESS, DPA, PHOTOTHEK, GAMMA/EYEDEA PRESSE/LAIF, HELGA LADE, AP, CINETEXT

1982

Romy Schneider (1938 bis 1982): Berühmt geworden als „Sissi", später ein Weltstar mit 600 000 DM pro Rolle. Ihren letzten Film „Die Spaziergängerin von Sans-Souci" widmet Romy ihrem Sohn David (starb 1981 bei einem Unfall) und dessen Vater Harry Meyen, der sich 1979 erhängte

Alain Delon sagt ROMY ein letztes Adieu, KOHL kommt an die Macht und das erste deutsche RETORTENBABY zur Welt

Der nackte Säugling auf dem Titel der Illustrierten „Quick" (1992 eingestellt), heißt Oliver Wimmelbacher. Er ist das erste in der Bundesrepublik gezeugte „Retortenbaby"

Alain Delon, der sich 1963 von Romy getrennt hatte, verlässt ihre Pariser Wohnung: Vorher hält er eine Stunde Totenwache

Es ist nicht eigentlich ein Brief, es sind nur ein paar tieftraurige Gedankenfetzen. Ein Journalist ordnet diese Gedanken, schreibt sie auf, und als sie wenig später in „Paris Match" und in zahlreichen anderen Magazinen veröffentlicht werden, bringen diese Gedanken die Welt zum Weinen.

„Adieu, ma, Puppele!", steht da und dann geht es weiter: „Ich sehe Dich schlafen. Ich bin bei Dir, an Deinem Totenbett. Du trägst eine lange Tunika, schwarz und rot, mit Stickereien auf dem Oberteil. Es sind Blumen, glaube ich, aber ich schaue sie nicht an. Ich sage Dir adieu, das längste aller Adieus, mein Püppchen! Ich denke, daß Du schön bist, wahrscheinlich warst Du nie so schön wie jetzt. Ich denke auch, daß ich Dich zum ersten Mal im Leben

Seit wenigen Minuten ist Helmut Schmidt (rechts) Altbundeskanzler. Mit ernstem Gesicht gratuliert er am 1. Oktober 1982 seinem durch ein konstruktives Misstrauensvotum ins Amt gekommenen Nachfolger Helmut Kohl (CDU)

Weniger als 30 Jahre alt mutet der klobige Computer Commodore C 64 (weltweit 17 Millionen Mal verkauft) längst wie ein Museumsstück an

so heiter und friedlich sehe. Man möchte sagen, daß eine sanfte Hand alle Aufregungen, alle Ängste aus Deinem Gesicht fortgewischt hat. Ruhe Dich aus. Ich bin da. Ich habe von Dir ein wenig Deutsch gelernt. Die Worte: ‚Ich liebe Dich!' Je t'aime. Je t'aime, mein Püppchen …"

Es sind die Worte, die Gedanken von Alain Delon, sie fliegen ihm durch Kopf, Herz und Seele, als er am Morgen des 29. Mai 1982 eine Stunde lang allein am Bett der toten Romy Schneider trauert.

Delon, von dem es heißt, er habe Romy auch benutzt, um durch ihren Ruhm die eigene Karriere als Schauspieler zu beschleunigen, ist der erste Mann in ihrem Leben. Der letzte, der Filmkaufmann Laurent Petin, hat Delon angerufen, damit er in der kleinen Mietwohnung in der Pariser Rue Berbet-de-Jouy 11 von ihr Abschied nehmen kann. Es kommen an diesem Tag noch viele vorbei, die man kennt und die Romy verehrt, geliebt haben: Michel Piccoli, Jean-Claude Brialy, er legt 44 rote Rosen auf Romys Totenbett.

Gestorben ist sie in der Nacht auf einem Sofa, neben sich eine halbleere Flasche Rotwein und einen Zettel mit der Nachricht an eine Zeitungsredaktion. Es ging um einen Fototermin, Romy schrieb, sie könne ihn nicht einhalten, dann sinkt sie zusammen.

So findet sie Petin gegen 7 Uhr morgens. So fand er sie schon öfter, er nimmt sie, will sie nach nebenan ins Schlafzimmer tragen. Und merkt erst dann, dass Romy tot ist.

Der „Stern" startet eine Serie über das Drama, die erste Folge verfasst Michael Jürgs, ihr späterer Biograf. Sein Bericht über ihr Ende beginnt so: „Zweifellos war es Selbstmord, was Romy Schneider ihrem Leben antat. Alkohol und Schlaftabletten, trügerische Hilfen gegen die Leere zerstörten ihren Körper, bis er in den Morgenstunden des 29. Mai 1982 aufgab. Was der herbeigerufene Notarzt in den Totenschein schrieb und der zuständige Staatsanwalt bestätigte, war die Konsequenz dieses Selbstmordes: Herzversagen. Gebrochen war es lange zuvor. Aber so etwas steht nie auf amtlichen Totenscheinen."

Romy Schneider auf dem Titel des „Stern" – das geht immer. Im selben Jahr versucht die „Quick", die sich als Konkurrenz versteht, die Auflage mit dem Foto eines nackten Säuglings zu steigern, der weder Glamour hat noch prominent ist, dessen Zeugungsgeschichte aber für Aufsehen sorgt und beinahe jeden dazu bringt, Position zu beziehen.

Die Haltung der katholischen Kirche ist von Anfang an eindeutig und kompromisslos: Künstliche Befruchtung in der Retorte lehnt sie ab. Durch sie werde, so erklärt der Vorsitzende der Deutschen Bischofskonferenz, der Kölner Kardinal Joseph Höffner, „Ehe und eheliche Liebe mechanisiert und entpersönlicht".

Doch der Kinderwunsch der 30-jährigen katholischen Schneiderin Maria Wimmelbacher aus Langensendelbach in Oberfranken ist größer als ihr Respekt vor dem Kardinal. Sie lässt sich von dem Erlanger Medizinprofessor Siegfried Trotnow Eizellen entnehmen und im Reagenzglas mit dem Samen ihres Mannes befruchten. Am 16. April wird sie per Kaiserschnitt von einem gesunden Sohn (4150 Gramm schwer, 53 Zentimeter lang) entbunden. Der Junge, der trotz seiner von der Kirche nicht akzeptierten Zeugung auf den Namen Oliver getauft wird, ist das erste in der Bundesrepublik gezeugte Retortenbaby.

▲ **„Mal Traum, mal Albtraum", schreibt seine Muse Hanna Schygulla über Rainer Werner Fassbinder (Foto: In „Kamikaze 1989", seinem letzten Film als Darsteller). Der Regisseur stirbt am 10. Juni mit 37 Jahren**

Fassbinder jagt einen Bombenleger und Kinski ein Schiff den Berg hoch

Oliver Wimmelbacher wächst heran, lernt Installateur, tritt dem Schützenverein bei und lehnt es bis heute ab, Interviews zu geben. Anders die vier Jahre vor ihm geborene Britin Louise Brown, weltweit erster außerhalb des Mutterleibs gezeugter Mensch. Sie verrät der Welt im Jahr 2006, dass sie Mama geworden ist – auf die übliche Art.

★

Ziemlich genau acht Monate liegen 1982 zwischen Vertrauen für und Misstrauen gegen Bundeskanzler Helmut Schmidt. Weil sich die Bonner Koalitionspartner SPD und FDP nicht auf ein Beschäftigungsprogramm für 1,9 Millionen Arbeitslose einigen können, droht der Regierungschef mit Rücktritt. Am 3. Februar stellt er im Bundestag die Vertrauensfrage, um die Liberalen zur Disziplin zu nötigen. Sein Plan geht auf. Alle 269 Koalitionsabgeordneten sprechen ihm das Vertrauen aus. Schmidt bleibt Kanzler, vorerst.

Die nächste Kabinettskrise kommt im April. Sie heißt Antje Huber. Die energische Bundesfamilienministerin wehrt sich

◄ **„Tango España", mit diesem Ball tanzten die Männer der WM 1982**

▲ **Mehr Albtraum als Traum sind die Dreharbeiten mit Klaus Kinski für „Fitzcarraldo" (Regie Werner Herzog). Im Dschungel von Südamerika flippt der Exzentriker ständig aus, mehrfach wollen die Ureinwohner den Deutschen töten**

gegen Kürzungen beim Kindergeld und kritisiert Schmidts Eintreten für die Nachrüstung der Nato. „Ich habe Angst vor Krieg und Waffen“, grollt sie und erklärt ihren Rücktritt. Diese Konsequenz kommentiert Friedrich Nowottny in der ARD süffisant: „Der einzige Kerl im Kabinett“.

Auch die anschließende Kabinettsumbildung kann nicht kaschieren, dass die Regierung Schmidt sich verbraucht hat.

Wirtschaftsminister Otto Graf Lambsdorff (FDP) „indiskretioniert“, dieses Verb kreiert Regierungssprecher Klaus Bölling in seinem indiskreten „Tagebuch“, Anfang September per BILD-Zeitung eine Art Scheidungspapier. Für Sozialdemokraten sind die Forderungen des Grafen wie die Halbierung des Arbeitslosengeldes unannehmbar. FDP-Chef und Vizekanzler Hans Dietrich Genscher „arbeitet seit Monaten auf Rechnung von Helmut Kohl“, unterstellt Bölling.

Des Kanzlers Rede zur „Lage der Nation“ gerät zur Rede über die „Lage der Koalition“, in der er dem fremdflirtenden Regierungspartner am 9. September harsch die Grenzen aufzeigt.

Schmidt ist entschlossen, die vier FDP-Minister zu entlassen und Neuwahlen anzustreben. Am 17. September erklärt das liberale Quartett im Kabinett seinen kollektiven Rücktritt, um dem demütigenden Rausschmiss zuvorzukommen. Bereits einige Stunden später verhandeln die nunmehr Ex-Minister mit Oppositionsführer Helmut Kohl (CDU) über eine „bürgerliche Koalition“. Am 1. Oktober wagt Kohl ein konstruktives Misstrauensvotum gegen Helmut Schmidt, der die letzten Septembertage mit einem Minderheiten-Kabinett regiert und auch noch das Auswärtige Amt übernommen hat. Anders als sein Parteifreund Rainer Barzel zehn Jahre zuvor hat Kohl Erfolg und zieht als erster deutscher Politiker per Misstrauensvotum ins Kanzleramt ein, obwohl 23 Abgeordnete von CDU/CSU/FDP ihm die Zustimmung verweigern.

Die Parteien einigen sich auf Neuwahlen am 6. März 1983. Bundespräsident Karl Carstens stimmt zu – mit Bauchschmerzen. Denn der neue Kanzler Kohl muss zuvor die Vertrauensfrage stellen und diese geplant verlieren. So geschieht es am 17. Dezember.

Der Kohl über Jahrzehnte in tiefer Abneigung verbundene „Spiegel“ entdeckt eine alte Bauernregel: „Wenn's im Märzen rauh und reif, wird im Herbst die Birne reif.“

DIE CHRONIK VON 1982

25. 1. Der Ost-Berliner **Pfarrer Rainer Eppelmann** kommt wegen Veröffentlichung des Appells „Frieden schaffen ohne Waffen!“ in Haft.

14. 2. In Dresden treffen sich **5000 junge Christen** zum **Friedensforum.**

24. 2. Die Bonner Staatsanwaltschaft ermittelt in der Parteispenden-Affäre gegen Politiker und Manager des **Flick-Konzerns.**

7. 3. DDR-Regisseur **Konrad Wolf** († 56, „Solo Sunny“) stirbt.

29. 3. Tod des Komponisten **Carl Orff** († 86) in München.

2.4. Argentinische Truppen besetzen die britischen **Falkland-Inseln** und müssen am 14. 6. nach erbitterten Gefechten mit **englischen Soldaten** kapitulieren.

9. 4. DDR-Regimekritiker **Robert Havemann** († 72) stirbt in Grünheide bei Berlin.

11. 4. Erster gemeinsamer Auftritt der „Toten Hosen“ in Bremen – irrtümlich angekündigt als **„Die toten Hasen“.**

▲ 24. 4. Die 17-jährige **Nicole** (Foto) gewinnt mit **„Ein bisschen Frieden“** (Musik Ralph Siegel, Text Bernd Meininger) den Grand Prix Eurovision de la Chanson in Harrogate (England).

8. 5. 300 Chefs **mittelständischer Firmen** protestieren in Nürnberg gegen die Bonner Wirtschaftspolitik.

15. 5. Gegen Zahlung von 1,5 Millionen DM Lösegeld kommt die neun Jahre alte **Nina von Gallwitz** aus Köln nach 149 Tagen frei. Ihre Entführer sind **bis heute nicht gefasst.**

29. 5. Der HSV wird **Deutscher Fußballmeister.**

6. 6. Die **„Rolling Stones“** starten ihre Deutschland-Tournee.

9. 6. US-Präsident **Ronald Reagan** auch.

10. 6. Während des Nato-Gipfeltreffens in Bonn demonstrieren über **500 000 Menschen** für Frieden.

16. 6. **RAF-Terroristin Sieglinde Hoffmann** muss wegen Beteiligung an der Ermordung des Bankiers Jürgen Ponto im Jahr 1977 für 15 Jahre ins **Gefängnis.**

19. 6. Beginn der documenta 7 in **Kassel.**

26. 6. Tod des Psychoanalytikers **Alexander Mitscherlich** († 73) in Frankfurt/Main.

11. 7. Nach einer 1:3 Niederlage gegen Italien im Finale der Fußball-WM in Madrid wird die Elf der Bundesrepublik **Vizeweltmeister.**

9. 8. Der Konzern AEG-Telefunken **bricht zusammen** und muss ein Vergleichsverfahren beantragen.

14. 9. Bei einem Autounfall kommt Fürstin **Gracia Patricia von Monaco** (Foto) ums Leben. ►

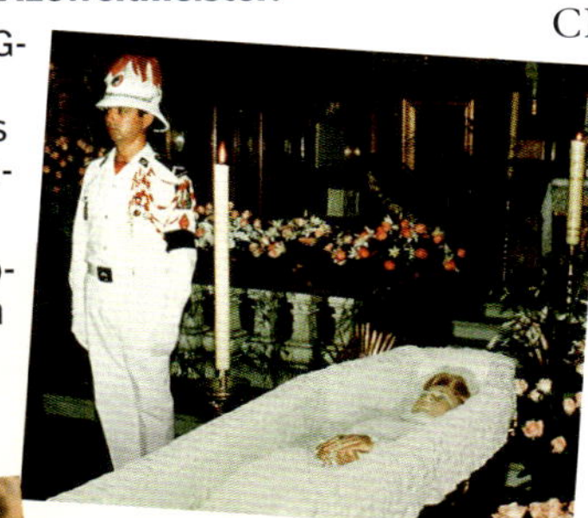

◄ 24. 9. Das Bayerische Fernsehen sendet die erste Folge von **„Meister Eder und sein Pumuckl“** (Foto)

2. 11. In Lübeck beginnt der Prozess gegen **Marianne Bachmeier,** die im Jahr zuvor den Mörder ihrer Tochter Anna († 7) im Gericht erschossen hatte. Sie wird wegen Totschlags zu sechs Jahren Haft verurteilt.

10. 11. **Tod** des sowjetischen Staats- und Parteichefs **Leonid Breschnew** († 75). Sein Nachfolger als KP-Chef wird der ehemalige Geheimdienst-Boss **Jurij Andropow.**

11. 11. In einem Wald nahe Frankfurt/Main verhaftet die Polizei die RAF-Terroristen **Adelheid Schulz** und **Brigitte Mohnhaupt,** fünf Tage später **Christian Klar.**

20. 11. Eröffnung der innerdeutschen Autobahn von **Berlin** nach **Hamburg.**

1. 12. **Michael Jackson** präsentiert sein Album **„Thriller“.**

▲ 8. 12. **Mercedes** stellt seinen 190er vor, im Volksmund **„Baby-Benz“** (Foto) genannt.

10. 12. **Steven Spielbergs** Film **„E.T. – der Außerirdische“** kommt in die bundesdeutschen Kinos.

KALTSCHALE

Delikat mit Pfirsich
Sie brauchen:
4 Pfirsiche (500 g), 1 Becher (150 g) Crème fraîche (30 %), 1/8 l Milch (3,5 %), 20 g Zucker, 1/2 Teel. abgeriebene Zitronenschale, 1 Prise Zimt.
Und so wird's gemacht:
Pfirsiche schälen, halbieren, entkernen, bis auf zwei Hälften pürieren. Restliche Zutaten darunterschlagen. In zwei Teller verteilen, je eine Pfirsichhälfte einlegen. Für zwei Personen. Pro Person ca. 420 Kalorien (kcal) oder 1759 Joule (kJ).

Aus „Hörzu“, Familien-Journal, Nr. 32, 1982

FOTOS: D. KIRKLAND/CORBIS, DPA, INTERFOTO, ACTION PRESS

1983

Hier entflammt ein Freier für die (erst später) „Flambierte Frau" (Gudrun Landgrebe). Den Freier spielt Gelegenheitsdarsteller Achim Ruppel, zuletzt in „Otto, der Film" zu sehen

Der „Stern"-Titel vom 28. April 1983 mit den teuren Tagebüchern und den Initialen FH

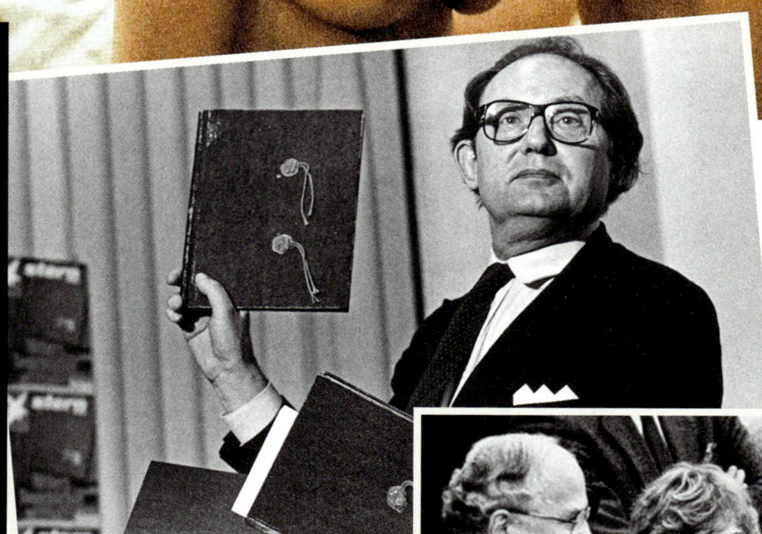

◂ Voller Stolz präsentiert Starreporter Gerd Heidemann am 25. April die angeblichen Hitler-Tagebücher, die der „Stern" für viel Geld gekauft hat. Wenige Tage später erweist sich der vermeintliche Scoop als der größte Flop in der deutschen Pressegeschichte. Alles gefälscht. Echt sind nur die 9,3 Millionen Mark vom „Stern"

Einen Monat später erscheint die Illustrierte mit einer weitaus kleinlauteren Zeile: „Betrifft: Stern", die Geschichte eines Reinfalls

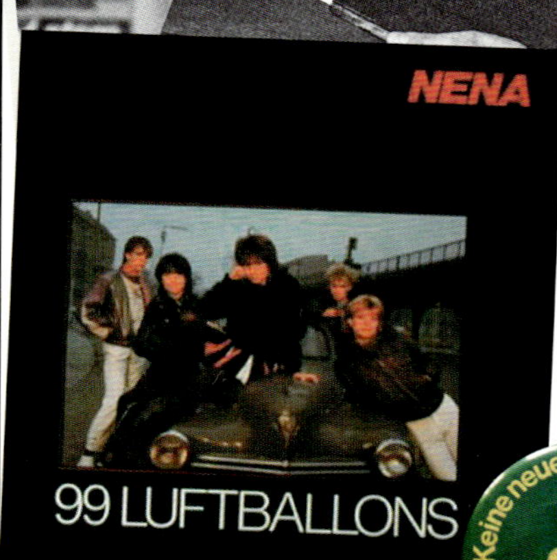

▴ 1983 steigt Nena, bürgerlich Gabriele Susanne Kerner, mit „99 Luftballons" in den Himmel der deutschen Charts auf. 2007 gründet sie eine Privatschule in Hamburg

▴ Bundestagspräsident Rainer Barzel (CDU) begrüßt am 29. März die neu ins Parlament gekommenen Grünen-Abgeordneten Petra Kelly und Marieluise Beck-Oberdorf (r.), die sich selbst Blumen mitgebracht haben.

◂ Mit diesen Buttons zieht die Ökopartei in den Wahlkampf

GUDRUN LANDGREBE lässt sich fürs Kino flambieren, der „Stern“ durch die HITLER-TAGEBÜCHER blamieren, und DIE GRÜNEN debütieren im Bundestag

Die brünette Schönheit mit den strahlend blauen Augen ist bis Mitte dieses Jahres nur sehr wenigen und sehr fanatischen Kinogängern bekannt: In der Komödie „Dabbel Trabbel“, von deren Titel man zutreffend auf eine Handlung ähnlichen Niveaus schließen darf, spielt Gudrun Landgrebe aus Göttingen eine Akademikergattin mit Linksdrall und Beziehungsproblemen. Anschließend droht Frau Landgrebe das Verschwinden auf den Bühnen mittelgroßer Provinztheater, bis sie zur Überraschung der Branche Regisseur Robert van Ackeren mit einer Hauptrolle betraut.

Van Ackeren wird Anfang dieses Jahrzehnts dadurch berühmt, dass er private Pornoschnipsel enthemmter Bundesbürger zu einer abendfüllenden Kino-Dokumentation montiert („Deutschland privat“) – jetzt will er wieder schocken, aber diesmal mit professionellen Schauspielern. **Der Titel seines Films wird zum geflügelten Wort und klebt an Hauptdarstellerin Landgrebe bis heute wie ein Preisschild auf der Pralinenpackung: „Die flambierte Frau“.**

Gemeint ist Eva, die aus ihrem langweiligen Leben in ein vermeintlich spannenderes aufbricht. Callgirl wird sie zunächst, später spezialisiert sie sich als Domina. Das Callgirl verliebt sich in einen Callboy (Mathieu Carrière), der übergießt sie nach einem Streit mit Cognac und zündet sie an.

Ungewohnt flapsig kommentiert das „Hamburger Abendblatt“ die dramatische Szene: „Es war schon immer etwas teurer, einen besonderen Geschmack zu haben.“

Nur zehn Wochen nach Kinostart teilen bereits 600 000 Besucher diesen „besonderen Geschmack“. „Die Zeit“ stellt moralische Bedenken angesichts der Luxusdirne im Lederdress hintan und jubiliert: „Seit Hanna Schygullas ‚Maria Braun‘ hat es im deutschen Kino keine so eindrucksvolle Frauengestalt mehr gegeben.“

Für die Landgrebe ist es der Beginn einer sehr respektablen Karriere, die sie nie wieder zurück auf deutsche Provinzbühnen führen wird. „Es war“, sagt sie im Interview mit BILD am SONNTAG, „das Beste, was mir passieren konnte. Ich wurde danach von vielen großen Regisseuren gewollt und besetzt.“

★

DIE CHRONIK VON 1983

1\. 1. **Sparmaßnahmen der Bundesregierung** treten in Kraft: Kindergeldkürzung, höhere Beiträge für Renten- und Arbeitslosenversicherung.

21\. 1. Die SPD nominiert den ehemaligen **Bundesjustizminister Hans-Jochen Vogel** zum **Kanzlerkandidaten** für die Bundestagswahlen am 6. März. ►

5\. 2. Verhaftung des ehemaligen Gestapo-Offiziers **Klaus Barbie** in Frankreich. 1987 erhält der **„Schlächter von Lyon“** eine lebenslange Haftstrafe.

30\. 3. Vereidigung des **zweiten Kabinetts** von **Bundeskanzler Helmut Kohl** (CDU).

21\. 4. **Wiedereröffnung der Wartburg** anlässlich des **500.** Luther-Geburtstags.

27\. 4. Das **ZDF** strahlt die erste Folge der US-Serie **„Denver-Clan“** aus.

1\. 5. **Eröffnung** der ersten **Privat-Uni Deutschlands** in Witten (NRW).

25\. 5. Durch ein Tor von **Felix Magath** gewinnt der **HSV** gegen **Juventus Turin** den **Europa-Cup**. Am 4. Juni wird der HSV auch noch **Deutscher Meister**.

11\. 6. Nach einem Sieg über Fortuna Köln wird der **1. FC Köln DFB-Pokalsieger**.

13\. 6. Das **Bundesgesundheitsamt** setzt eine **Wissenschaftlergruppe** zur **Erforschung** der Immunschwäche-Krankheit **Aids** ein.

17\. 6. KP-Chef **Jurij Andropow** rückt zum **Staatsoberhaupt der Sowjetunion** auf.

25\. 6. **Schwere Krawalle** beim Besuch von US-Präsident **George Bush** in Krefeld.

▲ 30. 6. Erste Testfahrten der **Magnetschwebebahn Transrapid** im Emsland.

12\. 7. Europas größtes **Sonnenkraftwerk** nimmt auf der **Insel Pellworm** in der Nordsee seinen Betrieb auf.

24\. 7. Bayerns **Ministerpräsident Strauß** trifft sich am Werbellinsee mit **SED-Chef Honecker**.

20\. 8. Beginn der **Schwimm-Europameisterschaften** in **Rom**. Der Offenbacher **Michael Groß** holt **vier Gold- und eine Silbermedaille**. ►

25\. 8. Ein **Todesopfer** beim Anschlag auf das **Maison de France** in **West-Berlin**.

1\. 9. Beginn der **Blockade** des **US-Militärlagers Mutlangen** durch **Gegner der Nachrüstung**.

4\. 10. Die **Windkraftanlage Growian** beginnt nahe **Brunsbüttel** (Schleswig-Holstein) mit der **Stromerzeugung**.

18\. 10. **Bundeslandwirtschaftsminister Ignaz Kiechle** (CSU) alarmiert, ein **Drittel** des deutschen Waldes sei **erkrankt**.

22\. 10. In **Bonn** demonstrieren **Hunderttausende** gegen den **Nachrüstungsbeschluss** der **Nato**.

22\. 11. Die **CDU/CSU/FDP-Mehrheit** im **Bundestag** beschließt **gegen** Stimmen von SPD und Grünen ein **Festhalten am Nato-Doppelbeschluss**.

27\. 11. Die CSU-Politiker **Franz Handlos und Ekkehard Voigt** verlassen ihre Partei und gründen **„Die Republikaner“**.

◄ 28. 11. **Ulf Merbold** ist der **erste Westdeutsche**, der ins **All** fliegt.

29\. 11. **Anklageerhebung** in der **Flick-Parteispendenaffäre** gegen **Bundeswirtschaftsminister Otto Graf Lambsdorff** (FDP), seinen **Vorgänger Hans Friderichs** (FDP) sowie **Manager Eberhard von Brauchitsch**.

6\. 12. Für **32,5 Millionen D-Mark** ersteigert eine deutsche Bietergruppe das **Evangeliar Heinrichs des Löwen** aus dem **12. Jahrhundert** bei einer **Auktion** in **London**.

15\. 12. Das **Bundesverfassungsgericht** erklärt die **Volkszählung** wegen Verstöße gegen den **Datenschutz** für **nicht verfassungskonform**.

Karl Lagerfeld (hier mit seiner „Drama-Queen" Ines de la Fressange) wird neuer Chef im Haus Chanel. In seiner Biografie „Karl" (mvg) zitiert ihn Paul Sahner mit dem stolzen Satz: „Ich erst habe Chanel zu dem gemacht, was es ist. Ohne mich wäre das Haus längst geschlossen"

Ein Vogel in der SA, ein Vogel in der Opposition, eine Amsel namens Udo in der DDR

◄ Am 7. März stirbt Lutz Eigendorf, der „Beckenbauer der DDR", nach einem schweren Autounfall, bei dem er mit seinem Wagen von der Straße abkommt. Eigendorf, Fußballprofi bei Eintracht Braunschweig, hat 2,2 Promille im Blut; doch weil er 1979 in den Westen floh, wird ein Mordanschlag der Stasi vermutet. Der Fall ist bis heute nicht endgültig geklärt

Nach den trickreich vorgezogenen Neuwahlen am 6. März kommen die Grünen erstmals in den Deutschen Bundestag. Ökologisch korrekt erscheint Neu-MdB Gabriele Gottwald (damals 27) mit dem Fahrrad zur Arbeit und will es mit ins Hohe Haus nehmen. Sie fürchtet, draußen werde es gestohlen. Doch der Pförtner verbietet es barsch: **„So was könnte sich nicht mal ein CSU-Abgeordneter erlauben."** Das Rad müsse draußen geparkt werden, er werde schon aufpassen. Die neue Volksvertreterin fügt sich dem Mann aus dem Volke.

Die neue Partei, die drei Jahre nach ihrer Gründung 5,6 Prozent der Stimmen bekommen hat (CDU/CSU 48,8, SPD 38,2, FDP 6,9 Prozent), nimmt sich viel vor: „Der Bundestag wird instand besetzt", erklärt Petra Kelly kühn.

Noch vor der ersten Plenarsitzung muss der als Alterspräsident vorgesehene grüne Abgeordnete Werner Vogel (75) aufs Ehrenamt verzichten. Fassungslos erfahren die Öko-Politiker, dass ihr Vogel Mitglied der Nazi-Partei und in Hitlers SA war. Nun wird SPD-Chef Willy Brandt Alterspräsident, als Emigrant während der Naziherrschaft ein Mann mit untadeligem Lebenslauf.

Zur ersten Sitzung schleppen die 28 Mitglieder der Öko-Fraktion Topfblumen mit in den Plenarsaal, die der SPD-Abgeordnete Norbert Gansel aus einer mit Wasser gefüllten Kaffeekanne gießt. **„Bonn, wie es singt und lacht",** kommentiert ein Korrespondent konsterniert.

Der neue Bundestag wählt Helmut Kohl (CDU) zum Kanzler. Er setzt die im Jahr zuvor durch ein konstruktives Misstrauensvotum ins Amt gekommene Koalition mit der FDP fort.

Neuer Oppositionsführer ist Hans-Jochen Vogel. Der ehemalige Bundesjustizminister hat nach dem Verzicht von Altbundeskanzler Helmut Schmidt die SPD in den Wahlkampf geführt und verloren.

„Knochen" wird das erste Handy genannt, das Motorola 1983 auf den Markt bringt. Es kostet 3500 Dollar

Udo Lindenberg, die Amsel des deutschen Pop, rockt am 25. Oktober mit dem Panikorchester den Palast der Republik in Ost-Berlin – es soll der Auftakt einer DDR-Tournee werden. „Die Menschen", verkündet Udo auf der Bühne, „wollen keine deutsch-deutsche Eiszeit." Das ist zu viel – die DDR-Funktionäre stoppen seine Tour gleich nach dem ersten Auftritt

Kaum besitzt Joschka Fischer Abgeordnetenausweis und Bundesbahn-Freifahrkarte erster Klasse, lästert er in einem Interview: **„Der Bundestag ist eine unglaubliche Alkoholikerversammlung, die teilweise ordinär nach Schnaps stinkt."** Eine Erkenntnis, die ihn nicht hindert, in der kuscheligen Kneipe „Provinz" gegenüber dem Kanzleramt gern Hochprozentiges zu kippen und mit dem SPD-Abgeordneten Gerhard Schröder über die Ministerliste einer zukunftigen SPD-Grünen-Koalition zu fantasieren. Darauf müssen beide bis zum Herbst 1998 warten.

Mehr als Fischers Wort-Exzesse belastet ein Sex-Skandal die erste Grünen-Fraktion. BILD am SONNTAG deckt ihn am 7. August auf. Klaus Hecker, Vorsitzender des Forschungsausschusses, wird als „Busengrapscher" entlarvt. Der forsche Forscher entschuldigt seine Verfehlung als „Ausdruck von Verlassensein". Otto Schily (damals grün, heute rot) legt Hecker nahe, den Bundestag zu verlassen – was der brav tut.

Die Skandale aus den Flegeljahren der Grünen sind heute nahezu vergessen.

Unvergessen bleibt der bis heute größte Skandal in der Geschichte des deutschen Journalismus.

Am 25. April verkünden Verlag und Chefredaktion des „Stern" voller Stolz der Weltpresse, man besitze jetzt die Tagebücher von Adolf Hitler. An der Echtheit, versichert Chefredakteur Peter Koch, „besteht kein Zweifel", deshalb müssten nun „große Teile der deutschen Geschichte umgeschrieben werden". Schon einen Tag später meldet der Historiker Walter Görlitz, der 1952 als erster Deutscher eine Hitler-Biografie verfasst hat, erhebliche Zweifel an, weil der Diktator lieber diktierte als selber schrieb.

Am 6. Mai ist es amtlich: Das Papier der angeblichen Hitler-Tagebücher stammt aus der Nachkriegszeit, wie Bundeskriminalamt und Bundesarchiv feststellen. Da es eher unwahrscheinlich ist, dass Hitler seine Tagebücher nach seinem Selbstmord am 30. April 1945 verfasst hat, muss der „Stern" zugeben, dass er 9,34 Millionen Mark für Altpapier ausgegeben hat. „Stern"-Herausgeber Henri Nannen zerknirscht: „Wir schämen uns."

Michael Jürgs, damals Unterhaltungschef des Blatts, resümiert heute bitter: **„Am 6. Mai 1983 wird die nicht immer moralische Anstalt ‚Stern' vorgeführt als Irrenanstalt mit angeschlossener Fälscherwerkstatt. Im Unterschied zu normalen Anstalten geleitet von Irren."**

Nun kommt heraus, dass „Stern"-Reporter Gerd Heidemann die Kladden vom Stuttgarter Militärkram-Händler Konrad Kujau bekommen hat. Der hat sie selbst geschrieben. Für diesen Betrug wird Kujau im Juni 1985 zu viereinhalb Jahren Haft verurteilt, Heidemann zu vier Jahren und acht Monaten. Der Reporter habe, so die Hamburger Richter, mehr als eine Million Mark seines Arbeitgebers unterschlagen und nicht an Kujau weitergeleitet.

Was Helmut Dietl 1991 als große Komödie verfilmt („Schtonk" mit Götz George als Reporter Heidemann und Uwe Ochsenknecht als Fälscher Kujau) belastet nach wie vor den „Stern". Michael Jürgs in der „Zeit": „Nach jedem sauber recherchierten Skandal verwiesen die Attackierten automatisch auf die falschen Hitler-Tagebücher und zogen so die Enthüllungen erst einmal in Zweifel."

Auch mit einem garantiert falschen Hitler-Tagebuch lässt sich Geld verdienen. 21 Jahre nach dem Skandal versteigert das Berliner Auktionshaus Jeschke, Greve & Hauff das angeblich letzte von Konrad Kujau geschriebene FH-Tagebuch. 6500 Euro lässt sich ein unbekannter Bieter das Werk kosten.

RÖSTI MIT EI

Sie brauchen:
1 Packung Rösti im Alubeutel (400 g), 2 Zwiebeln (50 g), 2 EL Butter oder Margarine, 4 Scheiben Gouda (100 g), 2 Eier, etwas Salz, Pfeffer, 1/2 Glas abgetropfte Mixed Pickles (110 g).

Und so wird's gemacht:
Zwei Röstis in der Pfanne zubereiten. Zwiebeln in einem Esslöffel Butter goldbraun rösten. Käse über die Röstis verteilen und unterm geschlossenen Deckel zerlaufen lassen. Im restlichen Fett zwei Spiegeleier braten, salzen und pfeffern; über die Röstis geben, Zwiebeln und Mixed Pickles hinzufügen. Für zwei Personen. Pro Person ca. 630 Kalorien (kcal) oder 2636 Joule (kJ).

Aus „Hörzu", Familien-Journal, Nr. 44, 1983

FOTOS: CORBIS, AP, ULLSTEIN-BILD, IMAGO, STOCKFOOD, DPA, BAADER

1984

BUBI SCHOLZ schießt auf seine Frau, ELTON JOHN heiratet eine Deutsche, und ein BUNDESWEHR-GENERAL bekommt Probleme, weil er als Single lebt

Es ist später Samstagabend, eine Gartenparty. Die Berliner Legende nähert sich dem Jubilar, auch der ist eine Berliner Legende. Eine schwere Pranke patscht dem anderen auf die Schulter, eine schwere Zunge spricht: **„Harald, ich bin ja so stolz auf uns. Wir kommen beide von ganz unten, und sieh mal, was aus uns geworden ist.“**

Die eine Berliner Legende, man ahnt es, ist Harald Juhnke. Die andere Legende erschießt bald darauf seine Ehefrau auf dem Gästeklo.

Zu Jahresbeginn schickt Verteidigungsminister Manfred Wörner (CDU) General Günter Kießling in Pension, weil er homosexuell sei. Als herauskommt, dass der Offizier Opfer einer Verwechslung ist, muss Wörner ihn wieder einstellen. Ende März scheidet Kießling endgültig aus – ehrenvoll mit Großem Zapfenstreich

Mit 15 dreht Nastassja Kinski den legendären „Tatort"-Krimi „Reifeprüfung". Drei Jahre später holt Roman Polanski sie vor die Kamera, und der „Stern" titelt: „Unser Weltstar in Hollywood". 1984, mit 23 Jahren, spielt die Tochter von Klaus Kinski die weibliche Hauptrolle im Wenders-Film „Paris, Texas" (Filmplakat), der in Cannes die Goldene Palme bekommt. Mit der prophezeiten Weltkarriere klappt es für die mutmaßlich schönste deutsche Schauspielerin ihrer Generation leider dennoch nicht so ganz . . .

Ja, sieh mal, was aus uns geworden ist . . .

Aus Gustav „Bubi" Scholz, dem Box-Idol der 50er- und 60er-Jahre, ist ein weinendes Wrack im Trainingsanzug geworden, als ihn die Polizei am Montag, dem 23. Juli, gegen 11 Uhr vormittags abführt. Kurz danach wird die tote Helga Scholz herausgetragen, zugedeckt mit einer Plastikplane.

Was sich Stunden zuvor in dem zweistöckigen Haus in Berlin-Grunewald zwischen den Eheleuten Scholz tatsächlich zugetragen hat, kommt Stück für Stück ans Licht und beherrscht wochenlang die vorderen Seiten aller deutschen Zeitungen, Illustrierten und Nachrichtenmagazine.

Als wichtiger Zeuge der näheren Lebensumstände von Helga und Bubi erweist sich dabei deren Gärtner, von seinen Arbeitgebern „Willi" gerufen. Nachdem der am Sonntag zum Heckenschneiden kommt, findet er Bubi Scholz auf dem Boden des leeren Swimmingpools sitzend. Scholz trägt einen weißen Bademantel aus Frottee, in der Hand hält er ein Weinglas. „Ick hab Zoff mit meiner Frau", sagt Bubi zu Willi; für beide Männer ist das nichts Neues. Am Nachmittag angetrunken, unrasiert, im Bademantel – im Haus Scholz ein Sonntag wie viele. Oder, wie Bubi Scholz es während der Gerichtsverhandlung nennt: „Ein ganz normaler Gammelsonntag."

Als der Gärtner das Grundstück verlassen hat, eskaliert der „Zoff" zwischen Bubi und Helga, es eskaliert auch der Alkoholkonsum. **Beim Ex-Boxer, der am liebsten eine Cola-Rum-Mischung konsumiert, werden später 2,5 Promille gemessen, die Blut-Alkoholwerte seiner toten Frau liegen nur geringfügig darunter.**

Im Laufe des Streitens und des Saufens flüchtet die 49-Jährige aufs Gästeklo, schließt sich ein. Bubi schreit jetzt durch die geschlossene Tür, Helga keift zurück. Sie kann verletzend sein mit ihren Worten. Einen „Clown" nennt sie ihn häufig. Spricht

FOTOS: GETTY IMAGES, ULLSTEIN-BILD, CINETEXT/CONSTANTIN FILM, ACTION PRESS, DPA

So harmlos sieht das erste BALLERSPIEL aus, das kurz vor Weihnachten vom Staat verboten wird

„River Raid" kommt im Dezember 1984 als erstes Computerspiel in der Bundesrepublik auf den Index, weil es angeblich jugendgefährdend ist. Erst seit 2002 darf es wieder verkauft werden

Das Album „4630 Bochum" von Herbert Grönemeyer kommt 1984 auf den Markt – und bleibt 79 Wochen in den Top 100. Bekanntester Song: „Männer"

Überraschungs-Ehe in Sydney: Der (damals offiziell) bisexuelle Elton John und die heterosexuelle Renate Blauel aus Gauting bei München

in seiner Anwesenheit verächtlich in dritter Person über den Ehemann: „Der Scholz ist blöd, der nuschelt nur ..."

Irgendwann, der Montagmorgen dämmert schon, greift sich der Scholz sein Kleinkalibergewehr, Marke Anschütz, 5,6 Millimeter Geschossdurchmesser, vom Ehrenplatz über der Kellerbar, lädt, entsichert, lädt durch und feuert Richtung Toilettentür.

Er trifft Helga, die offenbar hinter der Tür kauert, in die Schläfe, sie ist sofort tot.

Der Angeklagte Gustav Scholz hat das Schlusswort in einem Sensationsprozess, in dem er nur wegen fahrlässiger Tötung und unerlaubten Waffenbesitzes angeklagt ist. Bubi spricht und jeder glaubt ihm: „Kein Urteil der Welt kann mir die Belastung und die Selbstvorwürfe nehmen. Ich bereue, was geschehen ist."

Nach drei Jahren Haft und zwei Selbstmordversuchen verlässt Bubi Scholz die Haftanstalt, glücklich wird er nie mehr sein.

An die Dauerhaftigkeit des Glücks, das der englische Entertainer Elton John („Rocket Man") am Valentinstag des Jahres 1984 offiziell besiegelt, glauben auch nur Ahnungslose: An diesem Tag heiratet er auf dem Standesamt von Sydney die deutsche Tontechnikerin Renate Blauel, „ganz romantisch – weißes Kleid, weißer Rolls-Royce, viele weiße Rosen", wie Society-Dino Michael Graeter notiert. Bereits acht Jahre zuvor hatte sich Elton John allerdings als zumindest bisexuell geoutet, was eine funktionierende Lebensgemeinschaft zwischen Mann und Frau dann doch gelegentlich arg belastet.

Nach vier Jahren endet diese Ehe, Elton John zahlt seiner deutschen Liebe fünf Millionen Dollar und packt ein Fachwerkhaus in der Grafschaft Surrey obendrauf.

Die Gründe für seinen überraschenden Hochzeitswunsch nennt Elton John erst, als er längst schon „Sir" ist und mit seinem Freund David Furnish verheiratet. „Ich war ein Drogenabhängiger, und ich dachte, ich bräuchte die Heirat zum Glücklichsein. Aber wenn du auf Drogen bist, wirst du in keiner Beziehung glücklich. Völlig egal, ob du mit einer Frau oder einem Kerl oder einem Hund zusammen bist."

★

Militärisches Tamtam gibt es nicht. Klammheimlich erhält Vier-Sterne-General Günter

Der Macintosh 128 K ist der VW Käfer unter den Computern: der erste erschwingliche Rechner für den Normalnutzer. 8000 DM kostet er 1984. Ein Vierteljahrhundert später wird ein Original-Modell des Oldies bei eBay für 166 Euro verkauft

Apple-Gründer Steve Jobs

Kießling am Tag vor Heiligabend 1983 seine Entlassungsurkunde.

Anfang Januar 1984 sickert durch, warum für den stellvertretenden Nato-Oberbefehlshaber in Europa vor dem Fest finaler Feierabend ist. Der schneidige Bundesverteidigungsminister Manfred Wörner (CDU) meldet dem Bundeskabinett, der Militärische Abschirmdienst (MAD) habe „eindeutige Beweise" gesammelt, der unverheiratete General sei nicht nur homosexuell, sondern auch erpressbar und damit ein Sicherheitsrisiko. Als „Günter von der Bundeswehr" verkehre er in den Kölner Schwulenlokalen „Café Wüsten" und „Tom Tom".

Zwar gibt Kießling sein Ehrenwort, weder habe er homosexuelle Neigungen noch jemals eines dieser Lokale betreten. Doch etwas nicht zu sein und etwas nicht getan zu haben, dies zu beweisen fällt jedem Verdächtigen schwer.

Es ist ein „Express"-Reporter, der den Ruf des Generals rettet. Udo Röbel – später Chefredakteur von BILD – recherchiert in den Homo-Kneipen der Dom-Stadt und findet heraus: Kießling ist Opfer einer Verwechslung.

Was folgt, ist eine Farce: Der blamierte Minister persönlich händigt Kießling am 1. Februar die Wiedereinstellungsurkunde aus und verabschiedet ihn Ende März erneut aus dem Dienst, diesmal ehrenvoll mit Großem Zapfenstreich.

Nix „Tom Tom", aber viel Tamtam.

Kleinlaut bietet Wörner dem Bundeskanzler seinen Rücktritt an. Doch Helmut Kohl hält ihn. Bis zu seinem Wechsel nach Brüssel als (übrigens allseits hochgeschätzter) Nato-Generalsekretär vier Jahre später muss Wörner mit dem von Joschka Fischer erfundenen Spottwort „Manfred von der Bundeswehr" leben.

Der Ende August 2009 verstorbene General a. D. Kießling († 83) vergibt zeitlebens nicht, sondern giftet: „Wenn ich an Wörner denke, kommt mir noch heute der Kaffee hoch."

★

Kurz vor Weihnachten erlebt die Firma Activision eine ärgerliche Bescherung. Die Bundesprüfstelle für jugendgefährdende Schriften in Bonn verfügt die Indizierung von „River Raid". Es ist das erste Computerspiel, das in der Bundesrepublik auf den Index kommt.

„River Raid", bei dem es darum geht, virtuelle Flugzeuge abzuschießen, **sei eine Art „paramilitärische Ausbildung" und könne zu „physischer Verkrampfung, Ärger, Aggressivität, Fahrigkeit und Kopfschmerzen führen"**, begründen die Jugendschützer das Verkaufsverbot.

2002 wird die Indizierung aufgehoben. Nun ist die Luftkriegführung im Computer „freigegeben ohne Altersbeschränkung".

„River Raid" ergeht es wie „Tarzan". Die Comics mit dem Urwaldhelden waren die ersten Werke, die die 1954 gegründete Bundesprüfstelle indizierte. „Tarzan" wirke „nervenaufpeitschend und verrohend", sei „Ergebnis einer entarteten Fantasie," heißt es allen Ernstes in der Begründung.

DIE CHRONIK VON 1984

1. 1. Die DDR-Bürgerrechtlerinnen **Bärbel Bohley** und **Ulrike Poppe**, die im Dezember 1983 festgenommen worden sind, treten in einen **Hungerstreik**, um nicht in die Bundesrepublik abgeschoben zu werden.

19. 1. Der Regisseur **Wolfgang Staudte** („Der Untertan") stirbt bei Dreharbeiten in Jugoslawien.

1. 2. Auftakt des Prozesses gegen die RAF-Terroristen **Christian Klar** und **Brigitte Mohnhaupt** in Stuttgart.

7. 2. Beginn der **Olympischen Winterspiele** in **Sarajevo** (Jugoslawien).

9. 2. Tod des sowjetischen Staats- und Parteichefs **Jurij Andropow**. Nachfolger wird **Konstantin Tschernenko** (72). Vor Andropows Beisetzung treffen sich Bundeskanzler **Helmut Kohl** und DDR-Chef **Erich Honecker** erstmals persönlich.

24. 2. Der Schriftsteller **Uwe Johnson** („Jahrestage") stirbt in England.

▲ 5. 4. Premiere des Films **„Die unendliche Geschichte"** nach dem Roman von **Michael Ende**.

7. 5. Der RAF-Terrorist **Peter Jürgen Boock** erhält dreimal „lebenslänglich".

10. 5. Die **IG Metall** beginnt einen **Streik** für die **35-Stunden-Woche**.

19. 5. Der **VfB Stuttgart** wird **deutscher Fußballmeister**.

23. 5. Die Bundesversammlung wählt den CDU-Politiker **Richard von Weizsäcker** zum sechsten Bundespräsidenten.

14. 6. Bei den **Wahlen zum Europaparlament** erhalten die konservativen und liberalen Parteien die Mehrheit.

26. 6. Nach dem blamablen Abschneiden bei der Fußball-EM in Frankreich gibt Bundestrainer **Jupp Derwall** sein Amt auf.

Wegen des beginnenden Parteispenden-Prozesses in Bonn tritt Bundeswirtschaftsminister **Otto Graf Lambsdorff** (FDP) zurück, sein Nachfolger wird **Martin Bangemann** (FDP).

1. 7. **Ende** des **Streiks** in der **Metallindustrie**. Künftige Regelarbeitszeit: **38,5 Stunden**.

2. 7. **Verhaftung** von **sechs RAF-Terroristen** in Frankfurt/Main.

20. 7. **Uwe Hohn** (DDR) wirft den Speer 104,80 Meter weit – **Weltrekord**.

28. 7. Beginn der **Olympischen Sommerspiele** in **Los Angeles**, die von allen Ostblock-Staaten mit Ausnahme Rumäniens boykottiert werden. Meistgefeierter deutscher Sportler ist der **„Albatros"** genannte **Schwimmer Michael Groß** mit zweimal Gold und zweimal Silber. ►

16. 9. Die ARD strahlt die erste Folge von **Edgar Reitz'** elfteiliger Serie **„Heimat"** aus.

18. 9. Das **Bundeskabinett** entscheidet, dass **Neuwagen** ab **Baujahr 1989** nur noch mit **Katalysator** zugelassen werden.

22. 9. In **Verdun** gedenken Bundeskanzler **Helmut Kohl** und Frankreichs Staatschef **François Mitterrand** Hand in Hand der Gefallenen des Ersten Weltkriegs (1914–1918).

2. 10. Beim **Zusammenstoß** eines **Schleppers** mit einer für eine Geburtstagsfeier gecharterten **Barkasse** sterben im **Hamburger Hafen** 19 Menschen.

16. 10. Bundeslandwirtschaftsminister **Ignaz Kiechle** (CSU) alarmiert: Jeder zweite Baum ist krank.

26. 10. Die **Volksrepublik** China erwirbt die insolventen **Zündapp-Werke** in München für 16 Millionen D-Mark.

6. 11. Wiederwahl von US-Präsident **Ronald Reagan**.

30. 11. Die DDR demontiert die letzten **Selbstschussanlagen** an der innerdeutschen Grenze.

3. 12. **Giftgaskatastrophe** im indischen **Bhopal** mit 2000 Toten.

NAPFKUCHEN MIT ROSINEN

Sie brauchen:
250 g Butter, 250 g Zucker, Saft von 1/2 Zitrone, 250 g Mehl, 1/2 P. Backpulver, 6 Eiweiß, 1 Prise Salz, 50 g Rosinen, etwas Margarine und Puderzucker.

Und so wird's gemacht:
Butter mit Zucker schaumig rühren. Zitronensaft daruntermischen. Mehl und Backpulver zusammensieben, nach und nach unter die Buttermasse rühren.
Eiweiß mit Salz sehr steif schlagen, mit den Rosinen unter den Teig ziehen. Napfkuchenform fetten, Teig einfüllen, bei 190 Grad 40 bis 45 Minuten backen. Stürzen, auf dem Kuchengitter erkalten lassen, mit Puderzucker besieben.

Aus „Hörzu", Familien-Journal, Nr. 12, 1984

1985

Joschkas weiße TURNSCHUHE empören den schwarzen Kanzler, der Mief der „LINDENSTRASSE“ erzürnt die Kritiker, und ein rotblonder Leimener gewinnt auf dem Rasen von WIMBLEDON

Beim Wechsel von der Bonner Opposition in die hessische Landesregierung wählt der einstige Straßenkämpfer und gelernte Taxifahrer Joschka Fischer (Grüne) ein Outfit, das den Kanzler erregt. In Jeans, offenem Hemd und weißen Nike-Tennisschuhen legt er als erster grüner Minister in Deutschland, ach was, des Sonnensystems, am 12. Dezember seinen Amtseid vor dem Landtag in Wiesbaden ab.

„Unverfrorenheit“, schimpft Bundeskanzler Helmut Kohl (CDU) im Interview mit BILD am SONNTAG über die „Aufmachung“ des Herrn Staatsministers für Umwelt und Energie in der bis dahin noch nie erprobten neuen politischen Formation SPD/Grüne in Wiesbaden.

Lange bleibt Fischer nicht im Amt. Im Februar 1987 endet das erste rot-grüne Bündnis. Ministerpräsident Holger Börner (SPD) entlässt den „Turnschuh-Minister“.

In seiner zweiten Minister-Karriere – von 1998 bis 2005 ist er Bun-

Verkaufen in ihrem ersten Jahr weltweit über 10 Millionen Platten: „Modern Talking“ (Thomas Anders mit der legendären „Nora“-Kette und Dieter Bohlen mit dem legendären Nackenspoiler)

desaußenminister im Kabinett des Kanzlers Schröder – bevorzugt Fischer feine Tuche und beweist, dass er Krawatten binden kann. **Seine Vereidigungs-Turnschuhe von 1985 sind heute der Stolz des Ledermuseums in Offenbach.**

★

Aus nur zwei Sätzen besteht die Meldung der Ostberliner Nachrichtenagentur ADN, die Ende August bei den westdeutschen Geheimdiensten blankes Entsetzen auslöst: „Der langjährig im Bundesverfassungsschutz der BRD für die Spionageabwehr verantwortliche Regierungsdirektor Hansjoachim Tiedge ist in die DDR übergetreten und hat um Asyl ersucht. Das Ersuchen wird von den zuständigen Organen der DDR geprüft."

Kurz darauf bittet der hochverschuldete Tiedge, der nach dem Tod seiner Frau drei Jahre zuvor depressiv und alkoholabhängig wurde, seine drei in Köln zurückgelassenen Töchter brieflich um Verständnis: „Ich habe einen wohlüberlegten Schritt getan, der nicht nur mein Leben von Grund auf verändern wird, sondern einen deutlichen Einschnitt in Euer junges Leben darstellt. Seid gewiß, daß mir die Entscheidung, so zu handeln, Euretwegen schwerfiel, daß ich aber sicher bin, diesen Schritt nicht bereuen zu müssen . . ."

Bereuen muss Tiedges Ex-Chef Heribert Hellenbroich, der kurz vorher zum Bundesnachrichtendienst gewechselte, ehemalige Präsident des Bundesamtes für Verfassungsschutz, seinen Langmut. Obwohl Hellenbroich von den Problemen seines Spionenjägers wusste, beließ er ihn im Amt. Brüsk wird der bis dahin hochgeachtete Hellenbroich von Bundesinnenminister Friedrich Zimmermann (CSU) in den Ruhestand gefeuert.

Tiedge (Tarnname „Tappert") singt nicht nur vor seinen Geheimdienstkollegen in der DDR, sondern auch öffentlich. Acht Jahre nach der deutschen Einheit, vor der Tiedge nach Moskau flüchtet, verfasst er seine Memoiren: „Der Überläufer" (Verlag Das Neue Berlin). Dort schildert er, was Journalisten gern über Geheimdienste lesen. Zum Beispiel, dass der Bundesnachrichtendienst Berichte Moskauer Korrespondenten umformuliert, sie „Geheim"

Die berühmtesten Turnschuhe der Bundesrepublik sind heute im Ledermuseum in Offenbach ausgestellt. Joschka Fischer (Grüne) trägt sie während seiner Vereidigung durch den hessischen Ministerpräsidenten Holger Börner (SPD) am 12. Dezember. Fischer ist das erste Regierungsmitglied der Grünen in Deutschland

Im August macht Hansjoachim Tiedge, Chef der Spionageabwehr im Bundesamt für Verfassungsschutz, rüber in die DDR und packt aus

DIE CHRONIK VON 1985

18. 1. **Smogalarm** im Ruhrgebiet. **Fahrverbot** für Autos.

25. 1. Neonazi **Michael Kühnen** erhält wegen Herstellung von Hetzpropaganda in Frankfurt/Main eine Haftstrafe von drei Jahren und vier Monaten.

1. 2. **Ernst Zimmermann**, Chef der Motoren- und Turbinen-Union, wird in München von Terroristen ermordet.

23. 2. **Martin Bangemann** heißt der Nachfolger von **Hans-Dietrich Genscher** als FDP-Vorsitzender.

10. 3. Der sowjetische Staats- und Parteichef **Konstantin Tschernenko** stirbt. Sein Nachfolger als Generalsekretär heißt **Michail Gorbatschow**.

15. 4. **Bernhard Langer** gewinnt als erster Deutscher das **Masters-Golfturnier** in Augusta (USA).

1. 5. US-Präsident **Ronald Reagan** beginnt seinen Besuch in der Bundesrepublik.

◂ 8. 5. Bundespräsident **Richard von Weizsäcker** hält eine weltweit beachtete Rede zum 40. Jahrestag der deutschen Kapitulation am Ende des Zweiten Weltkriegs.

8. 6. **Bayern München** wird **Deutscher Fußballmeister**.

15. 6. In **Schengen** (Luxemburg) verständigen sich **Belgien**, **Deutschland**, **Frankreich**, **Luxemburg** und die **Niederlande** auf einen allmählichen Abbau der Personenkontrollen an den gemeinsamen Grenzen.

19. 6. Bei einem **Bombenanschlag** im Flughafen von **Frankfurt/Main** sterben drei Menschen, 42 erleiden Verletzungen.

21. 6. Die Leiche von KZ-Arzt **Dr. Josef Mengele** kann in Brasilien identifiziert werden.

1. 7. Eine **Hausfrau** aus Niedersachsen gewinnt im **Lotto 6,97 Millionen** DM – die höchste Summe, die bis dahin jemals eine einzelne Person in Europa ertippt hat.

16. 7. Der deutsche Literaturnobelpreisträger **Heinrich Böll** († 67) stirbt in der Eifel. ▸

8. 8. Bei einem **Bombenanschlag** auf den militärischen Teil des Flughafens von **Frankfurt/Main** kommen zwei Menschen ums Leben.

29. 8. Beginn des **Parteispenden-Prozesses** gegen die ehemaligen Bundesminister **Otto Graf Lambsdorff** und **Hans Friderichs** (beide FDP) sowie den Flick-Manager **Eberhard von Brauchitsch** in Bonn.

22. 9. Der Verleger **Axel Springer** (BILD, BILD am SONNTAG, „Welt", „Hörzu" u. a.) stirbt im Alter von 73 Jahren in West-Berlin (Foto: Axel Springer und seine Frau Friede). ▸

1. 10. In **Eisenach** läuft der **einmillionste Wartburg 353** vom Band.

22. 10. Das **ZDF** strahlt die erste Folge der **„Schwarzwaldklinik"** aus.

19. 11. Ein Ost-Berliner Militärgericht verurteilt den Feldwebel der Nationalen Volksarmee, **Mirko Steinitz**, wegen fünffachen Mordes zu lebenslanger Haft.

10. 12. **Klaus von Klitzing** erhält den Nobelpreis für Physik.

DIETER BOHLENS HIT-REZEPT: „Geile Melodien" und „120mal Bumm pro Minute"

Spielt in München, wird in Köln gedreht und ist längst ein Stück Gesamtdeutschland: die „Lindenstraße" mit der Ur-Familie Beimer Helga, Hansemann, Benny und Klausi

„Fader Möchte-gern-Blödler" schimpft die „Frankfurter Rundschau", als Hape Kerkeling (20) mit der Comedy-Show „Känguru" im Januar erstmals in der ARD auftaucht

gestempelt und als eigene Erkenntnisse ausgegeben hat.

Zu Recht vermuten die Hüter der Verfassung, Tiedge alias Tappert verrate Dienstgeheimnisse. Deshalb lassen sie das Buch vorsorglich beschlagnahmen. Doch vor Gericht bekommt „Überläufer"-Verleger Matthias Oehme recht und überlegt nun, ob er eine neue Auflage auf den Markt bringt.

★

Der Medienpolemiker Reginald Rudorf, von seinen Opfern nur „Reginald Rufmord" genannt, hat am Endes des Jahres einen Feind mehr. Am 23. Dezember nimmt sich Rudorf die neue ARD-Serie „Lindenstraße" vor, riecht „Nachbarschaftsmief", sieht in seinem Farbfernseher alles „grau in grau" und bilanziert: „Zeternde Kopfschmerzgesichter, eine Kulisse, die als solche erkennbar ist. Verschiedene Darsteller sagen ihre Sätze auf, als ob Knecht Ruprecht sie vorher zurechtgeprügelt hätte. Manches wirkt, als sei es aufgenommen in der Vorschulklasse eines Ungeeigneten-Instituts für Nicht-Talente." Dem Regisseur Hans W. Geißendörfer, zuvor aufgefallen durch eine ambitionierte Verfilmung von Thomas Manns Roman „Zauberberg", rotzt Rudorf abschließend ins Stammbuch: „Er wird in die Geschichte eingehen als der Verantwortliche für lange Sprüche und ein ganz kurzes Serial."

Eine steile Prophezeiung, die „Lindenstraße" läuft anschließend Marathon – bis heute. Die Spiegeleier-Heroine Mutter Beimer (Marie-Luise Marjan) und Hans Beimer (Joachim Luger) sind immer noch dabei, wenngleich sie längst mit anderen TV-Partnern Mietwohnung und Serienschicksal teilen.

Der „rotblonde Leimener“ schreibt Geschichte: Boris Becker gewinnt am 7. Juli um 18.26 Uhr als erster Deutscher in Wimbledon (6:3, 6:7, 7:6, 6:4 gegen Kevin Curren, Südafrika), und das im zarten Alter von 17 Jahren

Der „Stern“ bringt pikanterweise gegen die „Lindenstraße“, mit der Geißendörfer beweisen will, „dass Unterhaltung auch intelligent sein kann“, einen anderen Kritiker in Stellung: Herbert Lichtenfeld. Der ehemalige „Hörzu“-Redakteur schreibt sich 1985 endgültig in die Champions League der Drehbuchautoren: Lichtenfeld verfasst die Drehbücher zur ZDF-Serie „Schwarzwaldklinik“, die am 22. Oktober startet und – Folge für Folge – mehr als 25 Millionen Zuschauer begeistert. Dennoch findet Schicksalsspezialist Lichtenfeld noch die Zeit, sich mit dem Konkurrenzprodukt „Lindenstraße“ zu beschäftigen, und auch er beobachtet Befremdliches: „Da hetzt eine Schauspieler-Hausgemeinschaft orientierungslos über Etagen und Flure, geifert, palavert, steht, schweigt und stürzt, als sei gar kein Regisseur in der Nähe. Es schaut aus, als absolviere eine Laienspielschar unter Zeitdruck ihre erste Probe für die Ausführung im Vereinshaus der Gartenkolonie.“

Musikalisch wird die Nation, die sich also, was ihre Sehgewohnheiten anbelangt, irgendwo zwischen Weißkittel und Kittelschürze einpendelt, von einem eher gleichförmigen Klangteppich bedeckt. **Allerorten nämlich ist das Gesangsduo „Modern Talking“ zu hören, bestehend aus den Herren Dieter Bohlen (31, blond) und Thomas Anders (22, schwarzbraun).** Wie hoch der stimmliche Anteil des Blonden an Hits wie „You're My Heart, You're My Soul“, „You Can Win If You Want“ und „Cheri, Cheri Lady!“ tatsächlich ist, darüber wird noch Jahre später gestritten; sicher allerdings: Der clevere Bohlen zeichnet ganz allein als Texter, Komponist und Produzent verantwortlich. Das tut er nach seiner genial einfachen Rezeptur, bestehend aus „geilen Melodien“, „gefühlsmäßigen Sachen“ und, wie der „Spiegel“ seinen Musikexperten nachzählen ließ, „120mal Bumm pro Minute“.

Den Fans („Modern Talking“ verkauft 1985 weltweit mehr als 10 Millionen Platten) ist das am Ende ebenso egal wie die Qualität der Bohlen-Reime. Sich daran abzuarbeiten bleibt bis heute Kollegen wie Howard Carpendale vorbehalten, der in der „Abendzeitung“ schimpft: „Dieter Bohlen schreibt englische Texte, die einfach unvorstellbar sind, die sind grammatikalisch falsch, alles daran ist falsch!“

1985 druckt die DDR-Staatsbank 200- und 500-Mark-Scheine. Doch die SED verbietet die Ausgabe, weil die Bürger dies als Signal einer Inflation werten könnten

STÖRTEBEKER-SUPPE

Aus „Hörzu“, Küche, Nr. 45, 1985

Sie brauchen:
75 g mageren Speck, 400 g Porree, 200 g Möhren, 500 g Kartoffeln, 2 EL. Tomatenmark, 1½ l Fleischbrühe, Majoran, Pfeffer, 2 mittelgroße Schillerlocken (330 g), 150 g Sprotten, 1 EL. geh. Petersilie.

Und so wird's gemacht:
Speck würfeln, auslassen. Gemüse putzen. Porree in Streifen, Möhren in feine Stifte schneiden. Im Speck andünsten. Kartoffeln schälen, in dünne Scheiben schneiden, zum Gemüse geben. Brühe, Tomatenmark und Majoran hinzufügen, alles bei schwacher Hitze circa 25 Minuten garen, pfeffern. Schillerlocken und die filierten Sprotten klein schneiden, zur Suppe geben, fünf Minuten ziehen lassen, vor dem Servieren Petersilie darüberstreuen. Für drei Personen. Pro Person ca. 763 Kalorien (kcal) oder 3192 Joule (kJ).

FOTOS: INTERFOTO/AMW, ULLSTEIN-BILD, IMAGO, AP, W.M. WEBER/TV-YESTERDAY, STOCK FOOD

1986

Nur zweite Wahl, aber erste Sahne als Klatschreporter Baby Schimmerlos ist der Dramatiker Franz Xaver Kroetz (rechts) in der TV-Serie „Kir Royal". Neben ihm der Kabarettist Dieter Hildebrandt als Paparazzo Herbie

„KIR ROYAL" prickelt im Fernsehen, TSCHERNOBYL verstrahlt Europa, und der „KILLER VON SANKT PAULI" mordet im Polizeipräsidium

Der GAU (größter anzunehmender Unfall) im Kernkraftwerk von Tschernobyl in der Ukraine am 26. April ist Anlass für zahlreiche Demonstrationen gegen Atomenergie in der Bundesrepublik wie hier in Hamm-Uentrop

Michael Graeter (links) und Fotograf Franz Xaver Hug sind die Vorbilder für „Kir Royal“

KIR ROYAL

Passend zum Start der TV-Serie „Kir Royal“ 1986 das Rezept für den beliebten Aperitif: **„1 cl Creme de Cassis, ein Likör aus schwarzen Johannisbeeren, in ein Sektglas geben, mit 9 cl Champagner (Sekt geht auch) auffüllen. Gut gekühlt servieren!“**

Mario Adorf in „Kir Royal“

Helmut Dietl ist verzweifelt. Vier Jahre lang hat der Regisseur zusammen mit Drehbuchautor Patrick Süskind („Das Parfum“) eine TV-Satireserie über einen Klatschreporter mit dem Filmnamen Baby Schimmerlos und die Münchner Bussi-Bussi-Schickimicki-Society vorbereitet. **Vorbild ist der real recherchierende Michael Graeter, so etwas wie ein journalistisches Trüffelschwein.**

Die ersten Szenen sind abgedreht, da wird Dietl klar: Staatsschauspieler Nikolaus Paryla ist die falsche Besetzung für Baby Schimmerlos. „Die Suche nach einem Ersatzmann gestaltet sich kompliziert“, schreibt der (echte) Klatschreporter Graeter in seinen Erinnerungen („Extrablatt“, Verlag Langen Müller). Dietl guckt sich einige Filme für sein Baby an. „Wer ist denn das?“, fragt er, so Graeter, als er Franz Xaver Kroetz in einer Nebenrolle sieht.

Dank erfolgreicher Stücke wie „Wildwechsel“ und „Stallerhof“ gilt Kleindarsteller Kroetz damals bereits als Großdramatiker. Einen Tag später treffen sich Kroetz und Dietl in einem Gasthaus. „Lies die Bücher ganz schnell, die Zeit brennt“, befiehlt der Regisseur. Kroetz tut es und sagt zwei Tage später zu.

„In den ersten Tagen wirkt Kroetz sehr unsicher“, klatscht der aus Fassbinder-Filmen bekannte Kurt Raab, der nur eine Nebenrolle abgekriegt hat, im „Playboy“, doch er „wird von Tag zu Tag besser“.

Am 22. September 1986 strahlt die ARD die erste Folge von „Kir Royal“ aus. Legendär der Satz des von Mario Adorf gespielten rheinischen Millionärs, der unbedingt in Babys Kolumne vorkommen will: „Isch scheiss’ disch zu mit meinem Jeld!“

Dieser Audi 100 CS mit Allradantrieb ist berühmt. 1986 fährt Rallye-Pilot Harald Demuth damit zu Werbezwecken eine Sprungschanze hinauf

Am 7. August werden die Leichen von Melanie (7) und Karola (5) Weimar gefunden. Dreimal muss sich deren Mutter Monika (Foto rechts) vor Gericht verantworten

Zum 25. Jahrestag des Mauerbaus bringt die DDR eine Sonderbriefmarke raus. In Westdeutschland werden Briefe mit diesem Motiv nicht befördert

TV-Panne: Am 31. Dezember 1986 strahlt die ARD dieselbe Neujahrsansprache von Bundeskanzler Kohl aus, die er bereits 1985 gehalten hat

Gleich zweimal sendete die ARD HELMUT KOHLS NEUJAHRSANSPRACHE

Die Kritiker sind begeistert, doch die „Schwarzwaldklinik" hat höhere Einschaltquoten.

★

Nur wenige Fachleute kennen bis Ende April das Kürzel Bq. Es bedeutet Becquerel und ist die Maßeinheit für Atomstrahlung.

Am 26. April explodiert Block 4 des Atomkraftwerks in Tschernobyl (Ukraine) und setzt etwa 40-mal so viel Radioaktivität frei wie bei der Explosion der Atombombe über Hiroshima (Japan) im Jahr 1945. Mindestens 4000 Menschen sterben durch Strahlung. Eine giftige Wolke überquert Europa. **Schnell wird klar: Dies ist die schlimmste Katastrophe in der Geschichte der friedlichen Kernkraftnutzung.**

17 Millionen Bq werden in der Schilddrüse eines Rehs in der Bundesrepublik gemessen, 760 000 bei einem Schaf, 300 000 bei Rindern. Einige Bundesländer schließen Kinderspielplätze und Freibäder. Stillende Mütter lassen ihre Milch testen. Besorgte Westdeutsche überlegen auszuwandern, weit weg, um der unheimlichen Bedrohung, die man weder riechen noch schmecken noch fühlen kann, zu entkommen.

In der DDR wird die Katastrophe beim „großen Bruder" Sowjetunion verschwiegen oder verharmlost. Staats- und Parteichef Erich Honecker rät, Salat zweimal zu waschen.

Die Physikerin Angela Merkel, damals Mitarbeiterin an der Ostberliner Akademie der Wissenschaften, erinnert sich: „Von Tschernobyl habe ich erst aus dem West-Radio erfahren, genauso schnell wie die Westdeutschen. **Plötzlich gab es dann Produkte in großen Mengen, zum Bei-**

Am 18. April 1986 hat „Cats" in Hamburg Deutschland-Premiere. In 15 Jahren fängt das Musical 6,2 Millionen Zuschauer ein und macht richtig Mäuse

spiel Erdbeeren und Weintrauben. Da wussten wir genau, die waren anderswo nicht mehr absetzbar. Auch wenn es Weintrauben sonst selten gab, haben wir darauf verzichtet.“ Als Merkel nach der Wiedervereinigung Bundesumweltministerin ist, bekennt sie sich trotz Tschernobyl zur Kernkraft: „Ich halte die Kerntechnik für eine verantwortbare Technologie.“ Die Katastrophe sei lediglich „ein Beweis für die Schlamperei in Russland“.

★

Romantisch ist das Rotlichtmilieu in Hamburg längst nicht mehr. Zwischen der „Nutella-Bande“, deren Name vom jugendlichen Alter der Gangmitglieder herrührt, und der „GMBH“, benannt nach den Anfangsbuchstaben der Vornamen ihrer Gesellschafter, tobt ein erbitterter Krieg um die Vorherrschaft im Kiez.

Werner Pinzner (39), genannt „Mucki“, vorbestraft wegen eines Supermarktüberfalls, bei dem der Filialleiter ums Leben kam, arbeitet als Wirtschafter im Puff. „Gummisammler“ nennt das Milieu solche Handlanger abschätzig. Richtiges Geld verdient der schmächtige Pinzner nach Feierabend – als Auftragskiller. **Mindestens sechs Morde werden ihm zur Last gelegt, für jeden soll er 30 000 Mark kassiert haben. In einem privaten Brief gesteht er noch mehr erledigte „Jobs“. Pinzner: „. . . dann sind es 11 dück, die ich putte macht hab!“**

Im April 1986 wird er vom Mobilen Einsatzkommando festgenommen und packt aus. Am 29. Juli wird Pinzner, der davon träumt, sein Verbrecherleben mit Götz George verfilmen zu lassen, aus der U-Haft zur Vernehmung ins Polizeipräsidium am Berliner Tor gebracht. Im Vernehmungszimmer warten Staatsanwalt Wolfgang Bistry, Pinzners zweite Frau Jutta, seine Anwältin, Kripo-Kommissar Timo Schultz und eine Sekretärin.

Was niemand ahnt: Jutta Pinzner hat einen geladenen Revolver (Smith & Wesson) eingeschmuggelt. Das Drama, das sich nun abspielt, schildert Kripo-Mann Schultz in der „Hamburger Morgenpost“: „Die junge Schreibkraft legt gerade die Finger auf die Tasten, als der Killer plötzlich den Revolver in der Hand hält und ruhig sagt: ‚So, meine Herren, das ist eine Geiselnahme.‘ Bevor wir reagieren können, sehe ich, wie der Staatsanwalt schnell aufsteht, dabei die Hände nach vorn streckt. Pinzner reagiert sofort, betätigt zweimal kurz hintereinander den Abzug des Revolvers. Ich sehe Mündungsfeuer, mein Trommelfell vibriert. Die Projektile durchschlagen die hochgerissene Hand, den Kopf des Staatsanwalts. Mit einem furchtbaren Todesschrei fällt er neben mir auf den Boden.“ Anschließend telefoniert Pinzner mit seiner Tochter (15), erschießt dann seine vor ihm kniende Frau, anschließend sich selbst.

Mit einem Auto-Korso erweisen die Rotlicht-Könige dem Kiez-Killer das, was sie für die „letzte Ehre“ halten.

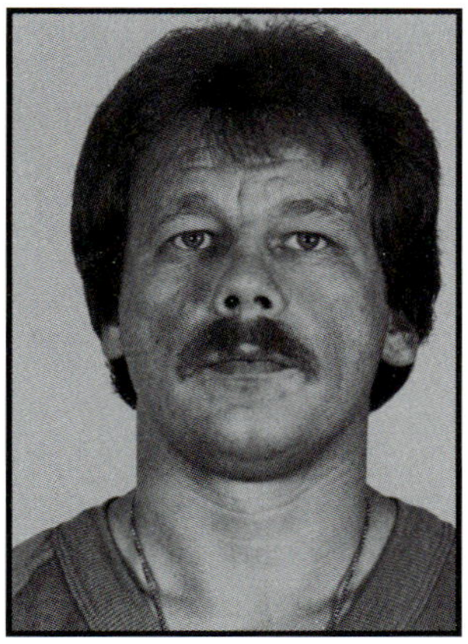

Werner Pinzner, der Killer von Sankt Pauli

★

Kurz nach dem Hamburger Drama beginnt in Hessen ein Kriminalfall, der laut „Zeit“ zu „einem der „aufsehenerregendsten und umstrittensten in der Bundesrepublik“ gerät – und zum längsten.

Am 4. August meldet Monika Weimar aus dem Dorf Röhrigshof-Nippe ihre Töchter Melanie (7) und Karola (5) als vermisst. Drei Tage später werden die Leichen der Kinder entdeckt. Zunächst gerät ihr Vater in Verdacht, die Mädchen erstickt beziehungsweise erwürgt zu haben. Doch Ende Oktober kommt Monika Weimar, inzwischen meist „Mutter Weimar“ genannt, in Haft. Anfang 1988 erhält sie in Fulda wegen zweifachen Mordes „lebenslänglich“. Es ist ein reiner Indizienprozess. „Mutter Weimar“ beteuert ihre Unschuld und beschuldigt ihren Mann des Doppelmordes.

Der hartnäckige Hamburger Strafverteidiger Gerhard Strate erreicht nach acht Jahren die Wiederaufnahme des Verfahrens. Im Jahr 1997 spricht das Landgericht Gießen Monika Böttcher, wie sie sich nach ihrer Scheidung nennt, frei. Doch der Freispruch ist nicht von langer Dauer. Diesmal geht die Staatsanwaltschaft in Revision. Zwei Tage vor Heiligabend 1999 wird sie erneut zu „lebenslanger“ Haft verurteilt, kommt erst im Sommer 2006 frei.

„Die Wahrheit“, schreibt Peter Hahne nach dem dritten Urteil in BILD am SONNTAG, „ist in dem Endlosverfahren auf der Strecke geblieben.“

★

„Bewusste Sabotage“, tönt CSU-Generalsekretär Gerold Tandler. Die ARD hat die Neujahrsansprache von Bundeskanzler Helmut Kohl (CDU) vom Vorjahr einfach noch einmal gesendet. Kohl nimmt’s gelassen und freut sich, dass die Nach-Sendung mit der richtigen Neujahrsansprache 7,29 Millionen Zuschauer findet – 430 000 mehr als die falsche.

DIE CHRONIK VON 1986

◄ 23. 1. Filz-Künstler **Joseph Beuys** stirbt in Düsseldorf.

28. 1. Explosion an Bord der **US-Raumfähre „Challenger“**. Sieben Tote.

27. 2. Der schwedische Ministerpräsident **Olof Palme** kommt in Stockholm bei einem Anschlag ums Leben.

11. 3. Der Film „Jenseits von Afrika“ mit **Meryl Streep, Klaus Maria Brandauer** und **Robert Redford** kommt in die deutschen Kinos. ►

13. 3. Enthüllt: **Das Gemälde „Der Mann mit dem Goldhelm“**, das in den Staatlichen Museen von Berlin hängt, stammt nicht von Rembrandt, sondern von einem seiner Schüler.

4. 4. Die **Bronzeplastik „Marx und Engels“** wird in Ost-Berlin aufgestellt.

5. 4. Bei einem Bombenanschlag auf die West-Berliner **Diskothek „La Belle“** kommen drei Menschen ums Leben, über 200 Verletzte.

17. 5. 300 Menschen werden bei gewalttätigen Demonstrationen gegen die **Wackersdorfer Wiederaufbereitungsanlage** verletzt.

◄ 19. 5. **Steffi Graf (16)** schlägt in Berlin bei den German Open die Favoritin Martina Navratilova in nur 64 Minuten mit 6:2 und 6:3.

6. 6. Bundeskanzler Kohl beruft **Walter Wallmann** (CDU) zum ersten Bundesumweltminister. **Ernst Nolte** löst mit einer Veröffentlichung in der „FAZ“, in der er den „Klassenmord“ der Bolschewisten mit dem „Rassenmord“ der Nazis in Zusammenhang bringt, den „Historikerstreit“ aus.

13. 6. Der 1972 in die DDR ausgewanderte US-Sänger **Dean Reed** stirbt unter mysteriösen Umständen im Zeuthener See.

29. 6. Nach einem 3:2-Sieg über die bundesdeutsche Elf in Mexiko jubelt **Argentinien: wieder Fußballweltmeister!**

9. 7. Die RAF bekennt sich zu einem Mordanschlag auf den Siemens-Manager **Karl Heinz Beckurts** und dessen Fahrer in Straßlach bei München.

26. 8 . Start der Leichtathletik-EM in Stuttgart. Stars sind **Harald Schmid** aus der Bundesrepublik (400 m Hürden in 48,65 Sek.) und **Heike Drechsler** aus der DDR (Weitsprung 7,27 m).

9. 9. Weil das Parlament renoviert werden muss, tagt der **Bundestag** erstmals **im ehemaligen Bonner Wasserwerk**.

26. 9. 475 Millionen Dollar lässt sich das Gütersloher Medienunternehmen **Bertelsmann** den Kauf des US-Verlags **Doubleday & Co.** kosten.

7. 10. Das **Kernkraftwerk Brokdorf** an der Unterelbe beginnt mit der Stromproduktion.

10. 10. RAF-Terroristen ermorden in Bonn den Diplomaten **Gerold von Braunmühl**.

1. 11. **Dramatisches Fischsterben** im Rhein nach einem Großbrand in einer Chemiefirma nahe Basel.

10. 12. Nobelpreise für die deutschen Physiker **Ernst Ruska** (Foto) und **Gerd Binnig.** ►

12. 12. Eine **Tupolew 134** der sowjetischen Fluggesellschaft Aeroflot stürzt über dem Flughafen Berlin-Schönefeld ab. 71 Tote.

FOTOS: KPA/DPA, T. EINBERGER/ARGUM, INTERFOTO, HERSTELLER

1987

Als „La Lemper“, wie die Franzosen Ute Lemper nennen, 1987 in Paris die Sally Bowles im Musical „Cabaret“ spielt, steigt sie zum Weltstar auf. Die Kritiken während ihrer eigenen Show-Tournee durch 23 deutsche Städte sind eher verhalten. „Ich verachte manche Kritiker. Die sollen zu Hause bleiben und ‚Bonanza‘ gucken“, ärgert sie sich

Ute LEMPER erobert Paris, Uwe Barschel stirbt in einer BADEWANNE in Genf, und ein Bubi landet mit seiner CESSNA in Moskau

Wenig charmant, aber anerkennend urteilt die Zeitschrift „Paris Match“: „Die neue Liza Minnelli ist eine Walküre.“ Auch wenn andere französische Blätter ihren Namen falsch schreiben – mal Lamper, Lampert oder Lempier – Ute Lemper aus Münster ist der Star des Jahres in Paris. Im allabendlich ausverkauften Theater Mogador spielt und singt und tanzt sie die Rolle der Sally Bowles im Musical „Cabaret“.

„Deutschland hat endlich einen Musical-Star“, jubelt das Zeitgeist-Magazin „Tempo“. Ungewohnt schwärmt der „Spiegel“: „Ein Star, dem ganz Paris zu Füßen liegt.“

Am ersten Weihnachtstag liegt ihr Hamburg zu Füßen. Hier startet Ute Lemper mit einer Soloshow durch 23 deutsche Städte. Die Kritiken sind verhalten, doch kaum ein Kritiker vergisst, die Länge ihrer Beine zu erwähnen. „La Lemper“ giftet westfälisch-derb: „Wie kann man mir meine langen Beine vorwerfen? Will man lieber eine Fette mit kurzen Stempeln?“ Nee.

★

Nicht immer waren Wahlkämpfe in der Bundesrepublik so wattebauschig wie 2009. Der erste Bundeskanzler, Konrad Adenauer (CDU), war sich nicht zu schade, den SPD-Kanzlerkandidaten Willy Brandt 1961 wegen dessen unehelicher Geburt als „Herbert Frahm“ zu brandmarken. Der Landtagswahlkampf 1987 in Schleswig-Holstein meerumschlungen gerät zum skandalum-

Uwe Barschel (CDU), Ministerpräsident von Schleswig-Holstein, gibt am 18. September sein Ehrenwort, er habe nichts von den Intrigen gegen seinen Herausforderer Björn Engholm (SPD) gewusst. Am 2. Oktober tritt Barschel zurück, neun Tage später finden „Stern"-Reporter seine Leiche in der Badewanne von Zimmer 317 im Genfer Hotel „Beau-Rivage" und fotografieren sie. Seine Aufzeichnungen sind bis heute nicht vollständig entschlüsselt

FOTOS: DPA, INTERFOTO, PETER BISCHOFF, PHOTOTHEK, W. M. WEBER/TV-YESTERDAY, CINETEXT, NOWOSTI/KEYSTONE

schlungensten der deutschen Nachkriegsgeschichte – mit tödlichem Ausgang.

Ministerpräsident Uwe Barschel (CDU) fürchtet, seine seit 1950 in Kiel regierende Partei werde die Wahlen verlieren und stellt den zwielichtigen Journalisten Reiner Pfeiffer als eine Art Geheimwaffe ein. Der lässt den SPD-Spitzenkandidaten Björn Engholm (SPD) von Detektiven bespitzeln, erstattet anonym Anzeige wegen Steuerhinterziehung und unterstellt ihm unter dem Falschnamen Dr. Wagner, er habe Aids.

Kurz vor dem Wahlsonntag offenbart Pfeiffer im „Spiegel" die Schmutzkampagne und behauptet, Barschel sei der Anstifter. Die Wahl endet Remis: CDU und FDP bekommen ebenso viele Sitze wie die SPD und der mit ihr verbündete Südschleswigsche Wählerverband.

Barschel kämpft um Amt und Ehre. Auf einer Pressekonferenz gibt er sein „Ehrenwort, ich wiederhole: Ich gebe Ihnen mein Ehrenwort", weder habe er Pfeiffer angestiftet noch etwas von dessen Intrigen gewusst. Die Zweifel bleiben – die Indizien sprechen gegen ihn. Am 2. Oktober tritt er zurück. Neun Tage später finden „Stern"-Reporter Barschels bekleidete Leiche in der Wanne von Zimmer 317 im Genfer Hotel „Beau-Rivage". Todesursache: Medikamentenvergiftung. Bis heute ist der Todesfall Barschel nicht geklärt. Ein Fall für Verschwörungstheorien: Mal wird der Bundesnachrichtendienst bezichtigt, mal die Stasi der DDR, mal der israelische Mossad. Sogar innerhalb der Kieler Staatsanwalt-

Kreml-Flieger Mathias Rust wird im September in Moskau angeklagt. Am 28. Mai 1987 ist er illegal in die Sowjetunion geflogen

1987 startet die beliebte ZDF-Serie „Das Erbe der Guldenburgs“ nach der Dallas-Denver-Masche. Szenenfoto: Wilfried Baasner, Sydney Rome und Iris Berben

schaft streiten sich Oberstaatsanwalt Heinrich Wille, der die Auffassung vertritt, die Indizien sprächen für Mord, und Generalstaatsanwalt Erhard Rex, Anhänger der Selbstmord-These.

„Keine Sekunde habe ich daran gedacht“, versichert Barschels Witwe Freya im Gespräch mit BILD am SONNTAG, „dass mein Mann sich selbst getötet haben könnte.“ Wer war's? „Es waren Auftragskiller, die von einem Geheimdienst gedungen worden sind“, mutmaßt sie: „Mein Mann kannte Geheimnisse, die mit Waffengeschäften zu tun hatten ...“

Anders der SPD-Politiker Erhard Eppler. Im Vorwort des jetzt erschienenen Buchs „Barschel – die Akte“ (Siebenhaar Verlag Berlin) schreibt er: „Ich habe nie daran gezweifelt, dass Barschel sich selbst umgebracht hat. Die Akten, aber auch die Logik dieses Doppellebens sprechen dafür.“ **Untertitel des von Sebastian Knauer – er fand Barschels Leiche – herausgegebenen Buchs: „Originaldokumente eines ungelösten Kriminalfalls.“**

★

Größter Kinoerfolg des Jahres ist „Otto – Der neue Film“. Der Titelheld, mit blöderlichem Namen Otto Waalkes, skizziert die Handlung so: „Es geht um Otto zwischen zwei Frauen, eine, die Otto liebt, und eine, die Otto liebt.“ Klar?

Premiere ist am 16. Juli, 30 Tage später haben sich sechs Millionen Zuschauer schlappgelacht. Nur nicht der Filmkritiker Arnd Schirmer. Der kalauert in Anlehnung an den Slogan des Otto-Versands: „Find' ich gar nicht gut.“ Besonders missfällt ihm die Schauspielerin Ute Sander: „Ein Totalausfall.“ Nach dem Verriss dreht sie nie wieder. Ihre anderen Qualitäten präsentiert sie im Oktober im „Playboy“.

Wegen Schleichwerbung – 91-mal taucht die rot-weiße Marlboro-Schachtel auf – weigert sich das ZDF, den Otto-Film zu zeigen. Als die Mainzelmänner ihn 1990 dann doch ausstrahlen, färben sie die Zigarettenschachtel grün-weiß ein – wie Reyno.

★

Noch heute zehrt Margarita Mathiopoulos vom kurzen Ruhm, der sie aufs Titelbild von „Bunte“ bringt. Der SPD-Vorsitzende Willy Brandt möchte die „schöne Griechin“ als Parteisprecherin engagieren. Doch die Genossen rebellieren. Noch nie war eine Frau Sprecherin in der (bis dahin) 124-jährigen Geschichte der Partei, niemals eine Ausländerin, noch je ein Wesen ohne Parteibuch. Außerdem ist Brandts Erwählte mit dem Sprecher von Bundespräsident Richard von Weizsäcker, Friedbert Pflüger, verlobt. Der ist in der CDU.

„Muss Brandt abtreten?“, fragt ahnungsvoll der Korrespondent des „Hamburger Abendblatts“, Martin S. Lambeck, heute BILD am SONNTAG. Ex-Bundesminister Hans Apel raunt die Abkürzung: „BMW.“ Bedeutet: Brandt muss weg!

Am 23. März ist Brandt weg. Nach heute kaum vorstellbaren 23 Jahren an der Spitze der SPD wirft der Patriarch enttäuscht hin. Seine letzten symbolträchtigen Worte beim Verlassen der „Baracke“, wie die Genossen ihr Bonner Parteihaus nennen, obwohl es ein Neubau ist: „Wo muss ich die Schlüssel abgeben?“

Die Komödie „Otto – Der neue Film“ ist der größte Kinoerfolg 1987. Otto Waalkes spielt, na wen wohl? Den Titel-Trottel! Seine Angebetete Gaby wird von Ute Sander gemimt, die danach nie wieder einen Film gedreht hat

BROKKOLI MIT EIERSOSSE

Sie brauchen:
500 g Brokkoli, etwas Salz, 1 fein gehackte Zwiebel (50 g), 1 EL Butterschmalz, 100 g ger. Schinken, 1 Päckchen helle Soße, 20 g ger. Parmesan, 2 Eigelb, etwas Pfeffer, Muskat, Zitronensaft.

Und so wird's gemacht:
Brokkoli putzen, in Röschen teilen, Stiele in Stücke schneiden. In einem halben Liter leicht gesalzenem Wasser nicht zu weich kochen, gut abtropfen lassen, warm stellen. Zwiebel im Butterschmalz goldgelb dünsten. Schinken würfeln und unter die Zwiebel rühren, kurz dünsten. In einem Viertelliter der Brokkolibrühe die helle Soße zubereiten, Parmesan hineinrühren. Eigelb verquirlen, unter die heiße, aber nicht mehr kochende Soße ziehen, mit Salz, Pfeffer, Muskat und Zitronensaft abschmecken. Die Schinken-Zwiebel-Mischung über den Brokkoli geben, Soße darübergießen oder gesondert reichen, mit Butterkartoffeln auftragen. Für zwei Personen.

Aus „Hörzu“, Küche, Nr. 35, 1987

WILLY BRANDT war 23 Jahre lang SPD-Chef. Wegen einer schönen Griechin tritt er zurück

Im Juni wählt ein Parteitag Brandt zum Ehrenvorsitzenden, Parteichef wird Bundesjustizminister a. D. Hans-Jochen Vogel. **Die schöne Griechin heiratet ihren Friedbert. Scheidung 2006. Mit der SPD ist sie auch fertig. Ihr Herz gehört heute der FDP.**

★

An der Decke des Technikmuseums in Berlin hängt ein kleines Flugzeug vom Typ Cessna F 172 P Skyhawk II, das Geschichte geflogen hat. Damit landet am 28. Mai der damals 19 Jahre alte Mathias Rust mitten in Moskau nahe dem Kreml, nachdem er die sowjetische Luftabwehr gefoppt hat. Altklug verkündet Rust, dies sei „ein Friedensflug", er habe ein Zeichen setzen wollen und möchte Gorbatschow sprechen. Der hat anderes zu tun und feuert erst mal einige Generale.

Rusts Flugkünste machen den jungen Mann aus Wedel bei Hamburg weltbekannt. Als er nach 432 Tagen Haft in Moskau wegen unerlaubten Eindringens in die Sowjetunion nach Hause darf, ist er ein Star. Er macht nichts daraus. 1989 wird er als Messerstecher verurteilt.

Den Kreml-Flug bereut Rust keineswegs. Noch heute neigt er zum Höhenflug. So erklärt er 2009 BILD am SONNTAG beim Wiedersehen mit seiner Cessna im Museum: „Ich denke, meine Aktion hat zur Wende beigetragen."

★

Das Fernsehen ist manchmal so ungerecht wie das richtige Leben. Zum Jahresende fragt „BILD", welchen Showmaster die Westdeutschen am liebsten sehen. Es ist Thomas Gottschalk, der erst im August „Wetten, dass ...?" von Frank Elstner übernommen hat. Der Erfinder des bis heute sicheren Quoten-Garanten kommt nur auf Platz vier hinter Jürgen von der Lippe („Donnerlippchen") und Hans-Joachim Kulenkampff.

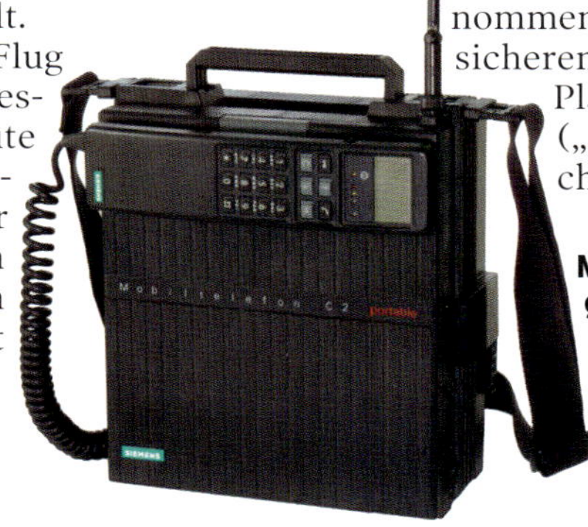

Mit dem Siemens-Mobiltelefon C 2 beginnt 1987 die Ära des Mobilfunks. Es kostet 7600 DM. Heute gibt es das C 2 bei eBay für 9,99 Euro. Telefonieren kann man damit nicht mehr. Seit dem 1. Januar 2001 ist das C-Netz abgestellt

Nach 23 Jahren als SPD-Vorsitzender gibt Willy Brandt am 23. März 1987 die Schlüssel ab. Weil er die parteilose „schöne Griechin" Margarita Mathiopoulos nicht als SPD-Sprecherin durchsetzen konnte, tritt er zurück

DIE CHRONIK VON 1987

17. 1. Hoechst-Manager **Rudolf Cordes** wird in Beirut (Libanon) entführt, vier Tage später Siemens-Techniker **Alfred Schmidt**.

25. 1. **Wahlen** zum **11. Deutschen Bundestag**. CDU/CSU erhalten 44,3 Prozent, die SPD bekommt 37 Prozent, die FDP 9,1 Prozent, die Grünen 8,3 Prozent. Es bleibt bei der **Regierungskoalition** aus **Union** und **FDP**.

15. 2. **Rudi Carrell** wird mit dem Tod bedroht, weil er in seiner Satire-Sendung **„Rudis Tagesshow"** den iranischen Staatschef **Khomeini** scheinbar mit Dessous bewerfen lässt. ►

16. 2. Im Parteispendenprozess verurteilt das Bonner Landgericht die ehemaligen FDP-Minister **Otto Graf Lambsdorff** und **Hans Friderichs** sowie den früheren Flick-Manager **Eberhard von Brauchitsch** zu hohen Geldstrafen.

22. 2. In New York stirbt Pop-Artist **Andy Warhol**.

2. 3. Gastkonzert von Schlagerstar **Udo Jürgens** im Ost-Berliner **Friedrichstadtpalast**.

6. 3. Die englische Fähre **„Herald of Free Enterprise"** geht vor Zeebrügge unter. Über 200 Passagiere ertrinken.

8. 3. **„burda moden"** erscheint als erste bundesdeutsche Zeitschrift auf Russisch in der **Sowjetunion**.

9. 3. **Peter Maffay** gastiert in der DDR.

30. 4. **Papst Johannes Paul II.** beginnt einen fünftägigen Besuch in der Bundesrepublik. ►

6. 6. Weil er in seiner Autobiografie **„Anpfiff"** behauptet, im Profifußball werde gedopt, sperrt der DFB Nationaltorwart **Toni Schumacher**.

Bei einem Rockkonzert von **David Bowie** vor dem West-Berliner Reichstag kommt es in Ost-Berlin zu schweren Krawallen zwischen Vopos und Rockfans in **Ost-Berlin**, die an der Mauer den Star hören wollen.

12. 6. US-Präsident **Ronald Reagan** kommt nach West-Berlin zur 750-Jahr-Feier der Stadt und fordert hier den sowjetischen Parteichef Gorbatschow auf: **„Reißen Sie die Mauer nieder!"**
Beginn der **documenta 8** in Kassel.

17. 6. Der **FC Bayern München** kann sich über seinen **zehnten deutschen Meistertitel** freuen.

17. 7. 38 Jahre nach der Bundesrepublik schafft auch die **DDR** die **Todesstrafe** ab.

28. 7. **„Monitor"** meldet, in Speisefischen seien Wurmlarven entdeckt worden.

16. 8. **Steffi Graf** spielt sich durch den Sieg beim Tennisturnier in **Manhattan Beach** an die Spitze der Weltrangliste.

17. 8. **Rudolf Heß** († 93), zu lebenslanger Haft verurteilter früherer Vertreter Hitlers, nimmt sich im britischen Militärkrankenhaus in Berlin-Spandau das Leben.

7. 9. **Erich Honecker** besucht als erster Staats- und Parteichef der DDR vier Tage lang die Bundesrepublik.

14. 10. Der Physiker **Johannes Georg Bednorz** erhält den **Nobelpreis**.

8. 12. **US-Präsident Reagan** und der **sowjetische Parteichef Gorbatschow** unterzeichen in Washington ein Abkommen zur Beseitigung der atomaren Mittelstreckenraketen.

22. 12. TV-Journalist **Werner Höfer** gibt als Gastgeber des **„Internationalen Frühschoppen"** wegen seiner NS-Vergangenheit auf. ►

1988

Der ältere Lüstling (Loriot) und die junge Sexbombe (Evelyn Hamann) bei neckischen Spielchen in einem Hotelflur in Italien. Eine Szene aus dem Film „Ödipussi", der an einem Tag Ost- und Westberliner im Lachen vereint. Loriots 90-Minuten-Sketch ist 1988 der erfolgreichste deutsche Kinofilm

Moonwalk vor dem Reichstag (rechts). Erstmals tanzt und singt Michael Jackson am 19. Juni in der geteilten Stadt. 40 000 Westberliner kommen zum King of Pop, 5000 Ostberliner hören ihm hinter der Mauer zu

Während der Gangster Dieter Degowski am Morgen des 18. August in der Kölner Innenstadt seine Geisel Silke Bischoff mit einem Revolver bedroht, dreht ein TV-Team. Wenig später stirbt das Mädchen auf der Autobahn A3 nahe Bad Honnef.

„ÖDIPUSSI" vereint das geteilte Deutschland im Lachen, die GLADBECKER GEISELGANGSTER schocken live im TV, und Bundestagspräsident JENNINGER tritt wegen einer Rede zurück

Das hat es seit 1947 nicht mehr gegeben im geteilten Deutschland: Eine Premiere desselben Films am selben Tag in Ost- und in West-Berlin. Am 10. März startet Loriots erster abend- und kinofüllender Spielfilm „Ödipussi" um 17 Uhr im „Kosmos" an der Karl-Marx-Allee im Osten und um 20 Uhr im „Gloria" am Kurfürstendamm im Westen.

Loriot, Regisseur und Hauptdarsteller, ist bei beiden Vorstellungen dabei und scherzt in Gegenwart von DDR-Vize-Kulturminister Horst Pehnert: „Ich sehe, dass 1000 Menschen schon am frühen Nachmittag ihre Arbeit am Aufbau der sozialistischen Gesellschaft unterbrochen haben. Dass mir das nicht einreißt!"

Berlin ist im Lachen über das verklemmte alternde Muttersöhnchen Paul Winkelmann vereint, ein Jahr vorm Fall der Mauer. „Ödipussi" wird der erfolgreichste Film des Jahres. Loriot ist groß genug, um sich kleinzumachen. Der Film sei „nichts anderes als ein Riesensketch", urteilt er.

★

Köln, Innenstadt, 18. August 1988, 11 Uhr. Seit mehr als 50 Stunden hält das, was als „Gladbecker Geiseldrama" in die Kriminalgeschichte eingehen wird, die Deutschen in Atem. Eingekeilt inmitten einer Menge Schaulustiger, Journalisten und Polizeibeamten in zivil steht ein BMW 735 i, besetzt mit fünf Personen: die Gangster Dieter Degowski und Hans-Jürgen Rösner – zwei Tage zuvor hatten sie in Gladbeck (NRW) eine Bank überfallen und bei ihrer Irrfahrt quer durch die Bundesrepublik und die Niederlande den jungen Italiener Emanule de Giorgi (15) erschossen –, zwei Geiseln, Silke Bischoff und Ines Voitle, sowie Rösners Freundin Marion Löblich.

Während die Verbrecher Interviews geben, plant die Kölner Polizei den Zugriff, um die Geiseln zu befreien, notfalls per „finalen Rettungsschuss".

Der Journalist Udo Röbel vom Kölner „Express" bietet den Gangstern an, sie aus der Stadt zu lotsen und quetscht sich auf die Rückbank des BMW. Sie fahren los. Es ist nun 12.40 Uhr. An der Raststätte Siegburg muss Röbel aussteigen.

13.45 Uhr auf der A 3 nahe Bad Honnef. Kurz vor der Landesgrenze zu Rheinland-Pfalz rammt ein gepanzerter Polizei-Mercedes den BMW. Die Beamten zünden eine Blendgranate, eröffnen das Feuer. 62 Schüsse fallen. Einer trifft die Geisel Silke Bischoff (18) ins Herz. Sie ist sofort tot. Rösner hat sie erschossen. Ihre Freundin überlebt, weil sie beherzt aus dem Auto springt.

1988 röhrt der letzte (von mehr als einer Million) Manta vom Band bei Opel. Insbesondere Tuner schätzen das Auto, an dessen Antenne oft ein Fuchsschwanz baumelt

FOTOS: INTERNEWS, AP, IMAGO, ALAMY/MAURITIUS IMAGES

Mit einer Gedenkrede zum 50. Jahrestag der antijüdischen Pogrome in Nazideutschland bringt sich Bundestagspräsident Philipp Jenninger (CDU) um Amt und Ansehen. Später wird er Botschafter

Das „Literarische Quartett" des ZDF in seiner Ursprungbesetzung: Jürgen Busche, Hellmuth Karasek (stehend), Sigrid Löffler und Marcel Reich-Ranicki (sitzend)

Nach seinem Entschluss, im Westen zu bleiben, besucht DDR-Fußballstar Jürgen Sparwasser (links) seinen Freund Udo Lattek

Von Anfang an spielt Marcel Reich-Ranicki im LITERARISCHEN QUARTETT die erste Geige

Rösner und Degowski werden drei Jahre später vom Essener Landgericht zu lebenslanger Haft verurteilt, sie sitzen bis heute. Löblich bekommt neun Jahre Gefängnis.

20 Jahre nach dem Geiseldrama jammert Rösner in der Justizvollzugsanstalt Wuppertal im Gespräch mit BILD: „Die Geiselnahme ist mein ständiger Begleiter. Manchmal habe ich das Gefühl, alles wäre erst vor Kurzem gewesen. Manchmal habe ich mir gewünscht, die Polizei hätte mich erschossen. Dann wäre mir vieles erspart geblieben." Seit August 2009 erinnert eine Gedenkstätte an der A 3 an den Ort, wo Silke Bischoff ermordet wurde.

★

Marcel Reich-Ranicki, Literaturchef der „Frankfurter Allgemeinen Zeitung", ziert sich, als er vom ZDF das Angebot bekommt, eine Büchersendung zu machen, und stellt Bedingungen: Keine Filme, keine Show, Worte pur und das 75 Minuten lang. Der Sender akzeptiert.

Ende März hat das „Literarische Quartett" mit Reich-Ranicki, Sigrid Löffler, Hellmuth Karasek und Jürgen Busche Premiere. **„Kulturpalaver", hämt der „Spiegel". „Die Zeit" merkt an, das Quartett bestehe „aus vier Solisten, die gegeneinander spielen". Und Reich-Ranicki beanspruche „die erste Geige".**

Obwohl der Erst-Geiger in seinen Memoiren „Mein Leben" zugibt, das Quartett sei „sehr oberflächlich", macht es Bücher, selbst durch einen Verriss, zu Bestsellern. „Ich freue mich", verrät Reich-Ranicki BILD am SONNTAG, „wenn in den Tagen nach der Sendung ein von uns gepriesenes Buch ausverkauft ist."

Zwei Jahre nach der Premiere kommt es zum Eklat wegen des Buchs „Gefährliche Geliebte" des Japaners Haruki Murakami. Reich-Ranicki lobt es, Kollegin Löffler findet es „vulgär". Reich-Ranicki raunzt sie an: „Sie halten Liebe für etwas anstößig Unanständiges!" Das findet die Getadelte „absolut unfair", kündigt und wirft Reich-Ranicki vor, er benutze das „Fernsehen als Eitelkeitsmaschine seines Daseins Glück und Unglück. Er ist heute prominenter als die meisten Autoren und Bücher, über die er sich äußert". Was den nicht weiter stört: „Wer nicht eitel ist, sollte nicht Kritiker werden", so sein Credo, „es wird zu viel gelobt in Deutschland."

★

Parlament kommt von „Parlare", und bedeutet Reden. Eine einzige Rede bringt Parlamentspräsident Philipp Jenninger (CDU) um sein schönes Amt. Zum 50. Jahrestag der Pogrome gegen die Juden im Jahr 1938 hält der Bundestagtagspräsident am 10. November die Gedenkrede. Er versucht, die Gründe für die Begeisterung der Deutschen für Hitler und seine mörderische Ideologie zu erklären, spricht vom „Faszinosum" des Nationalsozialismus.

Das Echo ist verheerend. Der Schriftsteller Siegfried Lenz („Deutschstunde") wirft dem Politiker „Verharmlosung" des Dritten Reichs vor. Rhetorik-Professor Walter Jens analysiert: „Falsche Rollenprosa." Politikwissenschaftler Arnulf Baring („Machtwechsel") rät, die Rede „schnell zu vergessen".

Doch Worte kann man nicht einsammeln. Am 11. November tritt Jenninger zurück.

Ein Jahr später hält Ignatz Bubis, Vorsitzender des Zentralrats der Juden in Deutschland, eine Rede zur „Reichskristallnacht", wie die Pogrome oft beschönigend genannt werden, und benutzt große Teile des Jenninger-Textes. Damit wolle er zeigen, gesteht der listige Bubis sechs Jahre später, nicht der Inhalt sei verkehrt, sondern die Art und Weise des Vortrags. Bubis: „Ich war schon damals der Ansicht, dass ein Rücktritt Jenningers nicht notwendig gewesen wäre."

Ab Januar 1988 spielt sich, dem ZDF sei Dank, der niedliche Außerirdische Alf (Kürzel für Außerirdische Lebensform) auch in die Herzen der (west)-deutschen Kinder

SCHNITZEL MIT SENFKRUSTE

Sie brauchen:
300 g Erbsen und Karotten (Tiefkühltr.), Salz, 100 ml Sahne, 3 Eßl. Weißwein, je 1 Eßl. Delikateßsenf, geh. Zwiebel, „8 Kräuter gemischt“ (Tiefkühltr.), Rotisseur-Senf, ger. Gouda und Semmelbrösel, 2 Eßl. Öl, 2 Schweinenacken-Schnitzel à 175 g, Pfeffer.

Und so wird's gemacht:
Erbsen und Karotten in etwas Salzwasser gar dünsten. Unterdessen Sahne mit Wein und Delikateßsenf verrühren, etwa fünf Minuten leicht kochen. Zwiebel mit Kräutern, RotisseurSenf, Gouda, Semmelbröseln und einem Eßlöffel Öl mischen. Gemüse abgießen, in der Sahnemischung schwenken, Schnitzel salzen und pfeffern, im restlichen Öl pro Seite etwa zweieinhalb Minuten braten. Zwiebelmischung darauf verteilen, unterm Grill drei Minuten überbacken. Mit dem Gemüse und Paprikakartoffeln auftragen.
Für zwei Personen.

Aus Hörzu, Küche, Nr. 34, 1988

★

Mit einem einzigen Tor hat Jürgen Sparwasser sowohl in der DDR als auch in der Bundesrepublik Fußballgeschichte getreten. Im einzigen Länderspiel der beiden Deutschländer gegeneinander, am 22. Juni 1974 im Hamburger Volksparkstadion während der Fußball-WM, führte sein Treffer zum 1:0-Sieg der ostdeutschen Elf über den amtierenden Europameister Bundesrepublik – der am Ende dann doch noch Weltmeister wurde.

14 Jahre nach seinem legendären Treffer gastiert Sparwasser mit der Altherrenmannschaft des 1. FC Magdeburg zu einem Freundschaftsturnier im Saarland. Und bleibt.

Er verabschiedet sich per Brief von der DDR: „Ihr braucht nicht auf mich zu warten. Ich habe mich entschlossen, in der BRD zu bleiben.“

Die DDR-Propaganda schäumt. „Verrat an seiner Mannschaft“, unterstellt das „Neue Deutschland“.

Arbeitslos ist Sparwasser nicht lange. Anfang März unterschreibt er einen Vertrag als Amateurtrainer bei Eintracht Frankfurt, Frankfurt am Main – natürlich.

Dem Fußball bleibt er bis heute treu. In Potsdam betreibt Sparwasser eine Fußballschule für Kinder. Sein Motiv: „Wir brauchen die Talente aus dem Osten.“

DIE CHRONIK VON 1988

26. 1. Der neue **5er-BMW** kommt in die Autohäuser.

13. 2. Beginn der **XV. Olympischen Winterspiele** in **Calgary** (Kanada).

25. 2. Die **Sowjets** beginnen mit dem **Abzug** ihrer **Mittelstreckenraketen** aus der **DDR**.

9. 3. Altbundeskanzler **Kurt-Georg Kiesinger** († 83) stirbt in Tübingen.

26. 3. **Hochwasserkatastrophe** in Westdeutschland.

1. 5. Ein **InterCityExpress** fährt zwischen Fulda und Würzburg **406,9 km/h** schnell. **Weltrekord!**

3. 5. Der **SV Werder Bremen** ist **Deutscher Fußballmeister**.

8. 5. Nach der **Barschel-Affäre** gewinnt die **SPD** bei den Landtagswahlen in Schleswig-Holstein die absolute Mehrheit und wählt **Björn Engholm** zum **Ministerpräsidenten.** ►

18. 5. **Bayer 04 Leverkusen** gewinnt den **UEFA-Cup**.

25. 5. Der **DFB** vergibt die Rechte an der **TV-Übertragung** von Spielen der **Fußball-Bundesliga** erstmals an einen privaten Anbieter, den **Medienkonzern Bertelsmann** (RTL).

1. 6. Bei einem **Unglück** in der **Braunkohlengrube Stolzenbach** in Hessen sterben unter Tage 51 Kumpel.

21. 6. Nach einer **1:2-Niederlage** gegen die **Niederlande** scheidet die **bundesdeutsche Elf** bei der **EM** in **Hamburg** im **Halbfinale** aus.

1. 7. **Manfred Wörner** (CDU), bisher Verteidigungsminister der Bundesrepublik, tritt sein Amt als Nato-Generalsekretär an.

◄ 2. 7. **Steffi** Graf siegt in Wimbledon.

10. 8. **29000 Kälber** werden in **NRW** wegen **verbotener Hormone** beschlagnahmt.

28. 8. Durch den **Absturz** dreier Flugzeuge einer **italienischen Kunstflugstaffel** kommen in **Ramstein** 70 Menschen um, 300 Verletzte.

4. 9. **Bernd Fritz**, Chefredakteur der Satire-Zeitschrift **„Titanic“**, schummelt bei „Wetten, dass ...?“, er könne die Farbe von Buntstiften am Geschmack erkennen.

17. 9. Beginn der **XXIV. Olympischen Sommerspiele** in **Seoul** (Südkorea).

20. 9. Ein Anschlag der RAF auf Finanz-Staatssekretär **Hans Tietmeyer** schlägt fehl.

3. 10. Der bayerische Ministerpräsident und CSU-Chef **Franz Josef Strauß** erliegt einem Herz-Kreislauf-Versagen. ►

8. 10. Die FDP wählt Ex-Bundeswirtschaftsminister **Otto Graf Lambsdorff** zum Vorsitzenden.

8. 11. Bei den US-Präsidentenwahlen siegt **George H. W. Bush**.

25. 11. Der Bundestag verabschiedet eine **Gesundheitsreform**, die zu Einsparungen von 14 Milliarden DM für die Kassen sorgen soll.

8. 12. In **Remscheid** (Nordrhein-Westfalen) stürzt ein **US-Kampfflugzeug** ab, 7 Menschen sterben, 50 werden verletzt.

10. 12. Den **Chemienobelpreis** teilen sich drei Deutsche: **Johann Deisenhofer**, **Robert Huber** und **Hartmut Michel**.

1989

Nach 10316 TAGEN fällt die Mauer, und die Deutschen werden zum GLÜCKLICHSTEN VOLK der Welt

Vereint feiern West- und Ostberliner an der Mauer, vor der Mauer, auf der Mauer am 31. Dezember 1989 Silvester – das letzte in der 40-jährigen Geschichte der DDR

Nuschelnd erläutert Günter Schabowski, Propagandachef der SED, am Abend des 9. November im Pressezentrum an der Ostberliner Mohrenstraße einen Gesetzentwurf zur Reisefreiheit für DDR-Bürger. **BILD-Reporter Peter Brinkmann stellt die naheliegende Frage: „Ab wann?“ Schabowski wirkt irritiert, blättert in Unterlagen, stammelt: „Sofort, unverzüglich.“ Fügt ein unsicheres „meines Wissens“ hinzu.**

Zwei Jahrzehnte später offenbart der italienische Journalist Riccardo Ehrman, der als erster nach dem Reisegesetz gefragt hatte, in dem von Kai Diekmann und Ralf Georg Reuth herausgegebenen Buch „Die längste Nacht, der größte Tag“ (Piper-Verlag), das Thema sei ihm nicht spontan eingefallen. Eine „wichtige Quelle aus der DDR-Presse“ habe ihn dazu aufgefordert.

Während Schabowski stammelt, treffen sich wenige Spaziergehminuten entfernt, jedoch durch die Mauer getrennt, die Chefs der wichtigsten Autofirmen im 18. Stock des Verlags Axel Springer im Westteil der Stadt direkt an der Sektorengrenze. Sie feiern das Goldene Lenkrad. Um 19.04 Uhr platzt die Agenturmeldung in die Festivität: Die Mauer ist auf! Nach 28 Jahren, 2 Monaten, 27 Tagen, 18 Stunden und 53 Minuten.

Berlins Regierender Bürgermeister Walter Momper (SPD) ist genauso überrascht wie die anderen 400 Gäste. Er bittet Gastgeberin Friede Springer um Verständnis, „dass ich Sie jetzt verlassen muss. Hier passiert etwas Entscheidendes“, greift sich seinen Mantel, legt seinen roten Schal um und rennt zum Aufzug. Wenig später sagt er einem Reporter einen Satz ins Mikrofon, der um die Welt weht: **„Heute Nacht**

Bereits einen Tag nachdem die Mauer löchrig wurde, verliert sie ihren Schrecken. Am 10. November erklimmen fröhliche Menschen aus beiden Teilen Berlins das Bauwerk, das sie 10 316 Tage lang getrennt hatte

Fünf Genossen und was nach der Wende aus ihnen geworden ist

ERICH HONECKER († 81) wird am 18. 10. entmachtet, kommt kurz in Haft, flieht nach Moskau, muss 1992 zurück nach Berlin, darf wegen Krebskrankheit nach Chile ausreisen, stirbt am 29. 5. 1994

Honecker-Nachfolger EGON KRENZ erhält 1997 wegen der Todesschüsse an der DDR-Grenze eine langjährige Haftstrafe, seit Ende 2003 frei, lebt an der Ostsee

GÜNTER SCHABOWSKI sitzt nur ein knappes Jahr der dreijährigen Haftstrafe wegen der Mauertoten ab, wird begnadigt. Einer der wenigen Spitzenfunktionäre, die Reue zeigen

ALEXANDER SCHALCK-GOLODKOWSKI, Chef-Devisenbeschaffer der DDR, stellt sich am 4. Dezember den Westbehörden und packt aus, bekommt Bewährungsstrafen, lebt am Tegernsee

Anwalt GREGOR GYSI wird Ende 1989 SED-PDS-Chef, 2002 kurzzeitig Berliner Wirtschaftssenator, heute Fraktionsvorsitzender der Linken im Bundestag

ist das deutsche Volk das glücklichste Volk auf der Welt.“ In den Straßen Berlins wird gefeiert, wildfremde Menschen liegen sich jubelnd in den Armen, prosten einander zu. Hier ist der Himmel los. Nicht der Himmel über, sondern der Himmel in Berlin.

580 Kilometer weiter östlich ist Bundeskanzler Helmut Kohl überzeugt: „Das ist wirklich das Ende der Mauer.“ Er ist an diesem Abend Staatsgast in Polen. Per Telefon lässt er sich von seinem in Bonn verbliebenen Vertrauten Eduard Ackermann laufend unterrichten, was in Berlin los ist.

Am nächsten Tag landet Kohl mit einer US-Militärmaschine in Berlin-Tempelhof. Vor dem Schöneberger Rathaus spricht er zu Zehntausenden Berlinern: **„Wir sind und bleiben eine Nation, und wir gehören zusammen.“** Sein Vorvorgänger Willy Brandt (SPD) findet die schönen Worte: **„Jetzt wächst zusammen, was zusammengehört.“**

★

Zu Jahresbeginn deutet nichts darauf hin, dass im Herbst die Mauer fallen wird. Am 5. Februar erschießen DDR-Grenzer den 20-jährigen Chris Gueffroy beim Fluchtversuch in Berlin-Treptow. Am 8. März stirbt Winfried Freudenberg beim Absturz seines selbst gebauten Ballons, mit dem er bereits die Sektorengrenze überwunden hatte.

Staats- und Parteichef Erich Honecker ist überzeugt, seine Mauer werde „in 50 und auch in 100 Jahren noch bestehen bleiben“ und reimt: „Den Sozialismus in seinem Lauf halten weder Ochs noch Esel auf.“

Da laufen ihm seine Untertanen schon in Massen davon. Sie kommen über die ungarisch-österreichische Grenze, die seit Mitte August passierbar ist. Oder sie flüchten

FOTOS: ULLSTEIN-BILD/FROMM, DPA, GAMMA/LAIF, ZB, PHOTOTHEK, SZ PHOTO/WEREK, REUTERS

„Herbstmilch", die verfilmte Biografie der Bäuerin Anna Wimschneider (Foto: Dana Vavrova und Werner Stocker), begeistert 1989 die Deutschen

Die erste Love-Parade in Westberlin hat das Motto „Friede, Freude, Eierkuchen". Nur 150 Menschen folgen der Einladung von Dr. Motte. Zehn Jahre später sind es 1,5 Millionen

Otto Waalkes parodiert für seinen Film „Der Außerfriesische" (Foto mit Christine Neubauer) Reinhard Meys bekanntes Lied „Über den Wolken"

Reinhard Mey versteht keinen Spaß, als Otto Waalkes sein Lied „ÜBER DEN WOLKEN" parodiert

Der Tanz des Jahres ist der Lambada, bekannt geworden durch den Hit der Gruppe „Kaoma". Der Turbotango lockt viele Menschen in die Tanzschulen

sich in die diplomatischen Vertretungen der Bundesrepublik in Ostberlin, in Warschau oder Prag, um ihre Ausreise aus der DDR zu erzwingen. Ende September harren 4000 in der Bonner Vertretung in Prag aus, bis ihnen Außenminister Hans-Dietrich Genscher (FDP) am Abend des 30. September die erlösende Nachricht bringt: „Wir sind zu Ihnen gekommen, um Ihnen mitzuteilen, dass heute Ihre Ausreise…" Seine letzten drei Worte „…möglich geworden ist" gehen im Jubel unter. Der Balkon des Palais Lobkowicz, von dem aus Genscher spricht, heißt seitdem „Genscher-Balkon".

In der DDR rumort es. Die „Montagsdemonstrationen" in Leipzig finden immer mehr Zulauf. Auf dem Ostberliner Alexanderplatz kommt es zu heftigen Protesten gegen die Fälschungen der DDR-Kommunalwahlen im Mai. Die Bürgerbewegung „Demokratie jetzt" gründet sich und die SDP (Sozialdemokratische Partei der DDR) das „Neue Forum" wird verboten. Doch Staats- und Parteichef Erich Honecker erkennt die Zeichen der Zeit nicht. Am 7. Oktober feiert er sich und den 40. Jahrestag der DDR-Gründung mit einer Militärparade. Sein sowjetischer Ehrengast, Michail Gorbatschow, unkt: **„Wer zu spät kommt, den bestraft das Leben."**

Nicht das Leben, doch das SED-Zentralkomitee bestraft Honecker. Elf Tage nach der Feier wird er gefeuert. Sein Nachfolger als Generalsekretär ist Egon Krenz. Als er auch noch Staatsratsvorsitzender wird,

DIE CHRONIK VON 1989

1. 1. **Pro 7** geht auf Sendung.

20. 1. **George Bush** tritt sein Amt als **41. US-Präsident** an.

5. 2. DDR-Grenzer erschießen den Schlosser **Chris Gueffroy** bei seinem Fluchtversuch von Ost- nach Westberlin. ►

8. 3. Bundespräsident **Richard von Weizsäcker** begnadigt die Ex-Terroristin **Angelika Speitel** zum 30. 6.1990.

14. 4. Die SPD stellt ihre Parteizeitung **„Vorwärts“** ein. Zu teuer!

5.5 . Der Kabarettist **Wolfgang Neuss** († 65) stirbt in Westberlin.

23. 5. Die Bundesversammlung wählt **Richard von Weizsäcker** erneut zum **Bundespräsidenten**.

12. 6. Der sowjetische Staats- und Parteichef **Michail Gorbatschow** trifft zum Staatsbesuch in der Bundesrepublik ein.

17. 6. Der **FC Bayern München** wird wieder **deutscher Fußballmeister**.

18. 6. Bei den **Europawahlen** erhalten die Republikaner in der Bundesrepublik 7,1 Prozent und stellen sechs Abgeordnete.

◄ 9. 7. In **Wimbledon** gewinnen **Steffi Graf** und **Boris Becker**.

1. 8. Die Blätter des **Verlags Axel Springer** schaffen die Anführungszeichen bei der Nennung der DDR ab.

4. 9. **Erste Montagsdemonstration** in **Leipzig**.

7. 9. Proteste auf dem **Ostberliner Alexanderplatz** wegen Fälschung der DDR-Kommunalwahlen am 7. Mai.

8. 9. Bundeswirtschaftsminister **Helmut Haussmann** (FDP) erlaubt die Fusion der **Daimler-Benz AG** mit dem **Luftfahrtkonzern Messerschmitt-Bölkow-Blohm**.

7. 10. Die **DDR** feiert den **40. Jahrestag** ihrer Gründung mit Militärparaden. Ehrengast: **Michail Gorbatschow**.

9. 10. **70 000 Menschen** fordern in **Leipzig** demokratische Reformen und rufen: **„Wir sind das Volk.“**

18. 10. Das Zentralkomitee der SED entmachtet **Erich Honecker** und beruft **Egon Krenz** zum neuen **Generalsekretär**.

30. 10. Nach fast 30 Jahren endet die DDR-Propaganda-Sendung **„Der schwarze Kanal“** mit **Karl-Eduard von Schnitzler**.

9. 11. SED-Politbüromitglied **Günter Schabowski** erklärt, „sofort, unverzüglich“ bestehe **Reisefreiheit**.

10. 11. Wahl von **Lothar de Maizière** zum Vorsitzenden der **DDR-CDU**.

30. 11. **RAF-Terroristen** ermorden in Bad Homburg den Chef der Deutschen Bank, **Alfred Herrhausen.** ►

7. 12. Erstes Treffen von **Oppositionsgruppen** und der fünf Blockparteien am **„Zentralen Runden Tisch“** in Ostberlin.

14. 12. Die DDR-Bürgerbewegung **„Demokratie Jetzt“** legt einen Drei-Stufen-Plan zur deutschen Einheit vor.

16. 12. Gründungsparteitag des Demokratischen Aufbruch in der DDR, Vorsitzender wird **Wolfgang Schnur**.

20. 12. Frankreichs Staatschef **François Mitterrand** trifft zum Staatsbesuch in der DDR ein.

22. 12. **Öffnung** des **Brandenburger Tors** in Berlin.

31. 12. **Letzter Tag**, an dem es für DDR-Bürger, die erstmals die Bundesrepublik besuchen, **100 D-Mark Begrüßungsgeld** gibt.

demonstrieren 300 000 Menschen gegen ihn in Ostberlin. Am 4. November sind es bereits 500 000, die auf dem Alexanderplatz Demokratie fordern. Drei Tage später tritt die DDR-Regierung mit Ministerpräsident Willi Stoph zurück. Nachfolger wird der sogenannte Reformkommunist Hans Modrow, der eine „neue sozialistische Gesellschaft“ verspricht.

Kaum ist die Mauer am 9. November zwar nicht weg – das besorgen allmählich die „Mauerspechte“ –, doch offen, machen sich Millionen Ostdeutsche mit ihren Trabis und Wartburgs, per Bahn und Bus und auch zu Fuß auf den Weg ins „kapitalistische Ausland“ Bundesrepublik. Jeder Erstbesucher bekommt 100 D-Mark Begrüßungsgeld.

Pläne für eine Vereinigung der zwei deutschen Staaten liegen in keinem Bonner Ministerium. Ende November stellt Bundeskanzler Helmut Kohl sein „Zehn-Punkte-Programm zur Überwindung der Teilung Deutschlands und Europas“ vor, das er weder mit den West-Alliierten noch mit seinen Ministern abgestimmt hat. Kohls Ehefrau Hannelore hat es auf ihrer Schreibmaschine getippt.

Fünf Tage später tritt Egon Krenz zurück. Die SED schließt Erich Honecker, Willi Stoph, Erich Mielke und weitere Ex-Machthaber aus. Die früheren Politbüro-Mitglieder Günter Mittag und Harry Tisch kommen in Haft. Beim SED-Parteitag am 8. Dezember geht es um die Auflösung der Staatspartei. **Doch die Genossen lehnen ab und wählen Gregor Gysi zum neuen Chef. SED-PDS nennt sie sich nun.**

Fünf Tage vor Weihnachten reist Bundeskanzler Kohl nach Dresden, um mit Modrow über eine „Vertragsgemeinschaft“ zu verhandeln. Vor der Ruine der Frauenkirche jubeln die Sachsen dem Kanzler zu. Spruchbänder mit dem Satz **„Deutschland, einig Vaterland“** tauchen auf.

Im Vergleich zu ihrem rumänischen Genossen, Nicolae Ceausescu, kommen die abgehalfterten DDR-Machthaber glimpflich davon. Ceausescu verliert nicht nur sein Amt, sondern auch sein Leben. Am 1. Weihnachtstag wird er von einem Militärtribunal zum Tod verurteilt und zusammen mit seiner Frau Elena erschossen.

In der DDR grüßte man sich danach einige Zeit mit den Worten „Ciao Sescu“.

★

Wenn es um seine Lieder geht, versteht Reinhard Mey keinen Spaß. Im Film „Otto – der Außerfriesische“, der im Jahr 1989 mehr als dreieinhalb Millionen Menschen zum Lachen bringt, parodiert Otto Waalkes Meys Lied „Über den Wolken muss die Freiheit wohl grenzenlos sein“ keck: „Selbst der Co-Pilot ist high, drosselt plötzlich die Motoren, Dolly Buster fliegt vorbei, man erkennt sie an den Ohren.“

Mey verbittet sich die Veralberung seines Textes. Noch Jahre später mault Otto in der „Berliner Zeitung“: „Reinhard Mey war der Barde, und ich war eben der Blödelbarde.“

5 Ostprodukte, die die Wende überlebt haben

◄ **Fit Spülmittel**

◄ **Spreewälder Gewürzgurken**

F6-Zigaretten ►

Burger Knäckebrot ►

▲ **Rotkäppchensekt**

FOTOS: CINETEXT, ERIK-JAN OUWERKERK, L. DURAND/SYGMA/CORBIS, ULLSTEIN-BILD, ACTION PRESS, IMAGO, DPA, STILLSONLINE

Wenige Stunden vor der Vereinigung der beiden deutschen Staaten schneidet ein junges Paar das Staatswappen – Hammer und Zirkel im Ährenkranz – aus der DDR-Flagge, steckt die Köpfe durch das Loch und jubelt vor dem Reichstag

1990

Am 3. Oktober um null Uhr wird vor dem Reichstag die FAHNE DER EINHEIT gehisst – zwei Minuten zuvor kommt in Leipzig DAS LETZTE KIND DER DDR zur Welt

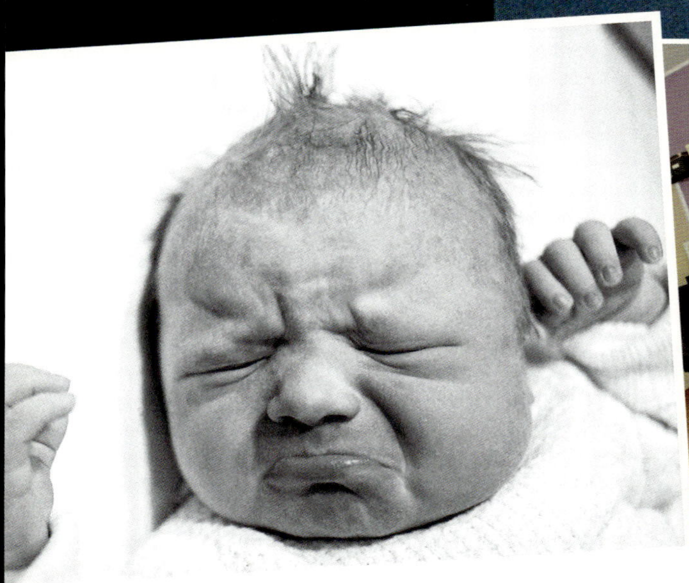

Sarah Klier kommt am 2. Oktober um 23.58 Uhr in Leipzig zur Welt. „Ich bin der letzte Ossi“, sagt die junge Frau heute

„Die längste Nacht, der größte Tag“ von Kai Diekmann, Ralf Georg Reuth (Piper; 14,95 Euro). Prominente und nicht Prominente schreiben über den 9. November, der Tag an dem die Mauer ihren Schrecken verliert

Endlich ein friedlicher Feuerzauber in Berlin. Tausende Menschen erfreuen sich in der Nacht vom 2. zum 3. Oktober 1990 vor dem Brandenburger Tor am Feuerwerk zur deutschen Einheit

Geschafft! Deutschland ist wieder eins. Auf der Freitreppe des Reichstags freuen sich über ihr gelungenes Werk Bundesaußenminister Hans-Dietrich Genscher, Hannelore Kohl, Bundeskanzler Helmut Kohl und Bundespräsident Richard von Weizsäcker (von links)

Es ist das Jahr der Deutschen. Am 1. Januar 1990 gibt es noch die Bundesrepublik und die DDR. Am 3. Oktober ist Deutschland eins – und Fußballweltmeister. Andreas Brehme gelingt am 8. Juli in Rom beim Finale gegen Argentinien fünf Minuten vor dem Abpfiff der Siegtreffer zum 1:0.

Im Taumel dieses Sieges lässt sich Teamchef Franz Beckenbauer zur Prophezeiung hinreißen: „Die deutsche Mannschaft wird durch die Spieler aus Ostdeutschland kompakter werden. Wir sind jetzt schon die Nummer eins in der Welt. Wir werden über Jahre hinaus nicht zu besiegen sein. Das tut mir leid für den Rest der Welt."

Auch Kaiser können irren, Fußballweltmeister wurden wir bisher nicht mehr. Doch die Einheit bleibt. Dabei ist sie, die in der Rückschau so logisch und folgerichtig, ja unabwendbar erscheint, keineswegs selbstverständlich.

Anfangs streiten die Anhänger eines schnellen Beitritts der DDR zur Bundesrepublik mit denen, die von einem neuen, besseren, freieren, aber eigenständigen ostdeutschen Staat träumen. So favorisiert die im Januar gegründete Deutsche Soziale Union ein schnelles Ende der DDR, während die Bewegung „Demokratie jetzt" eine „reformierte sozialistische Gesellschaft als Alternative zur westlichen Konsumgesellschaft" vorzieht.

Die neuen Parteien in Ostdeutschland werden immer wieder von alten Missetaten ihrer Vorsitzenden eingeholt. Am 1. April muss Ibrahim Böhme, Chef der DDR-SPD, zurücktreten. Der als Stasi-Spitzel („IM Lyrik") enttarnte Hoffnungsträger taucht in der Toskana unter. Dort spürt ihn BILD am SONNTAG auf. „Die DDR wird der bessere Teil Deutschlands sein", tönt er trotzig unter Zitronenbäumen.

Auch Wolfgang Schnur, Vorsitzender des „Demokratischen Aufbruch" und Mitbegründer der von Bundeskanzler Helmut Kohl (CDU) unterstützten „Allianz für Deutschland", wird als Stasi-Zuträger („IM Schirmer") entlarvt und gibt auf.

Die „Allianz für Deutschland" mit ihrem auch in der DDR wenig bekannten Spitzenkandidaten Lothar de Maizière (CDU) gewinnt am 18. März die einzigen freien Volkskammer-Wahlen klar. Sie bekommt 48,15 Prozent der Stimmen und 192 von 400 Sitzen. De Maizière wird Ministerpräsident einer Großen Koalition, die Physikerin Angela Merkel seine Sprecherin.

Nun fährt der Zug zur Einheit in der DDR immer schneller. Befeuert wird er durch die von Kanzler Kohl trotz Bedenken westdeutscher Ökonomen zum 1. Juli versprochene Währungsunion.

Skeptisch bleibt SPD-Kanzlerkandidat Oskar Lafontaine. Der Saarländer, der am 25. April von einer geisteskranken Frau mit einem Messerstich in den Hals lebensgefährlich verletzt wird, warnt vor massiven Steuererhöhungen und Milliardensubventionen für den Osten.

Aus anderen Gründen versuchen zwei Verbündete der Bundesrepublik, den Einheitszug aufzuhalten. So ärgert Großbritanniens Premierministerin Margaret Thatcher, genannt „Eiserne Lady", die Öffnung des Eisernen Vorhangs gewaltig. „Zweimal haben wir die Deutschen geschlagen, jetzt sind sie wieder da", lamentiert sie und befiehlt, die deutsche Einheit zu hintertreiben. Frankreichs Staatspräsident François Mitterrand fürchtet, ein vereintes Deutschland werde „mächtiger sein, als Hitler-Deutschland jemals war".

In US-Präsident George Bush senior findet Bundeskanzler Kohl einen starken Verbündeten, vorausgesetzt das vereinte Deutschland bleibt in der Nato. Mitte Juli, die D-Mark ist in der DDR angekommen, ringt Kohl im Kaukasus Sowjetmachthaber Michail Gorbatschow überraschend die Zustimmung für den Beitritt der DDR zur Bundesrepublik ab, inklusive Nato-Mit-

FOTOS: DPA, TEUTOPRESS, J. H. DARCHINGER, KENT GOLETZ, INTERFOTO, GETTY IMAGES, T. R. SCHUMANN/SET PHOTO, ACTION PRESS

Verspottet als „Hühner Hugo“ sorgt Hugo Egon Balder mit dem Fernsehpfänderspiel „Tutti Frutti“ für gute Quoten

Jubel in Rom. Zum dritten Mal wird die Elf der Bundesrepublik Weltmeister. Andreas Brehme (links neben Littbarski, Klinsmann, Ilgner, Kohler und Völler) schießt das Siegtor

Am 21. Mai läuft in Zwickau der erste Polo made in GDR (German Democratic Republic) vom Band

BILD am SONNTAG fand ihn – er bricht sein Schweigen

Böhme versteckt sich in Italien

Bild am Sonntag

Hacker knackte Fernseh-Computer

Gold-Regen

Überraschende Meinungsumfrage

DDR-Bürger wollen Lafontaine als Kanzler

Pokal-Halbfinale

Schwerin – Leipzig 1:0

Dresden – Frankfurt 3:0

▲ Nach seiner Entlarvung als Stasi-Spitzel tritt Ibrahim Böhme († 55) als Vorsitzender der DDR-SPD zurück und taucht unter. BILD am SONNTAG findet ihn in der Toskana. Dort macht er Urlaub unter Zitronenbäumen

Auf dem Flug zur 2 + 4-Konferenz nach Moskau: DDR-Ministerpräsident Lothar de Maizière (CDU) und seine Vize-Regierungssprecherin Angela Merkel ►

gliedschaft. **„Für die deutsche Einheit war die Konstellation Gorbatschow/Kohl geradezu schicksalhaft“,** schreibt der Berliner Historiker Professor Michael Lemke in dem Buch „Revolution und Vereinigung“ (dtv).

Das Treffen im Kaukasus ist der Durchbruch. Die Wiedervereinigung in ihrem Lauf halten nun weder Ochs noch Esel auf.

Am 31. August unterzeichnen Bundesinnenminister Wolfgang Schäuble für die Bundesrepublik und Staatssekretär Günther Krause für die DDR den „Einigungsvertrag“ über den „Beitritt der Deutschen Demokratischen Republik zur Bundesrepublik Deutschland“ zum 3. Oktober. Nicht alle Volkskammer-Abgeordneten sind einverstanden. 294 stimmen am 23. August mit Ja, 62 mit Nein, sieben enthalten sich. Gregor Gysi, Chef der SED-PDS, trauert: „Das Parlament hat soeben nicht mehr und nicht weniger als den Untergang der Deutschen Demokratischen Republik beschlossen.“

Wenige Minuten bevor am 3. Oktober um null Uhr vor dem Reichstag die schwarz-rot-goldene Fahne der Deutschen Einheit gehisst wird, gibt es noch ein freudiges Ereignis in der untergehenden DDR. Am 2. Oktober um 23.58 Uhr kommt in Leipzig Sarah Klier zur Welt, das letzte Kind der DDR. Eine Fotografin will eigentlich das erste „gesamtdeutsche Baby“ ablichten, doch Sarah hatte es eilig. Heute lebt sie in Borsdorf nahe Leipzig und wartet auf einen Studienplatz für Tourismusmanagement. Sarah findet es schön, dass sie stets am Tag nach ihrem Geburtstag frei hat. Denn seit 1990 ist der 3. Oktober Nationalfeiertag.

★

Neun Tage nach der Deutschen Einheit wird der Mann, dessen Name unter dem Einigungsvertrag steht, Opfer eines Anschlags. Ein Geisteskranker feuert im Gasthaus „Brauerei Bruder“ in Oppenau (Baden-Württemberg) drei Schüsse auf Wolfgang Schäuble ab und verletzt ihn lebensgefährlich. Seitdem ist er querschnittsgelähmt. Sieben Wochen nach dem Anschlag regiert Schäuble wieder mit.

Später sagt er im Gespräch mit BILD am SONNTAG: „Ich bin dem Attentäter nicht böse. Das alles ist für mich wie ein Unglück. Wenn ich 1972, als ich das erste Mal in den Bundestag kam, gewusst hätte, dass ich 1990 im Rollstuhl sitzen müsste, weiß ich nicht, ob ich es gemacht hätte.“

★

Beinahe hätte es kein Happy End gegeben. Die Drehbuchautoren von „Pretty Woman“ waren sich unsicher, ob die Prostituierte Vivian Ward, gespielt von Julia Roberts, am Ende ihren Edward Lewis, dargestellt von Richard Gere, kriegen solle oder nicht. Vorsichtshalber dreht Regisseur Garry Marschall 115 000 Meter Film mit unterschiedlichen Schlussszenen ab, obwohl er nur 19 000 benötigt für das moderne Aschenputtel-Märchen.

Julia Roberts, die dank „Pretty Woman“ den Durchbruch zum Weltstar schafft, ist übrigens nur dritte Wahl. Zuvor hatten

RTL-Redakteure protestieren gegen die Oben-ohne-Show „Tutti Frutti“ – kompletti vergeblich

Molly Ringwald und Daryl Hannah die Rolle abgelehnt. Für die Deutschen ist die romantische Story allererste Wahl. Mehr als zehn Millionen strömen seit dem Start am 5. Juli 1990 in die Kinos.

Happy End auch für die Produzenten. „Pretty Woman“ kostete 14 Millionen, spielt bisher 463 Millionen Dollar ein.

★

Exakt am 24. August skizziert der Münchner Grafiker Thomas Goletz eine Art Känguru und gibt ihm den Niedlichnamen Diddl. Aus dem Beuteltier entwickelt er eine lustige Maus, der Name bleibt. Die Maus, obwohl für Kritiker ein Symbol globaler Verblödung, macht Mäuse, als der Hamburger Depesche-Vertrieb Goletz' lustigen Nager auf Postkarten, Schulblöcke, Ranzen, Bettwäsche drucken lässt. Heute diddelt's in 26 Ländern. Diddl-Erfinder Goletz erklärt den Welterfolg so: „Es ist ein Wesen, mit dem sich Jung und Alt identifizieren können.“

★

Nicht mit Mäusen, sondern mit Möpsen macht Hugo Egon Balder Quote. Am 21. Januar startet der frühere Polit-Kabarettist und Theaterschauspieler auf RTL plus das Fernsehpfänderspiel „Tutti Frutti“. Etwa zwei Millionen gucken Stripperinnen zu und treiben die Preise für die Werbeeinblendungen in die Höhe.

30 Redakteure protestieren bei RTL-Chef Helmut Thoma, sie fürchten, ihr Sender verkomme zum „Schmuddelkanal“. Thoma läßt weiterstrippen nach dem Motto: „Der Wurm muss dem Fisch schmecken und nicht dem Angler.“

Das „Hamburger Abendblatt“ schimpft: „Ein Tritt in die Weichteile der deutschen TV-Moral.“

Mit der Diddl-Maus macht der Münchner Grafiker Thomas Goletz seit 1990 ordentlich Mäuse. In 26 Staaten wird gediddelt

MELONE ALS DRINK

Sie brauchen:
1 Wassermelone (2000 g), 250 g Himbeeren, 30 g Zucker, 2 EL Zitronensaft, je 4 cl Mandel- und Orangenlikör, gut gekühlter trockener Sekt.

Und so wird's gemacht:
Melone halbieren, das Fruchtfleisch herauslösen, klein schneiden, Kerne entfernen. Die Hälfte mit den Himbeeren mischen. In die Schalenhälften füllen, Zucker, Zitronensaft und Likör darüber verteilen, kühl stellen. Restliches Fruchtfleisch pürieren, 30 Minuten kühl stellen. In die Schalenhälften geben, Sekt aufgießen.

Aus „Hörzu“, Küche, Nr. 29, 1990

DIE CHRONIK VON 1990

◄ 19. 1. Der SPD-Politiker **Herbert Wehner** († 83) stirbt in Bonn.

29. 1. **Erich Honecker** wird verhaftet, kommt wegen **„Haftunfähigkeit“** am nächsten Tag wieder frei.

12. 2. Die Außenminister der **Bundesrepublik** und der **DDR** vereinbaren mit den **Siegermächten** des Zweiten Weltkriegs (USA, Sowjetunion, Frankreich, Großbritannien) eine **2+4-Konferenz** zur deutschen Einheit.

18. 3. **Volkskammerwahlen** in der **DDR.** Die bürgerliche „Allianz für Deutschland“ aus CDU, DSU und DA siegt mit 48,15 Prozent. SPD: 21,84 %, PDS: 16,33 %, Liberale: 5,28 %, Bündnis 90: 2,91 %.

26. 3. **Oscar** für den Trickfilm **„Balance“** der Brüder **Lauenstein.** ►

5. 4. **Erste Sitzung** der neu gewählten **Volkskammer**. Ost-CDU-Chef **Lothar de Maizière** erhält den Auftrag zur Regierungsbildung. Sieben Tage später wählt ihn eine Große Koalition aus CDU, DSA, DA, SPD und Liberalen zum Ministerpräsidenten.

12. 5. Der **FC Bayern München** ist **Deutscher Fußballmeister**.

19. 5. Der **1. FC Kaiserslautern** holt erstmals den **DFB-Pokal**.

7. 6. Festnahme der RAF-Terroristin **Susanne Albrecht** in der DDR, weitere Verhaftungen in Ostdeutschland untergetauchter Verbrecher folgen Schlag auf Schlag.

15. 6. Die zwei deutschen Regierungen vereinbaren, offene **Vermögensfragen** zu regeln. **Enteignungen** aus der Zeit der **sowjetischen Besatzung** von 1945 bis 1949 sollen nicht revidiert werden.

21. 6. Gleichzeitige Verabschiedung des **Staatsvertrages** zwischen der **Bundesrepublik** und der **DDR** über die Währungs-, Wirtschafts- und Sozialunion durch Bundestag und Volkskammer. Sie tritt am 1. 7. in Kraft.

1. 7. **Gesetzliches Zahlungsmittel** ist nun auch in der DDR die **D-Mark**.

14. 7. Mord an dem bayerischen Volksschauspieler **Walter Sedlmayr**.

16. 7. **Gründung** der **Treuhandanstalt** der DDR. Sie soll die 8000 VEB (Volkseigene Betriebe) abwickeln.

21. 7. Die britische Band **„Pink Floyd“** tritt auf dem Potsdamer Platz in Berlin auf.

2. 8. Der **Irak** besetzt **Kuwait**.

23. 8. Das **DDR-Parlament** beschließt mit **Zweidrittelmehrheit** den Beitritt Ostdeutschlands „zum Geltungsbereich des Grundgesetzes der Bundesrepublik“ zum 3. 10. 1990.

31. 8. Bundesinnenminister **Wolfgang Schäuble** (CDU) und DDR-Staatssekretär **Günther Krause** (CDU) unterschreiben den Einigungsvertrag.

12. 9. Unterzeichnung des **Deutschland-Vertrags** durch die Außenminister der **Siegermächte** und der beiden deutschen Staaten in **Moskau**.

3. 10. Die DDR tritt dem **Grundgesetz** bei und hört auf, als eigener Staat zu existieren. Deutschland erlangt seine volle **Souveränität**.

14. 10. Bei den **Landtagswahlen** in **Ostdeutschland** wird die CDU in vier Ländern stärkste Partei, in Brandenburg siegt die SPD.

8. 11. Der ehemalige CDU-Generalsekretär Kurt Biedenkopf wird zum Ministerpräsidenten des Freistaates Sachsen gewählt. Er bleibt es bis 2002

15. 11. Produzent **Frank Farian** gesteht, sein Pop-Duo „Milli Vanilli“ (Rob Pilatus und Fab Morvan) habe nie selbst gesungen. ►

2. 12. Bei den **ersten Bundestagswahlen** im vereinten Deutschland erhält die Union 43,8, die SPD 33,5, die FDP 11 Prozent der Stimmen. Im Westen scheitern die Grünen mit 4,8 Prozent an der Fünf-Prozent-Klausel. In Ostdeutschland bekommt das Bündnis 90 6 Prozent, die PDS 11,1 Prozent. **Kohl** kann **Kanzler** bleiben.

1991

ROY BLACK stirbt ganz allein in einer Fischerhütte, der KANZLER zürnt im Eierhagel, und eine WIENER DIRNE erregt das höchste deutsche Gericht

„Mit Roy starb ein Symbol, ein Hauptdarsteller, der für jeden in Deutschland ein Stück eigene Geschichte war“: Ungewohnt sanftmütig im Sound ruft der „Stern“ dem toten Sänger die Wahrheit hinterher

Sterben auf 35 Quadratmetern: das Todeszimmer von Roy Black, vor der Matratze seine Lackschuhe

Ganz in Bunt: Noch heute schmücken Fans das Grab von Roy Black regelmäßig mit frischen Blumen ▸

Am 10. Mai wird Kanzler Kohl auf dem Rathausplatz von Halle mit Eiern beworfen. Nur mit Mühe können ihn Sicherheitsbeamte davon abhalten, die Eierwerfer zu verhauen.
am Sonntag entlarvt den örtlichen Juso-Vizechef Matthias Schipke als Mit-Werfer. Schipke tritt aus der SPD aus, lebt heute im Ausland und bereut: „Der Eierwurf war eine Dummheit."

Den wichtigsten Wunsch schreibt er in keinem seiner zahlreichen Testamente auf, die Familie erahnt ihn dennoch und richtet sich danach: Beim Trauerakt für den Sänger und Schauspieler Roy Black, bürgerlich: Gerd Höllerich, am 16. Oktober auf dem Städtischen Friedhof Augsburg-Göggingen, wird keiner seiner Hits gespielt, die meiste Zeit seines Lebens hat der Tote jeden einzelnen davon verabscheut.

Stattdessen erklingen das „Ave Maria" von Schubert und Mozarts „Ave verum" als Streichquartett. 8000 Menschen kommen, um Abschied zu nehmen, Thomas Gottschalk spricht als letzter Redner in der Aussegnungshalle. Tage zuvor entschuldigt sich der damals 41-jährige Moderator in einem Zeitungskommentar bei dem toten Künstler: **„Plötzlich merken wir, dass mit Roy Black kein Schlagerfuzzi gestorben ist, sondern ein Teil unserer Jugend. Wir haben uns nie richtig dafür bei ihm bedankt. Jetzt ist es zu spät."**

So bündig lässt sich die Tragik eines 48-jährigen Lebens zusammenfassen, das in der Nacht vom 8. auf den 9. Oktober in einer 35 Quadratmeter großen Fischerhütte im Kreis Mühldorf zu Ende geht. „Hierhin hat er sich immer zurückgezogen, wenn er die Welt nicht mehr aushielt. Hier ist der beste Platz zum Sterben. Wie ein alter Elefant, der den Tod spürt und sich von der Herde absondert", schreibt der damalige Chefreporter von BILD am SONNTAG, Martin Heidemanns, der den Sänger jahrzehntelang journalistisch begleitet hat.

48 Jahre alt ist Roy Black, als „Demonstrant einer heilen Welt" („Stern") hat er mit Liedern wie „Ganz in Weiß" in den 60er- und 70er-Jahren den Beatles und den Stones die Hitparaden-Plätze weggenommen. Und immer davon geträumt, dennoch nicht der ewige „Schlager-Fuzzi" zu sein,

DIE CHRONIK VON 1991

1\. 1. Die **neuen Bundesländer** übernehmen **Steuerrecht** und weitgehend das **Sozialrecht** der **Bundesrepublik**.

2\. 1. Die **neuen Bundesländer** führen **Kfz-Kennzeichen** nach **westdeutschem Muster** ein.

13\. 1. Rücktritt des baden-württembergischen Ministerpräsidenten **Lothar Späth** (CDU) wegen der Traumschiff-Affäre.

17\. 1. Der erste Bundestag des vereinten Deutschland wählt **Helmut Kohl** (CDU) zum Bundeskanzler. Seinem Kabinett gehören 19 Minister an, davon drei aus Ostdeutschland.

13\. 2. Tod von **Adolf Hitlers** Lieblingsbildhauer **Arno Breker** († 90) in Düsseldorf. ►

25\. 2. **Auflösung** des **Warschauer Pakts**, dem Militärbündnis des einstigen Ostblocks.

13\. 3. **Erich Honecker**, ehemaliger DDR-Chef, fliegt nach Moskau, um der deutschen Justiz zu entkommen.

1\. 4. Die RAF bekennt sich zum tödlichen Attentat auf den Chef der Berliner Treuhandanstalt, **Detlev Karsten Rohwedder**.

◄ 10. 4. In Eisenach rollt der letzte Wartburg vom Band, 20 Tage später in Zwickau der letzte Trabant.

13\. 4. Neue Chefin der Treuhandanstalt ist die CDU-Politikerin **Birgit Breuel**.

14\. 5. Der Bundestag beschließt den **Solidaritätszuschlag** für den **Aufbau Ostdeutschlands**.

21\. 5. Verhaftung der Ex-DDR-Politiker **Willi Stoph** und **Heinz Keßler** wegen des Schießbefehls.

29\. 5. Die SPD wählt **Björn Engholm**, Ministerpräsident von Schleswig-Holstein, zum Vorsitzenden.

15\. 6. Zum dritten Mal wird der **1. FC Kaiserslautern deutscher Meister**.

23\. 6. Selbstmord des Regisseurs **Michael Pfleghar** („Klimbim").

27\. 6. Beginn des **jugoslawischen Bürgerkriegs**.

◄ 7. 7. Wimbledon: **Michael Stich** gewinnt nach einem Sieg über **Boris Becker** die All-England-Meisterschaften, Steffi Graf zum dritten Mal das Damenfinale.

1\. 8. Der als **„Rosa Riese"** gefürchtete fünffache Frauenmörder **Wolfgang Schmidt** kommt in Haft.

7\. 8. Erstsendung von **„Boulevard Bio"** (ARD).

26\. 8. **Erster gesamtdeutscher Duden** seit 40 Jahren.

6\. 9. Wegen Stasi-Vorwürfen legt der stellvertretende CDU-Vorsitzende **Lothar de Maizière** alle Parteiämter nieder.

20\. 9. **Überfall** von **Rechtsextremen** auf **Asylbewerber** in **Hoyerswerda** (Sachsen).

21\. 9. Gründung der Partei **Bündnis 90** aus ehemaligen DDR-Menschenrechtsgruppen.

7\. 10. Nobelpreise für die deutschen Mediziner **Erwin Neher** und **Bert Sakmann**.

14\. 11. Der Bundestag verabschiedet das **Stasi-Unterlagengesetz**, das allen Bürgern erlaubt, ihre Stasi-Akten zu lesen.

23\. 11. **Klaus Kinski** stirbt mit 65 Jahren in Kalifornien. ►

9\. 12. Die Staats- und Regierungschefs der EG einigen sich auf die Gründung einer **Wirtschafts- und Währungsunion** sowie eine **einheitliche Währung** bis 1999.

FOTOS: DPA, SYGMA/CORBIS, AP, PHOTOCUISINE/F1ONLINE, TEUTOPRESS, SYGMA/CORBIS, ULLSTEIN-BILD/DPA

„Gibt's denn hier kein lecker Mittachessen ?!": Als Königin Beatrix narrt Hape Kerkeling im April Berliner Protokollbeamte – sie verwechseln den TV-Komiker mit der echten Königin, die später zum Staatsbesuch eintrifft

Dreieinhalb Tonnen wiegt der Lenin-Kopf aus Granit, der im November in Berlin demontiert und anschließend im Seddiner Forst im Berliner Stadtteil Köpenick verbuddelt wird

GOODBYE, LENIN: Ein Diktator verschwindet, und ein HOFNARR wird Königin von Holland

sondern Rocker. Oder wenigstens ein richtiger Kerl. In den 80ern zerbröseln sein Ruhm, sein Reichtum, seine Herzklappen. Helmut Thoma, zu dieser Zeit Programm-Guru beim Privatsender RTL, ahnt als Einziger das Rest-Potenzial von Roy Black und gibt ihm, dem „besten Schauspieler unter den schlechten Sängern" (zynische Selbsteinschätzung), die Hauptrolle in der TV-Serie „Ein Schloß am Wörthersee".

Es wird ein Comeback, wie es sich kein Schnulzenschreiber besser ausdenken kann: sechs Millionen Zuschauer schalten jede Folge ein, die Fans wollen Roy Black wieder auf der Bühne sehen, stürmen seine Konzerte. Er heiratet noch einmal, wird Vater einer Tochter, was wollte er noch? Vielleicht nur seine Ruhe, trotz allem, vor allen.

Man kann jeden Gag und jedes Auto immer noch ein bisschen tiefer legen: Tina Ruland, Til Schweiger in „Manta Manta", der 1991 von Bernd Eichinger produziert wird

Anfang Oktober beendet Roy Black die Studioaufnahmen für seine Langspielplatte „Rosenzeit", am 7. sind die Dreharbeiten der letzten „Wörthersee"-Folge abgeschlossen. Roy Black verabschiedet sich freundlich von seinen Kollegen, er ist nüchtern, das muss man erwähnen. Setzt sich in seinen schwarzen 500er-Mercedes, fährt nicht zu Frau und Tochter, sondern in die alte Hütte, demnächst soll sie abgerissen werden.

Am nächsten Morgen findet ihn der Bruder auf der Matratze, eingewickelt in eine braune Wolldecke.

In dieser Hütte ist alles schmutzig, alles staubig. Nur die schwarzen Lackschuhe von Roy Black, dem toten Schlagerkönig, glänzen. Es ist ein falscher Glanz, er hat ihm kein Glück gebracht.

„Du warst so allein", titelt BILD am nächsten Tag, Roy Black hätte diese Zeile verabscheut, aber am Ende dieses Lebens war sie leider die wahrhaftigste.

★

Berlin ist heute so selbstverständlich deutsche Hauptstadt wie Paris die von Frankreich und London die von Großbritannien – faktisch jedoch nur halber Regierungssitz.

Am 19. September entdeckt das Nürnberger Ehepaar Simon in den Ötztaler Alpen eine 5300 Jahre alte mumifizierte Leiche. Der Journalist Karl Wendl erfindet für sie den Namen „Ötzi", der zur Weltmarke wird

Obwohl unter Porno-Verdacht stehend, dürfen die Mutzenbacher-Memoiren laut Bundesverfassungsgericht seit 1991 frei verkauft werden

Fast zwölf Stunden lang debattiert der Bundestag am 20. Juni 1991 leidenschaftlich, wie viel Hauptstadt Berlin sein soll, ob ein bisschen „Capital-Symbolik" nicht reicht. Mehr als 100 Abgeordnete melden sich zu Wort. Ihre Meinung zur Berlin-Frage wird häufiger durch Wahlkreis und Wohnort bestimmt als durch das Parteibuch.

Den meisten Beifall erhält Wolfgang Schäuble. Der Bundesinnenminister, seit dem Attentat im Oktober 1990 querschnittsgelähmt im Rollstuhl sitzend, überzeugt die Unentschlossenen: „Es geht nicht um den Wettkampf zweier Städte, um Arbeitsplätze oder Reisekosten. In Wahrheit geht es um die Zukunft Deutschlands."

Am Ende entscheidet eine knappe Mehrheit von 338 Abgeordneten, dass Bundestag, Bundesregierung, Bundesrat und Bundespräsident nach Berlin umziehen. 320 sind fürs Bleiben in Bonn. Optimistisch der Zeitplan: Bis 1995 soll der Umzug beendet sein, abgeschlossen ist er erst 1999.

Hauptstadt Berlin hin, Ex-Hauptstadt Bonn her. Heute arbeiten immer noch 8732 Ministerialbürokraten am Rhein, an der Spree sind es mit 8931 nur wenig mehr. Der Bund der Steuerzahler schätzt, dass zwischen Bonn und Berlin jährlich 751 Tonnen Dienstpost hin und her geschickt werden und 132 000 Dienstflüge anfallen.

★

Wer das Werk zu Papier gebracht hat, ist eines der ungelösten Rätsel der Literaturgeschichte. Ja, ob „Josefine Mutzenbacher – Die Geschichte einer wienerischen Dirne" überhaupt Literatur sei, ist umstritten. 1906 erscheinen die in Ich-Form geschriebenen, amüsant-deftigen Memoiren einer käuflichen Dame erstmals in Österreich. **Es geht das Gerücht, der 1945 verstorbene „Bambi"-Autor Felix Salten habe sie verfasst.** Zugegeben hat er es nie.

Obwohl der Kritiker Ossi Wiener (Vater übrigens der bekannten TV-Köchin) die fiktiven Erinnerungen als „wohl einzigen deutschen pornographischen Roman von Weltrang" bezeichnet, steht er in der Bundesrepublik seit 1968 auf dem Index. Dagegen klagt Rowohlt-Chef Michael Naumann (ab 1998 Kulturstaatsminister, heute „Cicero"-Chefredakteur) bis zum Bundesverfassungsgericht. Die Richter in roten Roben entscheiden, der Roman aus dem Rotlicht-Milieu sei zwar als pornografisch zu werten, doch habe die Freiheit der Kunst hier Vorrang. Pornografie könne als künstlerisches Mittel dienen. Nun darf Josefine Mutzenbacher ungeniert und öffentlich „pudern".

★

So liberal die hohen Richter urteilen, so kleinkariert handelt die Deutsche Krebshilfe. Für 1980 DM netto im Monat arbeitet Cornelia Scheel, Tochter der verstorbenen Krebshilfe-Gründerin Mildred Scheel, drei Jahre lang für das Lebenswerk ihrer Mutter, sammelt Spenden, beantwortet Briefe, tröstet am Telefon.

Dann lernt sie Hella von Sinnen kennen. Die als Tortenwerferin gefürchtete schrille Komikerin („Alles Nichts Oder!?") und die Adoptivtochter des Altbundespräsidenten verlieben sich und stehen dazu. Ende Januar erhält Cornelia die Kündigung. Ihr Chef Helmut Geiger: „Wir bekommen Spenden von meist älteren, konservativen Menschen. Die haben kein Verständnis für diese spektakuläre Geschichte."

Hella von Sinnen und Cornelia Scheel sind noch immer ein Paar.

1991 bringt die Firma Zapf „Baby Born" auf den Markt, die Puppe die sogar Pipi machen kann

AVOCADOS MIT RAUCHFLEISCH

Sie brauchen:
6 EL Weißweinessig, Salz, Pfeffer, 1 TL getrockneten Oregano, 1 TL Delikatess-Senf, 4 EL Nuss- oder Olivenöl, 2 reife Avocados à 200 g, 80 g Champignons, etwas Zitronensaft, 60 g Rauchfleisch oder mageren rohen Schinken in dünnen Scheiben, 100%g Kirschtomaten, 2 geh. Schalotten.

Und so wird's gemacht:
Essig mit etwas Salz, Pfeffer, Oregano und Senf verrühren, Öl darunterschlagen, bis eine cremige Marinade entsteht. Avocados längs halbieren, entsteinen, schälen. Fruchtfleisch zu Scheiben schneiden, Champignons ebenfalls zu Scheiben schneiden. Beides auf vier Teller verteilen, Zitronensaft darüberträufeln. Rauchfleisch zu Streifen schneiden, Kirschtomaten halbieren. Auf Avocados und Champignons anrichten, Schalotten daraufstreuen, Marinade darüberträufeln. Mit Toast oder Stangenweißbrot auftragen

Aus Hörzu Nr. 42, 1991

1992

VERONICA FERRES startet ihre Karriere als Geliebte eines Fälschers, HEIDI KLUM wird von Thomas Gottschalk entdeckt, und WILLY BRANDTS letzter Wille bleibt unerfüllt

Alles echt: Veronica Ferres mit offenem Haar und offener Bluse als die Geliebte des Fälschers in „Schtonk“

Darf's ein bisschen mehr sein? Götz George (als Reporter), Uwe Ochsenknecht (als Fälscher) beim Millionen-Deal

Im Schöneberger Rathaus nehmen die Berliner Abschied von ihrem ehemaligen Regierenden Bürgermeister und späteren Bundeskanzler Willy Brandt, der am 8. Oktober starb

Das letzte Foto des schwer kranken Altbundeskanzlers Willy Brandt mit seiner Ehefrau Brigitte (links), die ihn bis zu seinem Tod in ihrer Wohnung in Unkel bei Bonn pflegt

Es ist nicht die erste Rolle der damals 27-jährigen Kohlenhändler-Tochter Veronica Maria Cäcilia Ferres, es ist noch nicht einmal ihre bisher größte. Edgar Reitz besetzte sie in seinem 25-Stunden-Epos „Die zweite Heimat", neben Robert Atzorn war die groß gewachsene Blondine die Schulsekretärin in der ZDF-Serie „Unser Lehrer Doktor Specht".

Das aber wird vom Publikum allenfalls unaufgeregt zur Kenntnis genommen, deutlich mehr Aufmerksamkeit erregt die Nachwuchskraft durch die paar Szenen, in denen sie in „Schtonk" zu sehen ist.

„Schtonk", den Titel borgt sich der pfiffige Regisseur Helmut Dietl vom Chaplin-Klassiker „Der große Diktator", ist die recht freie filmische Umsetzung der Posse um die gefälschten „Hitler-Tagebücher", für die der „Stern" 1983 mehr als neun Millionen Mark ausgegeben hat. Dietl liefert für 12,5 Millionen einen Original-Dietl ab, in dem er das tatsächliche Geschehen noch einmal ins Groteske überhöht. **Es unterstützt ihn dabei die Elite deutschsprachiger Darsteller: Götz George als Reporter Hermann Willié („... mit Akzent auf dem e!"), Harald Juhnke als dessen Chef (Juhnke über seine Rolle: „Der schmierige Ressortleiter, diese Sau"), Ulrich Mühe, Uwe Ochsenknecht, Christiane Hörbiger als Göring-Nichte und eben die Ferres.**

Die, zum Zeitpunkt des Castings schon Lebensgefährtin Dietls, spielt sehr überzeugend die Muse des Fälschers und macht sich dabei, nicht immer dramaturgisch notwendig, des Öfteren nackig. Das prägt, genau wie folgende Ferres-Rollen („Superweib") noch lange Jahre das öffentliche Ferres-Bild. So denunziert sie beispielsweise eine „Spiegel"-Redakteurin als „lebende Pin-up-Frau" und bilanziert, dass Veronica Ferres „als barbusige Wiedergeburt der Hitler-Geliebten Eva Braun der Einstieg in die Film- und Fernsehstar-Generation der Neunzigerjahre gelang".

„Schtonk" lockt an der Kinokasse über eine Million Besucher („Otto – der Liebesfilm" im selben Jahr 2,8 Millionen) und wird als bester ausländischer Film für den Oscar nominiert. Dietl, Ferres und Christiane Hörbiger fliegen erwartungsfroh nach Hollywood, gehen aber leer aus.

Die große US-Karriere startet hingegen eine gleichfalls blonde deutsche Schönheit: Heidi Klum. Ohne Wissen ihrer Eltern bewirbt sich die 18-Jährige, die eigentlich Modedesignerin werden möchte, bei RTL. Der Privatsender veranstaltet eine TV-Show, die naheliegenderweise „Model 92" heißt und von Thomas Gottschalk moderiert wird. Heidi Klum präsentiert sich am 15. April neben ihm im Studio, wird vom Publikum zur Wochensiegerin gewählt,

SCHINKEN-MAIS

Sie brauchen:
4 Maiskolben à 250 g, 1/2 Tasse (75 ml) Milch, 1 TL Zucker, 80 g Butter, 100 g kleingewürfelten Schwarzwälder Schinken, schwarzen Pfeffer, 2 EL gehackte Petersilie und Schnittlauchröllchen.

Und so wird's gemacht:
Maiskolben, wenn nötig, putzen. Milch mit Zucker in zwei Liter Wasser aufkochen. Kolben einlegen, 15 bis 20 Minuten dünsten. Herausnehmen, abtropfen lassen und sorgfältig abtrocknen. Butter in beschichteter Pfanne zerlassen, Maiskolben einlegen, bei Mittelhitze unter öfterem Wenden goldbraun braten. Herausnehmen, auf vier Tellern warm stellen. Schinken in die Pfanne geben, unter Rühren zwei Minuten dünsten. Etwas Pfeffer und die Kräuter daruntermischen, über den Kolben verteilen. Mit herzhaftem Graubrot auftragen.

Aus „Hörzu", Küche, Nr. 37, 1992

„Ich war nicht der Unschuldsengel, der ich zu sein schien“: Heidi Klum im April '92 als Siegerin von Gottschalks Model-Show

DIE CHRONIK VON 1992

19. 1. RTL startet die Schluchz-Serie **„Traumhochzeit“** mit **Linda de Mol**.

5. 2. **Bernhard Vogel** (CDU), Ex-Ministerpräsident von Rheinland-Pfalz, wird zum Regierungschef von **Thüringen** gewählt. Bis heute ist er der einzige Deutsche, der zwei Bundesländer regiert hat.

7. 2. Unterzeichnung des **Maastrichter Vertrags** für eine europäische Union mit einheitlicher Währung und gemeinsamer Außenpolitik.

8. 2. Beginn der **16. Olympischen Winterspiele** in **Albertville** (Frankreich).

◄ 15. 2. Wegen Manipulation von Urinproben verhängt der Leichtathletik-Verband eine Sperre gegen **Katrin Krabbe** (Foto), **Grit Breuer** und **Silke Möller**.

4. 4. Die nordelbische Synode wählt **Maria Jepsen** zur weltweit ersten lutherischen Bischöfin.

27. 4. Die Gewerkschaft Öffentliche Dienste, Transport und Verkehr **(ÖTV)** beginnt den längsten Streik in der bundesdeutschen Geschichte.

16. 5. **Deutscher Fußballmeister** ist der **VfB Stuttgart**.

▲ 17. 5. Nach 18 Jahren im Auswärtigen Amt tritt **Hans-Dietrich Genscher** (FDP, Foto links) zurück. **Klaus Kinkel** (FDP) wird sein Nachfolger. Neue Justizministerin ist **Sabine Leutheusser-Schnarrenberger** (FDP).

23. 5. Zweitligist **Hannover 96** wird **Pokalsieger**.

30. 5. Tod von Altbundespräsident **Karl Carstens** († 77). ►

13. 6. Auf der **„documenta 9“** in Kassel präsentieren 186 Künstler etwa 1000 Kunstwerke.

26. 6. **Dänemark** besiegt **Deutschland** im **Fußball-EM-Finale** in Schweden mit 2:0.

24. 7. **Einstellung** der für ostdeutsche Leser erfundenen Boulevard-Zeitung **„Super“**.

25. 7. **König Juan Carlos** eröffnet in Barcelona die **25. Olympischen Sommerspiele**.

29. 7. Die russische Regierung nötigt den früheren DDR-Machthaber **Erich Honecker** zur Ausreise nach Deutschland.

24. 8. In **Rostock** brandschatzen **Rechtsextreme** ein Wohnheim für **Vietnamesen**.

27. 8. Der **Bauer-Verlag** stellt die Illustrierte **„Quick“** ein.

◄ 30. 8. **Michael Schumacher** fährt in **Spa** den dritten deutschen **Grand-Prix-Sieg** ein.

3. 11. **Bill Clinton** gewinnt die Präsidentenwahlen in den USA.

12. 11. Prozessbeginn gegen die einstigen DDR-Herrscher **Erich Honecker**, **Erich Mielke**, **Heinz Keßler**, **Fritz Streletz**, **Willi Stoph** und **Hans Albrecht**.

23. 11. In **Mölln** (Schleswig-Holstein) sterben drei Türkinnen durch einen **Brandanschlag**.

2. 12. Der Bundestag billigt die **Maastrichter Verträge**.

9. 12. Gegen den Protest von Ärzten und Apothekern billigt der Bundestag die **Gesundheitsreform**.

23. 12. **RTL 2** beginnt zu senden.

später zur Monatssiegerin, am 29. April steht das Mädchen aus Bergisch Gladbach im Finale – und gewinnt.

Heid Klum: „Das überraschte und freute mich. Aber zugegeben – ich war auch ein bisschen enttäuscht. Ich hatte mir nämlich den roten Opel Corsa erhofft, den die Finalistinnen bekamen. Als Siegerin erhielt ich dagegen einen Garantie-Vertrag als Model über 300 000 Dollar.“

Thomas Gottschalks Erinnerung fallen in BILD am SONNTAG ebensowenig rasend euphorisch aus: „Ich habe und hatte schon immer einen etwas anderen Frauengeschmack. Heidi war für mich damals eher eine bildhübsche Sportstudentin, als ein zukünftiges Model.“

Heidi Klum hat sich übrigens später bei Gottschalk revanchiert. Gottschalk: „Sie hat mir zum Durchbruch im US-Fernsehen verholfen, weil man mich als ihren Entdecker für ihre ‚TV-Biography‘ interviewt hat. Die läuft dort rauf und runter. Heidi ist in den USA wirklich ein Star.“

★

„Adios, Willy, lieber Freund.“ Mit diesem Satz verabschiedet sich der spanische Regierungschef Felipe Gonzales in seiner Trauerrede am 17. Oktober im Reichstag von Willy Brandt († 78). BILD am SONNTAG macht daraus die Schlagzeile. Viele Große dieser Welt sind nach Berlin geflogen, um dem am 8. Oktober verstorbenen ehemaligen Bundeskanzler, langjährigen SPD-Vorsitzenden (23 Jahre!) und ehemaligen Präsidenten der Sozialistischen Internationale die letzte Ehre zu erweisen. Brandts zweite, seit 1980 von ihm geschiedene Ehefrau Rut, Mutter seiner drei Söhne, bekommt von Witwe Brigitte keine Einladung. Ihre harsche Begründung: „Willy Brandt war entschieden der Meinung, nur eine Frau zu haben.“

Als der Sarg nach der Trauerfeier auf dem Waldfriedhof in Berlin-Zehlendorf beigesetzt wird, spielt das Musikkorps der Bundeswehr das Trauerlied „Ich hatt' einen Kameraden“. Eine Gruppe Jungsozialisten stimmt daraufhin das Arbeiterlied an: „Brüder zur Sonne, Brüder zu Freiheit ...“

Bis heute ist Brandts Wunsch nicht erfüllt, den er drei Jahre vor seinem Krebstod im Gespräch mit BILD am SONNTAG geäußert hat. Auf die Frage, was denn auf seinem Grabstein stehen solle, tadelt er sanft: „Ein bisschen makaber, die Frage, nicht?“ Dann stützt er den Kopf in die rechte Hand, faltet mit dem Finger die Schläfenhaut und antwortet: „Es würde reichen, wenn auf meinem Grabstein steht: ‚Man hat sich bemüht.‘“

Tatsächlich steht auf seinem Grabstein nur sein Name in Großbuchstaben – nicht mehr und nicht weniger.

★

Was verbindet einen pensionierten Panzergeneral und eine grüne Friedensaktivistin? „Eine beispiellos innige, sehr anstrengende symbiotische Liebe“, analysiert Antje Vollmer, elf Jahre lang Bundestagsvizepräsidentin, die Beziehung zwischen

Klaus Kuron, DDR-Spion im Kölner Bundesamt für Verfassungsschutz, wird im Februar zu zwölf Jahren Haft verurteilt. Sein Motiv: Geldgier

Drei Monate vor ihrem gemeinsamen Tod demonstrieren Grünen-Mitbegründerin Petra Kelly und ihr Beschützer, General a. D. Gert Bastian, gegen den Weltwirtschaftsgipfel in München

Grünen-Gründerin PETRA KELLY stirbt durch die Hand ihres EX-GENERALS

Am 6. Mai 1992 stirbt Marlene Dietrich im Alter von 90 Jahren in Paris. Zehn Tage später wird sie in Berlin beigesetzt, Maximillan Schell beginnt seine Abschiedsrede so: „Meine liebe Marlene, willkommen zu Hause . . ."

Grünen-Mitbegründerin Petra Kelly und Generalmajor a. D. Gert Bastian. Und ein gewaltsamer Tod.

Am 19. Oktober finden Nachbarn die verwesten Leichen von Petra Kelly (44) und Gert Bastian (69) in ihrem Reihenhaus im Bonner Stadtteil Tannenbusch. Etwa 19 Tage zuvor sind Kelly und Bastian durch je einen Schuss aus seiner Derringer Kaliber 38 Spezial zu Tode gekommen – sie im Bett, er im Flur.

Ob Gert Bastian seine Gefährtin im Schlaf ermordet oder sie mit ihrem Einverständnis getötet und anschließend Selbstmord begangen hat, darüber wird ebenso spekuliert wie über mögliche Motive. Petra Kelly und Gert Bastian, ein Paar, das sich nicht gesucht, aber gefunden hat. Er brachte es in der Bundeswehr zum Generalmajor, kommandierte zuletzt die 12. Panzerdivision. Als Pensionär schloss er sich 1980 der von Ostberlin finanzierten Aktion „Generale für den Frieden" an. In der Friedensbewegung lernte der alte General die quirlige, vaterlos aufgewachsene Petra Kelly kennen, eine Person voller verzehrender Energie mit einer Vorliebe für ältere Männer. Gemeinsam zog das Paar mit der ersten Grünen-Fraktion 1983 in den Bundestag ein.

Ihre Beziehung ist von Anbeginn an kompliziert, politisch wie privat. Der befehlsgewohnte Bastian fremdelt mit den Selbsterfahrungsgruppen-Grünen, weigert sich nach zwei Jahren, wie versprochen sein Mandat abzugeben. Kelly tut sich schwer mit der Parteiwerdung ihrer als Antipartei gegründeten Öko- und Friedensbewegung.

Als die West-Grünen 1990 bei den ersten Wahlen im vereinten Deutschland auf magere 3,8 Prozent kommen, hat Petra Kelly plötzlich Mühe, Abnehmer für ihre Artikel zu finden, sie scheitert als Moderatorin bei Sat.1. Das Paar bekommt Geldprobleme, Bastian erleidet einen Autounfall.

Das letzte Lebenszeichen datiert vom 30. September. An diesem Tag kauft Bastian in Berlin eine Senioren-Bahncard, die ein Jahr gültig ist.

Im „FAZ"-Fragebogen hatte Bastian auf die Frage, wie er sterben wolle, geantwortet: „Schnell und schmerzlos." Kellys Antwort darauf lautet: „Nicht allein, in der Nähe derer, die mir nah sind."

1993

Ein Goldfisch wird LILA, ein „Buchhalter“ wird BOXWELTMEISTER, und drei Genossen wollen CHEF werden

Pausenlos im Einsatz: Die 15-jährige Franzi aus Berlin-Treptow fast ganz in Lila bei Werbeaufnahmen

◂ Bei der EM in Sheffield, wo sie fünf Mal Gold holt. Auch dafür wählen sie Journalisten zur Sportlerin des Jahres in Deutschland, Europa und der Welt

Zwei Frauen und drei Mädchen sterben am 29. Mai beim Brandanschlag von vier Neonazis auf ein von Türken bewohntes Haus in der Unteren Wernerstraße in Solingen

Ein Jahr zuvor ist sie mit ihren 14 Jahren die jüngste Teilnehmerin der Olympischen Spiele von Barcelona, sensationell schwimmt Franziska van Almsick aus Berlin-Treptow 1992 ins Finale über 200 Meter Freistil. Dort wird sie, die Sensation lässt sich noch steigern, Zweite. Beobachter des Rennens behaupten bis heute, Franzi, die ihren tatsächlichen Spitznamen „Franz" viel mehr schätzt, hätte Gold holen können, hätte sie während des Rennens nicht nach der Konkurrenz geschaut. **Der Vorwurf nagt lange, erst Jahre später findet die Berlinerin ihre eigene Sprachregelung: „Ich bin froh, dass es damals nicht zur Goldmedaille gereicht hat. Für mich wäre es zu früh gewesen."**

Ein Jahr später, bei den Europameisterschaften in Sheffield 1993, ist Franzi noch immer die Jüngste, schaut aber diesmal nicht nach der Konkurrenz und räumt gewaltig ab. In ihrer Autobiografie „Aufgetaucht" (Kiepenheuer) schildert sie ihren Mehrfach-Triumph im lakonischen Franzi-Stil: „Ich war fünfzehn Jahre alt und kümmerte mich nicht um das Gerede. Der Wettkampf verlief ohne Probleme, ich gewann die 200 Freistil und fünf weitere Goldmedaillen und zeigte es allen."

Trotz Preisgeldern und Werbeverträgen, für die sie im lila Schwimmanzug mit einem lila Schokoriegel vor einem Bergsee posiert, kommt Franzi van Almsick am Ende des Jahres lediglich auf einen Brutto-Verdienst von 1,5 Millionen Mark, weltenweit entfernt hinter Steffi Graf (16 Millionen brutto).

Es bleibt ihr, auch schön, die Ehre: Am 25. November zeichnen Deutschlands Sportjournalisten die Schnellschwimmerin als „Sportlerin des Jahres" aus, Titelträger bei den Männern wird Box-Weltmeister Henry Maske. Damit kommen, vier Jahre nach dem Fall der Mauer, erstmals beide Einzelsieger dieser Wahl aus der DDR.

Während der „Goldfisch", zumindest zu dieser Zeit, von den Deutschen nahezu vorbehaltlos ins Herz geschlossen wird, hat es Henry Maske (29) ungleich schwerer. Fachleute sind sich zwar einig, dass der frühere Oberleutnant der Nationalen Volksarmee ein technisch höchst versierter Halbschwergewichtler von zudem überdurchschnittlicher Intelligenz ist. Die Herzen der Fans gehören dennoch deutlich limitierteren Berufskollegen wie René Weller („der schöne René") oder Graciano („Rocky") Rocchigiani. Die „Frankfurter Allgemeine" verspottet Maske als „Buchhalter im Ring"; als eine Imagekampagne ihn glamourös als „Weißen Tiger" positionieren soll, geht Maske stur und erfolgreich in Doppeldeckung. Zum „Gentleman" lässt sich der Mann aus Frankfurt/Oder erst viel später umetikettieren – und auch dann bleibt er sich treu.

Deutsch-amerikanische Kooperation im All: Die Raumfähre „Columbia" startet am 26. April zur D2-Mission. Von links: Jerry Ross (USA), Bernhard Harris (USA) und die deutschen Astronauten Ulrich Walter und Hans Schlegel. In zehn Tagen umrunden sie 148-mal die Erde und legen 6,7 Millionen Kilometer zurück

★

„5 Tote! Wieder türkische Kinder verbrannt!" Mit dieser Schlagzeile erscheint BILD am SONNTAG am 30. Mai. Hinter dem Wort „Nazi-Attentat" oberhalb der Titelzeile steht noch ein Fragezeichen. Sechs Tage später die Gewissheit: Die Polizei nimmt vier junge Neonazis fest, die das von der türkischen Familie Genç bewohnte Haus an der Unteren Wernerstraße in Solingen angezündet haben.

Als der nordrhein-westfälische Ministerpräsident Johannes Rau (SPD) den Hinterbliebenen der Familie Genç sein Beileid ausspricht, fühlt er seine Hilflosigkeit: **„Es lohnt sich alles nicht, du kannst die Welt nicht verändern."**

Der Schriftsteller Johannes Mario Simmel fürchtet, „der Nazi-Ungeist hat nach 1945 fast ungehindert weitergewirkt, natürlich auch in den Familien. Was soll aus einem Jungen werden, der zu Hause schweinische Juden- und Türkenwitze hört?"

Die vier mörderischen Brandstifter erhalten lange Haftstrafen und sollen 250 000 Mark Schmerzensgeld an Bekir Genç zahlen, dessen Haut zu einem Drittel verbrannt ist. Das Meldeamt weigert sich später, die Anschrift des Mittäters Felix K., eines Arztsohnes, nach dessen Haftentlassung herauszugeben, damit das Schmerzensgeldurteil vollstreckt werden kann. Felix K., stellt die Behörde fest, sei „eine schützenswerte Person".

FOTOS: IMAGO, AKG, ULLSTEIN-BILD, DPA, ANDREAS LINDLAHR, GETTY IMAGES, ACTION PRESS, STOCKFOOD

Einstimmiger Punktsieg: Henry Maske holt sich im März den Weltmeistertitel im Halbschwergewicht (IBF) gegen „Prince Charles“ Williams

Mevlüde Genç, die durch den Brandanschlag zwei Töchter, eine Nichte und zwei Enkelinnen verloren hat, bekennt 15 Jahre später: „Ich fühle jeden Tag den Schmerz. Ich wache damit auf und gehe damit schlafen. Doch ich trage keinen Hass in mir. **Wenn man es genau nimmt, hasse ich genau vier Menschen auf dieser Welt, nämlich die vier, die mein Haus angezündet haben.** Alle anderen Menschen verdienen Respekt und Liebe. Und die bekommen sie von mir. Es sind doch nicht alle Deutschen schlecht, weil vier von ihnen mein Haus angesteckt haben.“

★

Die Kritik kommt vom Genossen Kollege. Anfang April erscheint das Buch „Reifeprüfung“ des niedersächsischen Ministerpräsidenten Gerhard Schröder (SPD), in dem er seinem Parteivorsitzenden und Kanzlerkandidaten Björn Engholm, Regierungschef in Kiel, vorwirft, er lasse sich zu sehr von der Bundesregierung treiben. Einen Monat später ist der getriebene Engholm außer Diensten als Ministerpräsident, als Parteivorsitzender und als Kanzlerkandidat. „Waterkantgate“ 1987 holt ihn ein.

„Engholm vor dem Sturz“ titelt BILD am SONNTAG am 2. Mai mutig. „Man verdrängt ja vieles in sechs Jahren“, bittet er um Verständnis. Verdrängt hat Engholm, dass er schon sechs Tage früher, als vor einem Parlamentarischen Untersuchungsausschuss zugegeben, von den Intrigen des Schmuddelkampagnen-Journalisten Jürgen Pfeiffer gegen ihn erfahren hat. Bereits am 7. September 1987 und nicht erst 13. September, dem Wahlabend in Schleswig-Holstein, habe sich

Am 10. März beruft der schleswig-holsteinische Ministerpräsident Björn Engholm (rechts) Finanzministerin Heide Simonis zu seiner Stellvertreterin. Neun Wochen später hat sie seinen Job und ist die erste Frau in Deutschland, die eine Regierung führt

IRISH COFFEE

Sie brauchen pro Portion:
In ein angewärmtes hohes Stiel- oder Henkelglas (etwa 200 ml.) 2–4 cl Irish Whiskey gießen, zu zwei Drittel starken heißen Kaffee auffüllen. Je nach Geschmack 2–3 Teel. braunen Zucker hinzufügen, unter Rühren auflösen. Vorsichtig eine Haube halbsteif geschlagener Sahne daraufsetzen, den Drink durch die kühle Sahne schlürfen.

Aus Hörzu, Küche, Nr. 10, 1993

Die ältesten Hollywood-Stars der Welt: Spielbergs Dinos spielen 920 MILLIONEN DOLLAR ein

Pfeiffer drei Engholm-Vertrauten offenbart. Engholm wiegelt ab: „Ich habe das als Petitesse gewertet". **Die Kleinigkeit reicht aus, seine Glaubwürdigkeit zu erschüttern. Er beendet seine politische Karriere.**

So schnell, wie Heide Simonis spricht, entscheiden sich die Genossen an der Förde für sie als neue Ministerpräsidentin. Die Frau mit dem Ring-Tick – an jedem Finger einen – wird erster weiblicher Regierungschef in Deutschland.

Zwölf Jahre lang bleibt Simonis im Amt, bis sie im März 2005 beim Versuch, erneut Ministerpräsidentin zu werden, durch die Stimmenthaltung eines Abgeordneten aus den eigenen Reihen stürzt. Bis heute hat der „Heide-Mörder", so die verbitterte Simonis, nicht gestanden.

Schwerer tut sich die SPD nach Engholms Rückzug mit der Wahl eines neuen Parteivorsitzenden. Peter Struck schlägt seinen Landsmann Schröder vor, der offen bekennt: „Macht macht süchtig". Finanzexpertin Ingrid Matthäus-Maier ist gegen Machtmensch Schröder, der habe sich „zutiefst unsolidarisch" verhalten.

Zum ersten und bisher einzigen Mal in der bis dahin 130-jährigen SPD-Geschichte dürfen alle 869 000 Genossen mitbestimmen, wer sie führen soll. Drei bewerben sich: Schröder, die „rote Heidi" genannte Heidemarie Wieczorek-Zeul und Rudolf Scharping, Ministerpräsident in Mainz.

Das Rennen macht Hobbyrennradfahrer Scharping. 40,3 Prozent der SPD-Mitglieder stimmen für den damals vollbärtigen „Genossen Scharfsinn", wie er genannt wird, Schröder bekommt magere 33,2 Prozent, Wieczorek-Zeul 26,5 Prozent.

Kaum ist Scharping Chef, stänkert Schröder ganz unsolidarisch gegen dessen „Schmusekurs."

Schon 1993 ist ein schwieriges Jahr für Mercedes, 14 000 Stellen werden abgebaut. Doch die neue C-Klasse (ab 40 825 DM) bekommt das „Goldene Lenkrad" von BILD am SONNTAG

Deutschland-Premiere für Steven Spielbergs „Jurassic Park". Das Dino-Drama, für 63 Millionen Dollar produziert, spielt weltweit 920 Millionen ein

DIE CHRONIK VON 1993

1. 1. Die **Mehrwertsteuer** steigt von 14 auf 15 Prozent.

3. 1. **Rücktritt** von Bundeswirtschaftsminister **Jürgen Möllemann** (FDP), weil er auf amtlichem Briefpapier Werbung für einen Verwandten gemacht hat.

13. 1. Haftentlassung des schwer krebskranken **Erich Honecker**, der anschließend nach Chile zu seiner Tochter fliegt.

◄ 18. 1. Erstmals erscheint das vom **Burda-Verlag** herausgegebene Magazin **„Focus"**. (Foto: Verleger Hubert Burda, vorn, und Chefredakteur Helmut Markwort).

20. 1. Vereidigung von **Bill Clinton** als **42. US-Präsident**.

30. 1. Die PDS wählt **Lothar Bisky** zu ihrem Parteivorsitzenden.

27. 2. Die **Länderministerpräsidenten** beschließen den **Solidarpakt**, um den **Aufbau** der **neuen Bundesländer** zu finanzieren.

23. 3. **Bundesregierung** und **Berliner Senat** entscheiden, den **Palast der Republik** wegen **As-bestverseuchung** abzureißen.

27. 3. Eine **RAF-Bombe** zerstört das neue **Gefängnis** in **Weiterstadt** (Hessen).

6. 4. **„Heidemörder" Thomas H.**, der drei Frauen getötet hat, erhält eine **lebenslange Haftstrafe**.

30. 4. Ein Geistesgestörter verletzt die serbische Tennisspielerin **Monica Seles** mit einem Messer bei einem Tennisturnier in Hamburg. ►

6. 5. Bundesverkehrsminister **Günther Krause** (CDU) muss sein Amt abgeben, weil er für einen privaten Umzug Staatsgelder beansprucht hat.

25. 5. Der Chef der Metallgewerkschaft **Franz Steinkühler** muss wegen Aktien-Insidergeschäften abtreten.

26. 5. Trotz heftiger Kritik beschließt der Bundestag eine **Verschärfung** des **Asylrechts**.

5. 6. **Werder Bremen** ist **Deutscher Meister im Fußball**.

11. 6. Die FDP wählt Bundesaußenminister **Klaus Kinkel** als Nachfolger von **Otto Graf Lambsdorff** zum Vorsitzenden.

23. 6. Das **Bundeskabinett** beschließt die **Pflegeversicherung**.

27. 6. Ein Beamter des Bundesgrenzschutzes und der RAF-Terrorist **Wolfgang Grams** kommen auf dem Bahnhof von **Bad Kleinen** durch Schüsse ums Leben. Am 4.7. tritt deswegen Bundesinnenminister **Rudolf Seiters** (CDU) zurück.

1. 7. **Deutschland** erhält neue, **fünfstellige Postleitzahlen**.

3. 10. Die CDU benennt den sächsischen Justizminister **Steffen Heitmann** als Kandidaten für die Wahl zum Bundespräsidenten. Am 25. 11. verzichtet er nach heftiger Kritik an seiner Forderung, wegen der **Judenmorde** im Dritten Reich dürfe Deutschland nicht andauernd eine **„Sonderrolle"** spielen.

6. 10. Das **Bundesgesundheitsamt** teilt mit, dass 373 Menschen durch **verseuchte Blutspenden** mit dem **Aids-Virus** infiziert wurden.

12. 10. Wegen Steuerschulden versilbert Fürstin **Gloria von Thurn und Taxis** Erbstücke im Wert von 31 Millionen DM. ►

26. 10. **Erich Mielke**, ehemaliger Stasi-Minister der DDR, muss für zwei 1931 begangene Morde für sechs Jahre ins Gefängnis.

28. 10. Nach einem Beschluss des **Bundestags** müssen **Ehepartner** sich künftig nicht mehr auf einen gemeinsamen **Familiennamen** einigen.

22. 12. Nach schweren **Regenfällen** überschwemmt der Rhein weite Teile der **Kölner** City.

27. 12. **Franz Beckenbauer** löst **Erich Ribbeck** als Bayern-Coach ab.

1994

Am 20. September tut sich im Münchner Stadtteil Trudering nach einem Wassereinbruch der Asphalt auf. Ein vollbesetzter Linienbus versinkt. Drei Menschen sterben, 36 werden verletzt

CLAUDIA SCHIFFER verärgert mit einem Koran-Kleid, Erpresser „DAGOBERT" verspottet die Polizei, und in München versinkt der LINIENBUS 192 vor einer roten Ampel

Der „Wonderbra", den die Firma Playtex aus Rheine 1994 in den deutschen Markt pusht, ist mehr als ein BH. Er ist ein GM, ein Großmacher. **Aus 42 Einzelteilen zusammengenäht – ein Normalo-BH besteht nur aus 20 Teilen – schiebt er selbst kleine Brüste so zusammen, dass ein üppiges Dekolleté entsteht – also optisch, nicht haptisch.**

Auch Claudia Schiffer trägt „Wonderbra", was den libyschen Diktator Muammar al-Gaddafi vermutlich nicht weiter gestört hätte. Gaddafi nimmt allerdings heftigen Anstoß an dem Kleid, das die Schiffer während einer Chanel-Modenschau in Paris präsentiert. In den blausilbernen Stoff sind arabische Schriftzeichen eingestickt, die übersetzt bedeuten „Ihr geht den richtigen Weg". Es handelt sich hierbei nicht, wie Modeschöpfer und Schiffer-Entdecker Karl Lagerfeld vermutet, um ein Zitat aus einem Liebesgedicht, sondern aus dem Koran. Gaddafi zürnt: „Das ist Teil eines neuen westlichen Kreuzzugs gegen die Muslime". Die indonesische Regierung erwägt einen Importstopp für Chanel-Klamotten.

Lagerfeld kommentiert den Eklat zunächst souverän („Skandale schaden nur dem, der keine hat") verspricht dann doch, das textile Ärgernis zu verbrennen. Vorsichtshalber wird für Claudia Schiffers anschließende Modeaufnahmen auf Bali ein Bodyguard engagiert. Offenbar traut niemand den Magierkünsten des damaligen Schiffer-Schwarms David Copperfield, den Ärger einfach wegzaubern zu können.

*

Am Abend des 20. September stoppt ein Bus der Linie 192 im Münchner Stadtteil Trudering vor einer roten Ampel. Es ist 18.44 Uhr, aufgeregt läuft ein Bauarbeiter zum Bus und ruft dem Fahrer zu, er solle schleunigst weiterfahren. Doch der wartet auf Grün, ein tödlicher Fehler. Um 18.46

Gegen dieses Kleid aus der Haute-Couture-Kollektion von Chanel, entworfen von Karl Lagerfeld, vorgeführt von Claudia Schiffer, protestieren im Januar zahlreiche Muslime. Sie stört, dass ein Zitat aus dem Koran darauf gestickt ist

Tod in Chile. Am 29. Mai stirbt der einstige DDR-Machthaber Erich Honecker im Exil in Chile. Seine Frau Margot lässt ihn im offenen Sarg aufbahren

FOTOS: ANGELI, DPA, EPA/AFP

Uhr tut sich der Asphalt unter dem schweren Fahrzeug auf und es versinkt acht Meter tief in einem Hohlraum, eine Szene wie in einem Katastrophenfilm. „Der Bus", so eine Augenzeugin, „hat sich wie in Zeitlupe aufgestellt." Der Grund für diesen spektakulären Unfall, durch den drei Menschen zu Tode kommen, ist ein durch Bauarbeiten für die U-Bahn entstandener gewaltiger Hohlraum unter der Fahrbahn, der sich mit Grundwasser gefüllt hat.

*

Wächsern wirkt das eingefallene Gesicht des im offenen Sarg aufgebahrten Leichnams von Erich Honecker († 81) in einer Kapelle auf dem Zentralfriedhof von Santiago de Chile. 18 Jahre lang war der Dachdecker aus dem Saarland als SED-Chef und Staatsratsvorsitzender der DDR einer der mächtigsten Deutschen, mitverantwortlich für Mauerbau und Schießbefehl.

Nach seiner Entmachtung am 18. Oktober 1989 – elf Tage nach der Feier des 40. DDR-Gründungstags und 22 Tage vor dem Mauerfall –, nach Flucht in die Sowjetunion und der Auslieferung aus Russland, entging Honecker dem Totschlag-Prozess durch ein gnädiges Urteil des Berliner Verfassungsgerichts. Am 12. Januar 1993 verfügte es seine Freilassung. Wegen Honeckers Leberkrebserkrankung sei die Fortsetzung des Verfahrens eine „Verletzung der Menschenwürde". Am nächsten Tag flog er nach Chile zu Ehefrau Margot und Tochter Sonja.

Als Honecker am 29. Mai 1994 im Exil in Chile stirbt, schreibt das ehemalige SED-Politbüro-Mitglied Günter Schabowski einen Nachruf: „Er war unfähig, das Ende seines Traums zu begreifen, der zum Alptraum für Millionen in der DDR geworden war: Wie konnte das Gutgemeinte, das er für die ‚Menschen' wollte, schlecht sein. Honecker – eine Fallstudie für das Dilemma dogmatischer Weltverbesserer."

Schabowskis Nachruf erscheint nicht im SED-Blatt „Neues Deutschland", dessen Chefredakteur der Mauerfall-Verkünder sieben Jahre lang war, sondern im „Spiegel".

Mit Crash zum Sieg. Michael Schumacher feiert in Australien seinen ersten Weltmeister-Titel in der Formel 1

Die Komödie „Der bewegte Mann", die Regisseur Sönke Wortmann 1994 in die Kinos bringt, ist einer der größten deutschen Filmerfolge. Szenenfoto (von links): Norbert (Joachim Król), Walter (Rufus Beck), Axel (Til Schweiger) und Doro (Katja Riemann)

„DER BEWEGTE MANN" bewegt die Deutschen und MICHAEL SCHUMACHER die ganze Welt

Honeckers Witwe Margot (82), einst berüchtigte Volksbildungsministerin in Ostberlin, lebt immer noch in Chile, bekommt jeden Monat vom Klassenfeindstaat Bundesrepublik 1500 Euro Rente und ist nach wie vor überzeugt, die DDR sei das bessere Deutschland gewesen. **Die Asche ihres Mannes bewahrt sie in einer Urne in ihrem Reihenhaus auf.**

*

Erich Honecker und der als „Dagobert" in die Kriminalgeschichte eingegangene Schildermaler Arno Funke haben eine Gemeinsamkeit: Beide verteidigte der Berliner Anwalt Wolfgang Ziegler. Fast zwei Jahre lang erpresste Funke den Karstadt-Konzern um insgesamt 1,4 Millionen DM. Obwohl er Bomben gelegt und Menschen gefährdet hat, erfreut er sich durch die Art und Weise, wie er die Polizei mit immer neuen Einfällen narrt, heimlicher Sympathien.

Mal konstruiert er eine ferngesteuerte Lore, um an erpresstes Geld heranzukommen, mal ein kompliziertes Abwurf-System an einem Zug, er beherrscht Gully- und Kartentricks, hört die Polizei per Richtmikrofon ab, sogar ein Mini-U-Boot bastelt er.

Seinen Spitznamen bekommt Funke, weil er die Karstadt-Manager auffordert, ihre Zahlungsbereitschaft mit dem Text „Dagobert grüßt seine Neffen" zu annoncieren. In Disney-Comics ist „Onkel Dagobert" der reichste Mann der Welt, der in Talern badet.

Am 22. April wird „Dagobert", der wegen seiner Erfindungen eigentlich Daniel Düsentrieb heißen müsste, in einer Berliner Telefonzelle gefasst. Bereits fünf Monate später sendet SAT.1 den TV-Film „Das Phantom – die Jagd nach Dagobert". Den Kommissar spielt Dieter Pfaff, die Titelrolle Klaus Funke, ein Cousin des echten Verbrechers. Der wird zu neun Jahren Haft verurteilt. Nach seiner Entlassung 2000 schreibt Arno Funke als Autor für den Berliner Eulenspiegel Verlag.

*

„Schumacher rammte sich zum Titel" titelt das „Hamburger Abendblatt" ungewohnt sarkastisch über den ersten deutschen Formel-1-Weltmeister Michael Schumacher. In Adelaide (Australien) unterläuft dem damals 25-jährigen Kerpener ein Fahrfehler in seinem Benetton-Ford, er prallt gegen eine Mauer, schleudert zurück und stößt mit seinem britischen Rivalen Damon Hill zusammen, der ihn überholen will. „Ich konnte nicht reagieren, als Hill neben mir auftauchte", entschuldigt sich Schumi. Da beide ausscheiden, wird der Deutsche mit einem Punkt Vorsprung Weltmeister.

Während die britische Presse meckert „Schumacher stahl Hill den Titel" (Daily Mail), erkennt Ex-Weltmeister Jackie Stewart weitsichtig: „Er ist der Mann der Zukunft". **Ein paar Tage muss Schumi um seinen Sieg zittern, denn der Automobil-Weltverband (FIA) untersucht, ob er die Kollision absichtlich herbeigeführt hat. Resultat: alles korrekt.**

Für ein Vorbild halten Schumi laut Umfrage der Zeitschrift „Sports Life" 76 Prozent der Deutschen nicht. Doch zwei Drittel der Befragten würden ihm gerne ihr Auto leihen.

1.1. Um Entlassungen zu vermeiden, führt Volkswagen die **Vier-Tage-Woche** ein.

◄ 12. 2. In **Lillehammer** (Norwegen) beginnen die **XVII. olympischen Winterspiele. Jens Weißflog** aus dem Erzgebirge holt mit einem 135,5-Meter-Sprung **Gold**.

23. 2. Bis jetzt gewährt Deutschland **900 000 Bürgerkriegsflüchtlingen** aus Ex-Jugoslawien **Asyl**.

28. 2. Die letzten **Bundeswehrsoldaten** kehren aus **Somalia** zurück.

9. 3. Ein **Amokläufer** ermordet im Amtsgericht von **Euskirchen** (NRW) sieben Menschen.

11. 3. Der Bundestag beschließt die Einführung einer **Pflegeversicherung** zum 1.1.1995.

26. 3. **Henry Maske** verteidigt seinen WM-Titel im Halbschwergewicht gegen **Ernesto Magdaleno** (USA).

27. 3. **Erstflug** des **Eurofighters EF 2000.** ►

1. 4. **Neues Namensrecht**: Eheleute müssen nicht mehr einen gemeinsamen Familiennamen führen.

Militärärztin **Dr. Verena von Weymarn** ist die erste Frau, die jemals in **deutschen Streitkräften** den Rang eines **Generals** erreicht hat.

15. 4. Baulöwe **Jürgen Schneider** hat 5,3 Milliarden DM Schulden, meldet Konkurs an und taucht unter.

7. 5. **Bayern München** ist erneut **deutscher Fußballmeister**.

12. 5. **60 Rechtsradikale** jagen eine Gruppe **Afrikaner** durch **Magdeburg**. Die Rädelsführer erhalten **Haftstrafen**.

23. 5. Die Bundesversammlung wählt den Präsidenten des Bundesverfassungsgerichts, **Roman Herzog**, zum **Bundespräsidenten**.

1. 6. Wegen der **BSE-Gefahr** erlassen einige deutsche Bundesländer ein **Schlachtverbot** für importierte Rinder, die älter als 6 Monate sind.

12. 6. Bei den **Wahlen** zum **Europa-Parlament** erhält die CDU/CSU 38,8 Prozent, die SPD 32,2, die Grünen 10,1. Andere scheitern an der **Fünf-Prozent-Klausel**.

17. 7. **Brasilien** wird bei der **Fußball-WM** in den USA zum vierten Mal **Weltmeister**. Deutschland scheidet im Viertelfinale aus.

31. 8. Die letzten **russischen Soldaten** verlassen die **Bundesrepublik**.

10. 9. **Drei Tippgemeinschaften** und **ein Einzelgewinner** teilen sich den **Lotto-Rekord-Jackpot** von **42 Millionen DM.**

28. 9. Die Fähre **„Estonia"** aus Estland sinkt bei schwerer See vor Finnland. 852 Menschen, darunter sechs Deutsche, sterben.

3. 10. Der deutsche Physiker **Ulf Merbold** startet zur 30-Tage-Mission „Euromir" ins All.
Der Schauspieler **Heinz Rühmann** († 92) stirbt am Starnberger See. ►

16. 10. **Bundestagswahlen**: CDU/CSU bekommen 41,5, die SPD 36,4, die Grünen 7,3 und die FDP 6,9 Prozent. Die PDS erhält vier Direktmandate. **Kohl** bleibt **Kanzler**.

◄ 18. 11. **Jutta Limbach** ist die erste Frau als **Präsident** des **Bundesverfassungsgerichts**.

26. 11. Vier Wochen nach seiner Scheidung von Ehefrau Karin heiratet Bundesfinanzminister **Theo Waigel** (CSU) die ehemalige Skislalom-Läuferin **Irene Epple**.

Hebt ungemein, nicht nur den Busen von Eva Herzigova, sondern auch den Umsatz von Playtex, seit die Wäschefirma aus Rheine 1994 den Wonderbra verkauft

BUNTER SCHINKENSPIESS

Und so wird's gemacht:
Eine daumendicke Scheibe gekochten Schinken (200 g) in Würfel schneiden. Abwechselnd mit Cocktailwürstchen, Zwiebelringen, Schwarzbrottalern und Paprikastückchen auf vier Spieße stecken. Vier Teller mit Salatblättern auslegen, Spieße daraufsetzen. Je einen Esslöffel marinierte Tomatenpaprika-Streifen hinzufügen. 125 g Salatcreme mit etwas geriebenem Meerrettich und Sahne glattrühren, vor dem Servieren über die Spieße ziehen oder getrennt dazu reichen.

Aus Hörzu, Küche, Nr. 47, 1994

Zwei Jahre lang narrt Kaufhaus-Erpresser „Dagobert" die Polizei. Am 22. April fasst sie Arno Funke (kleines Foto) in dieser Telefonzelle in Berlin-Treptow

FOTOS: DPA, BONGARTS/GETTY IMAGES, RAUCHENSTEINER/AUGENKLICK, LANDMARK CALENDAR, ADOLPH PRESS, ULLSTEIN-BILD/MELDEPRESS

1995

Am 5. August, dem Tag ihrer kirchlichen Trauung, trägt Corinna (26) eine Korsage aus weißer Naturseide, Ärmel aus weißen Seidenrosen, Reifrock aus Tüll mit eingearbeiteten Rosen. Hinten verdeckt am Steuer: Bräutigam Michael

SCHUMI verkauft seine Hochzeit, CHRISTO lässt den Reichstag und PETER GRAF zwölf Millionen Mark Steuern verschwinden

„Dieser Schritt gilt fürs ganze Leben“: Ehepaar Schumacher nach der Hochzeit. Die „Bunte“ zahlt für die Exklusivrechte 250 000 Mark als Spende an Unicef

Es ist ein Kampf, den der Gottesmann nicht gewinnen kann, aber das ahnt der katholische Priester Georg Kalckert nicht, als er sich weigert, dem Rennfahrer Michael Schumacher und seiner Verlobten Corinna Betsch die kleine Kapelle auf dem Petersberg bei Bonn für deren Hochzeit zur Verfügung zu stellen. Kalckert, in seinem Sprengel zuständig für das barocke Kleinod, fürchtet den Medienrummel um die Trauung des Formel-1-Weltmeisters, und außerdem seien weder er noch Corinna Mitglieder der Gemeinde und hätten folglich auch kein Anrecht, sich dort trauen zu lassen.

Nach Kalckerts öffentlich geäußertem Widerspruch erlebt der tapfere Pfarrer „wochenlang Terror, dass ich keine Chance hatte“.

Es ist, wenn man so will, „Terror“ von ganz oben: Der Katholik Schumacher, Erstwohnsitz Monte Carlo, informiert zunächst seinen Manager Willy Weber, der wendet sich, so erklärt Michael Schumacher später, an Bundeskanzler Helmut Kohl, der seinerseits den Kölner Kardinal Meissner einschaltet. Mehr Prominenz geht nicht, Kalckert muss klein beigeben und später zähneknirschend in der Zeitung nachlesen, wie sein Kollege, der als „Zirkuspater“ bekannt gewordene Heinzpeter Schönig, am 5. August die Schumacher-Trauung in der Kapelle auf dem Petersberg zelebriert.

Die Braut lässt, angeblich ist der Hochzeitsfriseur schuld, die 78 Gäste plus Bräutigam und Pfarrer zunächst 20 Minuten warten, ein gemischter Chor singt Lieder aus dem Musical „Phantom der Oper", und am Ende der rauschenden Feier, etwa gegen 6 Uhr morgens, schubsen sich die Gäste gegenseitig in einen Hotelpool, es ist die reine Freude.

Als er wieder klar artikulieren kann, diktiert Michael Schumacher dem „Bunte"-Reporter, dessen Verlag laut „Spiegel" die Hochzeit für 250 000 Mark exklusiv gekauft hat, seine Gefühle vor dem Altar ins Aufnahmegerät: **„Plötzlich setzte dieses Kribbeln ein, als ob eine Million Ameisen in meinem Bauch krabbelten, nein, es waren wild flatternde Schmetterlinge."**

Sagt er tatsächlich genau so, und dann ist auch nur logisch, welchen Brautspruch sich das schöne Paar gewünscht hat: „Einzeln sind wir Worte, zusammen ein Gedicht ..."

*

Die Verhüllung des Reichstags sei sein „Geschenk an Berlin", wird der aus Bulgarien stammende Künstler Christo nicht müde zu sagen. Doch Berlin tut sich schwer mit der Gabe. 24 Jahre lang werben Christo und seine Ehefrau Jeanne-Claude für ihre Idee, das wuchtige, 1894 zu Kaisers Zeiten eingeweihte Gebäude zwei Wochen lang hinter 100 000 Quadratmetern glänzendem Polyethylengewebe verschwinden zu lassen. Die Kosten von elf Millionen Mark bringen sie mühsam selbst auf.

Die Meinungen, welchen Sinn das denn mache, ob die Verhüllung der Würde des Hohen Hauses widerspreche, geht quer durch Feuilletons und Parteien. Dagegen sind u.a. Bundeskanzler Helmut Kohl (CDU) sowie sein Vorgänger Helmut

Fünf Jahre übersteht der DDR-Personalausweis die deutsche Einheit. Erst am 31.12.1995 wird er ungültig

Der Bulgare Christo und seine aus Casablanca stammende Frau Jeanne-Claude – beide am 13.6. 1935 geboren – gehen als „Verhüllungskünstler" in die Kunstgeschichte ein. Jeanne-Claude stirbt am 18. November 2009 in New York, wo 2005 ihr letztes gemeinsames Werk installiert war: 7503 Tore mit gelben Stoffbahnen im Central Park

Fünf Millionen Menschen kommen im Sommer in die Hauptstadt, um den für 14 Tage von einer silbrig glänzenden Folie verhüllten Reichstag zu bestaunen. 24 Jahre lang braucht das Künstlerehepaar Christo und Jeanne-Claude, um die Genehmigung zu bekommen, aus dem geschichtsträchtigen Bauwerk das Kunstwerk „Wrapped Reichstag" zu machen

PRINZ BÜRGERLICH: In Berlin besucht CHARLES die KUNZENS in ihrem Plattenbau

Schmidt (SPD). Bundesumweltministerin Angela Merkel (CDU) „war zunächst auch dagegen. Mittlerweile habe ich mir den verhüllten Reichstag angeguckt und finde ihn schön.“ Bundestagspräsidentin Rita Süßmuth (CDU) schwärmt, als fünf Millionen Menschen gucken kommen und 1,2 Milliarden Mark in der Stadt lassen: „Ein Werk von majestätischer Schönheit.“

Animiert durch den Lokalsender Berliner Rundfunk 91,4 nennt die berühmt-berüchtigte Berliner Schnauze Christos „Wrapped Reichstag“ um einiges weniger respektvoll mal „Kohlroulade“, mal „Monte Christo“ oder auch „Verhüllerli“.

14 Tage lang schaut die Welt auf diese Stadt, Christo sei Dank. Kannze nich' meckern.

*

Zimperlich ist der niedersächsische Ministerpräsident Gerhard Schröder nie gewesen. So warf er bereits dem SPD-Vorsitzenden Björn Engholm vor, er lasse sich von Kanzler Kohl treiben. Ende August 1995 greift Schröder Engholms Nachfolger Rudolf Scharping an. Der hatte drei Jahre vor den nächsten Bundestagswahlen etwas voreilig behauptet: „Der Parteivorsitzende ist der Kanzlerkandidat.“ Das passt Schröder, der sich (wie man heute weiß durchaus zu Recht) selbst Chancen ausrechnet, gar nicht in den Karrierekram. Das sagt er auch im Interview mit der Zeitung „Die Woche“ seines Freundes Manfred Bissinger. Am Tag danach kündigt Scharping Schröder als wirtschaftspolitischen Sprecher der SPD – per Handy.

Lange dauert Scharpings Triumph nicht. Beim SPD-Parteitag in Mannheim hält Oskar Lafontaine am 15. November eine Rede voller Saft und Kraft, die Scharpings Referat als saft- und kraftlos, ja weinerlich erscheinen lässt.

„Es gibt noch Politikentwürfe“, lobt Parteitribun Lafontaine sich selbst, „für die wir uns begeistern können. Wenn wir selbst begeistert sind, können wir auch andere begeistern. Glückauf!“

Die Delegierten verstehen richtig: Das ist Oskars Bewerbung um den Parteivorsitz. Einen Tag später erlebt die SPD so etwas wie einen demokratischen Putsch. Der Vorsitzende Scharping wird nach nur 28 Monaten im Amt in einer Kampfabstimmung abgewählt. Nur 190 Genossen stimmen für ihn, 321 für den neuen Hoffnungsträger Lafontaine. Vorsitzender der Bundestagsfraktion darf Scharping bleiben und wird, quasi als Entschädigung, zum Stellvertreter des Putschisten Lafontaine gewählt. So etwas wie Anerkennung bekommt der neue Chef der „Sozen“ aus Hanoi. Dort ist Bundeskanzler Helmut Kohl (CDU) auf Staatsbesuch: „Das war abgekartet und vorausgeplant.“

Brav begrüßt Christian Kunz (7) den britischen Kronprinzen Charles, der in Berlin eine deutsche Mittelstandsfamilie kennenlernen will. Mutter Eva-Maria lächelt stolz

Schröder, der erst im zweiten Wahlgang und nur dank Lafontaines Unterstützung in den Parteivorstand kommt, übt sich in Bescheidenheit. Die Frage der Kanzlerkandidatur, gibt er zu Protokoll, stelle sich derzeit nicht.

*

Steffi Graf ist nach Recherchen des Money-Magazins „Forbes“ die Sportlerin mit dem weltweit höchsten Jahreseinkommen 1995. Vor Abzug der Steuern soll der deutsche Tennisstar 7,5 Millionen Dollar verdient haben. Steuern, um genau zu sein hinterzogene Steuern, bringen ihren Papa Peter in Untersuchungshaft. **Am 2. August stürmen Polizeibeamte das 20 000 Quadratmeter große gräfliche Anwesen am Luftschiffring 8 in Brühl, legen einen Durchsuchungsbeschluss fürs Haus und einen Haftbefehl gegen Peter Graf vor.** Er wird beschuldigt, von 1989 bis 1993 mindestens zwölf Millionen Mark dem Fiskus vorenthalten zu haben.

Wenige Tage später, ihr Vater und Manager sitzt noch in Untersuchungshaft, erklärt die Tenniskönigin in einem Hotel in Manhattan im ARD-Interview, den Tränen nahe: „Ich muss gestehen, dass ich den Fehler gemacht habe, mich nicht um finanzielle Dinge zu kümmern.“

Im September 1996 beginnt der Prozess gegen Peter Graf in Mannheim. Anfang 1997 ergeht das Urteil im Namen des Volkes: drei Jahre und neun Monate Gefängnis. Ende April 1998 kommt er nach 643 Tagen wieder frei, zunächst auf Bewährung. Wenige Tage später deutet Steffi Graf in einem „Focus“-Interview ihren Rücktritt an: „Noch einmal ein gutes Turnier in Wimbledon spielen, eine Schale Erdbeeren essen und dann dem Tennis adieu sagen – das wär's.“

*

Ernst-Bloch-Straße 35 im Berliner Stadtteil Hellersdorf. Eine Plattenbausiedlung. 13. November 1995, 15 Uhr. Ein Prinz kommt zu Besuch. Höflich – wie sonst? – stellt er sich der Familie Kunz (Mutter Eva-Maria, Vater Herbert, Sohn Christian) auf Deutsch vor: „Guten Tag, ich bin Prinz Charles.“

Der britische Thronfolger will eine typische deutsche Familie in einem typischen Plattenbau kennenlernen. Zur Feier des Tages öffnet Frau Kunz eine Flasche Rotkäppchen-Sekt. Der Prinz nippt am Sekt und fragt den sieben Jahre alten Steppke: „Spielst du Fußball?“ Der Junge verneint, verrät auch sein Lieblingsfach nicht, doch

Zivilbeamte verhaften Peter Graf (Kreis) wegen Steuerhinterziehung. Tennis-Ass Steffi Graf (kleines Foto) erklärt, sie habe sich nie um ihre Finanzen gekümmert

er zeigt dem Besuch aus London sein aufgeräumtes Zimmer.

Prinz Charles schaut sich um, sieht zwei Aquarien, einen Käfig mit einem Kanarienvogel und im Bücherregal das Werk „Der alte Mann von Lochnagar". Das hat er selbst geschrieben.

20 Minuten bleibt der blaublütige Besuch, erkundigt sich nach der Miete und macht die Berliner Familie darauf aufmerksam, dass der ihn begleitende Regierende Bürgermeister Eberhard Diepgen (CDU) an diesem Tag Geburtstag hat. „Daraufhin haben wir noch einmal das Glas erhoben", berichtet Eva-Maria Kunz der Presse.

Im Frühling scherzen die SPD-Politiker Gerhard Schröder, Rudolf Scharping und Oskar Lafontaine (v. l.) miteinander. Im Herbst wird es ernst, Lafontaine putscht

DIE CHRONIK VON 1995

1. 1. Start der **Pflegeversicherung** in Deutschland.

30. 1. **Hochwasser** an Rhein, Main und Mosel.

◄ 1. 2. **Mandy Wötzel** und **Ingo Steuer** aus Chemnitz werden **Europameister** im **Eiskunstlauf**.

26. 3. Das **Schengener Abkommen**, das die Personenkontrollen in der EU weitgehend abschafft, tritt in Kraft.

28. 3. Beginn der **UN-Klimakonferenz** in Berlin mit 160 Staaten.

22. 4. **Axel Schulz** unterliegt bei der Weltmeisterschaft im Schwergewicht in Las Vegas/USA gegen **George Foreman**.

29. 4. Eröffnung der **Bundesgartenschau** in **Cottbus**, der ersten in den neuen Bundesländern.

12. 5. **Bürgerrevolte** gegen frühere **Sperrstunden** für Biergärten in München.

18. 5. Festnahme des wegen Kreditbetrugs gesuchten untergetauchten Baulöwen **Jürgen Schneider** (links) in Miami/USA. ►

27. 5. **Henry Maske** verteidigt seinen **Weltmeistertitel** im Halbschwergewicht gegen **Graciano Roccigiani**.

10. 6. Die FDP wählt **Wolfgang Gerhardt** zu ihrem neuen Vorsitzenden.

17. 6. **Borussia Dortmund** ist **Deutscher Fußballmeister**.

26. 6. Die **EU** beschließt die Einführung einer **Einheitswährung** zum 1.1.1999.

29. 6. Das Bundesverfassungsgericht erklärt die **Neuregelung** des **Abtreibungsrechts** – Fristenregelung mit Beratungspflicht – für verfassungskonform.

8. 7. Zum sechsten Mal gewinnt **Steffi Graf** Wimbledon.

10. 7. Der sächsische Innenminister **Heinz Eggert** (CDU) tritt nach Vorwürfen zurück, er habe Mitarbeiter sexuell belästigt.

11. 7. **Bosnische Serben** erobern die **UN-Schutzzone Srebrenica** und ermorden Tausende von **Muslimen**. Zehn Tage später beschließen Frankreich, Großbritannien und die USA gegen russischen Widerstand Luftangriffe gegen bosnische Serben.

1. 8. Wegen Krankheit kommt der ehemalige Stasi-Minister der DDR, **Erich Mielke**, vorzeitig aus dem Gefängnis.

25. 8. Der **Airbus A 319** startet in Hamburg zum **Jungfernflug**.

27. 9. Mithilfe einer Therapeutin entkommt der als **„Heidemörder"** berüchtigte **Thomas H.** aus dem Sicherheitstrakt der Hamburger Psychiatrie-Klinik Ochsenzoll. 94 Tage später stellt er sich.

13. 10. **Langjährige Haftstrafen** erhalten die **vier Brandstifter** von Solingen, die im Mai 1993 ein von Türken bewohntes Haus angezündet hatten. Fünf Menschen starben.

25. 11. Norwegen liefert die Palästinenserin **Souhaila Andrawes**, einzige überlebende Terroristin aus der 1977 entführten Lufthansa-Maschine **„Landshut"**, an Deutschland aus.

29. 11. Festnahme von **Konstantin Wecker** wegen Kokain-Besitzes.

1. 12. Die **Kultusministerkonferenz** billigt die umstrittene **Rechtschreibreform**, die ab dem 1. August 1998 gelten soll.

6. 12. Der Bundestag beschließt, **4000 Bundeswehrsoldaten** sollen sich an der **multinationalen Bosnien-Friedenstruppe** beteiligen.

10. 12. Als erste deutsche Wissenschaftlerin erhält **Christiane Nüsslein-Volhard** den **Medizin-Nobelpreis.** ►

16. 12. Die Staats- und Regierungschefs der EU beschließen in Madrid, die künftige gemeinsame Währung solle **Euro** heißen.

1996

Ein GOLDEN GOAL macht einen Außenseiter zum Helden, im Alten Land zeigt Schröder seine NEUE LIEBE, und Dieter Bohlen ist schon nach vier Wochen EHEMÜDE

Der Jubel des Torschützen auf dem Rasen von Wembley: Oliver Bierhoff nach seinem entscheidenden Treffer gegen die Tschechen (kl. Foto: mit Marco Bode, Klaus Allofs)

Februar 1996, Opernball Wien

Fein im Frack lächelt der niedersächsische Ministerpräsident Gerhard Schröder mit Ehefrau Hillu im Februar auf dem Wiener Opernball, zu dem VW-Chef Ferdinand Piëch das Paar eingeladen hatte

Mai 1996, Altes Land nahe Hamburg

Nach der Trennung von Hillu im März bekennt sich Gerhard Schröder zu seiner jungen Liebe und lässt sich im Mai mit der blonden Journalistin Doris Köpf im Alten Land nahe Hamburg fotografieren

Mit seinem Tor zum 2:1 in der fünften Minute der Verlängerung gegen die Tschechen sorgt Oliver Bierhoff am 30. Juni dafür, dass die deutsche Nationalmannschaft Europameister ist, und seitdem wird bei Tresenwetten überall auf der Welt mit seinem Namen schrecklich viel Geld verloren.

Nämlich immer dann, wenn am Tresen die Frage aufkommt, wer denn nun das allererste Golden Goal der Fußballgeschichte geschossen habe, findet sich immer einer, der weiß, es sei eben dieser Bierhoff gewesen, damals am 30. Juni in London gegen die Tschechen.

Er war es eben nicht.

Der Mann, der als Premierenschütze Fußballgeschichte schreibt, heißt Anthony Carbone, trägt in Australiens U-20-Team die Rückennummer 8 und trifft schon 1993 zum Sieg gegen Uruguay.

Der Australier ist längst vergessen, Bierhoff hat seinen Heldenstatus behalten.

Beim Anpfiff dieses Finales, das Oliver Bierhoff den lange entbehrten Jubel einbringt, steht der 28-Jährige gar nicht auf dem Rasen, obwohl die Deutschen stark ersatzgeschwächt sind. Basler, Kohler, Bobic verletzt, Kapitän Klinsmann und Helmer angeschlagen. Die Tschechen gehen nach einem Patzer von Sammer in Führung, Bundestrainer Vogts wechselt den ungeliebten Bierhoff ein. Und der trifft: Zunächst in der regulären Spielzeit zum Ausgleich, danach in der Verlängerung zum Sieg. Es wird nicht wieder angepfiffen, so bestimmt es die Golden-Goal-Regel.

Im August präsentiert Greenpeace ein Drei-Liter-Auto, einen umgebauten Twingo Easy mit Zweizylindermotor. Laut AUTO BILD setzt das Sparmobil „Maßstäbe in Sachen Energieeffizienz“. In Serie geht das Auto nie

Bierhoff, als Sohn eines RWE-Managers ohnehin in Fußballerkreisen zum Außenseiter prädestiniert, galt schon als gescheiterter Bundesligastürmer – bei Uerdingen, dem HSV und Gladbach setzt er sich nicht durch. Flüchtet nach Salzburg, von da aus in die zweite italienische Liga zu Ascoli. Als Bierhoff zu Udinese wechselt, beobachtet ihn gelegentlich Bundestrainer Vogts, angeblich ist es dessen damalige Frau, die rät: „Den musst du holen. Der wird es dir eines Tages danken.“

Vogts hört auf seine Frau, Bierhoff trifft und dankt. Und bleibt sich bis heute – als Manager der Nationalmannschaft – treu: umstritten, aber am Ende erfolgreich.

Die Überleitung vom Ich-treuen Bierhoff hin zu zwei anderen prägenden Prominenten dieses Jahres ist nun beinahe zu einfach – sei's drum: Der SPD-Politiker Gerhard Schröder und Volks-Musiker Dieter Bohlen haben die Treue gegenüber anderen nicht als Erstes auf die persönliche Agenda geschrieben.

„Wenn ich fremdgehe, steht mein Haus in Flammen“, fürchtete der niedersächsische Ministerpräsident Gerhard Schröder in einem „Tischgespräch“ mit BILD am SONNTAG, fünf Jahre später ist es so weit. Zwar steht das Schrödersche Anwesen nicht gleich wörtlich in Flammen, aber seine Frau Hillu schmeißt ihren Mann

Die REEMTSMA-ENTFÜHRER werden gefasst und verurteilt. Aber wer hat die erpressten Millionen?

Anfang April 1996 wegen Fremdgehens mit der blonden Journalistin Doris Köpf raus.

Fortan übernachtet der obdachlose Regierungschef in der nach Dienstschluss ungeheizten Staatskanzlei, bis ihm sein Freund, der Rechtsanwalt Götz von Fromberg, als Untermieter Asyl gewährt.

So mancher CDU-Politiker freut sich, das Scheitern von Schröders dritter Ehe könne auch das Ende seiner politischen Karriere bedeuten. Bundeskanzler Helmut Kohl hingegen erklärt, das sei „absolut reine Privatsache". Schröder, so Kohl hellsichtig, habe alle Chancen, in zwei Jahren Kanzlerkandidat zu werden.

Am 25. September 1997 lassen sich Gerhard und Hillu Schröder scheiden, nachdem er ihr das unversehrte Haus überlassen hat. Drei Wochen später heiratet er an einem Freitag um 17 Uhr im kleinsten Familienkreis den Scheidungsgrund Doris Köpf, was BILD am SONNTAG exklusiv vermeldet. Als Schröder ein Jahr später Kanzler ist, kommt er ins „Guinness-Buch der Rekorde". Als „meistverheirateter Regierungschef" (most-married prime minister) eines nichtmuslimischen Landes sei er „mit vier Ehen konkurrenzlos unter den Staatsmännern".

Wie zu erwarten weit spektakulärer verläuft die Trennung von Dieter Bohlen (42) und Verona Feldbusch (28, einer Gelegenheitssängerin, Gelegenheitsdesignerin und ehemaligen „Miss American Dream", was immer das bedeutet). Die beiden kennen sich zwei Wochen, lassen sich am 13. Mai in Las Vegas trauen, und einen Monat später reicht Bohlen die Scheidung ein. Diese Scheidung zieht sich das ganze Jahr durch, die Wäsche, die von beiden öffentlich gewaschen wird, ist nicht schmutzig, sondern dreckig: Allerlei üble Nachrede, es soll sogar Prügel gegeben haben, Verona erstattet Strafanzeige. Manche jubeln („Wenn sich Bohlen scheiden lässt, ist das für uns so wie für CNN, wenn der Golfkrieg ausbricht", sagt der Produzent der „Harald-Schmidt-Show"), andere haben weniger Spaß. BamS-Leser Egon Vanicek aus Essen-Heisingen schreibt seiner Sonntagszeitung: „Man kann's nicht mehr hören und lesen. Feldbusch und Bohlen, das Paar, das echt nervt, soll der Teufel holen."

An wen auch immer dieser Wunsch gerichtet ist – bis heute hat ihn niemand erfüllt.

*

Am späten Abend des 25. März nimmt im feinen Hamburger Stadtteil Blankenese eines der spektakulärsten Verbrechen der deutschen Kriminalgeschichte seinen Anfang. Es dauert mehr als einen Monat, bis die Öffentlichkeit von der Entführung des Literaturwissenschaftlers, Multimillionärs und Mäzens Jan Philipp Reemtsma erfährt, denn die eingeweihten Journalisten schreiben mit Rücksicht auf das Opfer nicht darüber.

Am frühen Morgen des 26. März gegen 0.30 Uhr entdeckt Reemtsmas Ehefrau Ann Kathrin Scheerer,

Ein Polaroid-Foto, auf dem der entführte Jan Philipp Reemtsma eine BILD-Ausgabe hält, dient als Lebenszeichen für die Angehörigen

Vier Wochen nach der Hochzeit in Las Vegas reicht Dieter Bohlen (42) die Scheidung von Verona Feldbusch (28) ein

DIE CHRONIK VON 1996

17. 1. Der **AEG-Aufsichtsrat** entscheidet, das **Traditionsunternehmen** aufzulösen.

6. 2. 189 Menschen, davon 164 Passagiere aus Deutschland, sterben beim **Absturz** einer **Boeing 757** der türkischen Fluggesellschaft Birgenair in Puerto Plata (Dominikanische Republik).

29. 2. Nach 180 Tagen im All kehrt der deutsche **Astronaut Thomas Reiter** wohlbehalten zurück.

14. 3. **Fusion** der **Deutschen Kaufhaus AG**, der **SB Deutsche Kauf AG**, der **Kaufhof-Holding** und der **Metro AG** zum **Metro-Konzern** mit 175 000 Angestellten.

15. 3. Tod des Schriftstellers **Wolfgang Koeppen** („Das Treibhaus") in München.

23. 3. Bonn verbietet den Import von **Rindfleisch** aus **Großbritannien** wegen **Rinderwahnsinn** (BSE).

11. 4. 17 Menschen kommen bei einem **Großfeuer** am **Düsseldorfer Flughafen** ums Leben, 62 werden verletzt.
Nach zehn Jahren gibt das Zeitgeist-Magazin „Tempo" seinen Geist auf. ▸

18. 4. **Enteignungen** von Grundbesitz in der **Sowjetzone** zwischen 1945 und 1949 müssen nicht rückgängig gemacht werden, entscheidet das **Bundesverfassungsgericht**.

5. 5. Bei der **Volksabstimmung** votiert die Mehrzahl der Brandenburger gegen den Zusammenschluss mit Berlin.

15. 5. **Bayern München** ist **Uefa-Cup-Sieger**.

18. 5. **Borussia Dortmund** wird wie im Vorjahr **Deutscher Fußballmeister**.

15. 6. 350 000 Menschen demonstrieren in Bonn gegen die **Sparpläne** der **Bundesregierung**.

1. 7. Die deutschsprachigen Länder beschließen eine **Rechtschreibreform**, die ab dem 1. August 1998 gelten soll.

5. 7. **Dolly** heißt das Schaf, das als **erstes geklontes Säugetier** zur Welt kommt. ▸

19. 7. Beginn der **XXVI. Olympischen Sommerspiele** in **Atlanta** (USA). Zehnkämpfer **Frank Busemann** holt **Silber** für **Deutschland**.

22. 7. Die Rocksängerin **Tamara Danz** († 43), eine der populärsten DDR-Künstlerinnen (Silly), stirbt an Krebs. ▸

22. 8. TV-Moderatorin **Margarete Schreinemakers** klagt in ihrer Sat.1-Sendung, sie sei Opfer von Steuerfahndern.

5. 9. **Prozessbeginn** gegen **Peter Graf**, Vater des Tennisstars Steffi Graf, wegen **Steuerhinterziehung**.

26. 9. Das Münchner Amtsgericht verurteilt den Sänger **Konstantin Wecker** wegen Drogenmissbrauchs zu 21/2 Jahren Haft.

5. 11. **Bill Clinton** siegt bei den **US-Präsidentenwahlen**.

18.1 1. Die **Deutsche Telekom** geht an die **Börse**.

19. 11. Zwölf Jahre Haft für die Terroristin **Souhaila Andrawes**, die 1977 an der Entführung der Lufthansa-Maschine **„Landshut"** beteiligt war.

23. 11. **Henry Maske** verliert den letzten Kampf seiner Karriere gegen den US-Boxer **Virgil Hill** nach Punkten.

11. 12. **Tchibo** kauft **Eduscho**.

13. 12. Der **Bundestag** stimmt für die Beteiligung deutscher Soldaten an der **internationalen Friedenstruppe** in **Bosnien**.

geweckt vom Gebell der Hunde, im Garten eine Blutlache sowie ein Erpresser-Schreiben: 20 Millionen Mark fordern die Entführer für die Freilassung ihres Mannes. Sollte sie Polizei oder Presse einschalten, werde er sterben. Kontakt nur durch Kleinanzeigen in der „Hamburger Morgenpost" mit dem Text: „Alles Gute Ann Kathrin. Melde Dich mal".

Es ist der 27. März, als Frau Scheerer per Post ein Brief mit einem Polaroid-Foto zugestellt wird. Das Foto zeigt ihren Mann, eine aktuelle Ausgabe der BILD-Zeitung in der Hand. Die Schlagzeile: „Schaut her, sie sind glücklich", daneben abgebildet: Gerhard Schröder mit Doris Köpf, händchenhaltend. Ann Kathrin Scheerer informiert die Polizei und beschafft die geforderten 20 Millionen Mark. Zwei Versuche, das Lösegeld zu übergeben, scheitern. **Am 18. April erhöhen die Verbrecher die Forderung auf 30 Millionen Mark, am 25. April klappt die Übergabe nahe Krefeld.** Einen Tag später kommt Reemtsma im Hamburger Vorort Maschen frei und klingelt an der Tür eines Hauses am Alten Postweg. Höflich bittet er: „Entschuldigen Sie die späte Störung. Meine Name ist Reemtsma. Darf ich mal meine Frau anrufen?"

Kaum ist Reemtsma nach 33 Tagen frei, beginnen 100 Beamte der Sonderkommission 962 mit der Jagd nach den Entführern. Ein anonymer Anrufer meldet sich und gibt den entscheidenden Hinweis: Spur 2087 führt in den Keller, in dem Reemtsma angekettet war. Am 22. Mai erkennt er in einem einsamen Haus in Garlstedt (Niedersachsen) sein Verlies.

Die Entführerbande bestand aus vier Männern, alle werden gefasst, angeklagt und erhalten lange Haftstrafen. Ihr Anführer Thomas Drach, 1998 in Argentinien verhaftet und erst zwei Jahre später an die deutsche Justiz ausgeliefert, sitzt immer noch seine vierzehneinhalb Jahre Gefängnis ab. **Von den 30 Millionen Mark Lösegeld sind bis heute 28,7 Millionen Mark verschwunden.**

„Toy Story" (Regie John Lassater, Musik Randy Newman) ist 1996 der erste Spielfilm der Kinogeschichte, der vollständig am Computer entsteht

BOHNENSUPPE MIT METTWURST

Das brauchen Sie:
4 Mettwürste, 150 g mageren Speck, 250 g weiße Bohnen, 1 Zwiebel, 30 g Butterschmalz, 1 l Fleischbrühe, Pfeffer, Salz, 1 Prise Muskat, 2 Stangen Lauch, 2 EL Mehl, 3 EL Wasser, 1 Bund Petersilie.
So wird's gemacht: Bohnen über Nacht einweichen. Dann abgießen. Speck würfeln, Zwiebel abziehen, klein hacken. Im erhitzten Butterschmalz Speck und Zwiebel anbraten. Mit Fleischbrühe ablöschen. Bohnen zugeben, würzen und bei schwacher Hitze etwa 60 Minuten garen. Lauch putzen, in Ringe schneiden. Zu der Suppe geben und etwa 7 Minuten weiterköcheln lassen. Mettwürste zugeben, 10 Minuten darin ziehen lassen. Mehl und Wasser verrühren. Die Suppe damit binden. Petersilie waschen, hacken und über die Suppe bestreut servieren.

Aus: „Bild der Frau", Nr. 47/1996

Der „Unsterbliche“ und drei entzückende Eintagsfliegen: Am 3. Juni, einen Tag vor seinem Konzert in Köln, trifft Michael Jackson mit Lee, Ricky und Jazzy von „Tic Tac Toe“ zusammen

JAN ULLRICH gewinnt die Tour de France, „TIC TAC TOE“ verliert die Nerven, und Bundespräsident Herzog findet RUCK, ZUCK die richtigen Worte

Für ein paar Zeilenlängen vergisst der Kolumnist der großen deutschen Tageszeitung alle journalistische Distanz. Ja, er duzt jetzt sogar den Mann, über den er berichten soll, er versteigt sich zu einer Hymne aus Mitgefühl und Emphase: **„Du bestehst nur noch aus jagendem Herzen, keuchendem Atem, schmerzenden Muskeln.“**

Was da so jagt, keucht und schmerzt, ist Jan Ullrich, der „Ulle“ aus Rostock, der am 27. Juli als erster Deutscher die Tour de France gewinnt. Und der Mann, der ihm in BILD und BILD am SONNTAG die Elogen schreibt, ist der Gelegenheitsjournalist, Radsport-Fanatiker und SPD-Fraktionschef Rudolf Scharping, als Begleiter bei der Tour unterwegs.

Im Nachhinein lässt sich's leicht darüber spotten, aber in diesen Tagen treffen Scharping und all die anderen Kommentatoren die Stimmung der Menschen. Seit sich der Telekom-Profi Ullrich auf der 10. Etappe zwischen Luchon und Andorra-Arcalis am letzten Anstieg das Gelbe Trikot holt und es bis zum Finaltag in Paris nicht mehr hergibt, verzeichnen die Sondersendungen der ARD

Am 18. September startet in Friedrichshafen der neue Zeppelin NT zur Jungfernfahrt. Seit 2001 können Passagiere in diesem mit Helium gefüllten Werbeträger eine Tour buchen. 30 Minuten kosten 200 Euro

Einschaltquoten wie sonst nur Fußball-Länderspiele. Auch das für gewöhnlich so nüchterne „Handelsblatt“ stellt fest, dass Ullrich „binnen dreier Wochen zum emotionalen Mittelpunkt Deutschlands avanciert“.

Die Kollegen von der Wirtschaftspresse beobachten, durchaus kernkompetent, noch ein anderes Phänomen: „In den Läden der Telekom verkaufen sich derzeit Fahrradhelme besser als Faxgeräte, werden Trikots neben Telefonen feilgeboten.“

„Le Figaro“, üblicherweise die Stimme der Vernunft unter den Zeitungen im Radsportland Frankreich, verlässt bei seiner Beschreibung des Phänomens Ullrich gar die Sphären des Irdischen: **„Für einen Gott ist er eigentlich noch zu jung, aber die Menge sieht in ihm einen neuen Messias.“** Dessen Startnummer, die 8, sichert sich nach der Zielankunft übrigens sofort sein größter Bewunderer: richtig, Scharping, der Fraktionsvorsitzende.

*

Bis Jan Ullrich ins endgültige Abseits radelt, wird es noch ein wenig dauern, die Fans der erfolgreichsten deutschen Girlie-Band „Tic Tac Toe“ („Verpiss dich“) müssen schon zwei Jahre nach der Gründung der Band von ihren Idolen Abschied nehmen. Nachdem Jazzy, Lee und Ricky von ihren ersten beiden Alben jeweils fast drei Millionen verkauft haben, kommt es immer öfter zu Ärger und Irritationen um die drei Mädchen. Zunächst stellt sich raus, dass sie allesamt älter sind, als von der Plattenfirma behauptet wird, es gibt Berichte über den Selbstmord von Lees Ehemann und deren Vorleben als Prostituierte und Drogensüchtige. Auf einer Pressekonferenz im November kommt es dann zum Eklat: Jazzy und Lee bepöbeln die psychisch labile Ricky öffentlich, alle drei stürmen von der Bühne, „Tic Tac Toe“ (300 Millionen Mark Umsatz in nur 18 Monaten) ist ab sofort Show-Geschichte. **Mehrere Comebackversuche scheitern, auch die Solo-Auftritte der Mädchen haben keinen Erfolg.**

Es bleibt die Erinnerung an eine Blitzkarriere und das Zusammentreffen mit dem Allergrößten: Als Michael Jackson am 3. Juni in Köln ein Konzert gibt, lässt er sich mit Lee, Ricky und Jazzy fotografieren und bittet sie als Vorgruppe aufzutreten.

*

Eine gewichtige Hauptgruppe bilden die 150 Moppel-Menschen, die sich Anfang März in Hamburg zum ersten Bundeskongress der Wohlbeleibten, veranstaltet vom Verein Dicke e. V., treffen. Motto der Pfunds-Tagung: „Ich will so bleiben, wie ich bin.“

Als Erstes trifft man den Beschluss, der 6. Mai möge fortan nach britischem Vorbild als „Antidiättag“ in den Kalender eingetragen werden. Bundesvorstandssprecherin Gudrun Wohlrab ist felsenfest überzeugt: „Es ist noch keine Diät erfunden worden, die auf Dauer hilft.“

Ende März schreibt der Verein einen geharnischten Brief an das unmögliche Möbelhaus

„Jan Üllrick“, wie ihn die Franzosen nennen, bei der Arbeit. Es ist die 16. Etappe, seit einer Woche fährt der Deutsche in Gelb. Während der 17. Etappe will er aufgeben, Teamkollege Bölts motiviert ihn mit der Aufforderung: „Quäl dich, du Sau!“ Foto oben: Ullrich als Tour-Sieger in Paris

FOTOS: DPA, AP, ULLSTEIN-BILD, IMAGO

Beim Einsatz gegen das Oder-Hochwasser im Sommer erwirbt Brandenburgs Umweltminister Matthias Platzeck (heute Ministerpräsident) den ehrenvollen Spitznamen Deichgraf. Tausende Soldaten helfen bei der Befestigung der Deiche

Der neue Mercedes kippt beim Elchtest um und bekommt trotzdem das Goldene Lenkrad

Bundespräsident Roman Herzog hält seine Berliner Ruckrede im Hotel „Adlon“

Ende Oktober kippt ein Mercedes der neuen A-Klasse beim Elchtest in Schweden um. Der Testfahrer wird verletzt

aus Schweden, Ikea-Stühle hätten für ihre großen Sitzflächen zu kleine Sitzflächen. Kühl wie der schwedische Winter fällt die Antwort aus: „Bei sachgemäßem Gebrauch dürfte es keine Probleme mit unseren Möbeln geben.“

*

Noch ist der Neubau des Edel-Hotels mit dem traditionsreichen Namen „Adlon“ direkt am Brandenburger Tor in Berlin gar nicht eröffnet für die von den Investoren angepeilte Zielgruppe Bestverdiener, da macht die Herberge bereits Geschichte.

Bundespräsident Roman Herzog kommt am 26. April an den historischen Ort, wo bereits Kaiser Wilhelm II. Hof hielt, und hält dort als „republikanischer Vorkoster“ seine berühmteste, die Berliner Rede. Herzog, als Staatsoberhaupt so etwas wie des Kaisers Amtsnachfolger, beklagt sich über „Mutlosigkeit und Krisenszenarien“. Ein Gefühl der Lähmung liege über unserer Gesellschaft, stellt er fest. Wenn es um Neuerungen geht, höre er vor allem „die

Über drei Millionen Menschen sehen den vermutlich besten Dietl-Film **„Rossini – oder die mörderische Frage, wer mit wem schlief“. „Schneewittchen“ (Veronica Ferres) schläft zum Beispiel mit einem bekannten Regisseur, der macht sie zum Star ...**

DIE CHRONIK VON 1997

9. 1. In Varel (Niedersachsen) missbraucht und ermordet der vorbestrafte Sexualmörder **Rolf Diesterweg** die zehnjährige **Kim Kerkow**.

16. 1. Nach Querelen mit Daimler-Chef **Jürgen Schrempp** kündigt Mercedes-Boss **Helmut Werner**.

20. 1. **Bill Clinton** tritt seine zweite Amtszeit als US-Präsident an.

22. 1. Wegen der **Rinderseuche BSE** ordnen Bundes- und Landesregierungen die **Notschlachtung** von 5200 aus Großbritannien und der Schweiz importierter Rinder an. ▸

4. 2. Beginn der **Bauarbeiten** für das **Bundeskanzleramt** in **Berlin**.

14. 3. Krebstod von **Jurek Becker**, der u. a. Drehbücher für **„Liebling Kreuzberg“** geschrieben hat.

27. 2. **Kurt Masur**, Kapellmeister des Leipziger Gewandhauses, wird aus seinem Amt verabschiedet.

31. 3. **Brandanschlag** auf die Wohnung einer türkischen Familie in **Krefeld**, drei Tote.

16. 4. Russlands Präsident **Boris Jelzin** besucht Deutschland.

8. 5. In Hamburg werden Fundstücke aus dem Wrack der 1912 gesunkenen **„Titanic“** ausgestellt.

15. 5. Der Bundestag verabschiedet ein Gesetz, das **Vergewaltigung in der Ehe** bestraft.

21. 5. **Schalke 04** holt nach Elfmeterschießen gegen Inter Mailand den **Uefa-Cup**.

27. 5. Verurteilung von **Markus Wolf**, Ex-Spionagechef der DDR, zu zwei Jahren Haft auf Bewährung wegen Freiheitsberaubung.

28.5. Mit einem 3:1 Sieg über Juventus Turin wird Borussia Dortmund erster deutscher Verein, der die **Champions League** gewinnt.

31. 5. Zum 14. Mal wird der **FC Bayern München Deutscher Fußballmeister**.

6. 6. Die deutschen Innenminister entscheiden, künftig die **Scientology-Sekte** vom **Verfassungsschutz** überwachen zu lassen.

21. 6. Eröffnung der **documenta X** in **Kassel**. ▸

1. 7. **Reform** der **Kfz-Steuer**. Sparsame Autos werden billiger, Stinker teurer.

12. 7. **Eine Million Menschen** bei der Berliner **Love Parade**.

29. 7. Das **Verwaltungsgericht** Wiesbaden **verbietet** die **Rechtschreibreform**.

25. 8. Wegen des Schießbefehls an der innerdeutschen Grenze verurteilt das Berliner Landgericht die einstigen SED-Politbüromitglieder **Egon Krenz**, **Günter Schabowski** und **Günther Kleiber** zu mehrjährigen Haftstrafen.

31. 8. Die britische **Prinzessin Diana** kommt bei einem Autounfall in Paris ums Leben, ebenso ihr Liebhaber **Dodi el-Fayed** und sein Fahrer.

13. 9. **Kollision** einer **Bundeswehrmaschine** mit einem **US-Transportflugzeug** vor der Küste Namibias – 33 Tote.

18. 9. Neun deutsche Touristen fallen einem **Anschlag** in **Kairo** zum Opfer.

16. 10. **Premiere** des Films **„Ballermann 6“**.

24. 10. Zum letzten Mal moderiert **Eduard „Ede“ Zimmermann „Aktenzeichen XY...“** ▸

14. 11. Senkung der **Promillegrenze** von 0,8 auf 0,5.

4. 12. Die **EU-Gesundheitsminister** verbieten die **Tabakwerbung**.

23. 12. Ex-Baulöwe **Jürgen Schneider** muss wegen Betrug sechs Jahre und neun Monate einsitzen, urteilt das Landgericht Frankfurt/Main.

Stimmen der Bedenkenträger“. **Deutschland brauche „wieder eine Vision“ und weniger Selbstgefälligkeit** fordert Herzog. „Durch Deutschland muss wieder ein Ruck gehen“, ist die Grundmelodie der Rede.

Seitdem ist sie als Herzogs Ruckrede bekannt und könnte jedes Jahr aufs Neue gehalten werden.

Wenige Wochen nach Herzogs Ruckrede zieht die einstige Ufa-Leinwandkönigin Ilse Werner ruck, zuck vor Gericht. Der Grund hat auch etwas mit dem „Adlon“ zu tun, dem alten „Adlon“, das kurz vor Kriegsende ausgebrannt ist. Der Schriftsteller Jürgen Ebertowski schildert in seinem Roman „Unter den Linden Nummer Eins“ (Verlag Schwarzkopf & Schwarzkopf) einen Auftritt der pfeifenden Schauspielerin Ilse Werner vor Hitlers Propagandaminister Joseph Goebbels und Luftfahrtminister Hermann Göring, während sie im „Adlon“ tafeln.

Diese fiktive Szene will die Werner, die im Dritten Reich Triumphe feiern konnte („Große Freiheit Nummer 7“), **per einstweiliger Verfügung verbieten lassen.** Doch das Leben ist kein Wunschkonzert. So erlaubt das Landgericht Hamburg weiterhin den Verkauf des Buchs, nur müsse bei späteren Auflagen die Werner-Passage gestrichen werden.

*

Im Herbst taucht ein neues Wort im deutschen Wörtersee auf: Elchtest. Am 21. Oktober kippt in Schweden ein Mercedes der A-Klasse beim mehrfachen schnellen Spurwechsel um. Dieser Test sei in Skandinavien, wo Elche gern unangemeldet die Straßen betreten, durchaus realistisch, sagen die Nordmänner.

Der umgefallene Baby-Benz bringt nicht nur den Autohersteller in Verlegenheit, sondern auch BILD am SONNTAG. Denn die A-Klasse hatte zuvor alle Kriterien fürs Goldene Lenkrad, Deutschlands begehrtesten Autopreis, erfüllt – ohne Elch-Test.

Mercedes-Chef Jürgen Schrempp ordnet an, alle Fahrzeuge der A-Klasse mit einem teuren elektronischen Stabilitätsprogramm (ESP) auszustatten. BILD am SONNTAG-Chefredakteur Michael Spreng bittet Rallye-Profi Rauno Aaltonen aus dem elchreichen Finnland, die A-Klasse mit Anti-Umfall-System erneut zu testen. Aaltonen tut es, die A-Klasse kippt nicht und bekommt das Goldene Lenkrad knapp vor dem Golf.

Der Test mit dem Elch ist ein gefundenes Fressen für die Witzemacher der Nation. Harald Schmidt beantwortet die Frage, warum der neue kleine Mercedes A-Klasse heißt, so: „Weil Fahrer in der Kurve bei Tempo 80 nur noch ahhhhhhhhhhhh sagen können.“ Mike Krüger scherzt: „Man darf in der A-Klasse nicht rauchen – zu viele kippen.“

Der Begriff macht Karriere. Seit 2000 steht „Elchtest“ im Duden. Die Redaktion von Wahrigs Wörterbuch hingegen weigert sich noch 2002, ihn aufzunehmen. Begründung: „Elchtest“, das sei nur eine Eintagsfliege.

Eindeutig eine Fehleinschätzung.

FOTOS: CINETEXT/CONSTANTIN FILM, ULLSTEIN, AP, JOCHEN ECKEL, AKG, INTERFOTO

Die Stunde des Triumphes: Vom FC Bayern gefeuert, wechselt Otto Rehhagel zum Aufsteiger Kaiserslautern, wird Meister – und gewinnt gegen die Bayern im Hin- und Rückspiel!

1998

KATI WITT wird Nacktmodell, OTTO REHHAGEL König in der Pfalz und GERHARD SCHRÖDER Kanzler von Deutschland

Cover des legendären Weihnachts-„Playboy“ mit Katarina Witt. Glückliche Besitzer der Rarität sehen die 33-Jährige im Heftinneren beim Handstand, beim Luftsprung, im Tanga, mit High Heels – und ohne alles ...

Es ist ein besonderes Weihnachtsgeschenk, das der amerikanische „Playboy“ seinen Lesern macht, und der Art-Direktor hat es, dem Anlass angemessen, auf dem Titelbild schon ein bisschen ausgepackt: Es präsentiert sich den Lesern „Gold Medal Ice Skater“ Katarina Witt (33) aus Ost-Berlin, Lippen geschlossen, Dekolleté ziemlich offen. Ein Träger ihres Hemdchens ist verrutscht, der andere, so darf vermutet werden, wird die Last auch nicht mehr lange halten können.

Die „Gala Christmas Issue“ mit Fräulein Witt, das zu dieser Zeit bereits einen Film mit Robert De Niro gedreht hat und die Amerikaner auf der „Champion-on-Ice“-Tour begeistert, ist nach kurzer Zeit weltweit ausverkauft, was zuvor nur mit der Monroe auf dem Cover gelang. An der Story von Pulitzer-Preisträgerin Joyce Carol Oates, mit der dieser Dezember-„Playboy“ ebenfalls wirbt, wird es kaum gelegen haben.

Tatsächlich erfüllt die zweifache Eiskunstlauf-Olympiasiegerin im Heftinneren auf zehn Bildern dann alle Erwartungen: Mal schwarzweiß, mal farbig präsentiert sich Kati Witt in ganzer Schönheit. **„Die Fotos sind schön rein und natürlich. Sie sind nackt, aber sie haben immer noch ein Gefühl der Unschuld“,** sagt die Witt, übrigens die erste deutsche Sportlerin, die sich für den „Playboy“ auszieht.

An der gesamtdeutschen Ausgabe des Magazins wird, wenngleich auf höchst charmante Weise, deutlich, dass es noch lange keine gesamtdeutschen Stars gibt: In den neuen Bundesländern zucken die Händler schon nach wenigen Stunden auf Nachfrage bedauernd die Schultern („Hammwer nich mehr“), in Hamburg, Frankfurt, Köln und München erweist sich die kostümfreie Kati nicht als „Zugmieze“.

Zum ost-westlichen Erfolgsmodell wird hingegen der pfälzische Traditionsclub 1. FC Kaiserslautern. Die „Roten Teufel“, gerade erst in Liga eins aufgestiegen, holen sensationell den deutschen Meistertitel. Das ist natürlich ein Verdienst des schon damals etwas handgeschnitzt auftretenden Fußball-Lehrers Otto Rehhagel, aber natürlich auch das seiner Spieler. Zu nennen sind da der Ersatztorhüter Reinke (Schwerin), die Stürmer Rische und Marschall (beide Leipzig)

Auf dem Luftbild wirken die Waggons des am 3. Juni entgleisten ICE wie ein bizarres Modelleisenbahner-Arrangement. Tatsächlich ist dies der schwerste Unfall in der Geschichte der Deutschen Bahn mit 101 Toten

Johannes Heesters lacht sich über Viagra schlapp

◂ **Wahlsieger Gerhard Schröder (SPD), der künftige Vizekanzler Joschka Fischer (Grüne) und SPD-Chef Oskar Lafontaine (v. l.), stoßen auf die neue Koalition an.**

Am Tag nach der Wahl laden Schröder und seine Frau Doris BILD am SONNTAG-Chefreporter Helmut Böger (rechts) zum Frühstück ein ▾

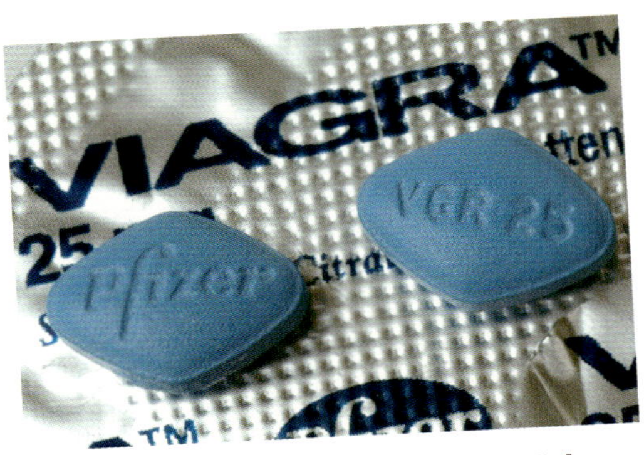

Viagra, blaue Pillen gegen Erektionsschwächen, stärken ab Herbst 1998 auch den Umsatz des US-Pharmaherstellers Pfizer

und ein gewisser Michael Ballack, juveniler Mittelfeldstratege, gebürtig aus Chemnitz.

Na also, geht doch.

Einen anderen Triumphator, dem Trainer Rehhagel zumindest im Selbstbewusstsein nicht unähnlich, erlebt das Land am letzten Septembersonntag. **Deutschland hat gewählt, Gerhard Schröder (SPD), Ministerpräsident von Niedersachsen, triumphiert.** Gerade ist es ihm als erstem Politiker in fast einem halben Jahrhundert Bundesrepublik gelungen, einen amtierenden Bundeskanzler per Wahl abzulösen. Die beiden bisherigen Machtwechsel geschahen durch Partnertausch, 1969 der SPD, 1982 der FDP.

Uneingeladen erscheint Hans-Olaf Henkel, Präsident des Bundesverbandes der Deutschen Industrie, gegen 22.30 Uhr zu Schröders Jubelfest in der Vertretung des Landes Niedersachsen in Bonn. Gönnerhaft sagt er: „So viel hätte ich euch nicht zugetraut." Bald-Kanzlergattin Doris Schröder-Köpf zischt: „Und jetzt sind Sie traurig, Herr Henkel?" Der will ein Bier, schnorrt eine Zigarre und drängt sich mit dem Bald-Kanzler auf ein gemeinsames Erinnerungsfoto. Der Boss der Bosse und der künftige Boss der Bundesrepublik lachen in die Kamera. Kaum ist Henkel weg, variiert Schröder den viel belachten Satz des drei Monate zuvor zurückgetretenen Bayern-Trainers Giovanni Trapattoni: „Den haben wir fertig."

Kurz nach Mitternacht treffen sich die „Frogs", wie sich die „Friends of Gerhard" abkürzen, im Friesenkeller der Niedersachsen-Botschaft. Der schwergewichtige Anwalt Götz von Fromberg, laut Schröder „der einzige Millionär, der mich gewählt hat", stimmt das Lied an: „So sehen Sieger aus."

Der Sieger, der als aufmüpfiger Jungpolitiker am Zaun des Kanzleramtes gerüttelt und gerufen hat „Ich will hier rein", bekennt jetzt ungewohnt ernst: „Ich muss das erst einmal verarbeiten." Dabei hilft ihm eine Zigarre der Marke Cohiba, auf deren Geschmack er während eines Besuchs bei Castro gekommen ist.

Doris Schröder-Köpf steigt auf einen Stuhl, um die Einzelergebnisse im Fernsehen mitzubekommen. Ihr Mann tätschelt versonnen ihre schlanken Beine, bekennt ganz lieb: „Ohne Doris wär' das alles hier nix." Dann fällt ihm ein, dass öffentli-

Im März präsentiert VW den New Beetle im Retro-Look, Blumenvase serienmäßig. Anders als der Käfer hat der New Beetle einen Frontmotor

DIE CHRONIK VON 1998

1. 1. Der **Soli** sinkt von 7,7 auf 5,5 Prozent.

16. 1. Der Bundestag beschließt den **„Großen Lauschangriff“** zur akustischen Überwachung von Wohnungen.

5. 2. **Massenprotest** von Arbeitslosen in **200 deutschen Städten**.

7. 2. Beginn der **XVIII. Olympischen Winterspiele** in **Nagano/Japan.** Sportler der Bundesrepublik sind die erfolgreichsten der Welt.

17. 2. Tod des Schriftstellers **Ernst Jünger** († 102).

26. 2. Mit dem Lied „Guildo hat euch lieb“ qualifiziert sich **Guildo Horn** in Bremen für den **Grand Prix d’Eurovision de la Chanson.** ▸

2. 3. Die **SPD** nominiert den niedersächsischen Ministerpräsidenten **Gerhard Schröder** zum **Kanzlerkandidaten.**

10. 3. Bei einer **Pressekonferenz** bricht es aus **Giovanni Trapattoni,** Trainer des FC Bayern, heraus: „Schwach wie eine Flasche leer“ und: „Ich habe fertig“.

28. 3. Festnahme des **Reemtsma-Entführers Thomas Drach** in Argentinien.

1. 4. Vor dem **Champions-League-Spiel** Real Madrid gegen Borussia Dortmund kippt ein Tor um.

16. 4. **Pfarrer Klaus Geyer** wird wegen **Totschlags** an seiner Ehefrau Veronika zu acht Jahren Haft verurteilt.

20. 4. Die **RAF** erklärt nach 28 Jahren Terror ihre **Selbstauflösung.**

23. 4. Der **Bundestag** beschließt, Deutschland nimmt an der **europäischen Währungsunion** teil.

7. 5. **Chrysler** und **Daimler-Benz** kündigen ihren Zusammenschluss an – die **weltweit größte Firmenfusion.**

13. 5. US-Präsident **Bill Clinton** auf Deutschland-Besuch.

1. 6. **Gründung** der Europäischen Zentralbank.

12. 7. **Frankreich** ist nach einem 3:0 über Brasilien **Fußballweltmeister.**

14. 7. Laut Bundesverfassungsgericht ist die **Rechtschreibreform** rechtmäßig.

14. 8. **Tod** des Quizmasters **Hans-Joachim Kulenkampff** († 77). ▸

7. 9. Rücktritt von **Berti Vogts** als Fußball-Bundestrainer. Nachfolger ist **Erich Ribbeck.**

11. 10. Nach der Verleihung des **Friedenspreises des deutschen Buchhandels** hält **Martin Walser** eine umstrittene Dankesrede, in der er sich gegen die „Dauerpräsentation unserer Schande wehrt“.

Papst Johannes Paul II. spricht die 1942 im KZ Auschwitz ermordete Nonne Edith Stein heilig.

17. 10. **281.** und letzte Folge der ZDF-Krimiserie **„Derrick“** mit **Horst Tappert.** ▸

31. 10. SPD und PDS beschließen in Mecklenburg-Vorpommern die **erste rot-rote Koalition** in einem Bundesland.

7. 11. Nach dem **Rücktritt von Helmut Kohl** wählt die CDU Wolfgang Schäuble zu ihrem Vorsitzenden.

10. 12. **Nobelpreis** für den deutschen Physiker **Horst Ludwig Störmer.**

Am 25. Oktober läuft der Holzfrachter „Pallas“ vor Amrum auf Grund, 90 Tonnen Öl ergießen sich in die Nordsee. 12 000 Vögel und Dutzende Seehunde verenden durch die Ölpest. Noch heute ist das Wrack sichtbar

che Zärtlichkeiten nun nicht mehr angesagt sind, und er ruft sich zur Ordnung: **„Jetzt nicht mehr knutschen, wir sind Staatsmänner.“**

Um 2.40 Uhr ziehen sich der künftige siebte Bundeskanzler und seine First Lady zurück. Schon beim Frühstück um 8 Uhr geht der Ärger los. Der „Bonner General Anzeiger“ berichtet, Schröder färbe sich die Haare. „So ein Schmarrn“, entfährt es seiner Frau in Gegenwart des zum Frühstück gebetenen Reporters von BILD am SONNTAG, „alles Natur.“

Am Abend fliegen Schröders wieder nach Hannover. Dort wartet Tochter Klara (damals 7). In ihren Kalender hat sie geschrieben: „Gerd wird Bundeskanzler.“

Ein paar Tage muss er sich noch gedulden: Am 27. Oktober wählt der Bundestag den Sohn einer Putzfrau und eines im Krieg gefallenen Hilfsarbeiters mit den Stimmen von SPD und Grünen zum Kanzler. Helmut Kohl (CDU), der dies 16 Jahre lang war, gratuliert höflich. Mit seiner vier Jahre zuvor auf einem Bierdeckel notierten Prophezeiung hat Kohl recht behalten: „Schröder wartet bis 1998.“

★

Bis 1998 merken sich Jura-Studenten den § 1300 des Bürgerlichen Gesetzbuchs mit einem schrägen Reim: „Der Heil’ge Geist schaut sehr verwundert, Maria klagt aus Dreizehnhundert.“ Seit dem 1. 1. 1900 kann „eine unbescholtene Verlobte“, die ihrem Verlobten „die Beiwohnung gestattet“, dann eine „Entschädigung in Geld verlangen“, wenn der Mann sein Eheversprechen nicht einhält. Das Geld für den Verlust der Jungfräulichkeit heißt „Kranzgeld“. Erst die Reform des Ehegesetzes am 1. Juli 1998 entsorgt den „Dreizehnhundert“ aus dem BGB.

★

Die Heirat der beiden Autohersteller Daimler (Deutschland) und Chrysler (USA) im Wonnemonat Mai wird als größter Firmenzusammenschluss der Geschichte gefeiert. Daimler-Chef Jürgen Schrempp, der das Unternehmen (234 Milliarden Mark Umsatz, 421 000 Mitarbeiter) zusammen mit Chrysler-Boss Bob Eaton führt, jubelt im BILD am SONTAG-Interview: „Eine Investition in die Zukunft.“

Im verflixten siebten Jahr nach der Fusion muss Schrempp gehen, nachdem der Aktienkurs von DaimlerChrysler von 101 auf 35 Euro gefallen ist. 2007 ist die Auto-Ehe am Ende.

★

Am 3. Juni um 10.58 Uhr geschieht bei Eschede in Niedersachsen eine Katastrophe der entsetzlichen Superlative: Wegen eines abgesprungenen Radreifens entgleist der mit 287 Personen besetzte ICE 884 Wilhelm Conrad Röntgen mit 200 km/h. Beim schwersten Zugunfall in der Geschichte der Deutschen Bahn sterben 101 Menschen, 88 überleben schwer verletzt.

Vier Jahre nach der Todesfahrt des ICE 884 müssen sich drei Ingenieure wegen Körperverletzung und fahrlässiger Tötung vor dem Landgericht Lüneburg verantworten. Trotz heftiger Proteste von Hinterbliebenen und Überlebenden des Infernos wird der Prozess nach 54 Verhandlungstagen gegen Geldstrafen eingestellt. Die Zugnummer ICE 884 wird nie mehr vergeben.

★

Kaum ist Viagra, die Pille gegen Potenzstörungen, im Oktober in den deutschen Apotheken, machen Herren Herrenwitze dieser Art: „Woran erkennen Sie“, fragt Ingolf Lück in der „Wochenshow“ von Sat.1, „dass Ihr Chef sexsüchtig ist? Er bietet Ihnen jeden Tag eine neue Stellung an und nimmt zwei Stück Viagra in den Kaffee.“

Zwei Hannoveraner färben Pfefferminzbonbons blau ein und bieten 20 Stück für 348 Mark als Viagra-Pillen im Internet an. Ein Kunde, der vergebens auf Wirkung wartet, zeigt die Potenz-Fälscher wegen Betruges an.

Johannes Heesters, damals 95 Jahre jung, sagt seiner 46 Jahre jüngeren Frau Simone: „Pass auf, Schatz, die Männer nehmen jetzt so eine Pille, dann geht’s los. Und danach liegen sie tot im Bett, weil die Aufregung zu viel war.“

FOTOS: AP, KLAUS BECKER, REUTERS, ULLSTEIN-BILD, DPA

1999

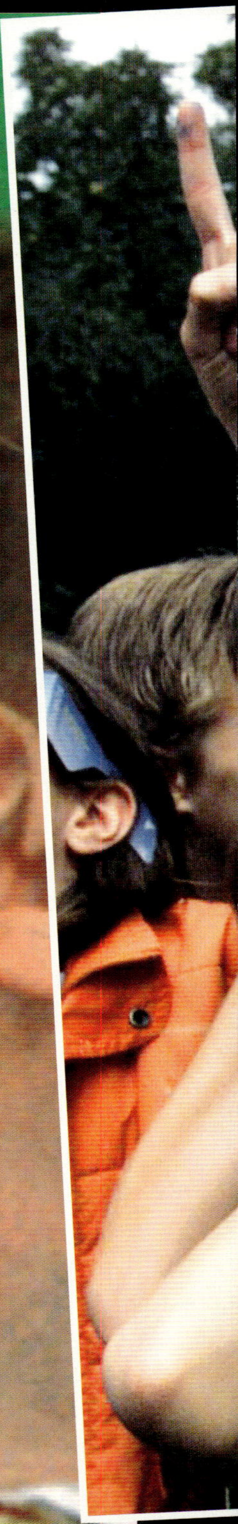

Weil Bundesaußenminister Joschka Fischer auf dem Grünen-Parteitag im Mai in Bielefeld für den Einsatz der Bundeswehr im Kosovo wirbt, bewirft ihn der Linksautonome Samir F. mit einem Beutel mit roter Farbe. Wegen schwerer Körperverletzung wird er zu sieben Monaten Haft auf Bewährung verurteilt und muss 1500 Mark an Greenpeace zahlen

JOSCHKA FISCHER wird rot, die SONNE schwarz, und Oskar LAFONTAINE macht blau

Die Börse jubelt, als Oskar Lafontaine seine Ämter als Bundesfinanzminister und SPD-Vorsitzender wegwirft wie ein benutztes Tempotuch. **Binnen weniger Minuten schnellt der Deutsche Aktien-Index (DAX) am 12. März 1999 um sechs Prozent nach oben, überspringt die magische Marke von 5000 Punkten. Die Aktien aller an der Frankfurter Börse gehandelten Firmen sind dank Lafontaines Rücktritt 100 Milliarden Mark mehr wert – nie ist er so wertvoll wie heute.**

Es ist nicht einfach ein Rücktritt, wie ihn vor ihm und nach ihm Politiker wie Gustav Heinemann (wegen der Wiederbewaffnung als CDU-Innenminister zu Adenauers Zeiten) oder Sabine Leutheusser-Schnarrenberger (zu Kohls Zeiten als FDP-Justizministerin wegen des Großen Lauschangriffs) vollzogen haben. Nein, Lafontaine flüchtet aus Regierung, Parlament und Parteiamt. Eineinhalb Tage verschanzt er sich in seiner Saarbrücker Villa, tritt dann mit Sohn Carl-Maurice (damals 2) auf den Schultern vor die ausharrenden Journalisten und versichert: „Mir geht es gut!" Was ihm niemand so recht glauben mag.

Während der wöchentlichen Kabinettssitzung hatte Bundeskanzler Gerhard Schröder (SPD) seinen Parteichef und Finanzminister, aber auch andere Regierungsmitglieder zusammengestaucht, er habe keine Lust mehr, ständig mit Machtworten deren Fehlleistungen zu korrigieren. Lafontaine reagiert äußerlich gelassen auf die Standpauke des Mannes, den er erst im Jahr zuvor zum SPD-Kanzlerkandidaten ernannt hatte. Doch in ihm brodelt es, und er gibt nach 160 Tagen im Bundeskabinett auf. Kein Minister, muss er erkennen, kann gegen den Kanzler regieren.

„Vielen galt der Saarländer als ‚Überkanzler' und heimlicher Regierungschef", kommentiert „Die Welt", doch der Rücktritt habe klargemacht, „wer tatsächlich der Stärkere ist."

Kaum ist Lafontaine außer Dienst, ruft ihn Altbundeskanzler Helmut Kohl (CDU) an. Für den Fall, dass Lafontaine wie angekündigt tatsächlich einen Bauernhof kaufen wolle, werde er, Kohl, ihm einen jungen Stier schenken. Nachzulesen in Lafontaines Rechtfertigungsschrift „Das Herz schlägt links", mit der er im Oktober die Bestsellerlisten dominiert. Auf der Frankfurter Buchmesse ist sein „Herzstück" das meistgeklaute Druckwerk.

Günter Grass, der nur wenige Tage zuvor erfahren hat, dass er in diesem Jahr den Nobelpreis für Literatur erhalten wird, raunzt seinen Autorenkollegen Lafontaine in „Die Woche" an: **„Halt's Maul. Trink' deinen Rotwein, fahr in die Ferien, such dir eine sinnvolle Beschäftigung."**

Harald Schmidt fällt dazu ein: „Günter Grass – sein größter Erfolg war ‚Die Blechtrommel'. Die Hauptrolle spielt ein Zwerg – und das ist die große Parallele zum neuen Buch von Oskar Lafontaine."

Lafontaine flüchtet, Bundesaußenminister Joschka Fischer kämpft. Auf dem Bielefelder Grünen-Konvent Mitte Mai wirbt er

Seinen Sohn Carl-Maurice auf den Schultern erklärt Oskar Lafontaine nach seinem Rücktritt als SPD-Chef und Bundesminister vor seiner Saarbrücker Villa: „Mir geht es gut."

Für Optiker sind die zweieinhalb Minuten Sonnenfinsternis am 11. August ab 12.31 Uhr ein gutes Geschäft. Sie bieten für vier Mark Spezialbrillen an, mit denen man das Naturspektakel, das letzte dieser Art in Deutschland im 20. Jahrhundert, beobachten kann. BILD am SONNTAG-Kolumnist Peter Hahne schwärmt über die „Sofi": „Ein schönes Gemeinschaftserlebnis quer durch Europa"

Durch den schweren Unfall am 12. April mit 5 Toten und 45 Verletzten ist der Nimbus der Wuppertaler Schwebebahn dahin, das sicherste Verkehrsmittel der Welt zu sein

Günther Jauch startet sein Millionärs-Quiz, und Rex Gildo beendet sein Leben mit einem Sprung aus dem Fenster

um die Zustimmung seiner Partei für den Bundeswehr-Einsatz im Kosovo, der dem mörderischen Regime des jugoslawischen Präsidenten Milosevic Einhalt gebieten soll. Während sich Fischer Schmährufe wie „Mörder! Mörder!" und „Joseph Goebbels" anhören muss, fliegt ein mit roter Flüssigkeit gefüllter Beutel in seine Richtung und zerplatzt am rechten Ohr des Vizekanzlers. Der ehemalige Straßenkämpfer geht, wenn auch bekleckert, in die Offensive, droht in seiner leidenschaftlichen Rede: „Wenn ihr wollt, dass ich Außenminister bleibe, dann müsst ihr mich auch unterstützen." Am Ende überzeugt er den Parteitag. Einen Monat später marschieren Nato-Schutztruppen, darunter ein Bataillon der Bundeswehr, in den Kosovo ein. Seinen besudelten Anzug stiftet Fischer dem Bonner „Haus der Geschichte".

★

Trotz Stress mal fünf freuen sich Ursula und Markus Beutelspacher über ihre Fünflinge, die am 21. Januar in Heidelberg zur Welt kommen

Sie galt als das sicherste Verkehrsmittel der Welt, die Schwebebahn in Wuppertal. Bis zum 12. April 1999 passieren in 98 Jahren des Schwebens über der Wupper nur vier Unfälle mit dem Nahverkehrs-Unikum, das die Räder auf dem Dach trägt und seit 1997 unter Denkmalschutz steht. **Doch an diesem Montag um 5.45 Uhr geschieht das erste Unglück mit 5 Toten und 45 Verletzten.**

Im Stadtteil Elberfeld entgleist an Stütze 203 der 22 Tonnen schwere und 24 Meter lange Gelenkwagen Nummer 4, weil ein Arbeiter bei Ausbesserungsarbeiten eine Kralle aus Metall auf der Schiene vergessen hatte. Der Wagen stürzt neun Meter tief in den Fluss.

Günther Jauch (damals jungenhafte 44 Jahre) als Moderator der ersten Folge von „Wer wird Millionär?". Für sich selbst hat der Potsdamer diese Frage längst positiv beantwortet ...

Beim Prozess vor dem Wuppertaler Landgericht können sich fünf von acht Angeklagten über Freisprüche freuen, drei erhalten Bewährungsstrafen.

Die Rundumerneuerung der Schwebebahn ist eine Unvollendete: Im Dezember 2009 teilen die Wuppertaler Stadtwerke mit, bis Ostern werde das Schweben eingestellt, die Sanierung dauere bis 2014.

★

Daniel, Christian, Johannes, Esther und Silvana heißen die prominentesten Babys des Jahres. Die Apothekerin Ursula Beutelspacher (damals 33) aus Karlsbad-Auerbach (Baden-Württemberg) bringt die Fünflinge am 21. Januar nach einer Sterilitätsbehandlung in der Uniklinik Heidelberg mittels Kaiserschnitt zur Welt. Als die Kinder im April aus der Klinik nach Hause zu ihren Eltern dürfen, erklärt die Mama: „Eigentlich haben wir unsere Familienplanung abgeschlossen."

Die generöse Stadtverwaltung spendiert ihnen, immerhin kostenlos, eine zusätzliche Mülltonne.

★

Dass das neue Quiz, das der Privatsender RTL gleich an vier Tagen hintereinander präsentiert, viel früher wieder vom Schirm verschwinden muss, am besten nämlich sofort, weiß jeder, der am 5. September die Kritik einer großen deutschen Sonntagszeitung liest: „Frage-Orgien von gnadenloser Schlichtheit" werden da mitleidslos moniert. Dem Quizmaster, immerhin, stellt sein Kritiker noch ein einigermaßen befriedigendes Zeugnis aus: „Vieles richtig" habe er gemacht, sei „höflich" zu den Gästen gewesen und „hartnäckig", wo es angebracht war. Eigentlich, so das Fazit, „machte er nur einen richtigen Fehler – die Moderation der Sendung zu übernehmen".

Nun ja, auch Kritiker können irren. Der ambitionierte Verriss steht in BILD am SONNTAG, das geschmähte TV-Format heißt „Wer wird Millionär?", und für Günther Jauch, den

Moderator, wird es zu einem Meilenstein seiner Fernsehkarriere.

„WWM“, praktisch im Verhältnis 1:1 vom englischen Vorbild „Who Wants to Be a Millionaire“ übernommen, schwächelt nur zu Beginn (3,6 Millionen Zuschauer bei der Premiere), schon die vierte Folge sehen über 7 Millionen Menschen. Jauchs allererster Gewinner, ein Lehrer aus Magdeburg, geht mit 32 000 Mark nach Hause.

Übrigens: Der nette Herr Jauch spricht trotz unserer exklusiven Fehl-Prognose später durchaus noch mit BILD am SONNTAG.

★

Es ist der 23. Oktober, dennoch behauptet der 60-Jährige, der laut Personalausweis drei Jahre älter ist, er leide unter „Frühjahrsmüdigkeit“. Seinen Job erledigt der Mann trotzdem: Gegen 13 Uhr betritt er an diesem Samstag die improvisierte Bühne eines Möbelhauses im hessischen Bad Vilbel und singt vierzig Minuten lang für eine Gage von 5000 Mark vor ein paar Hundert Menschen. Er singt, was die Leute hören wollen, „Fiesta Mexicana“ natürlich, gleich zu Beginn. Doch was er singt, gefällt dem Publikum im Möbelhaus nicht: „Der ist doch besoffen“, plärren sie dazwischen und: „Singt der oder lallt er?“

Den Abend dieses Tages verbringt der Sänger in seinem Münchner Appartment, gemeinsam mit Dave K., den er als „Sekretär“ beschäftigt. **Vermutlich kommt es zum Streit zwischen dem Paar, der ältere Mann schließt sich im Badezimmer ein, öffnet das Fenster, stürzt acht Meter in die Tiefe.**

Am Dienstag der folgenden Woche stirbt Alexander Hirtreiter, der in besseren Zeiten als Rex Gildo über 25 Millionen Platten verkauft hat, an den Folgen seiner schweren Verletzungen.

Das Hamburger Wochenblatt „Die Zeit“ versucht diese Tragödie in einer Art Glosse aufzubereiten und garniert die Spottschrift mit der zweifelsfrei kaltherzigsten Überschrift des Jahres: „Der deutsche Schlager ist aus dem Klofenster gesprungen“.

Am 23. Oktober springt der Schlagersänger Rex Gildo (63) aus dem Fenster seiner Münchner Wohnung, er stirbt am folgenden Dienstag. Bis zuletzt bei ihm: sein Sekretär Dave K. (26). K. schreibt dem toten Freund einen Brief: „Wir haben uns geliebt – platonisch. Für mich wirst du ewig weiterleben“

TRUTHAHN-RÖLLCHEN

Das brauchen Sie:
100 g Truthahnbrust „natur“, 100 g Doppelrahm-Frischkäse mit Kräutern, 3 Scheiben Gouda-Käse, 1 kleine Zucchino, 1 kleine rote Paprikaschote, 1 kleines Bund Schnittlauch.

So wird's gemacht:
Jede Scheibe Truthahnbrust mit etwas Frischkäse bestreichen. Darauf eine halbe Käsescheibe legen. Mit Frischkäse bestreichen. Zucchino und Paprikaschote putzen, waschen, in dünne Streifen schneiden. Einige Gemüsestreifen in die Mitte der Geflügelscheiben legen und aufrollen. Mit einigen gewaschenen Schnittlauchstangen zusammenbinden. Übrigen Schnittlauch in feine Röllchen schneiden, die Teller damit garnieren.

Aus „BILD der FRAU“, Nr. 45/1999

DIE CHRONIK VON 1999

19. 1. Tod des Schauspielers **Günter Strack** († 69). **Rauchverbote** in Betrieben sind erlaubt, entscheidet das **Bundesarbeitsgericht**.

22. 1. Eröffnung des **Jüdischen Museums** in Berlin.

23. 1. **Ernst August von Hannover** heiratet **Caroline von Monaco.** ►

13. 2. Ein **Asylbewerber** stirbt in Guben (Brandenburg) auf der Flucht vor **Rechtsradikalen.**

17. 2. Drei **Kurden** kommen bei einer **Schießerei** vor der **israelischen Botschaft** in Berlin ums Leben.

24. 3. Erste **Nato-Feindflüge** im **Kosovo-Krieg**. Bei einem **Brand im Montblanc-Tunnel** sterben 39 Menschen.

13. 4. **Willi Stoph** († 84), einst Ministerpräsident der DDR, stirbt.

7. 5. Der **Bundestag** beschließt ein **neues Staatsbürgerrecht.** Kinder ausländischer Eltern erhalten zunächst die **doppelte Staatsbürgerschaft**, müssen sich bis zum 23. Geburtstag für eine entscheiden.

15. 5. Zum 15. Mal ist der **FC Bayern München** deutscher **Fußballmeister.**

23. 5. Die Bundesversammlung wählt **Johannes Rau** zum achten **Bundespräsidenten. Hochwasserkatastrophe** in Bayern – fünf Tote.

25. 5. Film-Bösewicht **Horst Frank** († 69) stirbt an Herzversagen.

11. 6. Der **Bundestag** beschließt den Einsatz der Bundeswehr im **Kosovo-Konflikt**, der einen Tag später beginnt.

13. 6. Bei der **Europawahl** siegt die Union mit 48,7 Prozent.

◄ 18. 6. **Tom Tykwers** „Lola rennt“ mit Franka Potente (Foto) erhält acht Auszeichnungen beim Deutschen Filmpreis.

26. 6. Durch ein K. O. über den Briten **Herbie Hide** in der zweiten Runde wird **Vitali Klitschko** Weltmeister im Schwergewicht.

27. 6. Tod des TV-Kommissars **Siegfried Lowitz** („Der Alte“).

11. 7. Schwerer **Unfall** bei der Formel 1 in England. **Michael Schumacher** wird verletzt und kann erst im Oktober wieder starten.

5. 8. Die **Telekom** erwirbt für etwa 20 Milliarden DM die britische Mobilfunkgesellschaft **One-2-One.**

13. 8. **Ignatz Bubis** († 72), Vorsitzender des Zentralrats der Juden in Deutschland, stirbt.

20. 9. Auf Anweisung des **Papstes** darf die katholische Kirche Schwangere in **Konfliktsituationen** nicht mehr beraten.

1. 11. Vier Tote beim **Amoklauf** eines 16-Jährigen in **Bad Reichenhall** (Bayern).

15. 11. Der Baukonzern **Holzmann** ist **pleite.** Nach einem Treffen mit **Kanzler Schröder** am 24. 11. einigen sich die Gläubigerbanken auf ein Sanierungskonzept.

24. 11. **Steffi Graf** und **Max Schmeling** erhalten den Ehrentitel **„Sportler des Jahrhunderts“.**

26. 11. Wegen Begünstigungsvorwürfen tritt Niedersachsens Ministerpräsident **Gerhard Glogowski** (SPD) zurück, sein Nachfolger wird **Sigmar Gabriel** (SPD).

30. 11. Altbundeskanzler **Helmut Kohl** (CDU) gesteht, seine Partei habe **verdeckte Konten** gehabt und entschuldigt sich für Verstöße gegen das Parteiengesetz. Daraufhin setzt der Bundestag einen **Untersuchungsausschuss** ein. Am 16. 12. gibt Kohl im ZDF zu, er habe Millionenspenden für seine Partei angenommen, sie jedoch nicht korrekt verbucht. Die Spender nennt er nicht.

10. 12. **Günter Grass** („Die Blechtrommel“) erhält den **Nobelpreis für Literatur.** ►

FOTOS: RTL, HELMTRAUD CORDEY, RUDOLF ALERT, CINETEXT, DPA, AP

2000

114 Menschen, darunter 96 Deutsche, sterben beim Absturz einer Concorde, dem schnellsten Passagierflugzeug der Welt, am 25. Juli in Paris

Beim ABSTURZ der CONCORDE sterben 96 Deutsche, Fußballtrainer DAUM stellt sich ins Abseits, und CDU-CHEF SCHÄUBLE muss wegen 100 000 Mark abtreten

Experten warnen vor einem Computer-Chaos zum Jahreswechsel 1999/2000 – doch das bleibt aus. Ausgelassen feiern die Menschen das neue Jahrtausend, obwohl es streng genommen erst mit dem Jahr 2001 beginnt, da es kein Jahr null gibt

22. Oktober 2000 47. Jahr Nr. 43 2,20 DM Bln

Bild am Sonntag

Drogen

Haarprobe positiv – er hat Rauschgift genommen

Leverkusen feuerte ihn – auch Bundestrainer-Job weg

Er floh nach Miami – Sponsor kündigte Vertrag

Aus der Daum!

Fußball-Deutschland ist fassungslos: Christoph Daum (46), Star-Trainer von Bayer Leverkusen, wurde gefeuert, weil seine Haarproben-Analyse positiv war! Das heißt: Daum hat Rauschgift genommen! Jetzt steht er vor den Trümmern seines Lebens: Vereinstrainer-Job weg, Bundestrainer-Job weg, Werbevertrag weg! Alles über den Skandal des Jahres – ab Seite 81

3:1 Hertha jagt jetzt die Bayern
2:0 Leverkusens erster Sieg mit Völler

udi-Sprechchöre in Leverkusen! Die Nach-aum-Ära begann gestern abend: Erstmals mit ller auf der Bank siegte Leverkusen gegen Dortmund mit 2:0! Ein tierischer Spieltag: Die Bayern zähmten im Stadtderby die Münchner Löwen (3:1), Wolfsburgs Wölfe zerfleischten Kölns Geißböcke (6:0)! Hertha BSC (3:1 gegen Cottbus) und der HSV (2:0 gegen Frankfurt) spielen weiter oben mit. Der 9. Spieltag – ab Seite 84

Bayern – 1860 3:1 ■ Stuttgart – Unterhaching 2:2 ■ HSV – Frankfurt 2:0 ■ Wolfsburg – Köln 6:0

Stefan Raab macht Schröder zum Millionär

„Hol mir mal 'ne Flasche Bier" – dieser von Stefan Raab vertonte Kanzlersatz macht Gerhard Schröder reich – Seite 12

Super-Bingo Spiel B, 1. Spieltag 520 612 627 637 642 660 699 714 717 787 824 885 Goldene Zahl

Mitte Oktober kündigt der als Bundestrainer vorgesehene Christoph Daum an, er werde seine Haare untersuchen lassen. Damit will er beweisen, dass er kein Kokain genommen hat. Als die Analyse das Gegenteil belegt, titelt BILD am SONNTAG: „Aus der Daum!"

Fröhlich feiern die Bundesbürger ins Jahr 2000, das für sie ein neues Jahrzehnt, ein neues Jahrhundert und ein neues Jahrtausend bedeutet – auch wenn das neue Jahrtausend eigentlich erst ein Jahr später beginnt, da es kein Jahr null im Kalender gibt. Dies stört die Feierlaune ebenso wenig wie Befürchtungen von Computer-Experten, weltweit könnten die Rechner wegen des Datumssprungs von 1999 zu 2000 abstürzen. Noch Silvester 1999 fragt „Die Welt“ ängstlich: „Versinkt die Welt in wenigen Stunden im Chaos?“ Tut sie nicht. „Ohne Computerchaos ins Millennium“, stellt das Blatt erleichtert fest.

★

Trainer der ruhmreichen Fußballnationalmannschaft – dreimal Welt- und dreimal Europameister –, dieses Amt ist das wichtigste und einflussreichste, das ein Fußballlehrer in Deutschland erreichen kann. So manchem gilt es mehr als Kanzler oder Nobelpreisträger.

Im Sommer 2000 beruft der Deutsche Fußball-Bund (DFB) Christoph Daum, Coach von Bayer 04 Leverkusen, als Bundestrainer. Ab 1. Juni 2001 soll er Fußballdeutschland, das seit dem Ausscheiden in der EM-Vorrunde durch ein 0:3 gegen Portugal unter Minderwertigkeitskomplexen leidet, wieder herrlichen Zeiten entgegenführen.

Anfang Oktober spricht Bayern-Manager Uli Hoeneß in einem Interview mit der „Münchner Abendzeitung“ vom „verschnupften Daum“. In der bajuwarischen Hauptstadt weiß man, dass Hoeneß damit keine Erkältungskrankheit meint, sondern dem künftigen Nationalelftrainer unterstellt, er schnupfe Kokain. Daum fühlt sich verleumdet, klagt wegen übler Nachrede und Beleidigung und überlässt dem Kölner Gerichtsmediziner Professor Herbert Käferstein ein Büschel Haare für eine Analyse.

Dabei wirkt Daum so glaubwürdig, dass der angebliche Verleumder Hoeneß beim Spiel seiner Bayern-Elf gegen Cottbus mit gellenden Pfiffen und Drohrufen empfangen wird und Personenschutz benötigt.

Am 21. Oktober liegt die Haaranalyse vor: positiv. Christoph Daum wird als „hochgradig kokainabhängig“ eingestuft.

„Aus der Daum!“. Mit dieser Schlagzeile erscheint BILD am SONNTAG am 22. Oktober. „Ein Keulenschlag“, stöhnt Reiner Calmund, Manager von Bayer 04 Leverkusen, und entlässt Daum. Auch der DFB kündigt den Vertrag mit dem künftigen Bundestrainer.

Franz Beckenbauer staunt: „Wir alle haben erwartet, dass das Ergebnis negativ sein wird. Wer sich freiwillig einem Test unterzieht, hat eigentlich ein reines Gewissen.“

Fluchtartig verlässt Daum Deutschland, fliegt nach Florida. Erst Anfang Januar 2001 gesteht er.

★

„Für das Unfassbare“, schreibt Peter Hahne in seiner Kolumne in BILD am SONNTAG, „gibt es nur ein Wort: Warum? Diese

DIE CHRONIK VON 2000

5. 1. Tod der Schauspieler **Bernhard Wicki** (80) und **Diether Krebs** (52).

9. 1. **Paul Spiegel** ist neuer **Präsident des Zentralrats der Juden** in Deutschland.

11. 1. Der **Europäische Gerichtshof** verurteilt Deutschland, auch **Frauen in die Bundeswehr** aufzunehmen.

11. 1. Der CDU-Vorstand bittet Altbundeskanzler **Helmut Kohl** vergeblich, die Namen seiner geheim gehaltenen Geldgeber zu nennen.

24. 1. Der Nachrichtensender **N 24** nimmt seinen Betrieb auf.

28. 1. Der **Deutsche Fußball-Bund** wird 100 Jahre alt.

15. 2. Wegen **falscher Rechenschaftsberichte** muss die **CDU** 41 Millionen Mark Bundeszuschüsse zurückgeben.

◄ 16. 2. Bundespräsident **Johannes Rau** hält während seines Staatsbesuchs in **Israel** eine **Rede vor dem Parlament, der Knesset**.

23. 2. Bundeskanzler **Schröder** kündigt an, verstärkt hoch qualifizierte Experten aus dem Ausland nach Deutschland zu holen.

28. 3. Nach Informationen der Gauck-Behörde hat die **Staatssicherheit der DDR** auch Finanzberater der **CDU bespitzelt**.

8. 4. In Hamburg gibt es die **erste Babyklappe**, in der Mütter anonym ihre Neugeborenen abgeben können.

1. 5. **Horst Köhler** ist Direktor des Internationalen Währungsfonds.

4. 5. Ein **Virus**, der sich als Liebesbotschaft tarnt, **legt zahlreiche Computer lahm**.

20. 5. Erneut wird der **FC Bayern München** Deutscher Fußballmeister.

21. 5. Ex-Stasichef **Erich Mielke** († 92) stirbt in einem Berliner Pflegeheim.

31. 5. **Eröffnung der „Autostadt“** in der VW-Stadt Wolfsburg.

2. 6. US-Präsident **Bill Clinton** erhält in Aachen den Karlspreis.

6. 6. Eröffnung des **Buddenbrook-Hauses** in Lübeck. ►

10. 6. Beginn der **Fußball-EM in Belgien**.

11. 6. **Rechtsradikale verletzen** in Dessau/Sachsen einen **Schwarzafrikaner tödlich**.

24. 6. **Die Grünen** wählen **Renate Künast** und **Fritz Kuhn** zu Parteichefs.

27. 6. Fusion von **SAT.1** und **Pro Sieben**.

6. 7. Der Fußballweltverband **vergibt die WM 2006 an Deutschland**.

◄ 17. 7. Nach **85 Tagen Geiselhaft** kommt die von Rebellen auf der philippinischen Insel Jolo entführte Deutsche **Renate Wallert** (r.) **frei**, ihr Mann und ihr Sohn müssen bleiben.

23. 7. Bei der **Tour de France** wird **Jan Ullrich** Zweiter.

1. 8. Die **„FAZ“** kehrt zur **alten Rechtschreibung** zurück.

17. 8. **98,8 Milliarden Mark** erbringt die Versteigerung von **UMTS-Mobilfunklizenzen**.

21. 8. Box-Legende **Bubi Scholz** († 70) stirbt in Berlin.

15. 9. Beginn der **27. Olympischen Sommerspiele** in Sydney (Australien). Deutsche Athleten gewinnen **13-mal Gold**.

14. 10. Die PDS wählt **Gabriele Zimmer** als Nachfolgerin von **Lothar Bisky** zur Vorsitzenden.

18. 10. Unionsfraktionschef **Friedrich Merz** erklärt, Ausländer müssten sich der deutschen „Leitkultur“ anpassen.

20. 11. 6,6 Milliarden Mark bringt der **Börsengang der Post** dem Finanzminister ein.

24. 11. Erstmals wird bei einem in **Deutschland** geborenen Rind **BSE** festgestellt.

Am 10. April löst Angela Merkel beim CDU-Parteitag in Essen den zurückgetretenen Wolfgang Schäuble als Vorsitzenden ab

Stefan Raabs Song „Maschendrahtzaun" erobert die Charts. Zaunbesitzerin Regina Zindler (im Video) kriegt pro verkaufter CD einen Groschen und ist dennoch nicht glücklich mit ihrer neuen Prominenz

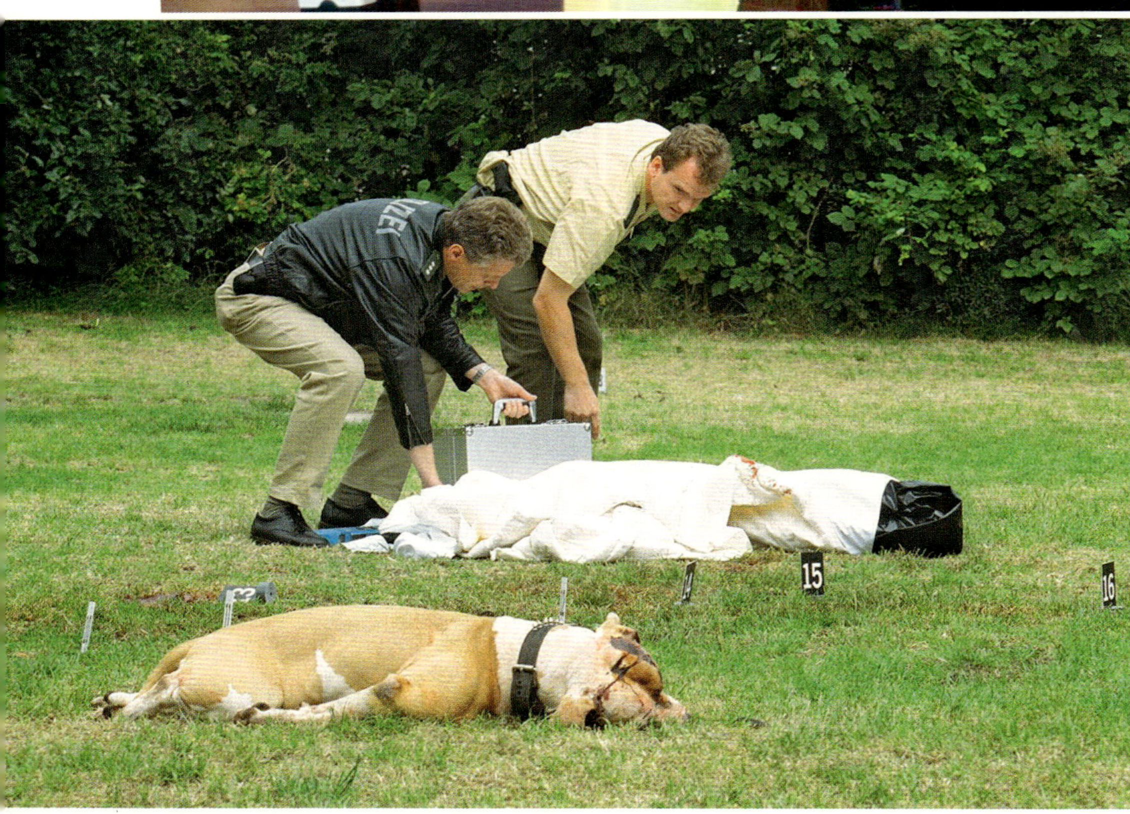

Auf einem Schulhof im Hamburger Stadtteil Wilhelmsburg beißen am 26. Juni ein Pitbull und ein Staffordshire-Terrier den sechs Jahre alten Volkan tot. Polizisten erschießen die Killerhunde. Nach dem Drama verschärfen die Bundesländer ihre Hundehalter-Verordnungen

uralte, quälende Frage stellt sich uns immer wieder neu – wie jetzt bei der Concorde-Katastrophe von Paris. Warum wurden hundert Urlauber, erfüllt von der Vorfreude auf die Fahrt mit dem Traumschiff und fasziniert von dem Flug mit der schnellsten Passagiermaschine der Welt, so jäh aus dem Leben gerissen?" 109 Menschen an Bord der Concorde mit der Flugnummer AF 4590, darunter 96 deutsche Urlauber mit dem Ziel Traumschiff MS „Deutschland", sterben am 25. Juli um 16.33 Uhr kurz nach dem Start auf dem Pariser Flughafen Charles de Gaulle, fünf weitere am Boden.

Bereits auf der Startbahn fängt die Maschine Feuer, für einen Abbruch des Starts ist es zu spät, der Pilot fliegt eine Linkskurve, verliert die Kontrolle, das Flugzeug dreht sich und stürzt neben der Autobahn auf ein Hotel. Wie sich bei der Unfalluntersuchung herausstellt, hat ein von einem anderen Flugzeug auf die Startbahn geschleudertes Metallteil einen Reifen der Concorde zerstört, wodurch ein Leck in der linken Tragfläche entstand und sich Treibstoff entzündete.

Diese Katastrophe ist der Anfang vom Ende der Concorde. Der letzte Flug der einstigen „Königin der Lüfte", die die Strecke von Paris–New York mit doppelter Schallgeschwindigkeit in drei Stunden schaffen kann, startet am 26. November 2003 nach London, Endstation Luftfahrtmuseum.

★

Demokratien kennen keinen Kronprinzen. Deshalb ist Wolfgang Schäuble so etwas wie ein inoffizieller Kronprinz während der 16 Jahre, die sein Duzfreund Helmut Kohl (CDU) als Kanzler regiert, eine Art Prinz Charles der deutschen Politik. **1997 ernennt Kohl den seit einem Attentat querschnittgelähmten Schäuble offiziell zum „Wunschkandidaten" als Nachfolger im Kanzleramt, aber bitte erst in fünf Jahren.**

Doch wie dichtete einst Bertolt Brecht in der „Dreigroschenoper": „Ja, mach' nur einen Plan, sei nur ein großes Licht, und mach dann noch 'nen zweiten Plan, gehn tun sie beide nicht." Denn Kohl verliert 1998 die Bundestagswahlen gegen Gerhard Schröder (SPD). Schäuble übernimmt das undankbare Amt des Oppositionsführers und CDU-Vorsitzenden.

Am 10. Januar muss der Mann, der einst die deutsche Einheit verhandelte, einräumen, sechs Jahre zuvor von dem zwielichtigen Lobbyisten Karlheinz Schreiber eine Spende von 100 000 Mark für die CDU angenommen zu haben.

Den Umschlag mit dem Geld habe er, beteuert Schäuble, ungeöffnet der Partei-Schatzmeisterin Brigitte Baumeister übergeben. Dieser Darstellung widerspricht die Kassenwartin. Die Spende Schreibers, der vor der deutschen Justiz nach Kanada flüchtet und erst 2009 ausgeliefert wird, taucht in keinem Rechenschaftsbericht auf.

Zunächst versichert Schäuble, er habe sich „zu 100 Prozent korrekt verhalten". Mathias Döpfner, damals Chefredakteur

Deutschland lacht über Raabs „Maschendrahtzaun" und den Pinkel-Prinzen von Hannover

der „Welt", kommentiert am 12. Januar: „Wolfgang Schäuble, dem die CDU viel verdankt, sollte überlegen, was er sich und seiner Partei zumuten will." Einen Tag später versichern CDU und CSU unisono: Wir stehen hinter Schäuble. Einen Monat später tritt er auf Druck der Parteibasis zurück.

Schäuble bekommt gleich zwei Nachfolger: Die CDU/CSU-Fraktion im Bundestag wählt Friedrich Merz zu ihrem Vorsitzenden, die CDU die bisherige Generalsekretärin Angela Merkel zur Chefin. Erstmals führt eine Frau und eine Ostdeutsche die Partei Adenauers und Kohls.

In einem aufsehenerregenden Gastbeitrag für die „FAZ" hatte sich Merkel Ende 1999 von Kohls Verhalten in der Parteispendenaffäre distanziert, was der in seinem „Tagebuch" als „Frontalangriff auf meine Person" wertet.

Auch Schäuble rechnet in seinem Buch „Mitten im Leben" mit seinem einstigen Freund, Helmut Kohl, ab: „Er war eine wichtige Beziehung für mich – für ihn war ich das nicht." Die neue CDU-Vorsitzende Angela Merkel stellt das Werk vor.

Als Angela Merkel fünf Jahre später Bundeskanzlerin ist, beruft sie Schäuble als Innenminister in ihr Kabinett. **Der für Boxer wie für Politiker meist zutreffende Spruch „They will never come back", für Schäuble, seit 2009 Bundesfinanzminister, gilt er nicht.**

★

Das Motto der Expo 2000 in Hannover heißt „Mensch, Natur, Technik". Der Mann, dessen Nachname so lautet, wie die Weltausstellungsstadt heißt, Ernst August Prinz von Hannover, muss mal bei seinem Expo-Besuch am 15. Juni. Höchst unpassend uriniert er leicht schwankend an die Wand des türkischen Pavillons. Dabei wird der Prinz fotografiert, am nächsten Tag muss der Müsser in BILD die Zeile „Pinkel-Skandal" lesen.

Der türkische Ministerpräsident Bülent Ecevit lässt durch einen Sekretär mitteilen: „Die türkische Öffentlichkeit ist schockiert. Was für ein Affront." Queen Elizabeth, über mehrere Ecken mit dem Pinkel-Prinzen verwandt, findet sein Tun und Wasserlassen „very shocking". Michael Prinz von Preußen, wie Ernst August ein Urenkel des letzten deutschen Kaisers Wilhelm II., schimpft über seinen Vetter zweiten Grades: „Er wirft ein schlechtes Ansehen auf den Adel, der doch gerade in Sachen Benimm Vorbildfunktion haben sollte."

Doch anstatt höflich um Entschuldigung zu bitten, beschimpft Ernst August die Chefin der BILD-Ausgabe Hannover, Anne Kathrin Berger, aufs Unflätigste, so dass die Chefredaktion von Deutschlands größter Tageszeitung Anzeige erstattet. Erst leugnet der Prinz trotz der Fotobeweise, doch dann schaltet er für 58 700 Mark eine ganzseitige Anzeige in der „Frankfurter Allgemeinen Zeitung". **Dort gibt er zu, er habe sich „auf der Expo erleichtert".**

★

Mit einer Zivilklage in der SAT.1-Sendung „Richterin Barbara Salesch" beginnt Ende Oktober 1999 eine Groteske, über die die Republik sich im neuen Jahrtausend schlapplacht – mit Ausnahme der Verhohnepipelten.

Die Hausfrau Regina Zindler aus Auerbach in Sachsen verklagt ihren Nachbarn Gerd Trommer, er solle einen Knallerbsenstrauch beseitigen, weil der ihren Maschendrahtzaun beschädige. Auf Sächsisch klingt das Objekt des Streits so: „Moaschendroahtsauun."

So etwas lässt sich Stefan Raab nicht entgehen, und er macht sich in „TV total" total lustig über den Sing-Sang-Dialekt der Zaunbesitzerin. Ein von Raab mit der Countryband „Truck Stop" produzierter Song verkauft sich 800 000 Mal und kommt auf Platz 1 der Charts.

Obwohl Regina Zindler pro CD einen Groschen kriegt und sie auch noch mit ihrem eigenen Lied „Frieden am Maschendrahtzaun" erfolgreich ist, nervt sie der Rummel. Insbesondere wenn allabendlich Fans vor ihrem Haus Party machen. Mit Mann und Katze flüchtet sie nach Paris. Während des Flugs erkennen die Stewardessen die Kurzzeit-Kultfrau und stimmen prompt „Auerbachs Seller" („Spiegel"-Scherz) an. Regina Zindler weint.

Beim Besuch der Weltausstellung am 15. Juni pinkelt Seine Königliche Hoheit Ernst August von Hannover (r.) ganz unköniglich gegen den türkischen Pavillon und löst einen Skandal aus

Verstört vom ungewollten Ruhm, verkauft die „Ulknudel der Nation" („Frankfurter Rundschau") 2003 ihr Haus in Auerbach und zieht nach Berlin in einen Plattenbau. Dort braucht man keinen Maschendrahtzaun.

Ob auf Kleidern oder Badeanzügen: tierische Muster (englisch: Animal Look) machen 2000 Mode

FOTOS: ULLSTEIN BILD, BILD, AP, DPA/PROSIEBEN, ACTION PRESS, GETTY IMAGES, F. BORKENAU/ARTUR

2001

HANNELORE KOHL nimmt sich das Leben, am 11. SEPTEMBER gerät die Welt aus den Fugen, und in Berlin gesteht KLAUS WOWEREIT: „Ich bin schwul“

Hannelore Kohl († 68) leidet seit acht Jahren unter einer Licht-Allergie. In den letzten 15 Monaten ihres Lebens kann sie ihr Haus nur noch bei Dunkelheit verlassen. Am 5. Juli 2001 begeht sie mit einer Überdosis Tabletten Selbstmord

Im Dom zu Speyer nehmen Altbundeskanzler Helmut Kohl und seine Söhne am 11. Juli Abschied von Ehefrau und Mutter

Klaus Wowereit, erster deutscher Spitzenpolitiker, der sich zu seiner Homosexualität bekennt

New York, 11. September. Seit einer Viertelstunde steigt dichter Rauch aus dem Nordturm des World Trade Centers in den Himmel auf, da knallt ein zweites Flugzeug in den Südturm

Der Anschlag von New York und die Spur nach Hamburg

Um 8.46 Uhr (Ortszeit) steuert der ehemalige Student Mohammed Atta ein Flugzeug der American Airlines in den Nordturm des World Trade Centers. 17 Minuten später lenkt sein Kommilitone Marwan Al-Schehi eine Maschine von United Airlines in den Südturm. Beide Selbstmord-Piloten studierten an der Technischen Universität Hamburg-Harburg. Der Ägypter Atta studierte Stadtplanung und Architektur. Er gilt als der Anführer der Terrorgruppe

Fremdverschulden schließt Staatsanwalt Lothar Liebig wegen der „Auffinde-Situation und mehrerer Abschiedsbriefe“ aus. Die Frau, die sich am 4. Juli in ihrem Bungalow in Ludwigshafen-Oggersheim mittels einer Überdosis Tabletten selbst getötet hat, kennt jeder in Deutschland. Es ist Hannelore Kohl, Ehefrau des ehemaligen Bundeskanzlers Helmut Kohl (CDU).

Seit 1993 leidet Hannelore Kohl an einer Allergie gegen Licht, Folge einer Behandlung mit Penicillin. In den letzten 15 Monaten ihres Lebens kann sie ihr Haus nur noch im Dunkeln verlassen. Einer Freundin gesteht sie: „Ich verbrenne innerlich.“

Kurz bevor Hannelore Kohl ihr Leben beendet, schreibt die Gründerin der ZNS-Stiftung, die sich um Verletzte mit Schäden des zentralen Nervensystems kümmert, mehrere Abschiedsbriefe. In dem letzten Gruß an ihren Mann, mit dem sie kurz zuvor den 41. Hochzeitstag gefeiert hat, heißt es: **„Ich habe Dich immer sehr geliebt. Ich danke Dir für alles, was Du mir geschenkt hast.“**

★

Die inflationär benutzte Metapher „Die Welt hält den Atem“ an, für die Ereignisse des 11. September, heute global entsprechend der US-Datenschreibweise als 9/11 abgekürzt, ist sie berechtigt. Niemand, der jemals Bilder der ins New Yorker World Trade Center rasenden Flugzeuge gesehen hat, wird sie vergessen können – auch wenn er sie zunächst als Szenen eines Spielfilms wahrgenommen hat.

Insgesamt 19 Männer von Osama Bin Ladens islamistischer Terrororganisation al-Qaida bringen innerhalb von 80 Minuten über den USA vier Flugzeuge in ihre Gewalt. Zwei lenken sie in die Twin Tower von New York, eines stürzt ins Pentagon, das Verteidigungsministe-

DIE CHRONIK VON 2001

21. 1. Jutta Kleinschmidt (Foto) aus Bayern ist die erste Frau, die die **Rallye Paris–Dakar** gewinnt. ▼

30. 1. Die Bundesregierung ersucht das Bundesverfassungsgericht, die **rechtsextreme NPD** zu verbieten. Abgelehnt!

2. 3. 300 000 Mark zahlt Altbundeskanzler **Helmut Kohl** (CDU), damit das Ermittlungsverfahren wegen Parteispenden eingestellt wird.

6. 4. Energie Cottbus tritt als erste Bundesligamannschaft ohne einen einzigen deutschen Spieler an.

17. 4. Die **1962** wegen Doppelmordes verurteilte **Vera Brühne** († 90) stirbt in München.

28. 4. Krebstod der Schauspielerin und Chansonsängerin **Evelyn Künneke** († 78).

4. 5. Die FDP wählt Generalsekretär **Guido Westerwelle** zum neuen Parteichef.

8. 5. Benzin kostet 2,23 Mark, Rekord!

11. 5. Der Bundestag beschließt die Riester-Rente.

19. 5. Bayern München wird erneut Deutscher Fußballmeister.

17. 6. Bundestag und Bundesrat stimmen für eine **Stiftung**, die frühere KZ-Häftlinge, Zwangsarbeiter und andere überlebende Nazi-Opfer entschädigen soll.

16. 7. Sex-Unternehmerin **Beate Uhse** († 81) stirbt an einer Lungenentzündung.

25. 7. Abschaffung des Rabattgesetzes, Feilschen ist künftig erlaubt.

27. 7. Die Weltklimakonferenz in Bonn einigt sich auf die weltweite Reduzierung von Treibhausgasen.

19. 8. Michael Schumacher ist nach 13 von 17 Formel-1-Rennen **Weltmeister**.

22. 8. Vodafone übernimmt Mannesmann.

1. 9. Mit **1:5** gegen England holt sich die **deutsche Nationalelf** die höchste Abfuhr in einem Länderspiel seit 70 Jahren.

9. 9. Eröffnung des **Jüdischen Museums** in Berlin.

23. 9. Überraschend gewinnt bei der **Bürgerschaftswahl in Hamburg** die neue Partei des Amtsrichters **Ronald B. Schill** (Foto) 19,4 Prozent der Stimmen und löst in einer Koalition mit der CDU den rot-grünen Senat ab. Bürgermeister wird **Ole von Beust** (CDU). ▶

7. 10. US-Streitkräfte beginnen mit Luftangriffen auf Taliban-Stellungen in **Afghanistan**.

24. 10. Bei einem **Unfall im Gotthard-Tunnel** kommen elf Menschen zu Tode.

16. 11. Der Bundestag beschließt, **deutsche Soldaten nach Afghanistan** zu entsenden.

3. 12. Bei der **Pisa-Wissensstudie** schaffen die deutschen Schüler nur Platz 21 von 31.

11. 12. Der **alkoholkranke** Komödiant **Harald Juhnke** beendet seine Bühnen- und Filmkarriere.

17. 12. Verkaufsbeginn von Starter-Kits mit **Euro-Münzen** im Wert von 20 Mark.

Ende August stellt die Europäische Zentralbank den Euro vor, der am 1. 1. 2002 die D-Mark ablöst

rium der USA, das vierte zerschellt bei Pittsburgh (Pennsylvania). Insgesamt sterben mehr als 3000 Menschen. Einen Tag später ruft die Nato zum ersten Mal in ihrer Geschichte den Verteidigungsfall aus. Bundeskanzler Gerhard Schröder (SPD) sichert den USA die „uneingeschränkte Solidarität“ der Deutschen zu.

Die Deutschen, die dachten, New York sei weit und mit selbstmörderischen Muslimen hätten wir nichts zu tun, irren sich gründlich. „Die ‚Bei-uns-wird-schon-nichts-passieren‘-Sicherheit ist unter den Trümmern des World Trade Centers begraben“, kommentiert Claus Strunz, damals Chefredakteur von BILD am SONNTAG.

Wenige Tage nach 9/11 ermittelt die Polizei, dass drei der vier Todespiloten in Hamburg studiert und in der Marienstraße 54 im Stadtteil Harburg ihre Taten über Jahre hinweg geplant haben. Mohammed Atta und Marwan Al-Schehi studierten an der Technischen Universität, ihr Kommilitone Ziad Jarrah an der Fachhochschule der Hansestadt.

„Unvorstellbar“, erklärt die Studentin Amrei Donner dem „Hamburger Abendblatt“, „das Weltgeschehen hat Harburg erreicht.“

Auch elf Deutsche sterben bei dem in Deutschland geplanten Anschlag, darunter der aus Iserlohn (NRW) stammende Sebastian Gorki. Er arbeitet für die Deutsche Bank in der 96. Etage des Südturms, als das Flugzeug mit den Selbstmördern auch sein Leben beendet. Seine schwangere Lebensgefährtin, eine Bankerin aus Brasilien, verspätet sich an diesem Tag wegen Unwohlseins in ihrem Südturm-Büro. Das rettet ihr das Leben. Am 25. April 2002 kommt Gorkis Sohn zur Welt. Nicholas heißt er. „Der kleine Mann in ihrem Bauch hat ihr das Leben gerettet“, sagt seine Oma, Marlies Gorki.

★

Das hat es in Deutschland noch nicht gegeben. Auf einem Parteitag der Berliner SPD bekennt Klaus Wowereit am 10. Juni: „Ich bin schwul, und das ist gut so.“ Mit dem Outing, erklärt Wowereit, wolle er einer Schlammschlacht im bevorstehenden Wahlkampf zuvorkommen. Seine Genossen jubeln, als habe er Freibier für alle versprochen, und wählen ihn einstimmig zum Spitzenkandidaten fürs Amt des Regierenden Bürgermeisters.

Mit dieser „sensationellen Offensive“, kommentiert die „Berliner Morgenpost“, habe Wowereit „großen Mut bewiesen. Denn ihm dürfte klar sein, dass er nun an bierdurstigen Stammtischen Zielscheibe übler Witze werden kann“. „Wowi“ lacht mit, und die Berliner wählen ihn zum Regierenden Bürgermeister. Das bleibt er bis heute.

★

Ein Kabinettsmitglied namens Fischer muss die Bundesregierung verlassen. Weil sie die Krise um die Rindersuche BSE nicht in den Griff kriegt, tritt Bundesgesundheitsministerin Andrea Fischer (Grüne) zurück, wenig später Landwirtschaftsminister und Reimkünstler („Gute Butter hilft dem Vater auf die Mutter“) Karl-Heinz Funke (SPD). Nun gibt es nur noch ein Kabinettsmitglied mit Namen Fischer. Doch auch die Tage von Joschka Fischer (Grüne) als Außenminister scheinen gezählt, als der „Stern“ von der Journalistin Bettina Röhl (Tochter der RAF-Terroristin Ulrike Meinhof) 27 Jahre alte Bilder des Frankfurter Fotografen Lutz Kleinhans erwirbt, auf denen der vermummte Straßenkämpfer auf einen Polizisten einprügelt.

GRIESSNOCKEN

Das brauchen Sie:
0,75 l fettarme Milch, 150 g Grieß, 1/2 Päckchen Vanillezucker, 4 EL Weizenkeime, 1 Prise Meersalz, 3 Eigelb, 4 EL Zucker, 200 g gemischte, tief gefrorene Beerenfrüchte.

So wird's gemacht:
Milch erhitzen. Grieß, Vanillezucker, Weizenkeime und Salz zugeben. Unter ständigem Rühren kurz aufkochen. Danach etwas abkühlen lassen und danach Eigelb unterrühren. Mit Zucker abschmecken. Den Grießbrei abkühlen lassen. Inzwischen die Hälfte der aufgetauten Früchte fein pürieren (die andere Hälfte angefroren lassen). Aus dem Grießbrei mit zwei Teelöffeln Nocken formen. Mit dem Fruchtpüree und den restlichen angefrorenen Früchten anrichten.

Aus BILD der FRAU 44/2001

Mit ihrem 2001 gestarteten Album „Best of Andrea Berg“ ist die Schlagersängerin erfolgreicher als „Beatles“ und „Pink Floyd“: 332 Wochen lang steht es in den deutschen Top 100

Nachdem der „Stern“ alte Fotos gedruckt hat, auf denen er auf einen Polizisten einprügelt, gesteht Bundesaußenminister Fischer: „Ja, ich war militant“

Joschka Fischer wird von seiner Vergangenheit eingeholt und die D-Mark vom Euro

Nach der Veröffentlichung der Bilder gesteht der Vizekanzler: „Ja, ich war militant. Zuerst wurde man geschlagen, dann hat man sich gewehrt und zurückgeschlagen. Dann begann auch die Faszination revolutionärer Gewalt. Die hat viele 68er in den Abgrund geführt.“ Obwohl Fischer sein Draufhauen als „großen Fehler und schlimmen Irrtum“ entschuldigt, erklärt der Vize-Chef der CDU/CSU-Fraktion, Wolfgang Bosbach: „Mit so einer Haltung kann man nicht Außenminister von Deutschland sein.“

Kann man doch. Bundespräsident Johannes Rau erklärt getreu seinem Lebensmotto „Versöhnen statt spalten“, mit Fischers Entschuldigung sei „der Vorgang abgeschlossen“ und zieht sich den Zorn der CSU zu.

Den wahren Grund, warum Bundeskanzler Gerhard Schröder (SPD) an seinem Vize festhält, nennt Grünen-Politiker Rezzo Schlauch: „Fischer ist für die Grünen und die Koalition eine zentrale Figur. Ohne ihn geht es nicht.“ Am 6. Februar wird Fischer in Paris als „Europäer des Jahres“ geehrt.

★

25 Jahre lang entwirft der Wiener Robert Kalina Banknoten für die Nationalbank von Österreich. 2001 jubelt er über „sein unbeschreibliches Gefühl“. Denn künftig wird ganz Europa mit den von ihm gestalteten Euro-Scheinen bezahlen. 43 Noten-Designer hat der Grafiker ausgestochen.

Als die Europäische Zentralbank (EZB) Ende August die Noten für den Euro, dessen Name dem einstigen deutschen Bundesfinanzminister Theo Waigel (CSU) eingefallen ist, vorstellt, bekommt Kalina keine Einladung. **Die Reise von Wien nach Frankfurt ist der EZB zu teuro.**

★

Wenig charmant gehen viele Musikkundige mit der Schlagersängerin Andrea Berg um. „Pin-up-Girl der Riester-Rentner“, wird die gelernte Arzthelferin aus Krefeld verhöhnt, die gern in sexy Klamotten singt.

1993 von Eugen Römer mit „Du bist frei“ entdeckt, startet sie 2001 mit ihrem Album „Best of Andrea Berg“ eine Erfolgsserie, die weder die „Beatles“ noch „Pink Floyd“ geschafft haben. 332 Wochen lang, also mehr als sechs Jahre, hält sich das Berg-Werk in den deutschen Top 100.

Ihren Kritikern hält die begeisterte Gärtnerin, die mit ihrem Mann Ulrich Ferber das Hotel „Sonnenhof“ in Kleinaspach bei Stuttgart betreibt, entgegen: **„Keiner muss meine Lieder hören. Niemand wird gezwungen, zu meinen Konzerten zu gehen.“**

FOTOS: IMAGO, DPA, DDP, REUTERS, AP

2002

Eine der schlimmsten Naturkatastrophen erlebt Deutschland im August 2002, als die Elbe und ihre Nebenflüsse über die Ufer treten. Deiche brechen, das Wasser dringt bis in die Innenstädte (Foto: die Dresdner Semperoper am 17. August), 20 Menschen ertrinken, der Sachschaden beträgt etwa 20 Milliarden Euro

Die ELBE-FLUT spült den Kanzler zum Wahl-Sieg, durch KAHNS FINGER flutscht der WM-Titel und WALSERS NEUER ROMAN steht unter Mordverdacht

Bundeskanzler Gerhard Schröder, ausstaffiert mit grüner Wachsjacke und Gummistiefeln, fliegt als Krisenmanager ins Flutgebiet. Neben ihm: Sachsens Ministerpräsident Georg Milbradt

Ein Titan am Boden: Vor dem ersten Tor der Brasilianer im WM-Finale in Yokohama (Japan) verletzt sich der deutsche Torwart Oliver Kahn an der rechten Hand, dennoch pausiert er nicht. Die Südamerikaner siegen

Fußballexperten, also Millionen meist männlicher Menschen, sind sich ausnahmsweise einig: Der beste Spieler der Fußballweltmeisterschaft 2002 in Japan und Südkorea ist der deutsche Torhüter Oliver Kahn, einer, der auch die sogenannten „Unhaltbaren" pariert.

Vor dem Endspiel Deutschland gegen Brasilien am 30. Juni in Yokohama kalauert BILD am SONNTAG: „Das Kahn doch wohl nicht wahr sein. Deutschland im Finale, ein ganzes Fußballvolk ist Balla-Ballack, Ruuudi, du machst uns Völler fertig! **Egal, wie das Finale ausgeht – der deutsche Fußball hat das Tal der Tränen verlassen."**

Schwester Theodolinde vom Orden des heiligen Vinzenz von Paul schließt „Oliver Kahn jeden Tag in meine Gebete ein".

Bis zur 67. Minute helfen die Gebete. Dann schießt Rivaldo, Kahn kann den Ball nicht festhalten, er flutscht ihm durch die Finger, Ronaldo hat kein Problem, das 1:0 zu erzielen. In der 79. Minute trifft Ronaldo erneut, Brasilien ist zum fünften Mal Weltmeister.

Nach dem Abpfiff wird bekannt, dass Kahn sich vor dem ersten Treffer Ronaldos einen Bänderriss im kleinen Finger der rechten Hand zugezogen hatte. Doch er spielte weiter.

In BILD bekommt Kahn Trost vom genialischen Briefschreiber Franz Josef Wagner: „Ich sehe Sie von der Pressetribüne, und man spürt, wie Sie frieren. Es gibt nichts Kälteres als die Einsamkeit eines geschlagenen Königs in seinem Schloss ... Ich kenne Ihren Traum, und deshalb weiß ich, dass Sie noch lange frieren werden. Sie hatten den Traum des Unbesiegbaren geträumt. Ihr Traum hat die Mannschaft höher, höher fliegen lassen. Ihr Traum hat ganz Deutschland erregt."

★

Bundeskanzler Gerhard Schröder (SPD und Hannover 96) und Kanzlerkandidat Edmund Stoiber (CSU und Bayern München) erleben das Kahn-Drama im Stadion von Yokohama mit. In diesem WM-Sommer scheint der Kampf ums Kanzleramt entschieden. „Wir sind wie eine Fußballmannschaft, die kurz vor dem Abpfiff 2:0 führt", jubelt Michael Glos, Landesgruppenchef der CSU im Bundestag, drei Monate vor dem Wahltag in der „Welt". Es sei „nicht sehr wahrscheinlich", analysiert Matthias Jung (Forschungsgruppe Wahlen), dass Rot-Grün einen Rückstand von acht Prozent in den Umfragen aufholen könne.

Siegessicher wettet Stoibers Chefberater Michael Spreng mit einem Journalisten um eine 200 Euro teure Flasche Rotwein (Tignanello, Jahrgang 1989), der Bayer werde Kanzler.

Die Wende kommt durch zwei Ereignisse, die nichts miteinander zu tun haben: eine Jahrhundertflut im August und den Irakkrieg. Als die Elbe und ihre Nebenflüsse dramatisch über die Ufer treten, macht Kandidat Stoiber Urlaub auf Juist, unterbricht die Ferien nur kurz für eine Flutvisite. Kanzler Schröder, obwohl formal nicht zuständig, spendiert 100 Millionen Soforthilfe für die Leidtragenden, fliegt zur Flut, streift eine Wachsjacke über und „profiliert sich als Krisenmanager", so die „Berliner Zeitung".

Nur FDP-Chef Guido Westerwelle, der damals zum ersten und letzten Mal Kanzlerkandidat ist, tourt mit seinem „Guidomobil" durch flutfreie Gebiete. Am „Wahlkampf auf gebrochenen Deichen", erklärt er schmallippig, beteilige er sich nicht.

Ungewöhnlich für einen Kanzler, verkündet Schröder während einer Wahlveranstaltung, Deutschland werde keinesfalls bei einer Irak-Invasion an der Seite der USA mitmachen. „Derjenige, der irgendwo reingeht, muss sehr genau wissen, was er dort will und wie er wieder rauskommt", dröhnt Schröder.

Am Wahlabend sieht es zunächst so aus, als habe Stoiber es geschafft. Die Hochrechnungen werden immer besser für CDU und CSU. „Mein Gott, ist das spannend", entfährt es CDU-Chefin Angela Merkel gegen 18.45 Uhr am 22. September. Berater Spreng spendiert Sekt im Adenauer-Haus und verkündet: „Stoiber ist der Sieger." Wenig später kommt Katerstimmung bei der Union auf.

Kurz vor Mitternacht steht fest, Schröder kann Kanzler einer rot-grünen Koalition bleiben. Am Montag nach der Wahl ruft der Kanzler den Reporter an, der die Wein-Wette gewonnen hat, und lädt sich ein: „Wenn die Flasche aufgemacht wird, bin ich dabei."

★

Dieser Gerhard Schröder, der sonst nicht zu Sentimentalitäten neigt, hat ein Jahr zuvor einer großen Künstlerin einen Wunsch erfüllt: **Hildegard Knef, in Ulm geboren, von der Welt für eine Berlinerin gehalten, aber seit 1963 britische Staatsbürgerin, möchte wieder Deutsche werden.** Das vertraut die lungenkranke Diva dem Kanzler bei einem Treffen im Berliner Hotel „Interconti" an; der telefoniert umgehend mit Innenminister Otto Schily, und wenige Tage später ist die Knef nach 54 Jahren auch amtlich wieder zur Deutschen geworden.

Es ist wohl der letzte große Wunsch, den Hildegard Knef in diesem Leben noch hat. Nach Lungenkollaps, Leber- und Nierenversagen fällt sie ins Koma, liegt fast sechs Monate in einer Berliner Spezialklinik. Am 17. Januar 2002 gibt die Knef, zugeschaltet aus ihrer behindertengerecht ausgestatteten Wohnung in Klein-Machnow, Johannes

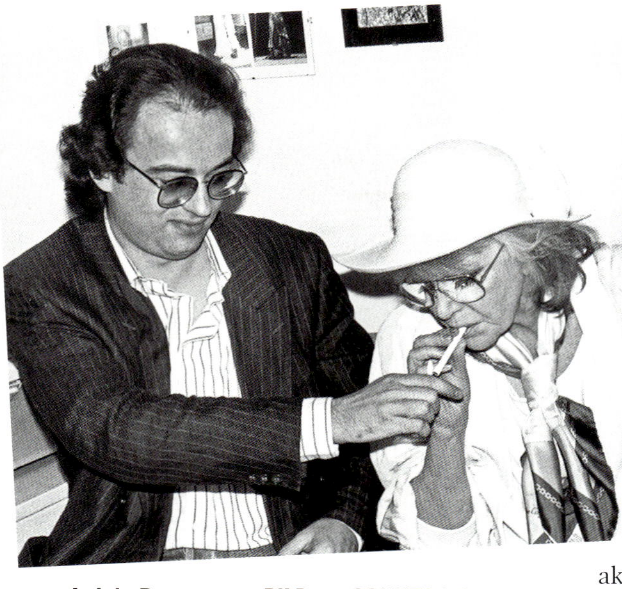

Letzte Begegnung: BILD am SONNTAG-Autor Stefan Hauck (damals bei der „BZ“ in Berlin) mit Hildegard Knef († 76). Das Treffen findet im Theater des Westens statt, die Diva ignoriert das Rauchverbot souverän ...

B. Kerner für dessen ZDF-Talk ein Interview. Jürgen Trimborn, Filmwissenschaftler und Verfasser der kompetentesten Knef-Biografie (Goldmann), schreibt von einem Auftritt, „der die ganze Nation bewegt und von Abschied überweht wird“. Zum ersten Mal spricht „Hilde“, von Millionen Menschen als „Stehauffrau“ und Überlebenskämpferin bewundert, öffentlich über ihre Resignation: „Ich habe gar keine Lust zu kämpfen, dauernd zu kämpfen.“

Am 1. Februar um 2 Uhr morgens ist ihr Kampf vorüber: Hildegard Knef, erster Star des Nachkriegskinos („Die Sünderin“), Broadway-Liebling („Ninotschka“), „singende Philosophin“ („Die Zeit“) und Erfolgsautorin („Der geschenkte Gaul“), stirbt an akuter Lungenentzündung in der Klinik Heckeshorn.

Die Trauerfeier in der Berliner Gedächtniskirche wird live im Fernsehen übertragen. Und es regnet, natürlich, rote Rosen sonder Zahl.

Dieser Abschied hätte ihr gefallen.

★

Dass ein Roman Aufmacher in den „Tagesthemen“ wird, geschieht eher selten. Am 30. Mai berichtet die ARD über einen Literaturskandal, der nicht nur die Feuilletons erregt. Martin Walser hatte seinen 17. Roman mit dem Titel „Tod eines Kritikers“ der „Frankfurter Allgemeinen Zeitung“ (FAZ) zum Vorabdruck überlassen. Doch Herausgeber Frank Schirrmacher lehnt die Veröffentlichung ab, schreibt stattdessen Walser einen offenen Brief, in dem er den Autor bezichtigt, sein Werk stelle „eine Exekution“ des Literaturkritikers Marcel Reich-Ranicki dar. Es gehe Walser „nicht um die Ermordung des Kritikers als Kritiker, sondern um den Mord an einem Juden“. Reich-Ranicki, der in dem Buch kaum getarnt als eitler Literaturpapst Andre Ehrl-König beschrieben wird, ist tief getroffen. Im Interview mit BILD am SONNTAG

DIE CHRONIK VON 2002

1. 1. Zwölf Staaten beginnen mit der Ausgabe von **Euro-Banknoten** und **Euro-Münzen.**

◄ **6. 1.** **Sven Hannawald** (Foto links) schafft es als erster Skispringer, alle vier Einzelspringen der **Vierschanzentournee** zu gewinnen.

28. 1. Die schwedische Kinderbuchautorin **Astrid Lindgren** („Pippi Langstrumpf“) erliegt mit 94 Jahren einer Virusinfektion.

31. 1. **Bundeskanzler Schröder** verspricht US-Präsident Bush, Bundeswehr-Soldaten nach Afghanistan zu schicken.

1. 2. Der **Bundesrat beschließt den Ausstieg aus der Kernenergie** bis 2021.

8. 2. Beginn der **XIX. Olympischen Winterspiele** in Salt Lake City (USA).

28. 2. Als erster UN-Generalsekretär spricht **Kofi Annan** vor dem Bundestag.

6. 3. Zwei **Bundeswehrsoldaten** und drei dänische Kameraden **sterben** bei der Entschärfung einer Rakete in Kabul.

11.3. Tod der „Zeit“-Herausgeberin **Marion Gräfin Dönhoff** († 92)

8. 4. Medien-Unternehmer **Leo Kirch meldet Konkurs an.** Er hat 6,5 Milliarden Euro Schulden.

11. 4. Bei einem **Al-Qaida-Attentat** auf eine Synagoge auf Djerba (Tunesien) sterben 19 Touristen, darunter 14 Deutsche.

11. 5. **Schalke 04** gewinnt das Pokalfinale gegen Bayer 04 Leverkusen mit 4:2.

15. 5. **Bayer 04 Leverkusen** unterliegt im Finale der Champions League Real Madrid mit 1:2.

8. 6. **Bundespräsident Rau** eröffnet die 11. **Documenta** in Kassel.

1. 7. **Zusammenstoß** eines Frachtflugzeugs mit einer russischen Passagiermaschine über dem Bodensee – 71 Tote.

4. 7. Das 1950 gesprengte **Hohenzollernschloss** in Berlin soll wieder aufgebaut werden, will der Bundestag.

18. 7. **Kanzler Schröder** entlässt Verteidigungsminister **Scharping.** Nachfolger wird SPD-Fraktionschef **Peter Struck.**

21. 7. Zum **fünften Mal** gewinnt **Michael Schumacher** die Formel-1-WM.

20. 9. Der **Deutsche Aktienindex** (DAX) sinkt erstmals seit 1996 auf unter 3000 Punkte.

24. 9. CDU-Chefin **Angela Merkel** übernimmt von Friedrich Merz den Vorsitz der Unions-Fraktion im Bundestag. **Franz Müntefering** wird SPD-Fraktionsvorsitzender.

26. 9. Premiere des erfolgreichen Kinderfilms **Bibi Blocksberg** mit Sidonie von Karosigk als junge Hexe. ►

3. 10. Enthüllung des restaurierten **Brandenburger Tors** in Berlin.

12. 10. 202 Menschen sterben bei einem **Anschlag** auf einen **Nachtclub auf Bali.**

17. 12. **Minijobber,** die nicht mehr als 400 Euro verdienen, müssen ab April 2003 keine Steuern und Sozialabgaben zahlen. Darauf einigen sich Bundestag und Bundesrat.

22. 12. Sportler des Jahres sind **Franziska van Almsick, Sven Hannawald** und die deutsche **Fußballnationalmannschaft.**

31. 12. Erste Fahrt des in Deutschland entwickelten **Transrapid** in Schanghai (Volksrepublik China). ▼

Nach dem Amoklauf des 19-jährigen Robert Steinhäuser (kleines Foto) legen die Erfurter ein Blumenmeer vor dem Gutenberg-Gymnasium ab zum Gedenken an die 17 Toten

Im April der Schock: Das erste Schul-Massaker in Deutschland – 17 Tote

klagt er: „Walser will mich ermorden." Der weist den Vorwurf zurück: „Ich glaube, Reich-Ranicki versteht mich nicht, hat mich niemals verstanden." Sein Buch sei vielmehr „eine Komödie, ein Seelenkrimi". Er könne sich durchaus vorstellen, Helmut Dietl werde es verfilmen. Was bisher nicht geschah.

★

Einen Amoklauf definiert das Bertelsmann-Lexikon als „Tobsuchts- und Zerstörungswutanfälle, blindwütiges Töten von Personen; Geistesstörung". Der Begriff leite sich aus dem malaiischen „Amuk" ab, bedeute „Wut".

Das Massaker an der Columbine Highschool in Littleton (USA) 1999 mit 15 Toten gilt „als Synonym für den Schrecken des School Shootings, also für Amokläufe Jugendlicher an Schulen", schreibt der Ulmer Psychiater Professor Dr. med. Volker Faust. Lange habe man geglaubt, „es handle sich um ein spezifisches Problem der USA".

Am 26. April 2002 stellt sich das als tödlicher Irrglaube heraus.

Am Morgen dieses Tages betritt Robert Steinhäuser († 19) gegen 10.45 Uhr das Gutenberg-Gymnasium in der Thüringer Landeshauptstadt Erfurt, das er im Herbst 2001 ohne Abschluss verlassen musste. Auf dem Schulklo zieht er eine schwarze Maske über sein Gesicht, klaubt aus einem Rucksack eine Pumpgun (Mossberg 590) und eine Pistole (Glock 17, 9 mm) und erschießt innerhalb von zehn Minuten zwölf Lehrer, eine Schulsekretärin, zwei frühere Mitschüler sowie einen Polizeibeamten.

Nach dem Massaker stellt sich ihm der Lehrer Rainer Heise entgegen. „Jetzt kannst du mich erschießen", schreit er den Mörder an. Doch der schießt nicht, sondern senkt den Blick und erklärt kühl: „Herr Heise, für heute reicht's." Der Pädagoge stößt den Attentäter in einen leeren Raum und schließt ab. Dort begeht Steinhäuser Selbstmord.

Bald melden sich Zeugen, die einen zweiten Täter gesehen haben wollen. Doch eine Kommission unter Vorsitz von Landesjustizminister Karl-Heinz Gasser hält das für „Fantasien" geschockter Schüler, die „Augenzeugen von regelrechten Hinrichtungen ihrer Lehrer" wurden. **Zum Motiv des Attentäters heißt es im Gasser-Bericht, Steinhäuser habe sich nach seinem Schulverweis in eine virtuelle Welt aus Computerspielen und Videofilmen geflüchtet.** „Offenbar wollte Robert Steinhäuser über einen exzessiven gesellschaftlichen Tabubruch Anerkennung und sogar öffentliche Bedeutung erlangen", vermutet der Minister.

Im Februar 2002 stellt die Schweizer Polizei in einem Hotel in Basel die etwa 3600 Jahre alte „Himmelsscheibe von Nebra" sicher, die zwei Grabräuber drei Jahre zuvor auf dem Mittelberg in Sachsen-Anhalt ausgebuddelt hatten. Die älteste bekannte Himmelsdarstellung ist 100 Millionen Euro wert und kann heute im Landesmuseum für Vorgeschichte in Halle (Saale) besichtigt werden.

FOTOS: AP, CINETEXT, DDP, DPA, RAUCHENSTEINER, REUTERS

2003

Kriminaltechniker untersuchen den Leichnam von Jürgen Möllemann in Marl-Loemühle. Der Politiker war aus 4000 Meter Höhe aus einem Flugzeug gesprungen. Sein Fallschirm öffnete sich nicht. Unfall oder Selbstmord, bis heute ist der Fall Möllemann nicht geklärt

Jürgen Möllemann (1945–2003) war Bundesminister und Vizekanzler. Kurz vor seinem Todessprung hebt der Bundestag seine Abgeordneten-Immunität auf. Die Polizei durchsucht Möllemanns Büros und Haus wegen des Verdachts, er habe gegen das Parteiengesetz verstoßen

FDP-Politiker JÜRGEN MÖLLEMANN springt in den Tod, die Deutschen stöhnen im WÜSTENSOMMER und umjubeln die FUSSBALL-WM-HELDINNEN

Viele Spitznamen bekommt Jürgen W. Möllemann im Laufe seiner Karriere: „Genschers Bauchredner", „Minenhund" und „Windhund". CSU-Chef Franz Josef Strauß fällt „Riesenstaatsmann Mümmelmann" zu ihm ein.

Am 5. Juni 2003 stirbt der ehemalige Minister Möllemann bei einem Fallschirmabsprung aus 4000 Meter Höhe in Marl-Loemühle, kurz nachdem seine Abgeordneten-Immunität aufgehoben wurde. Sein Fallschirm hatte sich nicht geöffnet, der Öffnungsautomat des Reservefallschirms war abgeschaltet.

In einem „Stern"-Interview, das erst nach seinem Tod erscheint, erklärt Möllemann: „Bei jedem Sprung aus dem Flugzeug kriegt man erst mal einen verplättet. Aber dann gibt Gegenwind Auftrieb und ist nützlich – nur bei Flaute fällt man ungebremst weiter. Meine Karriere war immer eine Achterbahn. Bislang ging es nach der Abwärtskurve jedes Mal wieder hoch. Trotzdem kann es sein, dass ich diesmal konstatieren muss: Das war's."

Das war er: Emsiger Staatsminister im Auswärtigen Amt bei Hans-Dietrich Genscher, danach Bundesbildungs- und Bundeswirtschaftsminister, Rücktritt, weil er auf offiziellem Briefpapier für eine Firma seines Vetters geworben hatte, 2000 furioses Comeback im Düsseldorfer Landtag als „der wahre Oppositionsführer" („Frankfurter Rundschau"). Weil Möllemann die Finanzierung eines von ihm herausgegebenen, als antisemitisch empfundenen Flugblatts nicht erklären kann, leitet die FDP ein Ausschlussverfahren gegen ihn ein. Am 17. März 2003 verlässt er zornig die Partei, die ihm manches und der er vieles verdankt und schimpft: „Doktor Westerwelle fehlt sein Antreiber. Nun wird er nie mehr Außenminister – seine Zeit ist vorbei, ohne dass er es weiß."

Ein Irrtum, wie man weiß.

Möllemanns Ende kann auch die Essener Staatsanwaltschaft nicht aufklären. Staatsanwalt Hans-Christian Gutjahr: „Wenn sich nicht noch ein Abschiedsbrief findet, bleibt die Frage Unfall oder Freitod für immer offen."

*

Nur wenigen Personen ist es vergönnt, dass ihre Namen zu Verben werden. „Sich röntgen lassen" geht auf den Physiker Wil-

Wüstensommer!

40° Grad

Bild

Der heißeste Sommer aller Zeiten ● Temperaturen steigen weiter ● Ostsee warm wie Mittelmeer ● Strände proppenvoll ● Millionen feiern laue Nächte durch ● Polizei verhaftet Freiluft-Sexler ● Erste Hitze-Tote ● Ozon-Alarm ● Wassernotstand ● Wälder

UNABHÄNGIG · ÜBERPARTEILICH

…alästinenser schießen Familie nieder

Über den WM-Sieg der deutschen Fußballfrauen freut sich Deutschland, über den „Wüstensommer" mit bis zu 40 Grad stöhnt es

Ein Zimmer aus altem Harz erfreut das Herz des Kanzlers und seines Freundes Putin

Stolz erklärt der russische Präsident Wladimir Putin seinen deutschen Gästen Doris und Gerhard Schröder das neue Bernsteinzimmer in Zarskoje Selo bei St. Petersburg

helm Conrad Röntgen zurück, der 1895 die nach ihm benannten Röntgen-Strahlen entdeckt hat, „fringsen" auf Joseph Kardinal Frings, der in den Hungerjahren nach dem Zweiten Weltkrieg Mundraub und Kohlenklau rechtfertigte. „Hartzen", Jugendwort des Jahres 2009, verewigt den einstigen VW-Arbeitsdirektor Peter Hartz und bedeutet Rumgammeln und Abhängen.

Anfang 2002 berief die Bundesregierung Hartz zum Vorsitzenden einer Kommission, die Vorschläge machen sollte, wie der Arbeitsmarkt reformiert werden könnte. Ein halbes Jahr später präsentierte Hartz das Ergebnis und versprach, die Arbeitslosigkeit zu halbieren. Bundeskanzler Schröder kündigte an, er werde Hartz' Pläne „eins zu eins" umsetzen und lässt sie in seine „Agenda 2010" einfließen.

Hartz I tritt am 1. Januar 2003 in Kraft, amtlich „Erstes Gesetz für moderne Dienstleistungen am Arbeitsmarkt" genannt. Kernpunkte der Hartz-Reformen I bis IV sind die Verkürzung des Arbeitslosengeldes, die Zusammenlegung von Arbeitslosen- und Sozialhilfe sowie die Abschaffung der Bundesanstalt für Arbeit zugunsten einer Bundesagentur. Heute ist Peter Hartz von Hartz I–IV bitter enttäuscht. Der nach dem Skandal um bestochene Betriebsräte von VW gefeuerte und wegen Untreue zu zwei Jahren Haft auf Bewährung verurteilte Ex-Manager jammert in seinem Buch „Macht und Ohnmacht", er sei „zum Buhmann der Nation geworden". Hartz zürnt: „Hartz IV ist Betrug!" Er habe des Kanzlers „Macht, die Kommissionsvorschläge eins zu eins umzusetzen, schlicht überschätzt. Nicht überall, wo Hartz draufsteht, ist Hartz drin."

Das Wort „hartzen" wird ihm sicher nicht gefallen.

Er läuft und läuft und läuft. Auch in Mexiko seit 1964. Im Juli 2003 ist's auch dort vorbei mit der Käfer-Krabbelei – wegen strengerer Abgasvorschriften

Im Frühjahr hat Wolfgang Beckers Tragikomödie „Good bye Lenin" Kino-Premiere. „Ein Film der großen Gefühle", so der Evangelische Pressedienst. Bisher 15-mal strahlte ihn das Gebühren-TV aus

DIE CHRONIK VON 2003

1. 1. Die **EU verbietet** zum 30. 9. Bezeichnungen wie **„light"** und **„mild"** für Zigaretten.

22. 1. Der französische Staatschef **Jacques Chirac** und Bundeskanzler **Gerhard Schröder** sprechen sich **gegen einen Militäreinsatz** der USA gegen den Irak aus.

10. 2. **Deutschland** und die **Niederlande** übernehmen die Führung der alliierten Truppen (Isaf) in **Afghanistan.**

22. 2. Geringe Schäden verursacht ein **Erdbeben** der Stärke 5,5 am Rhein zwischen Basel und Freiburg.

3. 3. Tod des Schauspielers **Horst Buchholz** († 69)

8. 3. **Entführung** einer Touristengruppe mit **15 Deutschen** in der Sahara.

14. 3. **Bundeskanzler Schröder** stellt im Bundestag seine **Agenda 2010** vor, die den Arbeitsmarkt und die Sozialsysteme reformieren soll.

16. 3. Eisschnellläuferin **Anni Friesinger** holt dreimal WM-Gold.

20. 3. Beginn des **dritten Golfkriegs.** Britische und US-Truppen marschieren in den Irak ein.

3. 4. **500 000 Menschen demonstrieren** in Berlin, Köln und Stuttgart gegen die **Agenda 2010.**

26. 4. Der **FC Bayern München** steht als deutscher **Fußball-Meister** fest.

10. 5. Tod des Modeschöpfers **Heinz Oestergaard** († 86).

30. 5. Der Schauspieler **Günter Pfitzmann** († 79) stirbt.

1. 6. Das neue **Ladenschlussgesetz** tritt in Kraft. Mit großer Mehrheit stimmt ein SPD-Sonderparteitag der **Agenda 2010** zu.

7. 6. Vier **Bundeswehrsoldaten sterben** bei einem Anschlag auf einen Bus in **Kabul** (Afghanistan).

8. 7. **Michel Friedman** tritt als Vizepräsident des Zentralrats der Juden zurück und zahlt einen Strafbefehl (17 400 Euro) wegen Kokainbesitzes.

9. 7. Weil der römische Tourismus-Staatssekretär **Stefano Stefani** sich deutschfeindlich geäußert hat, sagt **Bundeskanzler Schröder** seinen Italien-Urlaub ab.

14. 8. **Helmut Rahn**, einer der **„Helden von Bern"**, stirbt mit 74 Jahren in Essen. Rahn schoss beim Finale gegen Ungarn zwei von drei deutschen Siegtoren.

18. 8. Die letzten **Sahara-Geiseln** kommen nach sechs Monaten frei.

4. 9. **Bundespräsident Johannes Rau** erklärt, er wolle nicht erneut für das Amt kandidieren.

8. 9. **Die Filmregisseurin Leni Riefenstahl** (Foto aus dem Band „Die Nuba" von 1975), die während des Dritten Reichs Propagandafilme gedreht hat, stirbt mit 101 Jahren. ▸

12. 10. **Michael Schumacher** ist zum sechsten Mal **Weltmeister** der Formel 1.

24. 10. Letzter offizieller Flug des **Überschall-Passagierflugzeugs Concorde** von New York nach London.

4. 11. **Verteidigungsminister Peter Struck** (SPD) entlässt **Brigadegeneral Reinhard Günzel**, der antisemitische Aussagen des **Abgeordneten Martin Hohmann** (CDU) verständnisvoll kommentiert hatte. Die CDU/CSU-Fraktion schmeißt Hohmann später raus.

14. 12. **Verhaftung** des ehemaligen irakischen Diktators **Saddam Hussein** in einem Erdloch nahe Tikrit.

21. 12. **Sportler des Jahres** sind Radprofi **Jan Ullrich** und die Schwimmerin **Hannah Stockbauer**, Mannschaft des Jahres ist die **Weltmeisterelf der Frauen.**

Ein anderer Begriff wird hingegen durch eine neue Zuordnung populär: „Golden Girls" nennen Journalisten in Anlehnung an eine amerikanische TV-Serie die Spielerinnen der deutschen Fußballnationalmannschaft.

13,58 Millionen Menschen sehen am 13. Oktober live im Fernsehen, wie die DFB-Frauen in den USA durch ein 2:1 in der Verlängerung Weltmeister werden, oder besser: Weltmeisterin. Exakt dreizehn Jahre ist zu diesem Zeitpunkt der letzte WM-Titel der Männer her, und für den Augenblick konzentriert sich der Stolz einer Fußballnation auf die „Golden Girls".

Die meisten Männer vergessen, zumindest kurzfristig, ihre Vorurteile und freuen sich aus voller Kehle mit. Nur im „Stern" stehen ein paar Tage nach dem Triumph Sätze wie diese: „Bei vielen Spielerinnen sind die weiblichsten Attribute ihre Ohrringe, sie tragen verbotene Frisuren und laufen wie Bauarbeiter. Oder eben wie Fußballer…" Verfasst hat die Schmähung eine Frau.

Trösten mag sich die Truppe, angeführt von der späteren „Weltfußballerin des Jahres" und Torschützenkönigin Birgit Prinz, mit einer Siegprämie von immerhin 15 000 Euro. **Die deutschen Fußball-Europameisterinnen von 1989 bekamen vom DFB jeweils ein Kaffeeservice überreicht.**

✶

Es ist das berühmteste Zimmer der Welt, obwohl es seit mehr als sechs Jahrzehnten verschwunden ist: das Bernsteinzimmer.

Das als „achtes Weltwunder" bezeichnete Kunstwerk aus altem Harz, das der preußische König Friedrich Wilhelm I. 1716 dem russischen Zaren Peter geschenkt hat, wurde bei der Belagerung Leningrads durch die Wehrmacht im Schloss Zarskoje Selo demontiert und nach Königsberg gebracht. Ob es 1945 verbrannt ist oder an einem geheimen Ort lagert, darüber streiten Historiker, Schatzsucher und Geheimdienstagenten.

Im Mai 2003 lädt Russlands Präsident Wladimir Putin Staatsgäste aus aller Welt zum 300. Geburtstag seiner Heimatstadt Sankt Petersburg ein, wie Leningrad nun wieder heißt. Sie bestaunen das wiedererstandene achte Weltwunder aus dem „Gold des Meeres". 24 Jahre lang haben 50 russische Kunsthandwerker elf Stunden am Tag, sechs Tage in der Woche mit Hilfe von 86 Jahre alten Fotos das Zimmer aus sechs Tonnen Bernstein neu erschaffen. 14 Millionen Euro hat das gekostet, ein Viertel spendiert die Essener Ruhrgas AG.

„Eigentlich ist das neu geschaffene Bernsteinzimmer schöner als das alte", urteilt der Architekt Alexander Kedrinski (damals 86). Heute ist das Bernsteinzimmer die Attraktion im Zarenpalast. Fotografieren streng verboten. Ältere Damen wachen darüber, dass niemand zu lange stehen bleibt und staunt.

FOTOS: ULLSTEIN-BILD, LENI RIEFENSTAHL PRODUKTION, CINETEXT

2004

Der TSUNAMI reißt 552 Deutsche in den Tod, BRUNO GANZ trägt das Bärtchen des Bösen und „HORST WER?“ zieht ins Schloss Bellevue

Ein Erdbeben im Indischen Ozean löst am zweiten Weihnachtstag einen Tsunami mit bis zu zehn Meter hohen Flutwellen aus. Panisch versuchen die Menschen an den Küsten von Indien, Sri Lanka, Malaysia, Indonesien und Thailand der Todeswelle zu entkommen, wie hier auf dem Foto auf Koh Raya, einer kleinen Insel südlich von Phuket. Etwa 230 000 Menschen gelingt dies nicht

Lange wird der Schweizer Schauspieler Bruno Ganz von deutschen Filmemachern ignoriert, bis ihm Bernd Eichinger und Oliver Hirschbiegel anbieten, in „Der Untergang" Hitler zu spielen. Der Film über das Ende des Dritten Reichs basiert auf einem Buch des Historikers Joachim Fest und Erinnerungen der Hitler-Sekretärin Traudl Junge. 2005 wird Ganz für den Oscar nominiert

Den zweiten Weihnachtstag verbringt Klaus Schlichtmann, Chefreporter von BILD am SONNTAG, gemütlich zu Hause in Reinbek bei Hamburg. Ein Anruf von Nachrichtenchef Tom Röhricht beendet die Feststimmung abrupt: **„Nimm das nächste Flugzeug nach Sri Lanka. Ein verheerender Tsunami. Tausende Tote."**

Routiniert packt der Reporter das Nötigste ein, bucht den nächst erreichbaren Flug und landet im Chaos. Sein Auftrag: Er soll nicht nur Bericht erstatten, sondern auch herausfinden, wo der Leichnam von Kollegin Katrin Thamm hingebracht wurde, die auf Sri Lanka Urlaub machte, als das Seebeben sie erfasste und tötete. „Sie starb im Paradies", schreibt BILD am SONNTAG.

Schlichtmann bleibt auf Sri Lanka, das nun kein Paradies mehr ist, und tut das, was Reporter tun müssen: Berichten, auch wenn ihm das Herz schwer ist. (Siehe nächste Seite.) Im Apollo-Krankenhaus in Colombo trifft er auf zwei Menschen, die mehr Glück hatten als Katrin Thamm. Die Schauspielerin Esther Schweins und ihre Mutter Lieselotte konnten sich retten, als die Todeswelle in ihr Hotel „Lotus-Villa" im Südwesten der Insel donnerte. 200 Meter weit rissen die Wassermassen Mutter und Tochter ins Landesinnere, vorbei an Palmen und Betonpfeilern. „In wenigen Minuten", schildert Esther Schweins ihren Überlebenskampf, „entscheidet sich das Schicksal. Wird man nach links getrieben, prallt man gegen einen Pfeiler, wird man nach rechts getrieben, ist der Weg frei."

Esther Schweins bleibt körperlich fast unverletzt, doch nach ihrer Rückkehr aus dem Paradies bricht sie zusammen. Monate später gesteht sie: „Wenn irgendwo im Haus die Klospülung ging, war ich schon bereit, aufs Dach zu steigen."

230 000 Menschen tötet der Tsunami, davon 552 Deutsche.

★

Bevor „Der Untergang", ein deutscher Spielfilm über die letzten Tage Hitlers im Berliner Führerbunker, im September in die Kinos kommt, wirft er viele Fragen auf, Fragen zur „Haltung" des Regisseurs und seiner Schauspieler. Auf die wenig originelle Frage, was junge Menschen aus diesem Film mitnehmen können, bekommen zwei BILD-am-SONNTAG-Redakteure von Hitler-Darsteller Bruno Ganz (damals 63) wenigstens eine originelle Antwort: **„Das Programmheft können Sie mitnehmen! Wenn Sie Augen im Kopf haben, sollen Sie gucken – dann passiert etwas bei Ihnen. Oder nicht."**

Weil zunehmend Jugendliche die süßen Alkopops trinken, als ob es Limo sei, gilt ab dem 1. Juli eine Sondersteuer von 85 Cent pro Flasche für diese Mixgetränke – als Abschreckung

Hier erinnert sich BILD am Sonntag-Reporter Klaus Schlichtmann, der im Tsunami-Chaos von Sri Lanka seine tote Kollegin fand

Reporter Klaus Schlichtmann bei Recherchen auf Sri Lanka Ende 2004

Katrin Thamm (✝ 36)

In all den Jahren als Reporter habe ich so vieles gesehen, so vieles hautnah erlebt. Doch niemals hat mich eine Reportage so erschüttert wie die Reise nach Sri Lanka in der letzten Woche des Jahres 2004 in das verlorene Paradies meiner Kollegin Katrin Thamm (✝ 36), die dort am zweiten Weihnachtsfeiertag im Tsunami ertrunken ist. Ihrer Mutter hatte die Redaktion versprochen, Katrin solle ein Grab in Berlin, ihrer Heimatstadt, bekommen. Doch wo suchen, in all diesem Chaos? Die Tage waren lähmend und quälend. Ich ging in Krankenhäuser und dorthin, wo die Leichen gesammelt wurden. Ich habe viele erloschene Gesichter gesehen.
Dann erreichte mich ein Beamter des Bundeskriminalamts am Telefon. Er sagte: „Wir haben Ihre Kollegin gefunden." Nun konnte ich das Versprechen, Katrin heimzuholen nach Berlin, einhalten.
Ein Tropfen Trost in diesem Meer von Leid.

DIE CHRONIK VON 2004

24. 1. Eine Frau aus Süddeutschland bekommt mit **20,2 Millionen** Euro den bisher höchsten Einzelgewinn im Lotto.

6. 2. Bundeskanzler **Gerhard Schröder** tritt zugunsten von **Franz Müntefering** als SPD-Chef zurück.

29. 2. Die CDU von Hamburger Bürgermeister **Ole von Beust** gewinnt die Bürgerschaftswahlen und kann allein regieren. Von Beust hatte die Koalition mit FDP und der konservativen Schill-Partei im Dezember 2003 wegen eines Erpressungsversuchs von Senator **Roland Schill** beendet.

24. 3. Papst **Johannes Paul II.** erhält den Aachener Karlspreis.

1. 4. Der Landtag von Baden-Württemberg verbietet **muslimischen Lehrerinnen** das Tragen eines Kopftuchs im Unterricht.

7. 4. Mord an zwei **GSG-9-Männern** im Irak.

26. 4. Die Luftwaffe bekommt den ersten **Eurofighter.** ►

1. 5. Zehn Länder treten der EU bei, der nun **25 Staaten** angehören.

4. 5. Kult-Club **Schalke 04** feiert 100. Gründungstag.

6. 5. **„Brigitte"**, älteste deutsche Frauenzeitschrift, wird 50.

16. 5. Tod der Sängerin und Tänzerin **Marika Rökk (✝ 90)**.

3. 6. Die Kultusministerkonferenz bestätigt die **Rechtschreibreform**.

13. 6. Die **Konservativen** holen bei den Wahlen zum Europaparlament die meisten Stimmen.

16. 6. Der Bundestag beschließt eine höhere **Besteuerung** der Renten.

4. 7. Die griechische Nationalelf, trainiert von **Otto Rehhagel**, ist durch ein 1:0 über Portugal Europameister. Deutschland scheidet in der Vorrunde aus, Trainer **Rudi Völler** gibt auf.

10. 7. Volksschauspielerin **Inge Meysel** stirbt 94-jährig nahe Hamburg. ►

13. 7. Festnahme von Ex-Staatssekretär **Ludwig-Holger Pfahls** in Paris nach fünf Jahren Flucht. 2005 wird er wegen Vorteilsannahme und Steuerhinterziehung zu 27 Monaten Gefängnis verurteilt.

21. 7. Im rockigen **Gronau** macht Europas erstes Rock- und Pop-Museum auf.

22. 7. Freisprüche für alle sechs Angeklagten, darunter Deutsche-Bank-Chef **Josef Ackermann** (Foto), im Prozess um Millionensonderzahlungen bei der Übernahme des Mannesmann-Konzerns durch Vodafone. ►

29. 7. **Jürgen Klinsmann** ist der neue Bundestrainer der deutschen Fußballnationalelf, **Oliver Bierhoff** ihr Teammanager.

4. 8. 4,36 Millionen Menschen in Deutschland sind **arbeitslos** gemeldet, so viele wie nie zuvor seit der Wiedervereinigung.

13. 8. Beginn der XXVIII. **Olympischen Sommerspiele** in Athen.

2. 9. Verheerender Brand in der **Herzogin-Anna-Amalia-Bibliothek** in Weimar.

22. 9. Die Bundesregierung beschließt den **Solidarpakt II**: 156 Milliarden Euro für den Aufbau Ost.

2. 11. **George W. Bush** gewinnt erneut die Präsidentschaftswahlen in den USA.

23. 11. Die **Weltgesundheitsorganisation** gibt bekannt: 39 Millionen Menschen auf der Erde haben Aids.

10. 12. Das Wort des Jahres ist **„Hartz IV"**.

Der Schweizer Ganz, den das deutsche Kino trotz seiner Qualitäten lange ignoriert, bevor ihm Bernd Eichinger die Hitler-Rolle anvertraut, leidet unter dem Vorwurf, er distanziere sich nicht genug von seiner Rolle. Kurz vor der Premiere bekennt er: „Wenn ich Hitler nur hasse, komme ich nicht an ihn heran. Ich kann mit Hass keine Sachen für mich eröffnen, das geht nur über Zuneigung. Also bin ich gezwungen, eine Art von Verständnis für diesen Mann zu entwickeln."

Der Erfolg an den Kinokassen (4,5 Millionen Besucher) und die Kritiken honorieren seine mutige Herangehensweise. Ganz glücklich wird Ganz mit seiner Entscheidung, Hitler zu spielen, jedoch nicht: **„Im Nachhinein kam ich mir von Hitler im katholischen Sinne befleckt vor, ich war angeschmutzt."**

★

Ein Kunstkenner ist es nicht, der für die „Süddeutsche Zeitung" über das Geheimtreffen der drei Parteivorsitzenden Angela Merkel (CDU), Edmund Stoiber (CSU) und Guido Westerwelle (FDP) am 2. März in dessen Wohnung in Berlin-Charlottenburg berichtet. „Kitschige Bilder des Malers Norbert Bisky" hängen dort, kritisiert der Chronist in Verkennung des Werts dieser Werke.

Dem Trio unter den Bisky-Bildern geht es nicht um Kunst, sondern ums Kungeln, darum, wer Nachfolger des populären Bundespräsidenten Johannes Rau werden solle. Merkel und Stoiber plädieren für Wolfgang Schäuble, der kurze Zeit CDU-Vorsitzender war, bis er wegen einer dubiosen 100 000-DM-Spende des Lobbyisten Karlheinz Schreiber (steht derzeit in Augsburg vor Gericht) zurückgetreten ist. **Westerwelle will Schäuble als Staatsoberhaupt verhindern, Merkel und Stoiber geben klein bei.**

Schumi jubelt. Am 19. 11. wählen die Zuschauer des ZDF Michael Schumacher zum „Sportler des Jahrhunderts“

Horst Köhler soll bald neuer Bundespräsident werden

Horst... Wer?

Freitag, 5. März 2004, 0,50 55/10

Bild

UNABHÄNGIG · ÜBERPARTEILICH

Nach peinlichem tagelangen Gewürge haben sich CDU, CSU und FDP auf einen Bundespräsidenten-Kandidaten geeinigt. Er heißt Horst Köhler (61). Viele Deutsche fragen sich jetzt verblüfft: Horst wer? Der unbekannte Kandidat, der Macht-Krimi – Seite 2

Neuer Bundespräsident? Horst Köhler (61)

Unter weißen Segeln – Urlaubsfahrt ins Glück

Das Erste

5. Spiel 102 215 223 Goldene Zahl
346 371 379 503 22904529

Bundesliga wieder freitags!

Tolle Nachricht für alle Fußballfans! Jetzt ist es so gut wie sicher: Ab der nächsten Saison spielt die Bundesliga auch wieder freitags. Seite 9

Crash-Angst
Dieser Talisman soll Ralf schützen

Diana fühlte sich wie eine „Brut-Maschine“

„Horst ... Wer?“ fragt BILD nach der Einigung von CDU/CSU und FDP, den kaum bekannten Horst Köhler für das Amt des Bundespräsidenten zu nominieren

Wie dann einer, den kaum einer kennt, Kandidat für das protokollarisch höchste Staatsamt wird, beschreibt Stephan-Andreas Casdorff im Berliner „Tagesspiegel“: „3. März. Im Konrad-Adenauer-Haus brennt noch Licht. Peter Müller, Saarlands Ministerpräsident, schlägt noch einmal Klaus Töpfer als nächsten Bundespräsidenten vor, Dagmar Schipanski, Thüringens Wissenschaftsministerin, sich selbst. Fraktionsgeschäftsführer Volker Kauder ist für Bernhard Vogel, Dieter Althaus, der Vogel als Ministerpräsident in Erfurt gefolgt ist, für Vogel oder Schipanski. Nach Stunden ist klar: Favorit der CDU ist Töpfer, gefolgt von der Vizevorsitzenden der CDU, Annette Schavan. Horst Köhler, der Chef des Internationalen Währungsfonds, liegt auf dem dritten Platz. Abgeschlagen. Im Foyer der CDU-Zentrale heißt es: Er ist raus.“ So melden es die Agenturen am 4. März um 0.04 Uhr.

Sie irren. **Gegen 1 Uhr telefoniert Angela Merkel mit Stoiber und Westerwelle und meldet den Unionsgranden eine „klare Präferenz“ für Köhler.** „Chaotisch“, kritisiert Hessens Ministerpräsident Roland Koch die Kür. Doch Frau Vorsitzende zeigt sich zufrieden entsprechend dem gern zitierten Satz von Helmut Kohl: „Entscheidend ist, was hinten rauskommt.“

Nach der Chaos-Kür fragt BILD: „Horst ... Wer?“

Am 23. Mai tagt die Bundesversammlung. Fürstin Gloria von Thurn und Taxis, als Wahlfrau von der CSU nach Berlin geschickt, umarmt Köhlers Gegenkandidatin Gesine Schwan. Doch gewonnen hat Horst Köhler. Er ist der neunte Bundespräsident und der Erste, der niemals vorher Minister oder Abgeordneter war.

★

Michael Quandt ist der einzige BILD-am-SONNTAG-Redakteur, der es ins „Guinness-Buch der Rekorde“ schafft. Am 6. Juli startet er in Singapur zur schnellsten Weltumrundung in Linienjets über alle Kontinente hinweg. Die Strecke Singapur–Sydney–Los Angeles–Houston–Caracas–London–Kairo–Kuala Lumpur–Singapur schafft er in 66 Stunden und 31 Minuten. **Weltrekord! Bis heute ungebrochen.**

GRÜNKOHL MIT KASSELER

Das brauchen Sie:
1 kg frischer Grünkohl, 2 Zwiebeln, Salz, 250–375 ml Fleischbrühe oder Wasser, 2 frische Kohlwürste (Mettwürste), 4 Kasseler Koteletts.

So wird's gemacht:
Den Grünkohl putzen, waschen und in kochendes Salzwasser geben. Erst kurz aufkochen und dann in einem Sieb abtropfen lassen. Anschließend den Grünkohl hacken. Den Römertopf ca. 10 Minuten wässern. Die Zwiebeln abziehen, würfeln und mit dem Kohl abwechselnd in den Römertopf schichten. Dabei jede Schicht mit Salz bestreuen. Zunächst 250 ml Fleischbrühe oder Wasser zugießen. Den Römertopf verschließen und auf den Rost in den kalten Ofen schieben. Bei 200 Grad ca. 2 Stunden garen. Nach ca. 1 Stunde die Kohl- bzw. Mettwürste und die Kasseler Koteletts auf den Kohl legen und noch mit etwas Kohl bedecken. Evtl. noch etwas heiße Brühe oder Wasser zufügen und alles zugedeckt fertig garen. Zum Schluss bei Bedarf den Grünkohl mit etwas Salz abschmecken.

Aus BILD der FRAU, Nr. 1/2004

2005

Wir sind PAPST, werden MERKEL und weinen um MOSI

Unser Joseph Ratzinger ist Benedikt XVI.

WIR SIND PAPST!

Mittwoch, 20. April 2005, 0,50 € 91/16 Inland

Bild

UNABHÄNGIG · ÜBERPARTEILICH

www.bild.de

SUPER-BINGO, 9. Spiel

145 161 173 180 374 393 440

Goldene Zahl 22528755

WILLKOMMEN BENEDIKT XVI. Joseph Kardinal Rctzinger betritt als neuer Papst den Balkon des Petersdoms, winkt strahlend den Gläubigen

ES IST EINE JAHRTAUSEND-SENSATION!

Joseph Kardinal Ratzinger (78) aus dem bayerischen Städtchen Marktl am Inn ist der neue Papst!

DER ERSTE DEUTSCHE SEIT 482 JAHREN AUF DEM HEILIGEN STUHL! OBERHAUPT VON ÜBER EINER MILLIARDE KATHOLIKEN AUF DER GANZEN WELT!

Um 18.47 Uhr trat der deutsche Papst gestern auf den Balkon des Petersdoms – Zehntausende Gläubige auf dem Petersplatz brachen in Jubel aus, riefen „Viva il Papa! – Es lebe der Papst!"

Der Nachfolger des großen Johannes Paul II. trägt den Namen Benedikt XVI. – der Gesegnete.

ALLES ÜBER DEN NEUEN PAPST, DIE WAHL-SENSATION, WIE GANZ DEUTSCHLAND FEIERTE „WIR SIND PAPST"

– Seiten 2 bis 5 und Letzte.

Der deutsche Papst Benedikt XVI., 1927 als Joseph Ratzinger in Marktl am Inn geboren, unterzeichnet an seinem ersten Arbeitstag als Oberhaupt der römisch-katholischen Kirche ein Dokument.

An diesem Tag, dem 20. April 2005, erscheint BILD mit der oft zitierten Schlagzeile: „Wir sind Papst!"

Fotos: AFP/PATRICK HERTZOG

Machtwechsel in Berlin. Am 22. November übergibt Gerhard Schröder (SPD) seiner Nachfolgerin Angela Merkel (CDU) das Kanzleramt und einen Strauß mit rosa Rosen. Sie ist die erste Frau, die die Bundesrepublik regiert

Vatikanstadt, 19. April, 17.52 Uhr. Weißer Rauch steigt aus dem Schornstein der Sixtinischen Kapelle. Das Konklave aus 115 Kardinälen hat sich nach nur 26 Stunden auf einen Nachfolger für den 17 Tage zuvor nach langem Leiden verstorbenen Papst Johannes Paul II. geeinigt.

50 Minuten müssen die Menschen auf dem Petersplatz ausharren, bis sie den Namen des 265. Papstes erfahren. Um 18.42 Uhr tritt Kardinalprotodiakon Jorge Arturo Estévez auf den Balkon und verkündet: „Annuntio vobis gaudium magnum, habemus Papam", was aus dem Lateinischen übersetzt bedeutet: Ich verkünde euch große Freude, wir haben einen Papst.

Zum ersten Mal seit fast einem halben Jahrtausend ist es ein Deutscher: Joseph Kardinal Ratzinger, der sich künftig Benedikt XVI. nennt. Acht Minuten später zeigt sich der neue, 1927 in Marktl am Inn geborene Pontifex Maximus der jubelnden Menge, bekennt bescheiden: **„Ich bin nur ein demütiger Arbeiter im Weinberg des Herrn."**

Hamburg, 19. April, 18.43 Uhr, Redaktion der BILD-Zeitung. Kaum hört Georg Streiter, damals Ressortleiter Politik von Europas größter Tageszeitung, im Fernsehen, dass künftig ein Deutscher auf dem Stuhl Petri sitzt, ruft er begeistert: „Wir sind Papst!" **Das ist die Schlagzeile von BILD am nächsten Tag.**

★

Die Geschichte leistet sich gelegentlich kuriose Koinzidenzen. Dramatisch geht am 17. März im Kieler Landtag die Karriere der ersten deutschen Ministerpräsidentin Heide Simonis (SPD) zu Ende. Ein halbes Jahr später müssen die Unionsparteien bei den Bundestagswahlen dramatische Verluste hinnehmen; dennoch schafft es CDU-Chefin Angela Merkel ins Kanzleramt.

Zwölf Jahre lang regiert Heide Simonis Schleswig-Holstein, bis ihr nach den Landtagswahlen in vier Wahlgängen eine Stimme aus dem eigenen Lager fehlt. „Heidemörder", spottet die „Tageszeitung". Die politisch Gemeuchelte ist überzeugt: „Es war ein Mann mit klarem Kalkül, der mich aus persönlichen Gründen weghaben wollte. Wenn ich ihn treffe, werde ich ihm sagen, dass er ein riesengroßes ... Also, das Wort, das mit A anfängt, kann man nicht drucken."

Im Mai gewinnt die CDU die Wahlen in Nordrhein-Westfalen. Kanzler Gerhard Schröder stellt im Bundestag die Vertrauensfrage, verliert sie beabsichtigt und macht den Weg für vorgezogene Neuwahlen im September frei.

Die Wahlnacht gerät zur „Nacht der langen Gesichter" („Spiegel"). Kanzler Schröder macht ein langes Gesicht, weil es für Rot-Grün nicht reicht, CDU-Chefin Merkel macht ein langes Gesicht, weil es auch für ihre Wunschkoalition mit der FDP nicht langt. CDU/CSU haben nur vier Mandate mehr als die SPD. In der Elefantenrunde genannten TV-Sendung führt sich Schröder auf wie das große, graue Rüsseltier im Porzellanladen, poltert, von was auch immer aufgekratzt: **„Niemand außer mir ist in der Lage, eine stabile Regierung zu bilden."**

DIE CHRONIK VON 2005

1. 1. Die **Hartz IV** genannte Reform des Arbeitsmarkts tritt in Kraft.

20. 1. **US-Präsident George W. Bush** beginnt seine zweite Amtszeit.

30. 1. 1000. Folge der **„Lindenstraße"**.

1. 2. Erstmals sind mehr als **fünf Millionen** Menschen in Deutschland **ohne Arbeit**.

2. 2. Box-Idol **Max Schmeling († 99)** stirbt.

16. 2. Das **Kyoto-Abkommen** zum Klimaschutz tritt in Kraft. Die Industrienationen wollen bis 2012 den Ausstoß von Treibhausgas um fünf Prozent reduzieren.

24. 2. **Hans-Jürgen Wischnewski († 82, SPD)**, Krisenmanager von Kanzler **Helmut Schmidt** und „Held von Mogadischu", stirbt in Köln.

27. 2. **Ronny Ackermann** ist der beste Deutsche bei den nordischen Ski-Weltmeisterschaften.

2. 3. Ein Barrel (159 Liter) **Rohöl** kostet so viel wie seit 20 Jahren nicht mehr: 47 Dollar.

8. 3. Tod der Schauspielerin **Brigitte Mira († 94)** in Berlin.

15. 3. 40 Staatsmänner reisen nach Jerusalem zur Eröffnung des Museumsneubaus der **Holocaust-Gedenkstätte** Jad Vashem.

1. 4. Tod des Schauspielers **Harald Juhnke († 75)**.

9. 4. **Prinz Charles** heiratet seine Geliebte Camilla Parker Bowles.

◄ 26. 4. Tod der Schauspielerin **Maria Schell († 79)**.

30. 4. Nach einem 4:0 über den 1. FC Kaiserslautern steht der FC Bayern vorzeitig als **deutscher Meister** fest – zum 19. Mal. Am 28. 5. holt die Bayern-Elf nach einem 2:1 gegen Schalke zudem den **DFB-Pokal**.

10. 5. Einweihung des **Holocaust-Mahnmals** in Berlin.

22. 6. Als Nachfolger von **Peer Steinbrück (SPD)** wählt der Düsseldorfer Landtag **Jürgen Rüttgers (CDU)** zum Ministerpräsidenten.

1. 9. Beginn der Jubiläumsausstellung **„50 Jahre documenta"** in Kassel.

20. 9. Tod des Nazijägers **Simon Wiesenthal († 96)**.

22. 10. Wegen des **Vogelgrippe-Virus H5N1** müssen Hühner, Enten und Gänse in den Ställen bleiben.

31. 10. Rücktritt von **Franz Müntefering** als SPD-Vorsitzender. Nachfolger wird **Matthias Platzeck**, Ministerpräsident von Brandenburg.

3. 11. Tod der Verlegerin **Aenne Burda († 96)**.

24. 11. In Folge eines gewaltigen **Wintereinbruchs** stehen im Münsterland 250 000 Menschen ohne Strom da. ▼

25. 11. Entführung der deutschen Archäologin **Susanne Osthoff** im Irak. Drei Wochen später kommt sie frei.

6. 12. Der rheinische Kabarettist **Hanns Dieter Hüsch († 80)** stirbt.

10. 12. Der deutsche Physiker **Theodor W. Hänsch** erhält den Nobelpreis.

28. 12. Entführung des Ex-Staatssekretärs **Jürgen Chrobog** und seiner Familie im Jemen. Drei Tage später kommen die Deutschen frei.

31. 12. **Karl Moiks** letzter Musikantenstadl firmiert als Silvesterstadl.

In der Lukaskirche können die Münchner von dem am 14. Januar ermordeten Modeschöpfer Rudolph Moshammer (Foto mit Yorkshireterrier Daisy) Abschied nehmen. Das Begräbnis des schillernden Boutiquebesitzers überträgt der Privatsender Sat.1 live

Schiedsrichter Robert Hoyzer pfeift falsch und bekommt vom Gericht die Rote Karte

60 000 Menschen kommen am 30. Oktober zur Einweihung der Dresdner Frauenkirche. Zehn Jahre lang dauerte der Wiederaufbau des beim Bombenangriff im Februar 1945 zerstörten Gotteshauses

Deutschland ist entsetzt. In einem Hamburger Hochhaus stirbt das siebenjährige Mädchen Jessica im März an Unterernährung ▼

Beim DFB-Pokalspiel SC Paderborn gegen den HSV zeigt Schiedsrichter Robert Hoyzer Emile Mpenza die Rote Karte. Im November wird Hoyzer wegen Betrugs zu einer Haftstrafe verurteilt

Abenteuerliche Ideen wabern durch Berlin: Schröder macht es noch zwei Jahre als Kanzler, dann kommt Merkel. Oder Guido Westerwelle verfällt den Verlockungen der Macht und führt seine FDP in eine Ampel-Koalition. Linke Sozialdemokraten träumen von Rot-Rot-Grün.

Zwei Monate später ist entschieden, die Bundesrepublik wird zum zweiten Mal von einer Koalition aus CDU/CSU und SPD regiert und zum ersten Mal von einer Frau.

★

Der Privatsender Sat.1 sichert sich dieExklusivrechte für die Trauerfeier. Der Mann, der am 22. Januar in München wie ein Monarch zu Grabe getragen wird, heißt Rudolph Moshammer († 64). Der exzentrische Modeschöpfer zog nicht nur die Großen und Gernegroßen der Münchner Bussi-Gesellschaft an. Mosi, wie sie ihn nannten, war selbst Teil der seidenen und halbseidenen Society. Am Morgen des 14. Januar findet Moshammers Chauffeur, Andreas Kaplan, seinen Chef erdrosselt in seiner Villa im feinen Grünwald. Am nächsten Tag nimmt die Polizei einen aus dem Irak stammenden Aushilfskoch fest. Der Modeschöpfer habe ihn am Hauptbahnhof aufgelesen, gesteht Herisch A., er sei dann mit ihm im Rolls-Royce nach Grünwald gefahren. 2000 Euro habe ihm Moshammer für schnellen Sex versprochen, doch dann habe es Streit gegeben und er habe die Schlinge zugezogen.

Ende November wird Mosis Mörder zu lebenslanger Haft verurteilt.

★

Der Rechtsmediziner Professor Dr. Michael Tsokos hat „gelernt, die analytische Distanz aufrechtzuerhalten, die der Job von mir verlangt, was allerdings nicht heißt, dass es nicht Dinge gibt, die ich nicht fassen kann". So schreibt er in seinem aufwühlenden Buch „Dem Tod auf der Spur" (Ullstein Verlag) über den „Fall Jessica". Im März obduziert er in Hamburg den Leichnam des sieben Jahre alten Mädchens, das nur 9,6 Kilo wiegt, normal wären 17 bis 30 Kilo. Jahrelang war es in einem abgedunkelten Zimmer in einem Hochhaus im Stadtteil Jenfeld von seiner Mutter Vera Fechner und ihrem Lebensgefährten Otto Hübner gefangen gehalten und vernachlässigt worden. Nur selten bekam es etwas zu essen, während die Eltern Sozialhilfe und Kindergeld versoffen.

Am Abend vor ihrem Tod bekam das Kind ausnahmsweise mal etwas zu essen, Hühnchen und Schokopudding, es erbricht und erstickt an Erbrochenem. Tsokos: „Die grausame Ironie von Jessicas Schicksal: Nach einer Ewigkeit geben die Eltern ihr wieder etwas zu essen – und das fast zu Tode verhungerte Kind stirbt an seiner letzten Mahlzeit."

Ende November verurteilt das Landgericht Hamburg Jessicas Rabeneltern zu lebenslanger Haft. Richter Gerhard Schaberg: „Die Katze bekam zu fressen, Jessica musste hungern."

★

Das Urteil, das der Kommentator der spanischen Zeitung „El Pais" fällt, ist vernichtend: „Deutsche Wertarbeit und Disziplin gehören der Vergangenheit an, Deutschland ist zu einer Heimstätte von Korruption und Skandalen geworden." Auslöser der Abrechnung ist ein gescheiterter Student und Gelegenheitsschiedsrichter: Robert Hoyzer, 25 Jahre alt, 1,98 Meter groß und auch im Berliner Winter stets solariumgebräunt. Ende Januar gesteht er in der Kanzlei seines Anwalts, mehrere Fußballspiele verpfiffen zu haben. Seine Freunde von der „kroatischen Wettmafia" hätten durch hohe Einsätze auf die manipulierten Partien sechsstellige Gewinne kassiert. Hoyzer selbst gab sich mit etwa 67 000 Euro und einem Fernseher zufrieden.

Der Essener Anwalt Stephan Holthoff-Pförtner, der auch Altbundeskanzler Helmut Kohl vertritt: **„Entweder ist das der abgezockteste 25-Jährige, den es gibt, oder eine arme Sau."** Wohl letzteres. Am 17. November bestraft ihn das Landgericht Berlin wegen „banden- und gewerbsmäßigen Betrugs" zu zwei Jahren und fünf Monaten Haft. **Der Begriff „Hoyzern" für fragwürdige Schiedsrichterpfiffe setzt sich nicht durch.**

2006

Deutschland schwelgt im SOMMERMÄRCHEN, lässt sich von der VOGELGRIPPE-Angst anstecken und trauert um die TRANSRAPID-Toten

Beim Zusammenstoß eines Transrapid mit einem Werkstattwagen auf der Teststrecke im Emsland sterben am 22. September 23 Menschen, nur zehn überleben den Crash, der zum Desaster für die Magnettechnologie wird

Ein sterbender Schwan auf Rügen verendet an der Vogelgrippe H5N1, die im Frühjahr grassiert. Geflügel in ganz Deutschland wird weggesperrt. Ist ein Tier erkrankt, müssen alle im Stall getötet werden. Während in Asien Hunderte Menschen sterben, kommt Deutschland glimpflich davon

Die Fußball-WM in Deutschland – ein Sommermärchen. Fröhlich schwenken Millionen Menschen wie hier beim Fanfest am 8. Juli in Berlin schwarz-rot-goldene Fahnen und schminken sich die deutsche Trikolore ins Gesicht. Der Internationale Fußballverband verleiht den Fans den Fairplay-Preis 2006. Begründung der Fifa: „Das Bild eines fröhlichen Deutschlands ging um die ganze Welt." Obwohl wir nur Dritter wurden. „Fanmeile" ist das Wort des Jahres

Oft kommt es nicht vor, dass die im Zweifelsfalle linke „Frankfurter Rundschau" den im Zweifelsfalle konservativen Franz Beckenbauer lobt. Doch sein Satz „So stellt sich der liebe Gott die Welt vor" habe „das deutsche Sommermärchen 2006 namens Fußballweltmeisterschaft sehr schön zusammengefasst", preist das Blatt den Fußballkaiser.

Sommermärchen, ein von William Shakespeare aus dem Sonett 98 („summer's story") entlehnter Begriff für die WM in Deutschland, kommt in fast jedem Rückblick vor. Sönke Wortmanns Doku „Deutschland. Ein Sommermärchen" sehen vier Millionen Menschen im Kino, zehn Millionen im Fernsehen – nicht nur bewegte Männer.

Viele Deutsche schmücken ihre Gesichter mit schwarz-rot-goldener Schminke und ihre Autos mit schwarz-rot-goldenen Fähnchen. „Nach der WM 1974 hat Paul Breitner die Mao-Bibel hochgehalten – schwarz-rot-goldene Symbole wären damals nicht möglich gewesen", deutet Dietmar Preissler vom Haus der Geschichte in Bonn den Mentalitätswandel. Lange galt das Herzeigen der Fahne – außer als Hintergrunddekoration bei Politikeransprachen – als Zeichen für Nationalismus, seit dem Sommermärchen ist dies Bekenntnis eines fröhlichen Patriotismus.

Dass Deutschland nicht einmal ins Endspiel kommt, sondern sich nach einem 3:1 über Portugal mit dem dritten Platz bescheiden muss, während Italien nach einem 6:4 über Frankreich Weltmeister wird, dass Bundestrainer Jürgen Klinsmann drei Tage nach dem Finale geht und Joachim Löw als Bundestrainer kommt, tut der Freude keinen Abbruch. „Fanmeile" wird Wort des Jahres.

Kühl sind die Kritiken. Doch die Menschen strömen in die Kinos, um den Film „Das Parfum" zu erleben. Den mörderischen Parfümeur spielt Ben Whislaw, eines seiner schönen Opfer Karoline Herfurth

▲ Schockbilder aus Afghanistan: Im Herbst werden Fotos bekannt, auf denen Bundeswehrsoldaten mit Totenschädeln posieren. Dieses Verhalten sei „durch nichts zu entschuldigen", tadelt die Kanzlerin

Am 2. Februar bekommt Rudi Carrell, einer der Großen der TV-Unterhaltung, die Goldene Kamera. Fünf Monate später stirbt er an Lungenkrebs

Doch Ex-Bundestrainer Berti Vogts bleibt auf dem Rasen der Tatsachen. In BILD am SONNTAG analysiert er: **„Wären wir ein bisschen klüger gewesen, hätten wir das Finale erreicht und vielleicht den WM-Titel geholt."**

★

Zum Entsetzen seines Biografen Michael Jürgs, dem Günter Grass dieses nicht ganz unwichtige Detail seines Lebens verschwiegen hat, gesteht der Literatur-Nobelpreisträger in seinem Buch „Beim Häuten der Zwiebel", er sei Soldat der Waffen-SS gewesen. BILD am SONNTAG kommentiert: **„Als moralische Instanz hat er ausgedient."** Der „Frankfurter Allgemeinen Zeitung" erzählt Grass nahezu lustvoll, wen er in Kriegsgefangenschaft kennengelernt hat: „Ich saß im Lager in Bad Aibling immer mit Gleichaltrigen zusammen. Da hockten wir Siebzehnjährigen, wenn es regnete, in einem Loch, das wir uns in den Boden gebuddelt hatten. Es waren dort 100 000 Kriegsgefangene unter freiem Himmel versammelt. Und einer von denen hieß Joseph, war äußerst katholisch und gab auch gelegentlich lateinische Zitate von sich. Der wurde mein Freund und Knobelkumpan, denn ich hatte einen Würfelbecher ins Lager retten können. Wir haben uns die Zeit vertrieben, gewürfelt, geredet und Zukunftsspekulationen angestellt, wie Jugendliche das gern tun. Ich wollte Künstler werden, und er wollte in die Kirche, dort Karriere machen. Ein bisschen verklemmt kam er mir vor, aber er war ein netter Kerl."

Kühl erklärt der Vatikan, der Heilige Vater habe niemals eine Bekanntschaft mit Grass erwähnt.

★

„Deep Fritz" heißt das Schachprogramm von Cheese Base, gegen das der russische

2. 1. 15 Menschen kommen beim **Einsturz** einer Eislaufhalle in Bad Reichenhall ums Leben.

19. 1. **Der Palast der Republik in Berlin** wird abgerissen, entscheidet der Bundestag.

23. 1. Kältester Tag des Jahres in Deutschland bis unter **minus 34 Grad**.

27. 1. Altbundespräsident **Johannes Rau** († 75) stirbt.

31. 1. 5,012 Millionen Menschen in Deutschland sind **arbeitslos**.

1. 2. Arbeitnehmer sollen künftig nicht mehr mit 65, sondern erst mit 67 Jahren in **Rente** gehen, beschließt die Bundesregierung.

10. 2. Start der **XX. Olympischen Winterspiele** in Turin. Deutsche Sportler holen die meisten Medaillen: 11-mal Gold, 12-mal Silber und 6-mal Bronze.

2. 3. Die Kultusminister der Länder bestimmen, die neue **Rechtschreibung** soll ab 1. August für alle Schulen verbindlich sein.

10. 4. Brandenburgs Ministerpräsident **Matthias Platzeck** tritt nach nur fünf Monaten wegen Krankheit als SPD-Chef zurück. Sein Nachfolger ist **Kurt Beck**, Ministerpräsident von Rheinland-Pfalz.

6. 5. Der FC Bayern München steht nach einem 1:1 gegen den 1. FC Kaiserslautern vorzeitig als **deutscher Fußballmeister** fest.

19. 5. Der Bundestag beschließt, die **Mehrwertsteuer** von 16 auf 19 Prozent zu erhöhen.

7. 6. **Charlotte Knobloch** ist die erste Präsidentin des Zentralrats der Juden in Deutschland. Ihr Vorgänger **Paul Spiegel** war am 30. 4. gestorben.

18. 6. Erstmals siegt beim 24-Stunden-Rennen von Le Mans (Frankreich) ein **Diesel-Rennwagen**, ein Audi R 10 TDI mit 646 PS. ▼

31. 7. Der Versuch zweier **Terroristen**, zwei Züge aus Köln zur Explosion zu bringen, scheitert, weil die Sprengsätze nicht zünden.

26. 8. Der frühere CDU-Vorsitzende **Rainer Barzel** († 82) stirbt.

9. 9. **Papst Benedikt XVI.** beginnt seinen Deutschland-Besuch.

11. 9. Tod des Hitler-Biografen **Joachim Fest** († 79).

5. 10. Tod des Milliardärs **Friedrich Karl Flick** († 79).

22. 10. **Michael Schumacher** macht nach 16 Jahren Schluss mit der Formel 1.

12. 11. Mithäftlinge zwingen einen Mitgefangenen im Siegburger Gefängnis zum **Selbstmord**.

20. 11. **Amoklauf** in einer **Schule in Emsdetten**. Der 18-jährige Sebastian B. schießt auf Lehrer und Schüler, verletzt 37 Menschen. Anschließend tötet er sich selbst.

25. 11. **Axel Schulz** verliert den Boxkampf gegen **Brian Minto** (USA) und beendet seine Ring-Karriere.

5. 12. Das Schachprogramm **„Deep Fritz“** besiegt den Weltmeister **Wladimir Borrisowtisch Kramnik** in Bonn mit 4:2. ▼

8. 12. Der Verkauf der **Wii-Konsole** von Nintendo beginnt.

Nach seinem „Zwiebel“-Buch muss Günter Grass mit SS geschrieben werden

Schachweltmeister Wladimir Kramnik im Herbst in Bonn antritt. Warum auch immer, gleich in der zweiten Partie übersieht der Weltmeister-Mensch ein mögliches Matt in einem Zug, am Ende gewinnt der Computer mit 4:2. **Kramnik gewinnt auch, nämlich 500 000 Dollar Startgeld.**

★

Mit achteinhalb Jahren Gefängnis ist Armin Meiwes, bekannter als „Kannibale von Rotenburg“, in der ersten Instanz glimpflich davongekommen. Im Frühjahr 2001 hatte Meiwes den Berliner Ingenieur Bernd Brandes, den er im Internet kennengelernt hatte, auf dessen Wunsch hin verstümmelt und Teile seines Körpers gebraten und aufgegessen. Dabei ließ Meiwes stundenlang eine Videokamera laufen. Der Bundesgerichtshof kassierte das Urteil und ordnete eine neue Verhandlung vor dem Frankfurter Landgericht an. **Das verurteilt ihn am 9. Mai 2006 wegen Mordes und Störung der Totenruhe zu lebenslanger Haft.**

So eklig Meiwes' Tat ist, das Thema Kannibalismus regt die Fantasie von Musikern und Filmemachern an. Mehrere Bands wie zum Beispiel die „Wilden Jungs“ („Schlachtfest“) und „Rammstein“ („Mein Teil“) machen Songs aus dem makabren Stoff. Der Kannibale ist noch nicht rechtskräftig verurteilt, da ist bereits der Film „Rohtenburg“ abgedreht, in dem Thomas Kretschmann den Menschenfresser spielt. Doch in die Kinos kommt er vorerst nicht, denn der echte Kannibale fühlt sich in seinen Persönlichkeitsrechten verletzt, klagt und kriegt vom Oberlandesgericht Frankfurt am Main recht. Erst im Mai 2009 hebt der Bundesgerichtshof das Urteil auf. Nun darf der Horrorfilm gezeigt werden. Laut Urteilsbegründung muss „das Persönlichkeitsrecht des Klägers zurückstehen“.

★

Um Mord und Kannibalismus geht es auch in dem Film „Das Parfum“, den Tom Tykwer nach Patrick Süskinds Weltbestsellerroman (15 Millionen Mal verkauft, 46 Übersetzungen) dreht. Auf der Suche nach dem absoluten Duft meuchelt der Parfümeur Jean Baptiste Grenouille rothaarige Mädchen; am Ende, nachdem er sich mit einem von ihm kreierten Parfüm übergossen hat, wird Grenouille selbst getötet und gegessen.

Die Kritiken nach der Premiere am 14. September sind zwiespältig: „Biederes Werk“, urteilt „Die Zeit“. Die „Frankfurter Allgemeine Sonntagszeitung“ vermisst „den leisesten Anflug von Dämonie“ und beschwert sich über „gediegene Langeweile“. Doch die Zuschauer lassen sich von „Parfum“ betören. 5,6 Millionen gucken sich den Film an. Auch finanziell ist er ein Erfolg. Bei etwa 60 Millionen Euro Produktionskosten spielt er 135 Millionen Euro ein.

★

„Die schärfsten Kritiker der Elche waren früher selber welche.“ Dieses inzwischen zum Sprichwort mutierte Gedicht wird oft Robert Gernhardt zugeschrieben. Tatsächlich ist es seinem Kollegen F. W. Bernstein eingefallen. Gernhardts Replik ist weniger bekannt: **„Die Kritiker der Molche waren früher ebensolche.“** Gernhardt, Mitbegründer der Neuen Frankfurter Schule, „Pardon“- und „Titanic“-Autor, Ghostwriter für Otto Waalkes, stirbt am 30. Juni nach langer Krebskrankheit. „Keinen Künstler haben die Deutschen so geliebt, und keiner liebte sein Publikum so wie er“, schreibt die „Süddeutsche Zeitung“. Eines seiner letzten goldenen Worte: **„Wer schreibt, bleibt. Wer spricht, nicht.“**

2007

ULRICH MÜHE stirbt 21 Wochen nach dem Oscar für „Das Leben der Anderen“, die KANZLERIN sitzt mit den mächtigsten Männern der Welt im Strandkorb, und APPLE legt das iPhone

Die acht mächtigsten Männer und die mächtigste Frau der Welt nehmen Anfang Juni im größten Strandkorb der Welt in Heiligendamm (Ostsee) Platz. Von links: Shinzo Abe (Japan), Stephen Harper (Kanada), Nicolas Sarkozy (Frankreich), Wladimir Putin (Russland), Angela Merkel (Deutschland), George W. Bush (USA), Tony Blair (Großbritannien), Romano Prodi (Italien) und José Manuel Barroso (EU)

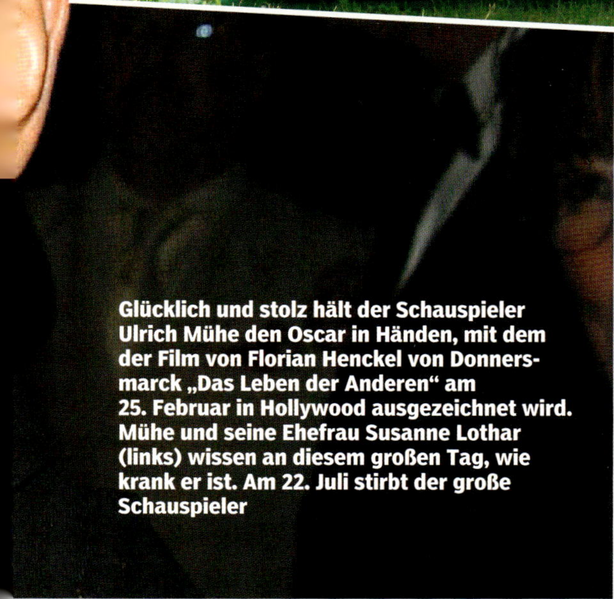

Glücklich und stolz hält der Schauspieler Ulrich Mühe den Oscar in Händen, mit dem der Film von Florian Henckel von Donnersmarck „Das Leben der Anderen" am 25. Februar in Hollywood ausgezeichnet wird. Mühe und seine Ehefrau Susanne Lothar (links) wissen an diesem großen Tag, wie krank er ist. Am 22. Juli stirbt der große Schauspieler

Die Deutsche Demokratische Republik war ein Jux, könnte man meinen, würde man sie nur aus Komödien wie „Sonnenallee" oder „Good bye Lenin!" kennen. Dann dreht Florian Maria Georg Christian Graf Henckel von Donnersmarck, so sein vollständiger Name, nach fünf Kurzstreifen für bescheidene 1,8 Millionen Euro den ersten abendfüllenden Spielfilm und gewinnt den Preis, von dem viele Filmregisseure ein Leben lang und meist ein Leben lang vergeblich träumen: den Oscar.

Obwohl „Das Leben der Anderen" von einem speziell deutschen Thema wie der Bespitzelung eines Schriftstellers durch die Staatssicherheit der DDR handelt, zeichnet die Academy of Motion Picture Arts and Sciences in Los Angeles den jungen deutschen Regisseur am 25. Februar mit dem Oscar in der Kategorie bester fremdsprachiger Film aus. „Er flog kometenhaft in den Hollywood-Himmel", jubelt „Die Welt".

Der so Hochgeehrte dankt „meinen Schauspielern, vor allem Ulrich und Sebastian, ihr seid die Größten, und lasst euch von keinem das Gegenteil erzählen". Sebastian Koch spielt den überwachten Schriftsteller, Ulrich Mühe den Stasi-Offizier.

Was in der Oscar-Nacht nur wenige wissen: Ulrich Mühe, der so diszipliniert in die Kameras lächelt und geduldig Reporterfragen beantwortet, hat Magenkrebs, muss kurz nach der Rückkehr aus den USA operiert werden. **„Oscar-Held kämpft um sein Leben", berichtet BILD am 13. Juli. Neun Tage später stirbt er.**

Im selben Monat wird Oscar-Preisträger von Donnersmarck zum dritten Mal Vater. „Es ist ein Junge", verrät er BILD am SONNTAG, „doch er wird nicht Oscar heißen." Sondern Alexis.

★

Nur 21 Prozent der Deutschen erwarten nach einer Umfrage vom Gipfeltreffen der Regierenden in Heiligendamm an der Ostsee, dass für die Regierten etwas Konkretes herauskommen werde, 75 Prozent sind vom Gegenteil überzeugt.

Es kommt anders. Während sich vor den Zäunen des Tagungshotels „Kempinski" militante Globalisierungsgegner mit der Polizei Straßenschlachten liefern, schwingt sich Bundeskanzlerin Angela Merkel als Gipfel-Gastgeberin zur Miss World auf. Sie ringt den mächtigen Männern das Versprechen ab, bis 2050 den CO_2-Ausstoß weltweit zu halbieren. „Es merkelt die Republik", merkt Kommunikationsprofessor Klaus Kocks in der „Frankfurter Rundschau" an.

Was bleibt vom historischen Gipfel in Heiligendamm? Der 6,5 Meter lange, von

▲ „Erfindung des Jahres" nennt „Time" das iPhone, das am 9. Januar 2007 in den USA vorgestellt wird. Ab November ist es auch in Deutschland zu haben. Seit Ende 2009 verkauft der Verlag Axel Springer Apps von BILD und „Welt". In den ersten 4 Wochen sind es mehr als 100 000

DREI COMEBACKS des Jahres: Die Stimmen der „No Angels“, Henry Maskes Rechte, und von links kommt Lafontaine

der Usedomer Traditionsfirma Korb GmbH angefertigte Strandkorb, in dem die acht Staatenlenker plus EU-Lenker Manuel Barroso, also neun Mächtige, am 7. Juni fünf Minuten lang für die Fotografen Platz nehmen. Das urdeutsche Sandsitzmöbel im XXXL-Format, dessen Normalausführung für zwei Personen der Rostocker Hofkorbmacher Wilhelm Bartelmaun vor 125 Jahren erfunden hat, kommt nach dem Gipfel unter den Hammer. **Reinfried Pohl, Chef der Deutschen Vermögensberatung, ersteigert es für eine Million Euro zugunsten der BILD-Aktion „Ein Herz für Kinder“.**

★

So um die 150 Millionen Jahre lang dürfte der Brachiosaurus brancia tot sein, dessen 15,5 Meter langes und 13,27 Meter hohes Skelett nach zweijähriger Restaurierung ab Juli im Berliner Naturkundemuseum an der Invalidenstraße gezeigt wird.

1909 hatte der Berliner Werner Janensch die Knochen des Riesensauriers südwestlich des Berges Tendaguru im heutigen Tansania entdeckt. Erstmals 1937 konnten die Berliner das Skelett des Sauriers bewundern, der damals noch O-Beine hatte. Erst nach der Schönheitsoperation steht Brachiosaurus aufrecht. „Dino von O-Beinen geheilt“, scherzt die „B. Z.“.

★

Bereits als Prinzregent führte der spätere britische König Georg IV. 1811 den hübschen Brauch ein, Schiffe der Royal Navy von einer „Dame der höchsten Gesellschaft“ taufen zu lassen. Das soll Glück bringen. Bis heute ist die maritime Glücksbringerin normalerweise reich oder berühmt oder beides. So kamen Christiane Herzog, Ehefrau des Bundespräsidenten, Kanzlergattin Doris Schröder-Köpf, Filmstar Iris Berben und Supermodel Heidi Klum zu der Ehre, eine Champagnerflasche an der Bordwand eines der Kreuzfahrtschiffe der Aida-Flotte zerschellen zu lassen.

Doch 2007 kommt eine ganz normale Hamburgerin zum Zuge und zum Schiff mit dem Kußmund. Das „Hamburger Abendblatt“ startet einen Wettbewerb unter Hanseatinnen, wer Taufpatin der neuen Aidadiva (252 Meter lang, 32,2 Meter breit, Platz für 2500 Gäste, 315 Millionen Euro teuer) werden darf, die von der Papenburger Meyer-Werft gebaut wird. 520 Hamburgerinnen bewerben sich. Die Leser entscheiden sich für Maria Galleski (damals 42), eine Verwaltungsfachangestellte aus dem Stadtteil Rellingen.

220 000 Menschen kommen am 20. April an die Elbe, um das Spektakel mit Lichtshow und Feuerwerk mitzuerleben. Um

DIE CHRONIK VON 2007

1\. 1. Die Mehrwertsteuer steigt von **16 auf 19 Prozent**.

18\. 1. Der **Orkan „Kyrill“** tötet 13 Menschen in Deutschland.

4\. 2. Die **deutschen Handballer** sind nach 1938 und 1978 zum dritten Mal Weltmeister.

5\. 2. **Mord an sieben Menschen** in einem China-Restaurant in Sittensen (Niedersachsen).

26\. 2. **Jan Ullrich** gibt seinen Abschied als Rad-Profi bekannt.

9\. 3. Der Bundestag hebt das **Renteneintrittsalter** stufenweise auf 67 Jahre an.

27\. 3. Entlassung der früheren **RAF-Terroristin Brigitte Mohnhaupt** nach 24 Jahren Haft.

19\. 5. Bei einem **Selbstmordanschlag** im afghanischen Kundus sterben drei Bundeswehrsoldaten, fünf werden schwer verletzt.
Nach einem 2:1-Sieg über Energie Cottbus ist der **VfB Stuttgart** Deutscher **Fußballmeister**. Sieben Tage später verlieren die Stuttgarter gegen den 1. FC Nürnberg im Finale um den DFB-Pokal.

25\. 5. Der Bundestag erlässt ein **Rauchverbot** in Bahnen, Bussen und Behörden ab 1. 9.

28\. 5. Schwere **Unwetter** über Deutschland.

13\. 6. Der Bundestag beschließt, Stasi-Opfern eine **Sonderrente** zu zahlen.

◄ 16. 6. Gründung der Partei **Die Linke**. Oskar Lafontaine (links) und Lothar Bisky teilen sich den Vorsitz.
Beginn der **„documenta 12“** in Kassel.

18\. 6. **Schweres Busunglück** in Sachsen-Anhalt: 13 Tote, 36 Verletzte.

4\. 7. Das Bundesverfassungsgericht entscheidet, Bundesabgeordnete müssen ihre **Nebeneinkünfte** offenbaren.

18\. 7. **Entführung** zweier deutscher Ingenieure in Afghanistan, einer wird erschossen, der zweite kommt nach 84 Tagen frei.

1\. 8. Die umstrittene **Rechtschreibreform** ist nun für alle Schüler und Lehrer verbindlich.

15\. 8. **Mord** an drei deutschen Polizisten in Kabul (Afghanistan).
Vor einem Restaurant in Duisburg werden sechs Italiener mit **Kopfschüssen** getötet.

28\. 8. **Gammelfleischskandal** in Bayern. Ein Unternehmen hatte umetikettierte Fleischabfälle verkauft.

4\. 9. Festnahme von drei Männern im Sauerland, die **Anschläge mit Autobomben** vorbereitet haben.

9\. 9. **Weltmeister** im Reckturnen ist **Fabian Hambüchen** (19). ►

29\. 9. Als Nachfolger von Edmund Stoiber wählt die CSU **Erwin Huber** zum Parteichef. **Günther Beckstein** beerbt Stoiber als Ministerpräsident von Bayern.

13\. 11. Um seine an Krebs erkrankte Frau zu pflegen, tritt **Franz Müntefering** (SPD) als Bundesarbeitsminister und Vizekanzler zum 21. November zurück.

14\. 11. Die Lokführergewerkschaft (GDL) startet den **längsten Streik** ihrer Geschichte.

5\. 12. Im Dorf **Darry** (Schleswig-Holstein) ermordet eine psychisch kranke Frau ihre fünf Söhne.

10\. 12. **Nobelpreise** für die Deutschen Peter Grünberg (Physik) und Gerhard Ertl (Chemie).

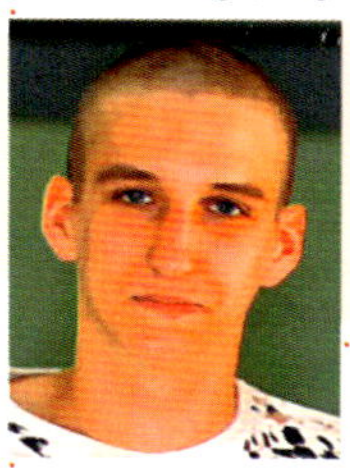

◄ 14. 12. Der 17-jährige Schüler **Marco W.** aus Uelzen darf nach acht Monaten U-Haft die Türkei verlassen. Er war dort wegen **Vergewaltigung** eines britischen Mädchens angezeigt worden.

Außer **Walter Kempowski** und **Ulrich Mühe** starben 2007: Maler **Jörg Immendorf** († 61), „Schwarzwaldklinik“-Chefarzt **Klaus-Jürgen Wussow** († 78), Ex-Fußball-Nationaltrainer **Jupp Derwall** († 80), „Tatort“-Kommissar **Hansjörg Felmy** († 76), „Stahlnetz“-Regisseur **Jürgen Roland** († 81), Schauspielerin **Evelyn Hamann** († 65) und Flugpionierin **Elly Beinhorn** († 100).

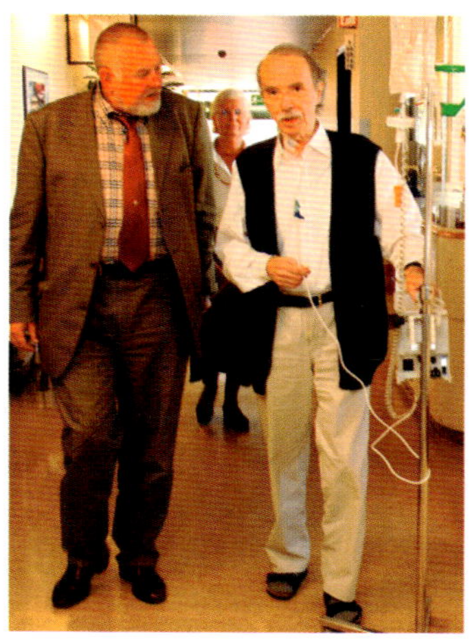

Der schwer kranke Walter Kempowski (rechts) beim Interview mit BILD-am-SONNTAG-Autor Helmut Böger im Krankenhaus in Rotenburg an der Wümme im Mai 2007. „Tröpfelmann“ nennt der Dichter den Tropf mit flüssiger Nahrung. Am 5. Oktober stirbt Kempowski

Vier Jahre nach ihrer Auflösung startet die Popband „No Angels“ 2007 mit dem Album „Destiny“ ihr Comeback. Beim Eurovision Song Contest 2008 in Belgrad landen Sandy Mölling, Lucy Diakowska, Nadja Benaissa und Jessica Wahls (von links) auf einem blamablen 23. Platz

▲ 1996 verlor Gentleman-Boxer Henry Maske seinen einzigen Fight als Profi gegen Virgil Hill. Beim Comeback in München am 31. März 2007 besiegt Maske seinen Widersacher Hill klar nach Punkten und kündigt an, mit dem Boxen aufzuhören

21.53 Uhr spricht Patin Maria Galleski den traditionellen Taufspruch: „Ich taufe dich auf den Namen Aidadiva, wünsche dir allzeit gute Fahrt und immer eine Handbreit Wasser unterm Kiel.“

★

Günter Grass, Walter Kempowski, Siegfried Lenz und Martin Walser, diese vier alten Herren, bilden das literarische Quartett der wichtigsten Autoren, die noch am Zweiten Weltkrieg teilnehmen mussten und die deutsche Literatur bis ins neue Jahrtausend prägen.

Im Mai 2007 liegt Kempowski, der sich nie so gewürdigt fühlte wie die anderen drei des Quartetts, im Krankenhaus in Rotenburg an der Wümme (Niedersachsen). Diagnose: Darmkrebs, unheilbar.

Kurz bevor Bundespräsident Horst Köhler in der Berliner Akademie der Künste eine Ausstellung mit Gegenständen aus dem Leben des leidenschaftlichen Sammlers Kempowski – u. a. eine Zigarrenkiste der Firma Loeser und Wolff, ein Ziegelstein aus dem DDR-Zuchthaus Bautzen, seine erste Schreibmaschine Marke Torpedo – eröffnet, erklärt der Schriftsteller den zum Interview angereisten Reportern von BILD am SONNTAG mit stoischer Gelassenheit: **„Das ist die Endvorstellung, darüber geht nichts hinaus. Ja, das sind die glücklichsten Tage meines Lebens.“** Dabei löffelt er ein Stück Marzipantorte. „Ich hadere nicht mit dem lieben Gott“, erklärt er, „die Krankheit läuft irgendwie ab, da kann man nichts machen. Ich bin 78, was wollen Sie mehr?“

Im Krankenhaus redigiert er sein letztes Werk „Somnia“, ein Tagebuch des Jahres 1991. „Es ist eine Freude, sich mit der Nachwelt zu unterhalten“, versichert der todkranke Dichter, „wer Tagebuch führt, behält recht.“ Selbst die in dieser Situation makabre Frage, was auf seinem Grabstein stehen solle, beantwortet er lächelnd: **„Ein einziges Wort wie ‚Schade‘ tut es auch.“**

Am 5. Oktober stirbt Walter Kempowski. Beigesetzt wird er in Nartum (Niedersachsen). Seine alte Heimatstadt Rostock, der er nach den Worten von Oberbürgermeister Roland Methling „ein literarisches Denkmal gesetzt hat“, benennt 2009 ein Stück der Kaikante am Stadthafen „Kempowski-Ufer“.

Obwohl schon 150 Millionen Jahre tot, wirkt das Skelett des Brachiosaurus brancia immer noch imponierend. Seit dem Sommer 2007 ist es im Berliner Naturkundemuseum zu bestaunen, nachdem es zwei Jahre lang restauriert wurde ►

Taufpatin Maria Galleski vor der Aidadiva ▼

2008

In der rechten Hand seine Goldmedaille und einen Blumenstrauß, in der linken ein Foto seiner ein Jahr zuvor verstorbenen Frau Susann, in den Augen Tränen: So steht Gewichtheber Matthias Steiner bei den Olympischen Spielen in Peking auf dem Siegerpodest. Kurz danach lernt er TV-Moderatorin Inge Posmyk (Foto unten rechts) kennen und lieben

Ein schwerer GOLDJUNGE rührt die Welt, das DEKOLLETÉ der Kanzlerin erfreut Europa, und Reich-Ranicki ärgert sich über das deutsche FERNSEHEN

Noch nie zuvor und auch nie mehr danach zeigt Bundeskanzlerin Angela Merkel so viel Haut wie bei der Eröffnung der Oper in Oslo am 12. April. Da staunt auch der norwegische Premierminister Jens Stoltenberg. Zeitungen in ganz Europa diskutieren Merkels Dekolleté

Es gibt Tränen der Anstrengung, Tränen des Glücks und Tränen der Trauer. Als der Gewichtheber Matthias Steiner am 19. August in Peking olympisches Gold holt, vergießt er dabei Tränen jeder Art.

258 Kilo stemmt der 145-Kilo-Koloss. Das ist Anstrengung. Die Goldmedaille, das ist Glück pur. „In jenem Moment, als ich die Hantel oben hatte und wusste, dass es Gold wird, war es der glücklichste, schönste Moment in meinem Leben", verrät der stärkste Mann der Welt im Interview mit BILD am SONNTAG.

Tränen der Trauer vergießt Steiner, weil er an seine Frau Susann († 22) denkt, die ein Jahr vor seinem Triumph bei einem Autounfall gestorben ist. Bei der Siegerehrung hält der „Herzkules" ein Foto von ihr in die Kameras. Milliarden Menschen auf der ganzen Welt sehen es. Nach seiner Rückkehr aus China will Steiner mit der Medaille ans Grab gehen: „Ich will sie ihr zeigen, eine Kerze anzünden und mit ihr reden. Ich habe das Bedürfnis, ihr ganz nahe zu sein mit der Medaille."

Auf die Frage von Reporter Thomas Sulzer, ob er glaubt, noch einmal sein Herz zu verlieren, antwortet der Heidelberger: „Ich kann mir das zum jetzigen Zeitpunkt nicht vorstellen." Wenige Wochen später erweicht die blonde TV-Moderatorin Inge Posmyk das Herz des Kraftkerls. Sie heiraten Anfang 2010, seitdem heißt sie Inge Steiner.

★

Das Jahr fängt gut an für Bundeskanzlerin Angela Merkel (CDU). Das Statistische Bundesamt meldet am 15. Januar: **Der Staatshaushalt ist ausgeglichen, das Defizit auf null Komma null geschrumpft, erstmals seit 1989.**

Ziemlich ausgeglichen, nämlich ausgeglichen in Pro und Contra, sind die Reaktionen auf das schwarze Abendkleid, das die Kanzlerin im April zur Eröffnung der Oper in Oslo ausfüllt. Der Kölner „Express" schmeichelt „So viel Merkel war nie" ob ihres offenherzigen Dekolletés. Das türkische Blatt „Sabah" findet dies „schockierend". Die britische „Daily Mail" erkennt eine „neue deutsche Waffe der Massenzerstreuung", und „Die Zeit", herausgegeben von Uraltbundeskanzler Helmut Schmidt, scherzt beherzt: „Wettbrüsten. Endlich ist es raus: Merkel will Großmacht werden!" Merkels Busenfreundin, „Bunte"-Chefredakteurin Patricia Riekel, kommentiert: **„Ihr Dekolleté ist ein Politikum, wenn auch ein sehr charmantes."**

★

Als „Schwarzer September" geht der neunte Monat des Jahres 2008 in die Geschichte ein. Das gesamte Weltwirtschaftssystem gerät in Turbulenzen, als den

Berlin, Hannover und Köln führen am 1. Januar Umweltzonen ein. Die Innenstädte dürfen nur mit speziellen, sechs Euro teuren Feinstaubplaketten befahren werden

Yes, he can: 200 000 Menschen kann der amerikanische Präsidentschaftskandidat Barack Obama am 24. Juli mit seiner Rede vor der Siegessäule begeistern, die die Berliner gern „Goldelse“ nennen. Eigentlich wollte Obama vor dem Brandenburger Tor auftreten, doch das missfiel der Kanzlerin

Moderator Thomas Gottschalk und Kritikerpapst Marcel Reich-Ranicki erheben beim Kölner Fernsehpreis am 11. Oktober mahnend den rechten Zeigefinger. Weil Reich-Ranicki das TV-Programm zu seicht ist, lehnt er die ihm zugedachte Ehrung ab

Obama gibt Berlin die Ehre und „Finanzkrise“ wird zum Wort des Jahres 2008

zwei Hypotheken-Riesen Fannie Mae und Freddie Mac in den USA die Pleite droht. Beide sind „Too Big to Fail“ (zu groß, um in Konkurs zu gehen). Am 8. September hilft die US-Regierung. Drei Tage später ist die Investmentbank Lehman Brothers insolvent. Diesmal hilft die Regierung nicht. Aktienkurse auf der ganzen Welt stürzen ab – auch eine Art von Globalisierung.

Ende September erreicht der Finanz-Tsunami Deutschland. Die bayerische Bankenholding Hypo Real Estate (HRE) ist am Ende. Am 28. September, ein Sonntag, treffen sich Banker, Bankenaufsicht und Vertreter der Bundesregierung zur Krisensitzung in München. Die Zeit drängt. Die Rettung muss vor der Öffnung der Börse in Tokio um 2 Uhr deutscher Zeit beschlossen sein, wenn die Katastrophe abgewendet werden soll.

Die Herren des Geldes feilschen wie auf dem Basar, wer wie viele Milliarden bereitstellt. Um 1.30 Uhr am frühen Montagmorgen telefonieren Josef „Joe“ Ackermann, Chef der Deutschen Bank, und Angela Merkel, Chefin der Bundesrepublik, miteinander und schnüren in Abstimmung mit Bundesfinanzminister Peer Steinbrück (SPD) das Rettungspaket. Die HRE bekommt 35 Milliarden Euro Kredit, der Bund stellt 26,5 Milliarden bereit, die Banken 8,5 Milliarden Euro. Kurz darauf sind weitere Milliarden nötig. 2009 wird die HRE verstaatlicht, als erste Bank in der Bundesrepublik.

Um Panik der Sparer zu verhindern, verspricht die Kanzlerin am 3. Oktober: „Wir werden nicht zulassen, dass die Schieflage eines Finanzinstituts zu einer Schieflage des gesamten Systems wird.“ Sie garantiert, der Staat werde alle privaten Spar- und Termingelder sowie Girokonten sichern. Niemand müsse fürchten, sekundiert Steinbrück, „dass sein Geld futsch ist“.

Neun Tage später treffen sich die europäischen Staats- und Regierungschefs in Paris und spannen einen Schutzschirm für die Banken auf, um die Krise „ein Stück weit beherrschen zu können“, so die Regierungschefin. Der Schirm soll sicherstellen, dass Banken wieder das tun, wozu sie da sind: Geld verleihen.

Im Wonnemonat Mai turteln Boris Becker und Sandy Meyer-Wölden in Paris, der Stadt der Liebe. Verlobung am 10. August, Trennung am 31. Oktober. Sie ist jetzt mit Oliver Pocher liiert, Vater ihrer am 2. Februar 2010 geborenen Tochter Nayla Alessandra. Boris Becker heiratet am 12. Juni 2009 Lilly Kerssenberg und wird am 9. Februar 2010 Papa. Amadeus heißt der Knabe – wegen Mozarts „kleiner Nachtmusik“

Wie ein liebevoll verpacktes Geschenk präsentiert Heidi Klum mit roter Riesenschleife am 15. November in Miami Beach (Florida) Dessous von Victoria's Secret

Wie schnell eine Demokratie handeln kann, wenn Not am Geld ist, beweist Bundespräsident Horst Köhler. Zwei Tage lang debattieren Bundestag und Bundesrat das „Gesetz zur Stabilisierung des Finanzplatzes", das 500 Milliarden Euro Bürgschaften für Banken bereithält. Dann unterschreibt Köhler. Erster „Kunde" ist die Commerzbank: 8,2 Milliarden Euro Staatsknete bekommt sie aus dem Rettungsfonds. 14 weitere Geldhäuser bitten um Bürgschaften von Vati Staat und Mutti Merkel.

Auch in der Krise gibt es gute Nachrichten: Ende Oktober sind zum ersten Mal seit 16 Jahren weniger als drei Millionen Menschen in Deutschland arbeitslos. Kurz vor Weihnachten beschert die Bundesregierung ein Konjunkturprogramm zum Bau von Straßen, Sanierung von Schulen, Kliniken und Sportstätten.

Die Gesellschaft für deutsche Sprache bestimmt „Finanzkrise" zum Wort des Jahres 2008.

★

Carolin Dendler, bei BILD am SONNTAG für VIPs, also sehr wichtige Leute zuständig, sichtet einen gut gelaunten Marcel Reich-Ranicki, der am 11. Oktober beim Deutschen Fernsehpreis in Köln über den roten Teppich schreitet.

90 Minuten später ist es vorbei mit der guten Laune. Den ihm zugedachten Preis für das vom ZDF längst eingestellte „Literarische Quartett" lehnt der Kritikerpapst barsch ab: „Bei dem vielen Blödsinn, den ich heute Abend gesehen habe, glaube ich nicht, dass ich dazugehöre. Ich nehme diesen Preis nicht an." Das Publikum, an artige Dankesworte bei solchen Events gewöhnt, ist konsterniert. Reich-Ranicki zürnt weiter: „Ich habe viele Literrraturrrprrreise in meinem Leben bekommen. Aber ich gehöre nicht in diese Reihe."

Nur kurz verschlägt es dem als Lobredner vorgesehenen Thomas Gottschalk die Sprache, er fängt sich schnell und scherzt: „Jetzt haben Sie gesehen, wie aus einer Preisverleihung Reality-Fernsehen geworden ist."

Beim Essen trifft Carolin Dendler Reich-Ranicki wieder. Vor ihm auf dem Tisch steht der Preis. „Ich habe ihn symbolisch angenommen", erklärt ein wieder gut gelaunter Literaturpapst, „weil ich ein höflicher Mensch bin. Ich habe ihn aber nur angenommen, weil Gottschalk mir gesagt hat, dass sich die Intendanten von ARD und ZDF zusammensetzen und für mehr Niveau im Fernsehen sorgen wollen."

Sonnyboy Gottschalk gewinnt dem Eklat etwas Gutes ab: **„Auf das deutsche Fernsehen hat er geschimpft, mir aber das Du angeboten."**

DIE CHRONIK VON 2008

3. 1. **Werner Dollinger** (CSU), einziger Politiker, der unter allen vier CDU-Bundeskanzlern (Konrad Adenauer, Ludwig Erhard, Kurt-Georg Kiesinger und Helmut Kohl) Minister war, **stirbt mit 89 Jahren** in Neustadt an der Aisch.

21. 1. Der **Deutsche Aktienindex** verliert so viel wie nie zuvor an einem Tag: 500 Punkte.

27. 1. Dramatische Verluste der CDU bei den Hessen-Wahlen. SPD-Spitzenkandidatin **Andrea Ypsilanti** versucht, mit den Grünen zu koalieren und sich von der Linkspartei tolerieren zu lassen. In Niedersachsen kann die CDU/FDP-Koalition weiterregieren.

2. 2. Frankreichs Präsident **Nicolas Sarkozy** heiratet die Sängerin **Carla Bruni** in Paris.

3. 2. Neun Tote bei einem **Wohnhausbrand** in Ludwigshafen.

12. 2. Die katholische deutsche Bischofskonferenz wählt den Freiburger **Erzbischof Robert Zollitsch** zum Vorsitzenden. Er folgt auf den erkrankten Karl Kardinal Lehmann.

14. 2. Ermittlungen gegen Postchef **Klaus Zumwinkel** wegen Steuerhinterziehung. Er tritt zurück.

1. 3. Der **Orkan „Emma"** tobt über Deutschland, fünf Tote.

3. 3. Die frühere Bundestagspräsidentin **Annemarie Renger** (SPD) stirbt mit 89 Jahren in Remagen.

19. 3. **Aljona Savchenko** und **Robin Szolkowy** aus Chemnitz werden in Schweden trotz eines Sturzes Weltmeister im Eiskunstlauf.

5. 4. Hessens Ministerpräsident **Roland Koch** (CDU) tritt zurück, führt aber die Geschäfte weiter. Die SPD schafft keine Mehrheit zur Regierungsbildung, weil vier Genossen gegen eine Tolerierung durch die Linkspartei votieren. Am 18. 1. 2009 kommt es zu **Neuwahlen**.

17. 4. **CDU und Grüne** vereinbaren, Hamburg gemeinsam zu regieren. Es ist das erste Bündnis dieser Art in einem Bundesland bzw. Stadtstaat.

19. 4. Der **FC Bayern München** besiegt Borussia Dortmund mit 2:1 im DFB-Pokalfinale.

27. 4. Festnahme von **Josef Fritzl** (73) in Amstetten (Österreich), der seine **Tochter Elisabeth** 24 Jahre lang gefangen gehalten und mit ihr sieben Kinder gezeugt hat.

4. 5. Der **FC Bayern München** steht als Deutscher Fußballmeister fest.

22. 5. Bundespräsident **Horst Köhler** erklärt, er wolle erneut kandidieren. Die SPD stellt Professorin **Gesine Schwan**, die Linkspartei „Tatort"-Kommissar **Peter Sodann** auf.

29. 6. Im **Endspiel der Fußball-EM** besiegt die spanische die deutsche Elf in Wien mit 1:0.

30. 7. Das Bundesverfassungsgericht hebt das **Rauchverbot** in kleinen Kneipen auf.

31. 8. Die **Commerzbank** erwirbt vom Versicherungskonzern **Allianz** die Dresdner Bank.

7. 9. **Kurt Beck** tritt als SPD-Vorsitzender zurück. Nachfolger wird **Franz Müntefering**.

28. 9. Die CSU verliert bei den Landtagswahlen erstmals seit 1962 die absolute Mehrheit. Parteichef **Erwin Huber** und Ministerpräsident **Günther Beckstein** treten zugunsten von **Horst Seehofer** zurück, der eine Regierung aus CSU und FDP bildet.

18. 10. Die SPD wählt Bundesaußenminister **Frank Walter Steinmeier** zum Kanzlerkandidaten für die Bundestagswahlen 2009.

4. 11. **Barack Obama** wird als erster Schwarzer US-Präsident.

26. 11. Auch Deutsche sind unter den 174 Todesopfern eines islamistischen **Terroranschlags** in Bombay (Indien).

9. 12. Der **„Kofferbomber von Köln"**, der zusammen mit einem Komplizen versucht hatte, im Sommer 2006 zwei Züge zu zerstören, erhält in Düsseldorf eine lebenslange Haftstrafe.

10. 12. **Nobelpreis** für den deutschen Mediziner **Harald zur Hausen**.

13. 12. Der Schauspieler **Horst Tappert** („Derrick") stirbt mit 85 Jahren in München.

19. 12. **Haftentlassung** des ehemaligen RAF-Terroristen **Christian Klar** nach 26 Jahren im Gefängnis.

FOTOS: AP, GETTY IMAGES, FACE TO FACE, AKG-IMAGES, ACTION PRESS, THEO KLEIN

Glamour bietet die politische Kaste der Berliner Republik kaum. Doch seitdem Karl-Theodor von und zu Guttenberg, zunächst Wirtschafts-, jetzt Verteidigungsminister, und seine Frau Stephanie Staat machen, taucht das blaublütige Paar immer häufiger auf den bunten Seiten auf

2009

Ein Freiherr aus FRANKEN bringt Glamour in die Berliner Republik, ein Torwart aus HANNOVER lässt ein Volk trauern, und „Miss Kiss“ aus MICHIGAN tanzt in Moskau für Deutschland

Zwei Tage vor seinem Selbstmord hütet Robert Enke das Tor von Hannover 96 und bewahrt seinen Verein beim Spiel gegen den HSV vor einer Niederlage, weil er „hervorragend reagierte", so die Frankfurter Rundschau. Das Match endet 2:2

19 Stunden nach dem Tod ihres Mannes Robert nennt Teresa Enke den Grund seines Suizids: Depressionen

Die Politikseiten der Zeitungen muss man schon sehr genau lesen, um zu Beginn des Jahres 2009 zu wissen, was Karl-Theodor Maria Nikolaus Johann Jakob Philipp Franz Joseph Sylvester von und zu Guttenberg tut. Generalsekretär der CSU ist KTzG, wie er der Einfachheit halber gern genannt wird. **Im Februar kommt er als Nachfolger für den amtsmüden Wirtschaftsminister Michael Glos (CSU) ins Bundeskabinett, und ein bis heute nicht enttarnter Witzbold fügt im Jedermann-Lexikon Wikipedia den zehn Vornamen als elften einen falschen „Wilhelm" hinzu.**

Der „Baron aus Bayern", wie Altbundeskanzler Gerhard Schröder spottet, steigt schnell zum Kabinettstar auf, bringt zusammen mit seiner ebenso blonden wie klugen Frau Stephanie, geborene Gräfin von Bismarck-Schönhausen, Glamour ins graue Polit-Berlin und in den kuscheligsten Wahlkampf seit Bestehen der Bundesrepublik.

Die Wähler merken, Bundeskanzlerin Angela Merkel (CDU) und SPD-Kanzlerkandidat Frank Walter Steinmeier, Vizekanzler und Außenminister, wollen einander nicht wehtun. „Wattebausch-Duell", kommentiert Michael Backhaus in BILD am SONNTAG gelangweilt.

Als am Abend des 27. September das Wahlergebnis feststeht, ist die Kanzlerin bitter enttäuscht. Nur 33,8 Prozent Stimmen für CDU/CSU, 1,4 Prozent weniger als 2005. Die SPD erleidet ein Desaster. Nur 23 Prozent, so wenig wie nie zuvor in der Bundesrepublik, hat sie bekommen. Deutschlands älteste Partei sieht noch älter aus, als sie ist. Zugelegt haben Linke (11,9 Prozent) und Grüne (10,7 Prozent). Laut jubelt die FDP, die mit ihren 14,6 Prozent „vor lauter Kraft kaum laufen kann" („Hamburger Morgenpost"). Ihr Triumph rettet Merkel den Job und befördert FDP-Chef Guido Westerwelle ins Auswärtige Amt. Jubeln kann auch zu Guttenberg. Mit 68,1 Prozent der Erststimmen in seinem Wahlkreis Kulmbach gelingt KTzG das beste Ergebnis aller Kandidaten.

Wirtschaftsminister wird Rainer Brüderle (FDP). Zu Guttenberg rückt ins Verteidigungsministerium ein. 33 Tage später erlebt Deutschland die schnellste Kabinettsumbildung seit 60 Jahren: Bundesarbeitsminister Franz Josef Jung (CDU) tritt zurück, weil er in seinem früheren Amt als Verteidigungsminister die Öffentlichkeit über den Bombenangriff auf zwei von Taliban gekaperte Tanklastwagen in Kunduz (Afghanistan) falsch informiert hat. Mehr als 100 Menschen waren Anfang September bei dem von Bundeswehr-Oberst Georg Klein befohlenen Angriff umgekommen.

Der ehemalige Gebirgsjäger zu Guttenberg fühlt sich von seinem höchsten Beamten, Staatssekretär Peter Wichert, und seinem höchsten General, Wolfgang Schneiderhan, hintergangen. Der Minister wirft den beiden vor, sie hätten ihm einen Bericht der Feldjäger unterschlagen. Der lege dar, bei der Bombardierung seien nicht nur Taliban-Terroristen, sondern auch Unbewaffnete und Kinder umgekommen. Erst durch BILD sei er davon informiert worden.

Am 3. März stürzt das Historische Stadtarchiv der Stadt Köln ein. Zwei Menschen sterben, wichtige Dokumente gehen unwiederbringlich verloren. Als Ursache vermutet die Bezirksregierung Pfusch beim Bau der U-Bahn

Die beiden Gescholtenen reichen ihren Rücktritt ein. Der Minister akzeptiert und ordnet an, sie der Tradition entsprechend mit dem Großen Zapfenstreich ehrenvoll zu verabschieden. General Schneiderhan dankt in seiner Rede allen Ministern, denen er gedient hat, nur nicht dem jüngsten.

★

Mit Superlativen soll man vorsichtig sein. Doch die Pressekonferenz von Teresa Enke im Stadion von Hannover 96 ist ohne Zweifel die bewegendste des Jahres. Nur 19 Stunden nach dem Selbstmord ihres Mannes Robert verrät sie, warum sich der achtfache Nationaltorwart am 10. November um 18.17 Uhr bei Neustadt (Niedersachsen) vom Regionalexpress 4427 überrollen ließ: Depressionen.

„Wenn er akut depressiv war", berichtet Teresa Enke zunächst gefasst, „dann war

2009 – das Jahr der großen Filme

Für ihre Rolle im Film „Der Vorleser" als einstige KZ-Aufseherin, die weder lesen noch schreiben kann, bekommt Kate Winslet (Foto, links neben David Kross) 2009 einen Oscar. Die Romanvorlage stammt von dem deutschen Jura-Professor Bernhard Schlink

Ab 15. Januar bringt der Vampirfilm „Twilight – Bis(s) zum Morgengrauen" das Blut der deutschen Teenager in Wallung, hauptsächlich wegen des schönen und edlen Blutsaugers Edward Cullen (Robert Pattinson), der sich unsterblich in die sterbliche Bella Swan (Kristen Stewart) verliebt

Der wirkliche Bundestagswahlkampf 2009 ist wenig lustig. Doch Hape Kerkeling als Horst Schlämmer bringt viele Deutsche mit seiner Kinokomödie „Isch kandidiere" zum Lachen. Wenig komisch dürfte er den Verriss im Magazin „Cinema" finden: „Eine Aneinanderreihung von Sketchen macht noch keinen Kinofilm"

In „Inglourious Basterds" (Regie: Quentin Tarantino) spielt Christoph Waltz (Foto) den SS-Offizier Hans Landa. Der Film ist für acht Oscars nominiert, darunter auch Chistoph Waltz in der Kategorie beste Nebenrolle

◄ Auf Befehl des deutschen Oberst Georg Klein (kleines Foto) zerstören US-Bomber am 4. September zwei Tanklastwagen in Kunduz (Afghanistan). Bis zu 140 Menschen kommen ums Leben. Ein Untersuchungsausschuss soll klären, ob Kleins Befehl rechtmäßig und angemessen war

▲ Leichtathletik-WM im August in Berlin mit 2013 Sportlern aus 201 Staaten. Usain Bolt (Foto) aus Jamaika läuft als erster Mensch die 100 Meter in 9,6 und die 200 Meter in 19,2 Sekunden. Auch zwei deutsche Athleten holen Gold: Robert Harting im Diskuswurf (69,43 Meter) und Steffi Nerius im Speerwurf (67,30 Meter)

Trotz des körperbetonten Einsatzes von Dita von Teese und der Sangeskünste von Oscar Loya landet der deutsche Beitrag beim 53. Eurovision Song Contest nur auf dem blamablen Platz 20

Der BOMBENBEFEHL von Oberst Klein in Kunduz löst in Deutschland ein politisches BEBEN aus

das schon eine schwere Zeit. Weil natürlich auch die Schwere darin bestand, das Ganze nicht in die Öffentlichkeit hinaus zu tragen. Weil es sein ausdrücklicher Wunsch war, aus Angst, seinen Sport und sein Privatleben und alles zu verlieren. Was natürlich im Nachhinein Wahnsinn ist ..."

Sie spricht von der letztlich vergeblichen Hoffnung, der Tod ihrer herzkranken Tochter Lara (†2) im Jahr 2006 habe das Paar „zusammengeschweißt, dass wir dachten, wir schaffen alles. Und wir dachten halt auch, mit Liebe geht das. Aber man schafft's doch nicht immer." Robert Enke habe gefürchtet, wenn seine Depression bekannt werde, nehme uns das Jugendamt Adoptivtochter Leila weg, stets habe er Angst gehabt, als Torwart zu versagen. Teresa Enke: „Fußball war sein Leben, sein Lebenselixier. Es war alles." Sie wischt sich mit einem Taschentuch Tränen aus den Augen, das Make-up verwischt, die Tränen werden schwarz.

Der Tod eines Fußballstars und die Folgen: Der DFB sagt das nächste Länderspiel gegen Chile ab. Volkstrauertag steht im Kalender, als Robert Enke am 15. November wie ein verdienter Staatsmann vom Volk betrauert wird. Ab acht Uhr ist der Sarg aufgebahrt im Mittelkreis des Stadions von Hannover 96, dessen Tor Enke noch zwei Tage vor seinem Suizid gehütet hat. 100 000 Menschen fahren in die Stadt, 40 000 finden Platz in der Arena. Fünf TV-Sender übertragen direkt. „Fußball darf nicht alles sein", mahnt DFB-Präsident Theo Zwanziger.

Beigesetzt wird Enke, dem Fußball alles war, mehr als seine Familie und sein Leben, im weiträumig abgesperrten Friedhof von Empede im Grab neben seiner Tochter Lara.

Wenige Tage später dankt Teresa Enke den Fans: „Ich habe mir in den letzten Tagen oft gewünscht, er wäre sich der Ausmaße eurer Wertschätzung Zeit seines Lebens bewusst gewesen. Vielleicht hätte ihn das Wissen darum sogar zu dem öffentlichen Schritt in eine Klinik bewegen können." Vielleicht.

Über eine Folge des spektakulären Enke-Suizids spricht keiner gern: Die Zahl der Selbstmorde auf Bahngleisen hat sich nach Recherchen des „Stern" deutlich erhöht.

★

Für alle die, die grundsätzlich etwas gegen englische Songs haben, sind wenigstens die Lieder von Alex Christensen verständlich. „Du bist Porno", heißt eins, ein anderes „Doktorspiele". Mit „Du hast den schönsten Arsch der Welt" ist der gelernte Hamburger Speditionskaufmann als Musikproduzent und Komponist im November 2007 auf dem 1. Platz der Charts gelandet.

Ziemlich doof und ziemlich englisch klingt der Song „Miss Kiss Kiss Bang", mit dem Christensen beim 53. Eurovision Song Contest in Moskau im Mai die Nation Beethovens und Bohlens vertritt. Offenbar vertraut Christensen am Klavier nicht allein den Sangeskünsten von Oscar Loya und engagiert Burlesque-Tänzerin Dita von Teese. Die Ex-Gattin von US-Rockstar Marilyn Manson badet während ihrer Bühnenshows gerne mal in Sekt. Altmeister Ralph Siegel, mit dessen Lied „Ein bisschen Frieden" Nicole 1982 den Grand Prix gewann, empört sich: **„Der Weg von ‚Ein bisschen Frieden' bis zu ein bisschen Striptease war ein langer Weg nach unten."**

Tatsächlich ist Dita von Teese bereit, ihr Bestes zu geben, richtiger: zu zeigen. Doch die Veranstalter verlangen, sie dürfe nichts blitzen lassen. Sauer twittert die Zwangsverhüllte: „Jetzt gibt es Nipplegate nicht nur in Amerika. Ich wurde von der Eurovision zensiert."

120 Millionen Menschen in Eurovisions-Europa schauen und hören zu, wie „Miss Kiss Kiss Bang" missfällt. Blamable zwölf Punkte für Germany, Platz 20 von 25. Jury-Mitglied Guildo Horn, der 1998 siebter wurde, lästert: „Vielleicht war Dita von Teese doch ein bisschen viel Plastik." BILD kommentiert: „Riesen-Keese mit Dita von Teese".

Mehr Erfolg als beim Eurovision Song Contest hat Deutschland bei der Oscar-Verleihung. Zwei Jahre nach dem „Leben der Anderen" von Florian Henckel von Donnersmarck bekommt der Berliner Jochen Alexander Freydank die begehrte Trophäe für seinen 14-Minuten-Film „Spielzeugland", in dem er die Judenverfolgung aus der Sicht eines Kindes darstellt. „Niemals habe ich gewagt mir vorzustellen, für einen Oscar nominiert zu werden", sagt der Filmemacher bescheiden, „geschweige denn, ihn zu bekommen."

Um den Absatz von neuen Autos anzukurbeln, beschließt die Bundesregierung im Januar eine Abwrackprämie. Wer einen mindestens neun Jahre alten Wagen verschrotten lässt, erhält 2500 Euro für die Anschaffung eines neuen oder nahezu neuen. Fast zwei Millionen Menschen machen davon Gebrauch. Fünf Milliarden Euro gibt der Finanzminister dafür aus

DIE CHRONIK VON 2009

1\. 1. Reform der **Erbschaftssteuer**. Nahe Verwandte müssen weniger an den Fiskus zahlen.

18\. 1. Landtagswahlen in Hessen. Ministerpräsident **Roland Koch** (CDU) bildet mit der FDP eine Koalition. SPD-Spitzenkandidatin **Andrea Ypsilanti** tritt zurück.

20\. 1. Vereidigung von US-Präsident **Barack Obama**.

27\. 1. Die Koalition beschließt das größte **Konjunkturpaket** in der bundesdeutschen Geschichte: 50 Milliarden Euro.

18\. 2. Die Bundesregierung erlässt das **Finanzmarktstabilisierungsgesetz**, das sie ermächtigt, notfalls Banken zu enteignen und zu verstaatlichen.

11\. 3. Der 17 Jahre alte **Tim Kretschmer** ermordet bei einem Amoklauf in Winnenden (Baden-Württemberg) 15 Menschen, bevor er sich selbst erschießt.

12\. 5. Die USA liefern **John Demjanjuk** an Deutschland aus. Er wird der Beihilfe des Mordes an 27 900 Menschen während der NS-Zeit im KZ Sobibor beschuldigt. Prozessbeginn: 30.11.

23\. 5. Die Bundesrepublik feiert den **60. Jahrestag** der Verkündung des Grundgesetzes.
Die Bundesversammlung wählt **Horst Köhler** erneut zum Bundespräsidenten.
Der **VfL Wolfsburg** ist zum ersten Mal in der Vereinsgeschichte nach einem 5:1-Sieg über Werder Bremen **Deutscher Meister**. Drei Tage zuvor besiegte Schachtar Donezk im **UEFA-Pokalfinale** in Istanbul Werder Bremen mit 2:1.

1\. 6. Der Autokonzern General Motors, zu dem auch Opel gehört, meldet **Insolvenz** an.

25\. 6. Weil die Stadt Dresden über der Elbe eine Brücke bauen will, wird dem Elbtal der Titel **Weltkulturerbe** entzogen.

10\. 7. Beginn der **Mathematik-Olympiade** in Bremen mit 565 Schülern aus 104 Ländern. China siegt, die Deutschen kommen auf Platz 9.

3\. 8. Kanada liefert nach zehn Jahren den Waffenlobbyisten **Karlheinz Schreiber**, eine wichtige Figur im Parteispendenskandal, an Deutschland aus.

28\. 10. **Margot Käßmann** wird als erste Frau zur Ratsvorsitzenden der Evangelischen Kirche in Deutschland gewählt. Vier Monate später legt sie ihr Amt nieder, nachdem sie mit 1,54 Promille Alkohol im Blut am Steuer ihres Dienstwagens erwischt wurde.

9\. 11. Das Bundeskabinett beschließt **Steuerentlastungen** um 8,5 Milliarden Euro im Jahr.

13\. 11. Die SPD wählt den früheren Bundesumweltminister **Sigmar Gabriel** zum Vorsitzenden.

30\. 11. Kabinettsumbildung in Berlin: Nach dem Rücktritt von Bundesarbeitsminister **Franz Josef Jung** (CDU) übernimmt die bisherige Familienministerin **Ursula von der Leyen** (CDU) dessen Ressort. **Kristina Köhler** (jung, ledig, blond, CDU) wird Familienministerin.

2\. 12. Die **Leipziger Universität**, zweitälteste deutsche Hochschule, feiert ihren 600. Gründungstag.

16\. 12. Die Bundesregierung plant eine **Rekord-Neuverschuldung von 85,8 Milliarden Euro.**

18\. 12. Die Weltklimakonferenz in Kopenhagen geht mit mageren Beschlüssen zu Ende.

22\. 12. Michael Schumacher, siebenfacher Weltmeister der Formel 1, fährt wieder – künftig für Mercedes.

FOTOS: AFP, DPA, DDP, AP, FOTEX, BABIRAD, EPD, GETTY IMAGES

Personenregister

Personen, die in den Jahreschroniken/ Bildunterschriften erwähnt werden, sind überwiegend nicht im Register berücksichtigt.

Danke

Am 6. Januar 2009 hatte Walter Mayer, Chefredakteur von BILD am SONNTAG, die spontane Idee für die Serie „60 Jahre SCHWARZROTGOLD“. Start sollte bereits der nächste Sonntag, der 11. Januar 2009 sein.

Skeptiker in der Redaktion – dazu gehörten auch die Autoren – fragten sich, ob die Leser über 60 Sonntage hinweg Interesse und Spaß an Geschichten aus der Geschichte haben würden. Doch bereits nach den ersten Folgen kamen ermutigende Leserbriefe mit konkreten Vorschlägen und dem Wunsch, aus der Serie ein Buch zu machen.

Heute danken wir Walter Mayer für die Anregung sowie seine (auch uns überraschende) Geduld und das Engagement, mit dem er jede einzelne Folge begleitete. Unser besonderer Dank gilt aber in erster Linie den Lesern von BILD am SONNTAG, die uns mit Geschichten aus ihrem Leben und Fotos aus ihrem Familienalbum unterstützt haben.

Da die Zeitung nicht WORT am SONNTAG, sondern BILD am SONNTAG heißt, bedanken wir uns bei den Art Directoren Veronika Illmer und Lo Breier sowie bei Cheflayouterin Christiane Funke und ihren Kollegen, die, unterstützt von Britta Schubert und Stefan Beetz aus der Fotoredaktion, für die Gestaltung und die gelegentlich aufwändige Foto-Recherche zuständig waren.

Besonders herzlich danken wir Kay Blohm und seinen Kolleginnen aus der Dokumentation sowie Schlussredakteur Michael Streeb. Sie haben Zahlen, Daten, Fakten und die Schreibweisen überprüft und Fehler korrigiert. Wir hoffen alle.

Traudel Grewer und Brigitta Maaß haben die jahrestypischen Rezepte ausgewählt und uns auch sonst in vielerlei Hinsicht unterstützt. Dafür herzlichen Dank.

Als es darum ging, welcher Verlag in Frage kommt, um aus der Zeitungsserie ein Buch zu machen – was sich einfacher liest als es tatsächlich ist –, lernten wir Thomas Schneider kennen, Geschäftsführer des noch jungen Unternehmens Allpart Media. Innerhalb einer Woche waren wir uns einig. Benjamin Schnitzer, stellvertretender Chef vom Dienst bei BILD am SONNTAG, hat die Datenübertragung von der Redaktion an die Buchhersteller in Leipzig übernommen. Auch dafür Danke.

Und ein Sorry an all jene, die wir vergessen haben, die es aber natürlich auch verdient hätten, hier namentlich erwähnt zu werden.

Berlin, im März 2010

Helmut Böger *Stefan Hauck*

Impressum

ISBN: 978-3-86214-000-8

Das in diesem Buch verwendete Bildmaterial stammt von
pa • picture alliance
ullstein bild
INTERFOTO
KEYSTONE
teutopress
Imago Sportfotodienst
Imago stock & people
Getty Images
HIPP-Foto Marianne Winkler
dfd Deutscher Fotodienst
Friedrich-Ebert-Stiftung/Jupp Darchinger
Corbis Images
CINETEXT
bpk – Bildagentur für Kunst, Kultur und Geschichte
AP Associated Press
TV yesterday
action press
akg-images

Der Verlag erklärt sich bereit, eventuell anfallende Gebühren für Bildmaterial, dessen Quelle nicht auffindbar war, zu erstatten.

Cover Design:
Veronika Illmer, Artdirektion
BILD am SONNTAG

Dokumentation:
Kay Blohm

Producing:
Arnold & Domnick, Heinrichstr. 3, 04317 Leipzig
nach der Vorlage der gleichnamigen Serie in BILD am SONNTAG.

Druck:
Salzland Druck, Staßfurt